PRESERVAÇÃO DO PATRIMÔNIO ARQUITETÔNICO DA INDUSTRIALIZAÇÃO

Beatriz Mugayar Kühl

Preservação do Patrimônio Arquitetônico da Industrialização

Problemas Teóricos de Restauro

Ateliê Editorial

1ª ed. – 2009
2ª ed. – 2018

Dados Internacionais de Catalogação na Publicação (CIP)
(Câmara Brasileira do Livro, SP, Brasil)

Kühl, Beatriz Mugayar
Preservação do Patrimônio Arquitetônico da Industrialização: Problemas Teóricos de Restauro / Beatriz Mugayar Kühl. – Cotia, SP: Ateliê Editorial, 2008.

Bibliografia
ISBN 978-85-7480-814-7

1. Arquitetura – Conservação e restauro 2. Patrimônio arquitetônico da industrialização – Preservação 3. Patrimônio arquitetônico da industrialização – Proteção I. Título.

08-10185 CDD-720.288

Índices para catálogo sistemático:
1. Patrimônio arquitetônico da industrialização:
Restauro e preservação 720.288

Ateliê Editorial
Estrada da Aldeia de Carapicuíba, 897
06709-300 – Granja Viana – Cotia – SP
Tel.: (11) 4702-5915
www.atelie.com.br | contato@atelie.com.br
facebook.com/atelieeditorial | blog.atelie.com.br

Printed in Brazil 2018
Foi feito depósito legal

Sumário

Prefácio

COMO CONCLUSÃO DE UM MINUCIOSO TRABALHO de pesquisa sobre o patrimônio arquitetônico industrial brasileiro e sobre as possíveis estratégias para garantir a sua preservação, Beatriz Mugayar Kühl nos oferece esta ampla síntese crítica, rica de informações, de reflexões e de concretas sugestões operacionais.

A análise dos estudos sobre o tema, conduzida de maneira abrangente, seja no que respeita às contribuições originais e cientificamente fundamentadas, seja no que concerne aos escritos de simples conteúdo de divulgação, permitiu que a autora construísse um quadro geral sobre o estado da questão, e dos trabalhos a ela relativos, até agora não disponível. Emergem, assim, considerações que vão da origem da *arqueologia industrial* na Inglaterra nos anos 50 do século passado, mas com singulares antecipações já no século XIX abrangendo questões de tutela do patrimônio construído da *arquitetura industrial*, até a discussão de casos singulares, com especial referência à cidade de São Paulo e adjacências.

Mas aquilo que de imediato chama a atenção positivamente e indica uma abordagem cientificamente rigorosa do tema é o fato de boa parte do livro ser dedicada a questões de princípio, de método e, mesmo, terminológicas, relativas à preservação e ao restauro entendidos em sentido amplo. Em substância, a autora sentiu, justamente, a exigência de enquadrar a salvaguarda do patrimônio industrial numa mais ampla e atualizada visão do restauro, invocando o debate internacional sobre a matéria, os documentos, as cartas nacionais e internacionais e, quando necessário, também oportunas referências a outras disciplinas, como a estética, a filosofia da história, a sociologia, a economia e a própria política. Tudo isso, em primeiro lugar, para evitar encerrar a reflexão no campo restrito do "restauro arquitetônico" (recorrendo, antes, oportunamente, à unidade teórica e de método que governa a disciplina em sua inteireza); e, também, para evitar, o que é ainda pior, que se enfrente de modo empírico e isolado, como ocorre com frequência, apenas a arqueologia industrial, como se esse setor pudesse por si só dar respostas específicas e próprias, sem primeiramente indagar questões fundamentais incontornáveis: "o que" é objeto de restauro, "por que" preservar e, apenas por último, "como" restaurar.

É, a esse propósito, recorrente por parte da autora a ênfase na raiz humanística, antes ainda do que técnica, da restauração, no valor desta última como "ato de cultura" e não mera ação prática ou econômica, nas razões educacionais, identitárias e de memória, não apenas e nem tanto no que respeita a indivíduos, mas, sobretudo, no que concerne às comunidades e nações que voltam a atenção aos testemunhos do passado.

Muito clara é a polêmica, sempre expressa com muita distinção, mas de modo decidido, em relação aos arquitetos que enfrentam "profissionalmente" esse difícil tema, amiúde com uma desenvoltura proporcional à falta de consciência e preparo histórico-crítico, recusando qualquer abordagem conceitual e teórica, lançando-se num empirismo intuitivo que prenuncia, ademais, resultados destrutivos.

O trabalho da professora Mugayar Kühl alcança um dúplice resultado: aquele de revelar a falta de fundamento de uma práxis de autodenominados restauros tão difundida quanto destituída de bases sólidas, a ponto de confundir, no melhor dos casos, os meios com os fins; ou seja, confundir as várias técnicas de recuperação, reestruturação, reutilização, reciclagem dos bens arquitetônicos, com a exigência essencial que é aquela de preservar e transmitir para o futuro os "testemunhos materiais de civilização", por definição únicos e não-repetíveis. São, por conseguinte, confundidas também as razões práticas, turísticas, às vezes econômicas e também de especulação, que voltam seu interesse para as preexistências, com aquelas de memória e propriamente culturais.

Este livro quer conduzir o leitor a reconsiderar de maneira unitária a doutrina do restauro num contexto verdadeiramente de grande largueza; internacional, por certo, mas capaz, depois, de penetrar na realidade brasileira e mais especificamente paulista. Emerge, assim, um panorama completo, até agora faltante, do complexo de informações e conceitos obteníveis através dos estudos sobre o tema, revistos criticamente, mas enriquecidos e substanciados por interessantes observações voltadas a casos notáveis, concretos e significativos.

A visão de conjunto, finalmente disponível, assume um valor em si para além do próprio tema da arquitetura industrial e se coloca como aprofundamento de alguns problemas subjacentes até agora pouco indagados: os fundamentos teóricos do restauro e as tendências atuais no campo; o sentido da prevenção e da "conservação programada"; a relação antigo-novo nas intervenções em preexistências arquitetônicas e urbanas; a controvertida relação entre restauro e arquitetura, ou, querendo, entre projeto de restauro e projeto de arquitetura, que a autora enfrenta com serena confiança nas possibilidades de uma prudente contemporização; o consequente tema da "criatividade" e da "inovação", com frequência erroneamente contraposta à "preservação"; por fim, o "fachadismo" e o problema do tratamento das "superfícies" arquitetônicas antigas, ou seja, marcadas e "patinadas" pelo tempo e por ele re-conotadas em termos tanto históricos quanto estéticos.

É oportuno lembrar o quanto o resultado da pesquisa se deva a uma atenta leitura filológica *de visu* de muitos casos notáveis, indagados com agudez crítica e, quando necessário, com livre e corajoso espírito de denúncia, sustentado a cada vez por um prévio trabalho de pesquisa histórica, bibliográfica, documental, iconográfica.

Uma característica própria da visão sobre o problema que a autora propõe é a solicitação, várias vezes enfatizada, de sempre ativar um círculo virtuoso entre pesquisa histórica e restauro, capaz de tornar todo ato de manutenção, consolidação ou conservação, uma oportunidade para ampliar os conhecimentos sobre o tema, além de assegurar a correta salvaguarda e perpetuação de bens culturalmente significativos. Bens ainda hoje transcurados e sujeitos a transformações devastadoras ou, pior, a demolições totais, apenas porque não reconhecidos em suas qualidades históricas, estéticas, mas também técnicas, sociais e de cultura material; numa palavra, de civilização. Outra característica própria é o contínuo remeter do nível arquitetônico e da obra singular para aquele do planejamento urbano e territorial, absolutamente indispensável para poder agir, como seria sempre preferível, em termos de prevenção.

Estou convencido de que este livro contribuirá para favorecer uma melhor difusão da cultura e das razões do restauro e da preservação, em primeiro lugar entre os arquitetos, que têm a responsabilidade direta sobre as transformações do território e das obras que nele estão contidas; depois, uma maior sensibilidade em relação ao patrimônio arquitetônico e à arqueologia industrial que, especialmente num país "jovem" como o Brasil, assume uma relevância particular.

Como dito, a pesquisa foi conduzida em grande parte através de publicações e em bibliotecas estrangeiras, sobretudo europeias; isso não significa de modo algum um voluntário distanciamento dos problemas da realidade brasileira mas, ao contrário, uma abertura de perspectiva autenticamente científica, que inclui também mundos e sensibilidades diversas unidos, no entanto, por raízes culturais comuns. É, em suma, uma obra meritória para a própria nação e para a comunidade, sem fronteiras, da cultura e da livre pesquisa, conduzida com grande abnegação e amadurecida no curso de muitos anos. Não se propõe uma obediência cega, que talvez denotasse um neocolonialismo eurocêntrico, mas, simplesmente, como bem escreve a autora, utilizar na reflexão todos os "instrumentos" possíveis, sem partir de novo, ingenuamente, do zero e reinterpretando toda a questão à luz da realidade brasileira. Também os próprios princípios doutrinários não são vistos como regras fixas, mas como guias ou "códigos" a serem interpretados, de vez em vez, com inteligência e sensibilidade. A teoria é invocada e defendida não como "instrumento abstrato", mas como "dimensão absoluta mais ampla e genuína do concreto e do prático". Em tal perspectiva é também proposta uma visão do restauro não autorreferencial, mas aberta e em diálogo com outros campos do saber.

Responde à mesma exigência de clareza e seriedade a polêmica contra a interpretação forçada e distorcida dos documentos oficiais (aqueles do ICOMOS, por exemplo), própria de muitos profissionais e neófitos que, por comodidade dialética, constroem para si interlocutores fictícios fazendo com que eles digam coisas jamais afirmadas; a autora, ao contrário, recomenda e exercita, sobre esses textos, uma crítica epistemológica rigorosa e uma leitura pertinente e não-aproximativa, distinguindo, ainda, entre os textos, aqueles que têm oficialidade e portanto relevância efetivamente internacional, como a Carta de Veneza de 1964, dos que são expressão de realidades locais ou regionais, como a Carta de Burra. Trata-se, portanto, de um trabalho de reconsideração geral, fundamentado em ótimas bases de pesquisa e de informação, muito necessário hoje, ainda mais no campo da tutela das construções de origem industrial por alguns considerado, erroneamente, minoritário e marginal do ponto de vista histórico e da restauração.

Voltando à concreta experiência contemporânea, a autora observa que aquilo que se faz, algumas vezes até mesmo com as melhores intenções, no campo da arquitetura industrial, não corresponde ao conceito de preservação mas, antes, a formas variadas de transformação, manipulação e, em certos casos, de repristinação; de todo modo, não equivale à preservação e nem ao restauro.

Ela nota uma grande desinformação sobre o tema e o todo é agravado por um uso político e não-cultural dos próprios bens culturais. Propõe, ao contrário, uma abordagem científica reforçada por um conceito de cuidado para com os monumentos como "serviço social público"; isso mesmo contra os apetites da especulação imobiliária que pôs seus olhos exatamente sobre as áreas, muito amplas e já em grande parte urbanisticamente centrais, dos velhos complexos industriais.

Todo o trabalho de Beatriz Mugayar Kühl é permeado por empenho civil e social, por profundas razões educacionais e de formação para a história, a beleza, o respeito pelo trabalho humano, que encontram, nas vivas presenças da arquitetura do passado, mesmo daquele mais recente, uma sustentação de grande e imediata eficácia, especialmente para as gerações mais jovens. Em última análise, volta-se ao restabelecimento dos fortes vínculos entre a comunidade e os seus monumentos, com vistas a uma autêntica fruição coletiva.

Tampouco seu trabalho peca por rigidez ideológica ou preconceituosa porque, na ótica de uma equilibrada visão crítico-conservativa, não propõe a proteção e tutela generalizadas mas, exatamente com base no mencionado empenho de pesquisa e conhecimento, o exercício de uma "judiciosa identificação" e seleção, no imenso legado do passado, daquilo que merece ser efetivamente preservado; ademais, porque não demoniza de modo algum a inovação e a transformação, desde que sejam reconduzidas a uma sadia dialética com as razões da conservação e com as suas instâncias, assim como dialético e não-ideológico deve ser o modo para enfrentar a relação antigo-novo.

Mas a chave de tudo está em invocar e ter bem claras as raízes culturais, humanísticas e espirituais, além de memoriais, do restauro e da preservação; somente de tal convicção pode derivar uma verdadeira apreciação pelos bens culturais, com o corolário de uma eficiente salvaguarda.

O volume que aqui se apresenta e muitos outros reportados no aparato de notas e nas referências bibliográficas atestam, no meu entender, que na Universidade de São Paulo se esteja desenvolvendo um centro de pesquisa de excelência sobre o tema da arqueologia industrial e de sua tutela, vital em si, mas sobretudo promissor pela contribuição generosa de muitos jovens estudiosos que, na pós-graduação, trabalham sobre o tema com ótimos resultados.

Giovanni Carbonara
Roma, maio de 2008.

Apresentação e Agradecimentos

ESTE LIVRO TRATA DE ASPECTOS TEÓRICOS da restauração do patrimônio arquitetônico resultante do processo de industrialização, centrando-se, para ilustrar a discussão de determinados temas, em casos paulistas. O intuito é buscar um aprofundamento de questões conceituais relacionadas com a restauração desses bens, inserindo-as no contexto atual dos debates sobre preservação e no quadro das transformações por que passaram as teorias de restauro. Abordam-se problemas pertinentes ao patrimônio industrial para retomar preceitos-chave do restauro e elaborar uma releitura crítica para evidenciar sua aplicabilidade às circunstâncias atuais.

As pesquisas ligadas às manifestações arquitetônicas da industrialização vêm de longa data, através de várias investigações que se concatenaram, e que, atualmente, exploram aspectos específicos do tema. O tratamento desses assuntos se iniciou com o interesse por um edifício com ossatura metálica aparente, a loja de departamentos "Old England" em Bruxelas. A pesquisa sobre o prédio e, de maneira mais ampla, sobre a arquitetura do ferro começou a ser desenvolvida em 1990, dando origem à dissertação de mestrado – intitulada *Les Constructions Métalliques du XIXᵉ Siècle et Leur Restauration. Cas d'Étude: Old England; Architecte: Paul Saintenoy* – concluída em 1992 na Katholieke Universiteit Leuven, Bélgica, sob orientação de Raymond Lemaire. Como desdobramento e continuidade desses estudos, foi feita a pesquisa para o doutorado, intitulada *Preservação da Arquitetura do Ferro em São Paulo*, concluída em 1996 na Faculdade de Arquitetura e Urbanismo da Universidade de São Paulo (FAU-USP), sendo orientada por Benedito Lima de Toledo. A tese está na origem do livro *Arquitetura do Ferro e Arquitetura Ferroviária em São Paulo. Reflexões sobre a Sua Preservação*, publicado em 1998 pela Ateliê Editorial, Secretaria da Cultura do Governo do Estado de São Paulo e Fundação de Amparo à Pesquisa do Estado de São Paulo (Fapesp).

O presente estudo desenvolve-se desde 1999, sob a forma de projeto de pesquisa, parte das atividades como docente do Departamento de História da Arquitetura e Estética do Projeto da FAU-USP. Resultante desse processo, a tese de livre-docência, intitulada *Preservação do Patrimônio Arquitetônico da Industrialização: Problemas Teóricos de Restauro*, foi defendida em 2006 na FAU-USP. Este livro é fruto da revisão do texto da livre-docência com vistas à publicação.

Por serem raros os estudos sobre os aspectos teóricos relacionados à restauração do patrimônio industrial, foram feitas buscas sistemáticas de referências bibliográficas sobre temas ligados à teoria de restauro e à sua transformação ao longo do tempo e sobre a preservação do patrimônio industrial. Encontraram-se alguns dos textos selecionados em bibliotecas da Universidade de São Paulo, em especial a da FAU, a da Faculdade de Filosofia Letras e Ciências Humanas (FFLCH), e a Biblioteca Central da Escola Politécnica, que foram também as mais consultadas no que se refere aos edifícios industriais da cidade.

Existe, porém, grande carência de textos sobre aspectos teóricos de restauração em bibliotecas brasileiras, assim como é incompleta a bibliografia específica sobre o patrimônio industrial e sua preservação. As referências mais relevantes, para os objetivos da pesquisa, encontravam-se nas bibliotecas do International Centre for the Study of the Preservation and Restoration of Cultural Property (ICCROM) e do Dipartimento di Storia dell' Architettura, Restauro e Conservazione dei Beni Architettonici da Università degli Studi di Roma "La Sapienza", ambas em Roma. Desse modo, foram realizados quatro estágios de pesquisa no exterior (em janeiro/fevereiro de 2001, 2002, 2003 e 2005), processo que contou com financiamento da Fapesp – instituição a que dirijo meus agradecimentos –, através de bolsa do programa de aperfeiçoamento científico no exterior, auxílio à pesquisa e auxílio à publicação[1].

A pesquisa, que tomou forma de pós-doutorado entre 2001 e 2005, foi desenvolvida sob a supervisão de Giovanni Carbonara – diretor da Scuola di Specializzazione in Restauro dei Monumenti e vice-diretor da Facoltà di Architettura Valle Giulia da Sapienza –, a quem agradeço pelo interesse, pela paciente discussão de vários temas envolvidos, pelas sugestões de referências bibliográficas, por compartilhar de sua própria produção científica e pelas valiosas contribuições ao longo de todo o processo.

1. O período de vigência do auxílio à pesquisa Fapesp foi de 1.6.2003 a 30.6.2005 (Processo n. 2002/13712-4). Para os estágios no exterior, foram concedidas duas bolsas Fapesp de aperfeiçoamento científico no exterior, nos períodos de 10.1.2002 a 28.2.2002 (Processo n. 2001/09048-9) e 20.1.2005 a 4.3.2005 (Processo n. 2004/09357-0). O relatório científico resultante desse processo é intitulado *A Preservação da Arquitetura Industrial em São Paulo: Questões Teóricas* (2005), sendo a origem da tese de livre-docência.

Sou ainda grata a João Carlos de Oliveira Mascarenhas Mateus, que propiciou o contato com Carbonara, cuidou de variadas questões técnico-operacionais dos estágios no exterior e ofereceu importantes subsídios para a pesquisa.

Os estágios junto à Sapienza proporcionaram ainda o convívio com Simona Salvo, com quem os intercâmbios permanecem constantes e a quem sou grata por todo apoio, interesse, troca de ideias e de referências bibliográficas, que resultaram também no desenvolvimento de projetos conjuntos.

Gostaria ainda de manifestar meus agradecimentos:

Ao Departamento de História da Arquitetura e Estética do Projeto (AUH) da FAU-USP por ter possibilitado a execução da pesquisa, em particular à então chefe do AUH, Rebeca Scherer, pelo fundamental apoio.

Aos meus colegas de departamento, além de caros amigos, pelas sugestões e auxílio ao longo do trabalho, em especial Benedito Lima de Toledo, Fernanda Fernandes, Maria Lucia Bressan Pinheiro, José Eduardo de Assis Lefèvre, Mônica Junqueira de Camargo, Mario Henrique Simão d'Agostino, Luciano Migliaccio, Ana Lucia Duarte Lanna, Maria Lucia Caíra Gitahy, José Pedro de Oliveira Costa, Lucio Gomes Machado.

Ao corpo administrativo do AUH, em particular a Silvia Freitas dos Santos e Eneida de Paula pelo suporte nas questões operacionais e administrativas.

Aos professores que compuseram a banca do exame da livre-docência – que, além de Rebeca Scherer e Benedito Lima de Toledo, representando o departamento, contou com a participação de Maria Lígia Coelho Prado, Edgar de Decca e Lygia Arcuri Eluf –, pela paciente, generosa e minuciosa discussão de variados temas e por lançar luzes sobre numerosas questões.

A Giuseppe Basile, Marly Rodrigues, Ana Luiza Martins, Silvana Rubino, Cristina Meneguello, Telma de Barros Correia, colegas de eventos científicos e bancas e aos companheiros de investigações, que muito contribuíram para o resultado deste trabalho –Ana Paula Farah, Antonio Mello Jr., Ascensión Hernández, Beatrice Vivio, Carmen Espegel, Claudia S. Rodrigues de Carvalho, Cecília Rodrigues dos Santos, Gabriela Lee, Heloísa Barbuy, Letícia Leitão, Lia Mayumi, Paulo César Garcez Marins, Pilar Biel –, pelas sugestões bibliográficas e de casos de estudo, por compartilhar de suas investigações, pela ajuda na pesquisa iconográfica e pelo debate de diversas questões.

Aos caros amigos Antonio Soukef Jr. e Manoela Rossinetti Rufinoni, pela troca de informações e material iconográfico.

Aos colegas e estudantes de graduação e pós-graduação, com quem aprendo continuamente, que desenvolveram e desenvolvem temas afins a esta pesquisa, em especial Ana Clara Giannecchini, Aline Carvalho, Aline Montagna da Silveira, Claudia dos Reis e Cunha, Cristiane Ikedo Bardese, Débora de Fátima Lima Veiga, José Hermes Martins Pereira, Licia Mara Alves de Oliveira, Ludmilla T. S. de Lima Pauleto, Priscila Henning, Rita de Cássia Francisco, Vera Wilhelm e Wayne Almeida de Sousa.

Às instituições, listadas ao final deste livro, que propiciaram a consulta de seus acervos, essenciais para o desenvolvimento do trabalho; em especial à Biblioteca da FAU-USP e a todos os seus funcionários, e à Biblioteca do ICCROM, em Roma, com um particular reconhecimento por seus diretores Marie-Christine Uginet e Paul Arenson, cuja gentil assistência muito contribuiu para os êxitos desta pesquisa.

A Renata Maria Parreira Cordeiro e Gladys Mugayar Kühl pela paciente revisão do texto.

Aos amigos Annick e Philippe Le Blanc, Carmen Espegel, Gabriela Lee, Paula Cordeiro, Teresa Patrício e Jean-Marc Basyn, Monica Garcia Robles, Pierre Smars, Adriana e Ricardo Moreira, Sylvia e Sérgio Kamimura, pelo companheirismo e suporte ao longo de todo o caminho.

A Jean Paul Metzger, Martha e Nelson Kühl pela ajuda e interesse em todas as fases.

E mais uma vez a Fernanda, Maria Lucia, José Eduardo, Bendito, Suzana, Mônica, Maíque, Cláudia (Carvalho), Bea e Vincenzo, João e Simona por todo o carinho e paciência no decorrer do processo.

A Terry Little, pelo fundamental apoio moral e logístico.

Por fim, manifesto minha imensa gratidão a Walter, Gladys e Paulo Kühl, pelo apoio incondicional, sempre, em tudo.

Introdução

RARAMENTE AS QUESTÕES CONCEITUAIS relacionadas com a preservação do patrimônio arquitetônico vinculado ao processo de industrialização são debatidas; a não-observação dos princípios teóricos do restauro na prática, porém, tem consequências nefastas e graves. O intuito deste livro é justamente evidenciar a aplicabilidade dos atuais instrumentos teóricos do restauro para guiar as intervenções concretas nesses bens. Para tanto, serão analisados os preceitos de restauração de bens culturais que fundamentam os debates hoje em dia, explorando o contexto em que foram formulados, o modo como depois foram interpretados para circunstâncias diversas e seu emprego para o legado da industrialização. Determinados problemas serão examinados através de alguns casos de intervenção no patrimônio industrial paulista.

Para abordar essas questões, foram perscrutadas, de modo extenso, referências sobre temas ligados à teoria de restauração e à sua transformação ao longo do tempo[1]. Paralelamente, foram feitas buscas sistemáticas em bases de dados e catálogos eletrônicos disponíveis na rede mundial de computadores sobre a bibliografia que trata da preservação do patrimônio industrial[2]. Foram ainda

1. Parte dos resultados obtidos sobre as transformações das teorias de restauro ao longo do tempo já foi publicada pela autora (ver nas referências bibliográficas a produção no item Teoria da Restauração). Desse modo, no que respeita a esse tema, remete-se à bibliografia específica, retomando, porém, determinados aspectos na medida em que interessarem mais diretamente à abordagem do livro, em especial as formulações a partir de meados do século XX. Outros resultados da pesquisa relativos a questões recentes na restauração e à preservação do patrimônio industrial foram publicados parcialmente em artigos ou atas de congresso; permanecem no corpo deste livro, revistos, por ser este seu local de origem, e por serem parte integrante e essencial da discussão.
2. Em especial no Canadian Heritage Information Network (www.bcin.ca). O endereço é de muita valia, pois o seu catálogo é atualizado de forma periódica e tem, entre as instituições colaboradoras, algumas das principais bibliotecas ligadas à preservação de bens culturais, tais como:

pesquisados artigos de periódicos sobre intervenções recentes em edifícios industriais em revistas de arquitetura voltadas à produção contemporânea[3].

A partir do exame desses textos, foi possível constatar que alguns problemas são muito raramente tratados. No que concerne aos objetivos deste trabalho, uma das lacunas se refere às análises das intervenções feitas na arquitetura industrial à luz dos princípios que regem a restauração. Entre as referências encontradas através da busca sistemática nas bases de dados e nos periódicos e aquelas surgidas no decorrer da própria investigação, somadas aos textos relacionados com o enfoque desta pesquisa examinados durante o mestrado e o doutorado (tratando da arquitetura do ferro e da preservação do patrimônio industrial e ferroviário), foram consultados mais de quatro centenas de escritos. Dentre eles, cerca de trinta, somente, abordavam a preservação do patrimônio industrial fazendo menção às teorias de restauro e muitos deles não aprofundavam essa abordagem. Isso mostra que o enfoque específico deste estudo é, na verdade, muito pouco explorado. O que não quer dizer que grande parte dos escritos devesse ocupar-se desse aspecto, ou que as publicações analisadas sejam desprovidas de interesse, ou que esse fato constitua algum tipo de demérito para os trabalhos analisados. Pelo contrário.

Canadian Information Institute (CII); Smithsonian Center for Materials Research and Education (SCMRE); Getty Conservation Institute (GCI & AATA); International Centre for the Study of the Preservation and Restoration of Cultural Property (ICCROM); International Council of Museums (ICOM); International Council on Monuments and Sites (ICOMOS). A busca foi feita pelos temas "arquitetura industrial", "arqueologia industrial", "patrimônio industrial", "arquitetura ferroviária", sempre associados à "preservação". Após a análise do material obtido, foram selecionados os textos através de seus resumos (fornecidos pela própria base de dados), e foram pesquisados de modo sistemático aqueles que se mostravam mais diretamente relacionados com o enfoque da investigação nas bibliotecas do ICCROM e da Faculdade de Arquitetura da Sapienza, em Roma. Foram examinadas 337 referências sobre preservação do patrimônio industrial; desses textos, apenas três dezenas abordavam o tema sob a óptica da sua relação com as teorias de restauro (os textos estão listados na bibliografia). Para um breve resumo dos temas tratados nesses escritos v. Beatriz Mugayar Kühl, *Preservação do Patrimônio Arquitetônico da Industrialização: Problemas Teóricos de Restauro*, São Paulo, FAU-USP, Tese de livre-docência, 2006, pp. 271-324.

3. Foram analisadas as publicações sobre transformações de edifícios industriais, de janeiro de 1997 a dezembro de 2004, nas seguintes revistas: em âmbito brasileiro, *AU* e *Projeto*; em âmbito internacional, *The Architectural Review*, *Architecture d'Aujourd'hui*, *Architektur Innenarchitektur Technischer Ausbau*, *Arquitectura Viva*, e *Domus*. Essa pesquisa foi feita na biblioteca da FAU-USP e os periódicos foram escolhidos por sua qualidade, por serem significativos em seus respectivos ambientes culturais e pelo fato de a FAU-USP ter assinatura dessas revistas sem solução de continuidade. A busca não teve como objetivo traçar um panorama sistemático e completo dos debates sobre intervenções em edifícios industriais, nem fazer uma análise estatística, mas ter uma visão representativa, ainda que parcial, de como a questão vem sendo tratada. O levantamento nas revistas foi feito em conjunto com os então alunos da FAU-USP, Cristiane Ikedo Bardese e Wayne Almeida de Sousa. Foram examinados 108 artigos sobre intervenções em edifícios industriais (listados ao final deste livro), não se encontrando neles menções a aspectos teóricos do restauro. Para um breve resumo dos temas dos artigos, v. B. M. Kühl, *Preservação...*, pp. 325-352.

Existe, em grande parte dos textos, a preocupação em explicitar o que é arqueologia industrial, em apontar a importância do patrimônio industrial, discutir métodos de inventário e analisar casos de estudo, trabalhos que se têm multiplicado no Brasil recentemente. No que tange às análises de intervenções, por se tratar, na maioria das vezes, de artigos de periódicos ou de textos publicados em anais de congressos, com extensão limitada, parte significativa do material é descritiva. As exceções acontecem com maior frequência nos escritos italianos[4], tanto os produzidos nos anos 1970, quanto textos mais recentes, que, pelo menos, mencionam a existência de referenciais teóricos na preservação; mas, por muitas vezes não ser a abordagem perseguida, o tema não é aprofundado.

Em alguns escritos, são discutidas questões pungentes, como a quem interessa o patrimônio industrial e se existe de fato um futuro para esse tipo de legado[5], além de análises sensíveis sobre questões de projeto e da dimensão urbana, econômica e social que a arqueologia industrial possui[6]. É significativo, porém, que apenas um pequeno número de textos, mesmo quando são apresentados estudos de casos de intervenções em edifícios industriais, aborde os princípios perseguidos na restauração e façam menção explícita aos fundamentos teóricos que regem a disciplina. As análises dos escritos e dos casos de estudo mostram, também, que o tema vem sendo tratado fora do âmbito da

4. Cf. por exemplo os textos: *Archeologia Industriale. Atti del Convegno Internazionale di Milano 24/26.06.1977*, Milano, Clup, 1978; Aldo Castellano (org.), *La Macchina Arrugginita. Materiali per un'Archeologia dell'Industria*, Milano, Feltrinelli, 1982; Marco Dezzi Bardeschi, Filippo Tartaglia. *Architetture Lombarde Dimenticate*, Firenze, Alinea, 1991 (agradeço a Simona Salvo pela referência); Giancarlo Macinini, Giancarlo Rosa, Adolfo Sajeva, *Archeologia Industriale*, Firenze, Nuova Italia, 1981; Antonello Negri, Massimo Negri, *L'Archeologia Industriale*, Messina, D'Anna, 1978; Sergio Ricossa (org.), *Archeologia Industriale e Dintorni*, Torino, Allemandi, 1993.

5. Cf. por exemplo: Margaret Cox, "Does the Industrialist Want to Conserve our Industrial Heritage?", *Industrial Archaeology Review*, 1985, vol. 7, n. 2, pp. 190-197; Christien Devilliers, "L'Architecture Industrielle ou la Crise du Monument Historique", *Monuments Historiques*, 1977, n. 3, pp. 1-5; Hubert Krins, "Haben Denkmäler der Industrie – und Technikgeschichte eine Zukunft?", *Denkmalpflege in Baden-Württenberg*, 1991, vol. 20, n. 1, pp. 69-79; Annette Vasström, "Preservation of Industrial Heritage – What Purpose?", em: *Industrial Heritage – Austria 1987. Transactions 2*, Wien, TICCIH, 1990, pp. 180-188.

6. Cf. a análise feita por Giorgio Muratore, "Il Territorio dell'Archeologia Industriale come Luogo del Progetto", em: *De Vulgari Architectura. Indagine sui Luoghi Urbani Irrisolti*, Roma, Officina, 2000, pp. 167-173 (agradeço a Simona Salvo pela referência). Esses temas são ainda reconhecidos e enfatizados na Carta Internacional para a Salvaguarda das Cidades Históricas, documento adotado na VIII Assembleia Geral do ICOMOS em Washington em 1987, por isso conhecida como Carta de Washington: "O planejamento da salvaguarda das cidades e bairros históricos deve ser precedido de estudo pluridisciplinares. O plano de salvaguarda deve incluir uma análise dos dados, designadamente arqueológicos, históricos, arquitetônicos, técnicos, sociológicos e econômicos, e definir as principais orientações e modalidades de ação a empreender nos campos jurídico, administrativo e financeiro". ICOMOS, *Carta de Washington*. Versão em português consultada no sítio do IPHAN: www.iphan.gov.br/legislação (acesso em 19.10.2004).

preservação. Ou seja, a atuação no patrimônio industrial é encarada – assim como Cláudio Varagnoli evidencia para a arquitetura moderna (e questiona e condena) –, como um "restauro à parte"[7], ou seja, externamente ao campo disciplinar em que deveria recair, que é o da restauração de bens culturais. Busca-se neste trabalho uma aproximação do debate a esse domínio do saber.

Parte relevante do legado da industrialização é patrimônio cultural e seu tratamento envolve um conjunto complexo de problemas. Um deles, por exemplo, decorre das vastas áreas que em geral ocupam os conjuntos industriais, e faz com que sua preservação assuma papel estratégico e esteja ligada de forma indissolúvel com a escala urbana e, muitas vezes, também territorial. Ademais, com frequência, esses complexos estão em zonas centrais de várias cidades e sobre eles incide considerável pressão da especulação imobiliária, fator que deve ser equilibrado com cura. Primordiais são as questões relacionadas com a história – da arquitetura, do urbanismo, da economia, da engenharia, da técnica, do trabalho etc. –, e as discussões vinculadas à antropologia, à geografia e à sociologia. O valor afetivo e simbólico associado a determinadas atividades produtivas e ao trabalho, a vinculação de variadas comunidades com seu passado industrial e o potencial político e econômico das transformações, possuem grande relevância e devem ser devidamente examinados e ponderados.

O debate sobre o papel memorial desses bens, a importância social do legado da industrialização, os estudos antropológicos e históricos, em suas várias possíveis vertentes, são temas do maior valor, pois evidenciam, através de múltiplos enfoques, de maneira articulada ou isolada, o interesse desse tipo de patrimônio para a preservação, ou seja, as razões para preservá-lo, com importantes repercussões nos modos de atuação[8]. É também da maior relevância a inter-relação entre restauro e o planejamento urbano e territorial, e questões econômicas e políticas.

Cada um dos assuntos supracitados é merecedor de minuciosos estudos específicos. É necessária ainda uma tratativa que os articule, pois se esses estudos permanecerem isolados, não proporcionarão uma compreensão abrangente do tema, acarretando, assim, limites para um aprofundamento ulterior do próprio assunto específico. A importância dessas várias questões será devidamente ressaltada ao longo deste livro, remetendo-se à bibliografia pertinente,

7. Claudio Varagnoli, "Un Restauro a Parte?", *Palladio*, 1998, vol. 12, n. 22, pp. 111-115.

8. O porquê de preservar a arquitetura industrial (que leva ao que tutelar, ou seja, ao processo de identificação dos bens reconhecidos como de valor cultural) foi tratado, do ponto de vista específico da história da arquitetura, em trabalho anterior e sob esse prisma será retomado neste trabalho. Ver Beatriz Mugayar Kühl, *Arquitetura do Ferro e Arquitetura Ferroviária em São Paulo: Reflexões sobre a sua Preservação*, São Paulo, Ateliê Editorial / SEC / Fapesp, 1998.

buscando evidenciar que só uma abordagem ampla e multidisciplinar pode oferecer caminhos consistentes para o estudo do legado da industrialização.

A totalidade desses problemas, no entanto, não será explorada a fundo neste texto. O que se procura aqui é perquirir uma faceta específica da questão, também essencial, mas que tem sido frequentemente negligenciada: a discussão dos preceitos teóricos que deveriam reger as intervenções práticas em edifícios vinculados ao processo de industrialização – a saber, a metodologia e princípios teóricos da restauração de bens culturais aplicados para bens arquitetônicos industriais – para que, de fato, possam ser transmitidos da melhor maneira possível ao futuro. Claro está que existe uma relação mútua entre todos os fatores; no entanto, a teoria da restauração (assim como os outros campos envolvidos) possui certas especificidades que devem ser sempre levadas em conta, na presença e na ausência de estudos mais abrangentes e de propostas mais amplas, como as que abarcam o planejamento urbano, por exemplo. Com ou sem análises mais extensas, a teoria do restauro oferece parâmetros para o reconhecimento dos bens de interesse para a preservação e o modo de atuar sobre eles, sendo tanto mais eficaz quanto maior for o entendimento entre os vários campos disciplinares; na falta de estudos extensos, porém, dá instrumentos para que se atue de maneira conscienciosa, transformando sem deformar e destruir aleatoriamente os testemunhos de outras épocas.

Retomam-se, pois, os princípios de um campo disciplinar constituído, a restauração que, calcada nas humanidades e nas ciências naturais, perscruta os aspectos históricos, formais e de constituição material desses bens, oferecendo preceitos adequados para que essas obras possam, de fato, continuar a ser documentos fidedignos e, como tal, servir como efetivos suportes de várias estratificações do conhecimento e da memória coletiva, e, desse modo, ser analisadas de forma idônea pelos campos da antropologia, da história, da sociologia etc. Assim fazendo, abordam-se questões relativas a "para quem restaurar" e enfatiza-se que se preserva para a sociedade de forma ampla, considerando o tempo na longa duração, com o dever de se afastar de ações imediatistas ditadas por interesses setoriais.

São muitas as áreas que se devem ocupar da preservação, entendida num sentido lato; mas para que a intervenção prática num bem (ou conjunto de bens ou a própria estratificação de um território ao longo do tempo) seja apropriada – isto é, para que não o desnature nem falsifique – deve-se enfatizar que existe um campo disciplinar específico que se ocupa do problema, a restauração, que é um campo disciplinar autônomo (algo diverso de campo disciplinar isolado), que necessita da articulação de variados domínios do saber. Restauração que tem suas raízes no Renascimento e se vem conformando como campo do saber, num contínuo intercâmbio entre teoria, prática e propostas legislativas, desde finais do século XVIII, assumindo uma paulatina e devida autonomia há cerca de um século; possui, assim, referenciais teórico-metodológicos e técnico-operacionais que lhe são próprios.

O intuito deste livro é evidenciar quais os instrumentos teórico-metodológicos atualmente oferecidos pela restauração e como podem ser aplicados para o patrimônio industrial. Essa discussão estabelece bases para posteriores e necessários trabalhos articulados com as outras áreas do saber, e para um paulatino confrontar entre teoria e prática de intervenções. O que se procura apresentar neste trabalho é, portanto, uma das ferramentas necessárias para promover um real aprofundamento das questões envolvidas, que não deve permanecer isolada em si mesma; esse é, porém, um passo necessário para estabelecer bases seguras para posteriores discussões abrangentes, e sempre conflituosas, entre os vários campos do saber concernidos.

O inventário do patrimônio industrial é tema da maior relevância e instrumento essencial para a preservação e sua importância será devidamente ressaltada. No entanto, é trabalho cumulativo que requer tempo, sendo, necessariamente, investigação de ampla equipe multidisciplinar – se o intuito for de fato registrar de modo extenso e sistemático os remanescentes das atividades de produção e dos meios de comunicação e transporte resultantes do processo de industrialização, que estão espalhados por todo o Estado de São Paulo – que extrapola os limites e objetivos de uma reflexão individual. Esta pesquisa não teve, pois, o intento de fazer um levantamento exaustivo da arquitetura industrial em São Paulo, nem discorrer sobre todos os casos de intervenções recentes no Estado, nem mesmo aqueles examinados nas referências bibliográficas.

Ciente, porém, da importância desse tipo de trabalho, foram oferecidas contribuições para um possível inventário em outros estudos[9] e em pesquisas realizadas por alunos de graduação sobre a arquitetura industrial – através de projetos de iniciação científica, de trabalhos finais de graduação[10] e de

9. Em especial B. M. Kühl, *Arquitetura...*, 1998.

10. A exemplo dos trabalhos orientados na FAU-USP, como duas iniciações científicas, com bolsa Fapesp, sobre o patrimônio industrial da Mooca desenvolvidas ao longo de 2003 por Cristiane Ikedo Bardese e Wayne Almeida de Sousa, que depois continuaram o trabalho no TFG em 2004, intitulados, respectivamente, *Preservação de Edifício Industrial na Mooca* e *O Patrimônio Industrial da Mooca: Intervenção em um Edifício Industrial*. No mesmo ano, destacam-se ainda os trabalhos de Ana Clara Giannecchini, *Questões da Preservação do Patrimônio Industrial em São Paulo* e o de Carolina del Bem Pádua, *Restauro de Estação Ferroviária: Estação da Paulista em Piracicaba*, em coorientação com Antônio C. Barossi. Em 2003, 2004 e 2006, os alunos da disciplina de graduação "AUH 127 – Conservação e Restauração do Patrimônio Arquitetônico" da FAU-USP, oferecida conjuntamente com as professoras Maria Lucia Bressan Pinheiro e Fernanda

pesquisas de disciplina optativa – e por estudantes da pós-graduação, com vários mestrados e doutorados vinculados à herança da industrialização[11]. Esses trabalhos oferecem contribuições para um necessário levantamento da arquitetura industrial em São Paulo, havendo um intercâmbio de subsídios entre as várias pesquisas.

São feitas, ao longo do texto, menções frequentes aos documentos do International Council on Monuments and Sites (ICOMOS; Conselho Internacional de Monumentos e Sítios) órgão vinculado à UNESCO, em especial à Carta de Veneza (1964), que versa sobre a preservação de monumentos históricos e à Carta de Washington (1987). Os documentos do ICOMOS são considerados fundamentais por uma série de razões, tais como: o fato de serem fruto de reuniões científicas internacionais que contaram com a participação de notáveis estudiosos; por constituírem efetivas contribuições para o tratamento dos temas, tendo sido debatidos, analisados e reinterpretados em diversos ambientes culturais; por se terem consolidado como referências internacionais significativas, adquirindo importância crescente com o decorrer do tempo; pelo fato de seus princípios serem, em larga medida, válidos para o contexto brasileiro[12]. Dado o caráter indicativo dessas cartas, ou no máximo prescritivo para determinadas situações, mas jamais normativo, pois os enunciados devem ser harmonizados com as diversas realidades e legislações existentes, os princípios nelas contidos devem ser interpretados e aprofundados para a

Fernandes, e que contou com Manoela Rossinetti Rufinoni como estagiária do Programa de Aperfeiçoamento do Ensino, elaboraram levantamento de edifícios industriais, tendo até agora sido levantados cerca de vinte edifícios em São Paulo.

11. A exemplo das dissertações de mestrado defendidas na FAU-USP (ver Bibliografia) de Manoela Rossinetti Rufinoni, *Patrimônio Industrial na Cidade de São Paulo: O Bairro Operário de Mooca* (2004); de Cláudia dos Reis e Cunha, *O Patrimônio Cultural da Cidade de Sorocaba: Análise de uma Trajetória* (2005); de Ludmilla Tidei Sandim de Lima Pauleto, *Diretrizes para Intervenções em Estações Ferroviárias de Interesse Histórico no Estado de São Paulo: As Estações da Noroeste do Brasil* (2006); de José Hermes Martins Pereira, *As Fábricas Paulistas de Louça Doméstica: Estudo de Tipologias Arquitetônicas na Área de Patrimônio Industrial* (2007); e de Rita de Cássia Francisco, *As Oficinas da Companhia Mogiana de Estradas de Ferro: Arquitetura de um Complexo Produtivo* (2007). Teses de doutorado sobre o tema – como as de Manoela Rufinoni e Claudia dos Reis e Cunha – estão em andamento.

12. Outra razão decorre do fato de a autora ser membro do ICOMOS (inicialmente do ICOMOS-Bélgica e atualmente do ICOMOS-Brasil) e, como tal, deveria atuar de acordo com as cartas e doutrinas do ICOMOS, de suas convenções internacionais e recomendações da UNESCO. Isso está explicitado na Declaração de Compromisso Ético para os membros do ICOMOS (o texto foi revisto em 2002, ver o sítio da instituição www.icomos.org – último acesso em 12.7.2007), que reitera a validade e pertinência da Carta de Veneza para a conservação e restauração de monumentos. Não se trata de "obediência cega" a regras aleatórias, mas, sim, de escolha pessoal, por aproximação intelectual e deontológica aos princípios enunciados nas cartas.

situação brasileira. Desenvolve-se, assim, um esforço que visa a contribuir para essa discussão.

Aos que poderiam objetar que a Carta de Veneza é um documento "ultrapassado", convém lembrar que nenhuma outra carta foi elaborada até os dias de hoje para substituí-la, não por negligência intelectual por parte dos integrantes do ICOMOS, mas porque seus princípios são considerados fundamentalmente válidos para o trato de edifícios de interesse para a preservação, continuando a ser o documento-base da instituição. O que se tem feito, em função do alargamento daquilo que passou a ser considerado bem cultural – que abrange número e tipos de bens cada vez mais variados e um passado cada vez mais próximo – é produzir documentos integrativos e de aprofundamento, como a Carta de Florença (1981) sobre jardins históricos, a Carta de Washington (1987) que versa sobre cidades históricas e áreas urbanas, a Carta para a Proteção e Gestão do Patrimônio Arqueológico (1990), a Carta para a Proteção e Gestão do Patrimônio Subaquático (1996), a Carta Internacional de Turismo Cultural (revista em 1999), as discussões presentes no Documento de Nara (1994) sobre a Autenticidade, a Convenção para a Salvaguarda do Patrimônio Imaterial[13] e a Carta de Princípios para a análise, conservação e restauração estrutural da herança arquitetônica, resultantes da Assembleia Geral no Zimbábue em 2003.

Não se deve, porém, confundir as Cartas adotadas pela Assembleia Geral do ICOMOS com resoluções e declarações resultantes de simpósios do ICOMOS, como o Documento de Nara sobre a autenticidade, cujo objetivo é expor uma dada discussão e dar subsídios a ela; ou seja, não possui caráter indicativo ou prescritivo das Cartas. No Documento de Nara são reconhecidas a diversidade cultural e a pluralidade de formas de lidar com o passado. Deve-se ainda lembrar que no Documento de Nara são reafirmados os postulados da Carta de Veneza[14]. Tampouco as Cartas adotadas pela Assembleia Geral podem ser assimiladas às Cartas dos Comitês Nacionais de países vinculados ao ICOMOS, como a Carta de Burra, do Comitê do ICOMOS-Austrália, que são "válidas" apenas para um dado país, e não são ratificadas pela Assembleia Geral[15]. São

13. Para uma análise aprofundada de diversos aspectos relacionados com o patrimônio imaterial, tema que não será contemplado neste livro, e para bibliografia complementar, ver, por exemplo, Cecília H. G. R. dos Santos, *Mapeando os Lugares do Esquecimento*, São Paulo, FAU-USP, Tese de doutorado, 2007.

14. Nara Document on Authenticity, *Nara Conference on Authenticity*, Paris, UNESCO, 1995, p. XXI. "O Documento de Nara sobre a Autenticidade é concebido no espírito da Carta de Veneza, 1964, baseando-se nele e ampliando-o de modo a responder à ampliação das preocupações e interesses daquilo que é considerado patrimônio cultural em nosso mundo contemporâneo."

15. Basta ver a classificação que o próprio órgão faz dos documentos: todos estão disponíveis na rede, mas separados em diferentes categorias – ver sítio do ICOMOS, www.icomos.org (último acesso em 12.7.2007).

documentos relevantes para ampliar a discussão, e desse modo são devidamente veiculados através do sítio do ICOMOS, mas não têm o aval dos comitês dos países representados na Assembleia Geral.

No que se refere ao Brasil, convém relembrar que nossas raízes culturais mais fortes são latinas, e não anglo-saxãs, nem orientais, e que nossa concepção do tempo é de origem judaico-cristã, linear, e não circular[16]. Pelo menos por nossa filiação cultural, independente ou não de um presumido "eurocentrismo", estamos mais próximos da Carta de Veneza, no que se refere a aspectos da autenticidade e materialidade dos bens, do que de certas colocações feitas durante a Conferência de Nara ou presentes na Carta de Burra[17].

Sempre no sentido de alargar o debate, existe uma série de outros documentos (veiculados através do sítio do IPHAN) que trazem elementos de grande interesse, como as Normas de Quito, de 1967, resultado da Reunião sobre conservação e utilização de monumentos e lugares de interesse histórico feita pela Organização dos Estados Americanos, a Declaração de Amsterdã (1975), resultado do Congresso do patrimônio arquitetônico europeu, o Manifesto de Amsterdã (1975), que é a Carta europeia do patrimônio arquitetônico, e a Declaração do México (1985), resultado da Conferência mundial sobre políticas culturais.

Uma questão, relacionada com as cartas patrimoniais e a outras formulações conceituais, que é retomada no decorrer deste trabalho, refere-se a uma atitude, que tem sido comum por parte de alguns profissionais da arquitetura (e também de outras áreas), de desconsiderar os referenciais da restauração: uns porque simplesmente desconhecem a existência de uma reflexão sobre o tema, outros por depreciar formulações teóricas existentes através de pseudointerpretações, apressadas, de todo infundadas e equivocadas, se analisadas à luz de uma acurada crítica epistemológica. Isso é verificável em comentários a respeito da Carta de Veneza, ou de certas formulações de Alois Riegl, Camillo Boito ou Cesare Brandi, por exemplo. Frases são tiradas de contexto (desprezando o conjunto da obra) e elaboram-se interpretações restritivas e deformadoras, considerando, através desse procedimento, inválidos os princípios contidos na Carta de Veneza, ou ultrapassados aqueles formulados por Cesare Brandi. Esse tipo de operação deturpadora é utilizado, como no caso de Riegl ou Boito, para avalizar posturas que não encontram respaldo concreto

16. A bibliografia sobre temas vinculados à história e à memória será mencionada no decorrer do trabalho. Por ora, remete-se a Jacques Le Goff, *História e Memória*, Campinas, Editora da Unicamp, 2003.

17. No que respeita a aspectos do tratamento da questão em órgãos internacionais vinculados à UNESCO – ICOMOS e ICCROM – em que é primordial acolher as diferentes visões de tempo e de relação com o passado das diversas culturas, ver a produção de Jukka Jokilehto.

nos escritos desses autores (esses temas serão analisados ao longo do livro). O problema também se estende ao exame da lei de tombamento, das instâncias federal, estadual e municipal. Apesar de as leis brasileiras serem lacônicas no que se refere a princípios de restauro e às modalidades de intervenção, existem métodos de interpretação filiados à gnoseologia e à hermenêutica (e utilizados na jurisprudência), que permitem uma abordagem voltada a dilatar e compreender de forma mais profunda uma dada formulação, com base numa cuidadosa crítica epistemológica.

Esses instrumentos devem ser usados no exame de todo e qualquer texto para que de fato se faça uma leitura fundamentada, e não redutiva, parcial e muitas vezes enganosa. Desse modo, é necessário elaborar uma acurada análise do texto, em sua totalidade, e não extrair frases de contexto de forma a negar a própria essência do escrito. No caso de cartas resultantes de encontros científicos, recomenda-se a leitura escrupulosa também das atas do evento para se ter uma compreensão aprofundada do contexto e das razões que levaram a uma determinada formulação. Exemplo significativo é dado pela própria Carta de Veneza, em que, nas atas, o relator, Raymond Lemaire, explicita os critérios perseguidos e as diferenças em relação à Carta de Restauração de Atenas[18]. Deve-se ainda fazer um estudo meticuloso da produção científica sobre o tema que precedeu a elaboração de um dado escrito, para entender as várias transformações por que passaram as discussões sobre o assunto e os referenciais teóricos do campo. Esse estudo deve também ser acompanhado da análise de propostas contemporâneas à formulação examinada e de um amplo conhecimento da produção do autor, ou autores, para conhecer as várias vertentes do pensamento sobre o tema e as circunstâncias em que foram feitas. Essas análises permitem explorar o contexto em que determinados instrumentos teóricos foram criados e como, depois, foram apropriados e transformados. Por fim, deve-se examinar o escrito à luz de pormenorizada análise teleológica, ou seja, entendê-lo em razão dos objetivos a que se propõe.

São métodos que permitem ampliar o entendimento de uma dada formulação para elaborar uma interpretação pertinente e alicerçada, que é algo totalmente diverso daquilo que tem ocorrido, que é tirar frases de contexto, alterar e deformar o sentido, negar e propor o contrário daquilo que o escrito estabelece ou recorrer à autoridade de um determinado autor para afirmar aquilo que ele não diz. A falta de preparo e de tradição em crítica epistemo-

18. ICOMOS, *Il Monumento per l'Uomo. Atti del II Congresso Internazionale del Restauro. Venezia 25-31 maggio 1964*, Padova, ICOMOS – Marsilio, 1971, pp. 147-152. Uma versão eletrônica do livro, em formato "pdf", pode ser obtida através do sítio do ICOMOS (www.icomos.org; último acesso em 12.7.2007).

lógica por parte de muitos arquitetos – para os quais a *theoría* e a gnoseologia são obscenidades sem sentido e utilidade – produzem deformações de leitura dos textos que fundamentam o campo absolutamente estarrecedoras. Existem limites de pertinência para a interpretação, estabelecidos por métodos rigorosos – que têm por objetivo o conhecimento – vinculados à gnoseologia (teoria do conhecimento), epistemologia, hermenêutica.

O fato de o pensamento dos variados autores de um determinado campo não ser coincidente em tudo – algo que por vezes é invocado para contestar a relevância de utilizar esses instrumentos teóricos – não invalida a utilização dessas referências para uma reflexão. Não há, na história do pensamento humano, dois autores que coincidam integralmente em tudo, em nenhuma área do conhecimento. Existem posturas que possuem convergências e aproximações em determinados temas e divergência em outros, que ajudam a delimitar problemas, estabelecendo referenciais que são contribuições significativas para seus campos disciplinares e importantes recursos para a reflexão. Ajudam a circunscrever campos, que são sempre, necessariamente, amplos; algo distinto de convergir para um ponto apenas. Circunscrever um campo auxilia na definição daquilo que de fato é pertinente a ele, separando do que exorbita completamente de seus temas e objetivos.

No Brasil, o debate sobre os princípios teóricos da restauração que deveriam reger a atuação prática nos bens culturais é recente e incipiente. Os trabalhos, de enorme interesse, que se têm acumulado nas últimas décadas se voltam a variados aspectos do problema, como o estabelecimento e transformação dos órgãos de preservação, as políticas públicas patrimoniais, os instrumentos jurídicos existentes, as implicações do tema no campo sociológico, antropológico e historiográfico, a discussão sobre o papel da memória, e serão citados no decorrer do livro. No entanto, no que respeita às modalidades de intervenção e aos princípios teóricos que deveriam regê-las, existe uma lacuna, apesar de vários esforços realizados[19].

Desse modo, são feitas referências frequentes a autores de outras nacionalidades, que ajudaram a definir e conformar o campo do restauro ao longo do tempo. Convém lembrar que o fato de a maioria dessas referências advirem da Europa não implica que sejam desprovidas de relações com a realidade brasileira, essencialmente por existirem raízes culturais comuns, por se utilizar a memória, do ponto de vista psicossocial, apesar das muitas especificidades

19. Deve-se destacar, inclusive, a produção do próprio AUH da FAU-USP, em que vários de seus professores se dedicaram e se dedicam a temas da preservação, tais como Antônio L. Dias de Andrade, Benedito Lima de Toledo, Carlos Alberto Cerqueira Lemos, Gustavo Neves da Rocha Filho, Júlio Roberto Katinsky, Murillo Marx e Nestor Goulart Reis Filho, entre outros.

dos vários ambientes, de maneira semelhante, e da filiação, como mencionado, a uma noção linear do tempo.

Muitos dos textos consultados durante todo o processo de pesquisa não são encontráveis em bibliotecas brasileiras. São, por isso, reportados amiúde em notas no decorrer deste texto. Escolheram-se algumas citações para ilustrar determinados aspectos do pensamento dos autores; apesar de fragmentários, esses trechos são úteis para mostrar a relevância, consistência e antiguidade de algumas discussões abordadas neste livro. Pelo fato de o pensamento de muitos dos autores não ser conhecido no Brasil, nem as discussões teóricas vinculadas à preservação serem difundidas de maneira ampla, procurou-se, cada vez que se abordou um assunto específico, retomar certos princípios fundamentais para circunscrever o debate em relação a seus referenciais teóricos. Por isso, repetem-se certos preceitos ao longo do texto; esse procedimento não tem por intuito tornar a discussão redundante, mas, sim, reiterar determinados princípios e, a partir de uma sólida base, aprofundar aspectos do debate.

Ao se recorrer a formulações de autores de outras nacionalidades[20], não se propõe uma "obediência" cega a referenciais exógenos – uma vez que se pretende deixar claro que a restauração é campo filiado às humanidades e histórico-crítico por origem e por natureza, o que sempre exige uma aproximação crítica, jamais imponderada –, muito menos de atitude colonizada. Propõe-se, na verdade, que se reflita sobre instrumentos, consistentes, que existem e que podem ser úteis se reinterpretados para a realidade brasileira. Ou seja, não se trata de inventar a roda; trata-se de selecionar e conformar aquelas que podem ser mais apropriadas às questões brasileiras.

Procura-se, ao longo de todo o texto, enfatizar que a preservação de bens culturais, como começou a ser entendida principalmente a partir de finais do século XVIII, fundamenta-se em razões culturais num sentido lato – pelos aspectos estéticos, históricos, educacionais, memoriais e simbólicos – científicas – pelo conhecimento que essas obras trazem em vários campos do saber, tanto para as humanidades quanto para as ciências naturais – e éticas – que direito temos de apagar os traços de gerações passadas e privar as gerações futuras da possibilidade de conhecimento de que esses bens são portadores –, voltando-se às variadas formas de expressão do fazer humano. Diferencia-se, pois, de ações de cunho prático, que prevaleceram para qualquer obra legada por outras épocas até que a preservação se consolidasse como ato de cultura, quando se passou a dar uma atenção distinta a determinados tipos de bem

20. As traduções das citações, quando não existem edições em português dos textos, são da autora.

nos quais se reconhecia um significado cultural. Em tempos recentes, as razões pragmáticas, muitas vezes disfarçadas de ações culturais, voltaram a prevalecer, mesmo em relação a obras reconhecidas legalmente como patrimônio cultural. Imperam razões que trazem benefícios materiais, esquecendo-se das raízes espirituais e humanísticas que motivam o campo. Ou seja, muitas das ações, hoje, são ditadas por questões utilitárias: pelo uso, pela especulação em busca de maiores lucros, para obter visibilidade na mídia, também com intuitos político-eleitorais (resultante de certas práticas político-partidárias atuais e não da política entendida no sentido de uma administração pública voltada ao bem da coletividade), negando a origem, os objetivos e a própria essência da preservação como ato de cultura que tutela a memória e o conhecimento.

Um aspecto da maior relevância é discutir o papel do restauro na sociedade contemporânea. Pode-se refletir sobre o tema através de sua relação com a técnica. Se a técnica for tomada em sua essência – e não num sentido redutor de tecnicismo-cientificidade, de tecnicalidade, de aparatos tecnológicos para exercitar determinadas tarefas –, e entendê-la como uma transformação autônoma da prática (como evidenciado por Heidegger)[21], pode-se ver a preservação de bens culturais relacionada com a técnica. Tome-se, por exemplo, a leitura que Emanuele Severino faz do tema, ao retomar colocações de Platão e relacionar a *poíesis* ao fazer. Severino assemelha a técnica à *poíesis* de Platão, ou seja, como "toda causa de qualquer coisa de passar do não-ser ao ser"[22]. Entende, desse modo, a técnica essencialmente como fazer, como transformação. Severino aponta, assim, o papel primordial da preservação do passado nesse processo, pois se uma dada sociedade quiser "superar" o passado, é necessário que o conheça profundamente e, para isso, deve tutelar seus vestígios, não recaindo na "ingenuidade do abandono que não conserva, ou seja, a ingenuidade de superar o que existe sem memória, nem na ingenuidade simétrica de uma conservação que não abandona"[23], tendo-se plena consciência de que, estando a restauração vinculada às ciências históricas, não se pode considerar o tempo como reversível.

Da reflexão sobre a técnica e o papel da técnica na sociedade contemporânea, e a preservação do passado nesse contexto, surgem várias questões que devem ser de pronto destacadas, entre elas, o fato de a preservação ser necessariamente um ato que implica a identificação dos elementos a preservar, ou seja, ser seletiva e ato do presente, voltado para o futuro. Apesar de a restauração

21. Em "A Época das Concepções do Mundo", que faz parte de *Holzwege*, de 1949, lido na tradução francesa. Martin Heidegger, *Chemins qui ne Mènent Nulle Part*, Paris, Gallimard, 1986, pp. 99-146.
22. Platão, *O Banquete*, trad. J. Cavalcante de Souza, Rio de Janeiro, Difel, 2003, p. 151.
23. Emanuele Severino, *Tecnica e Architettura*, Milano, Raffaello Cortina Editore, 2003, pp. 69, 109.

ter pertinência relativa (por ser seletiva e ato de um dado presente histórico), nem por isso é arbitrária, como se enfatiza ao longo deste livro. Desse modo, são expostos os fundamentos que norteiam a discussão e os princípios que deveriam reger atuações práticas, fundamentando as propostas em rigorosos critérios. Existe um vasto instrumental teórico para esse fim, baseado em pelo menos dois séculos (cinco, se buscarmos as raízes da discussão no Renascimento) de formulações teóricas, associadas a experiências sistemáticas na prática que conduziram às atuais vertentes teóricas da restauração de bens culturais. Evidenciando os parâmetros de ação de restauro, busca-se também esclarecer alguns dos equívocos extremos que ainda permeiam a visão sobre o assunto: restaurar não é voltar ao estado original, nem a um estágio anterior qualquer da história do monumento, nem refazer imitando estilos do passado, percepção oitocentista que infelizmente ainda marca a postura de muitos arquitetos sobre o assunto; o restauro não é mera operação técnica sobre a obra – deve ser necessariamente um ato crítico antes de se tornar operacional; projeto e criatividade fazem parte do restauro.

Este trabalho se volta, assim, a uma análise fundamentada dos princípios teóricos da restauração, entendida como ato de cultura, e à sua aplicação para o patrimônio industrial. Ademais, propõe-se a reinserir e aproximar a discussão sobre a preservação da arquitetura industrial ao seu campo de pertinência, que é o da preservação dos bens culturais como um todo. É necessário, portanto, interpretar os princípios da restauração para enfrentar as variadas questões envolvidas numa intervenção, tais como as de uso, a inserção de elementos contemporâneos em contextos históricos e o tratamento de superfícies. São perscrutadas as formulações teóricas que trabalham com princípios que se voltam aos bens culturais como um todo, que seguem princípios metodológicos comuns, contrapondo-se àquelas que procuram desmembrar os bens culturais em categorias diversas, cada qual com seus próprios princípios, que tendem a agir de modo empírico a partir do objeto, considerando que o bem fala por si só e oferece todas as respostas necessárias. Acredita-se, ao contrário, na necessidade do método para ter acesso à objetividade e na viabilidade da unidade conceitual e metodológica, existindo princípios gerais (algo diverso de regras fixas) comuns a todo o campo; o que varia, porém, na aplicação desses princípios, são os meios postos em prática em função da realidade – material e de conformação – de cada obra, ou conjunto de obras, e de seu particular transcurso ao longo do tempo. Ou seja, em vez de atuar através de indução empírica que parte do objeto, percorre-se um caminho deduzido através de princípios éticos e científicos, como preconizava Brandi.

As propostas apresentadas neste trabalho se fundamentam essencialmente numa releitura da teoria de Cesare Brandi e dos princípios do chamado restauro crítico e da Carta de Veneza – tendo especial atenção pelos escritos de Roberto Pane e Renato Bonelli – associada à análise de formulações mais recentes, como as de Giovanni Carbonara, Michele Cordaro, Giuseppe Basile, Giovanni Urbani, Umberto Baldini e Heinz Althöfer, Jukka Jokilehto, Françoise Choay, interpretando-as para o patrimônio industrial[24]. No que se refere a discussões sobre a Carta de Veneza, foram essenciais a leitura dos textos e os debates com Raymond Lemaire, relator da Carta e orientador da pesquisa de mestrado, confrontando-os com as formulações de outro grande teórico belga no campo, Paul Philippot. A narrativa é tecida primordialmente a partir das fontes de referência do campo da restauração e dos textos tratados pela historiografia da restauração; utiliza-se, ainda, a bibliografia relativa à arqueologia industrial e às intervenções no patrimônio industrial. Foram também feitas análises de obras arquitetônicas recentemente restauradas em São Paulo, acompanhando o debate através de artigos de jornais e revistas especializadas, realizando visitas de campo para examinar, no local, os efeitos das ações.

Cabem ainda alguns esclarecimentos: as expressões bens culturais, patrimônio histórico e monumentos históricos serão utilizadas, neste texto, como sinônimos, para evitar excessivas repetições. Apesar de haver controvérsias, por serem divergentes as implicações relacionadas a essas locuções, optou-se por considerá-las equivalentes. Em especial, o uso da expressão monumento histórico pode causar espécie. Deve ser especificado, porém, que é utilizada, neste livro, em sua acepção "riegliana" e mais próxima de seu sentido etimológico e não com a acepção redutora de obra grandiosa e isolada que adquiriu ao longo do século XIX. É necessário recordar, como tão bem enfatizado por Alois Riegl em seu *O Culto Moderno dos Monumentos*, que monumento é um instrumento da memória, destinado à rememoração de fatos, indivíduos ou crenças, estando presente em todos os povos e culturas. Monumento histórico, por sua vez, como mostra Françoise Choay na introdução à tradução francesa do texto de Riegl[25], é uma criação da cultura ocidental, referindo-se a um artefato que, com o tempo, por seus valores históricos, artísticos ou simbólicos, adquiriu significação cultural, tenha sido ele feito ou não com

24. Pela abordagem escolhida para este livro, muitas das referências analisadas provêm de autores italianos. Temas de enorme interesse, não examinados neste escrito, são também discutidos, por exemplo, na produção de língua inglesa por autores como Harold James Plenderleith, Bernard Feilden (os dois relacionados ao ICCROM e com grande conhecimento das discussões sobre restauro na Itália) e Ernst Gombrich.

25. Françoise Choay, "A Propos de Culte et de Monuments", em Alois Riegl, *Le Culte Moderne des Monuments. Son Essence et sa Genèse*, Paris, Seuil, 1984, pp. 7-19.

intenções memoriais, seja ele ou não uma obra "grandiosa" ou "artística". Para Riegl, monumentos históricos eram não apenas as "obras de arte", mas qualquer obra humana com certa antiguidade, ou seja, os testemunhos da operosidade humana, contrapondo-se assim às políticas de preservação que se voltavam apenas aos objetos de excepcional relevância histórica e artística. Neste livro, inclusive, dá-se preferência ao uso da expressão, abstraindo-se o significado que a ela foi atribuído por longo tempo, por se considerar que, em suas raízes, é a que mais se vincula direta e unicamente à cultura, não possuindo conotações econômicas que acabaram depois por impregnar o campo e o vocabulário a ele associado (bem, patrimônio, legado, herança etc., que são palavras de uso corrente no campo e utilizadas neste texto). Muitas vezes serão mencionadas obras "de interesse histórico" ou "de valor histórico", com plena consciência de que tudo aquilo que se refere ao homem e à sua existência interessa à história; usam-se essas expressões, comuns no campo do restauro e presentes em documentos nacionais e internacionais, para designar aqueles bens "historicizados" que são reconhecidos como de interesse para a cultura, procurando evitar excessiva repetição de "bens culturais".

Também arqueologia industrial e patrimônio industrial são expressões consagradas, apesar de problemáticas, e serão empregadas neste texto; suas diferentes implicações serão expostas adiante. A produção arquitetônica resultante do processo de industrialização é comumente denominada "arquitetura industrial", seja ela relacionada ou não com um edifício destinado à atividade produtiva. Refere-se, pois, a edifícios pré-fabricados ou àqueles destinados ao funcionamento de meios de transporte etc. Isso pode causar, por vezes, estranheza para quem não acompanha a produção científica relacionada com o patrimônio industrial. Apesar de "arquitetura do processo de industrialização" ser expressão mais precisa, neste escrito "arquitetura industrial" é igualmente utilizada com esse sentido amplo; esse tema está mais bem desenvolvido no capítulo 1.

Ainda no que concerne ao emprego de certos termos, neste trabalho são utilizadas as palavras restauração e restauro para evitar a excessiva aliteração numa mesma frase ou parágrafo (especialmente do fonema "ão"). Apesar de o vocábulo restauração ser mais comumente empregado no Brasil (em Portugal, dá-se preferência a restauro) e o mais antigo, a palavra restauro comparece em dicionários da língua portuguesa como seu sinônimo desde 1899, sendo também de uso consolidado[26].

26. Confira os verbetes na obra de Cândido de Figueiredo, *Novo Dicionário da Língua Portuguesa*, 2 vols., Lisboa, Cardoso & Irmão, 1899.

Para atingir seus objetivos, o livro é estruturado em três partes. A primeira delas aborda essencialmente aspectos conceituais que se referem à problemática tratada: formulações ligadas ao patrimônio industrial e à arqueologia industrial; temas relacionados com a preservação, conservação e restauro de bens de interesse cultural; discussão dos preceitos teóricos de restauro no Brasil; exame de textos que tratam da preservação do patrimônio industrial. Na segunda parte, procura-se analisar a inserção do patrimônio industrial numa escala mais abrangente, a urbana e a do território. Para tanto, são feitas comparações com temas vinculados à conservação ambiental, evidenciando princípios e problemas comuns e também as diferenças. Discorre-se, ainda, sobre possíveis modos de abordagem do patrimônio industrial no planejamento urbano e territorial, tratando, a seguir, de outra questão essencial que extrapola o edifício e repercute numa escala mais ampla: a inserção de elementos contemporâneos em contextos ou em edifícios de interesse para a preservação, tema que faz o elo com a terceira e última parte, em que a análise retorna à escala da edificação. Na parte final do livro, a partir do exame de intervenções recentes realizadas em São Paulo e do debate em torno delas, discutem-se algumas questões teóricas da maior relevância para o restauro, a saber: o problema do uso; o fachadismo; o papel da criatividade e da inovação em projetos de restauro; o tratamento de superfícies. Dessa parte constam algumas figuras, inseridas para facilitar a leitura, mas não com o intuito de desenvolver documentação e registro extensos; daí o fato de serem em número restrito e apresentadas em formato pequeno. Por fim, são formuladas algumas considerações conclusivas, reafirmando a necessidade de reinterpretar os princípios basilares da restauração para preservar, de fato, o patrimônio industrial.

Neste livro são analisados referenciais teóricos com a firme convicção, em pleno acordo com as proposições de Emanuele Severino, fundamentadas no exame de milênios de reflexão teórica da filosofia, de que "a *theoría* não é uma instrumentação abstrata e confusa, mas a dimensão absoluta mais ampla e genuína do concreto e do prático"[27]. Invocando essa formulação, porém, deve-se especificar que este trabalho não propõe uma indispensável e urgente abordagem filosófica do tema que alargue os horizontes de análise, articule as várias disciplinas envolvidas e aprofunde os aspectos de reflexão teórico-metodológica. Em realidade, o que se apresenta neste livro é uma reflexão

27. Segundo a interpretação de Renato Rizzo ("Introduzione. L'inconsapevolezza: Forma della Dimenticanza", em E. Severino, *op. cit.*, 2003, p. 24).

sobre os instrumentos existentes no campo do restauro para que as intervenções sejam feitas de maneira prudente, consciencIosa e respeitosa em relação ao passado, presente e futuro, com a esperança de também oferecer bases para um imprescindível diálogo com outros campos do saber.

1

Conceitos Ligados à Arqueologia Industrial, Arquitetura Industrial e Restauração

PATRIMÔNIO INDUSTRIAL; A IMPORTÂNCIA DO INVENTÁRIO

O interesse pela preservação do patrimônio industrial é relativamente recente, se comparado com a preocupação por outros tipos de manifestação cultural, e deve ser entendido dentro do contexto de ampliação daquilo que é considerado bem cultural. Apesar de haver manifestações incipientes e isoladas voltadas ao legado da industrialização desde finais do século XVIII[1], um debate mais amplo e fundamentado sobre o tema se iniciou na Inglaterra nos anos 1950 – época em que foi utilizada a expressão "arqueologia industrial"[2] no país – despertado por variadas vertentes da historiografia (social, do trabalho, econômica, das ciências, da técnica, da arquitetura etc.), com vinculações

1. A preocupação por temas ligados à preservação do legado da indústria surgiu, de modo pontual, em finais do século XVIII, na França, como reação ao chamado "vandalismo revolucionário". Também aparece em países como Suécia, Portugal e Inglaterra no século XIX. Em Portugal, surge inclusive a expressão "arqueologia industrial" já naquele século, em texto de 1896 de Francisco de Souza Viterbo, intitulado "Arqueologia Industrial Portuguesa: Os Moinhos". Para esses assuntos e bibliografia complementar ver: Manuel Vaz Guedes, "Arqueologia Industrial", *Revista Eletricidade*, 1999, n. 372, pp. 293-299; José Lopes Cordeiro, "Arqueologia Industrial: Um Mundo a Descobrir, um Mundo a Defender", em *Anais I Encontro em Patrimônio Industrial* (versão eletrônica), Campinas, Unicamp, 2004; Guilherme Pinheiro Pozzer, *A Antiga Estação da Companhia Paulista em Campinas: Estrutura Simbólica Transformadora da Cidade (1872-2002)*, Campinas, Unicamp, Dissertação de mestrado, 2007, pp. 209-218. Agradeço a Pozzer por ter chamado a atenção sobre essas manifestações pioneiras.
2. A expressão *industrial archaeology* foi provavelmente utilizada por Donald Dudley, da Universidade de Birmingham, no início dos anos 1950. Apareceu pela primeira vez numa publicação inglesa em 1955, em artigo de Michael Rix em *The Amateur Historian*, em que preconiza a documentação e preservação dos testemunhos da industrialização, muitos dos quais ameaçados de demolição (Kenneth Hudson, *Industrial Archaeology: A New Introduction*, London, Baker, 1976, p. 15; Neil Cossons, *The BP Book of Industrial Archaeology*, London, David&Charles, 1978, p. 19).

também à antropologia e sociologia. Uma repercussão significativa desse esforço no campo arquitetônico pode ser verificada no número especial da *Architectural Review*, de julho de 1957, dedicado à tradição funcional na arquitetura através da análise de edifícios industriais. O volume, que teve papel relevante na difusão do tema, retoma formulações oitocentistas e mostra que o funcionalismo permeia a produção arquitetônica ao longo dos séculos e antecede, em muito, às expressões do modernismo. A questão é ilustrada através da arquitetura industrial do final do século XVIII e início do século XIX na Grã-Bretanha, evidenciando-se a variedade e qualidade formais alcançadas por uma produção derivada de preocupações essencialmente funcionais[3] e a conveniência de preservar esses exemplares.

O tema ganhou maior vigor e atraiu a atenção de público mais amplo sobretudo a partir do início dos anos 1960, quando importantes testemunhos arquitetônicos do processo de industrialização foram demolidos, a exemplo da Estação Euston em Londres[4], destruída em 1962. Naquele mesmo ano foi também iniciada a demolição do Coal Exchange[5], para o alargamento de uma avenida. Apesar dos protestos que levaram à paralisação temporária das obras, na tentativa de preservar ao menos a cúpula do edifício, desmontando-a para remontá-la em outro lugar, não se chegou a um acordo e esse importante testemunho da arquitetura do ferro foi destruído. Esses edifícios, ou inteiros complexos, estavam (e estão) sob constante ameaça pela sua obsolescência funcional, pelo crescimento das cidades e pela pressão especulativa imobiliária.

3. Ver *The Architectural Review*, 1957 (vol. 122), n. 726, pp. 3-73. A publicação foi coordenada por J. M. Richards, com fotografias de Eric de Maré.

4. A Estação Euston, em Londres, fora construída entre 1835 e 1837. Foi exemplo dos mais representativos da fase pioneira da arquitetura ferroviária em que o desenvolvimento das linhas fez com que o número de paradas se tornasse cada vez maior e, nos centros urbanos mais importantes, começassem a surgir estações de grande porte, que adquiriram relevância crescente no decorrer do século. As grandes estações eram compostas por dois elementos essenciais: o edifício para passageiros e administração, normalmente de alvenaria de pedra ou tijolos, e a cobertura das vias, em geral metálica. O intuito era buscar, através da utilização do metal, maiores vãos com um número mais reduzido de pontos de apoio, que ocupavam uma superfície menor, facilitando a circulação de passageiros e mercadorias. As estações tinham essas partes justapostas, e, principalmente nos exemplos iniciais, não havia uma verdadeira integração entre elas, mas o bom funcionamento dependia de sua complementaridade. Euston é representativa nesse sentido; a estrutura metálica projetada por Robert Stephenson não possui maior afinidade formal e espacial com o pórtico e vestíbulo monumentais (construídos entre 1846 e 1849), de alvenaria e linhas classicizantes, projetados por Philip Hardwick. Para informações e referências bibliográficas complementares sobre o edifício, ver B. M. Kühl, *Arquitetura do Ferro...*, 1998, pp. 58-66, 419-421.

5. Exemplo dos mais importantes de aplicação estrutural e formal do ferro, o Coal Exchange (1846-1849) foi construído em Londres, projetado por James Bunstone Bunning. Sua impressionante cúpula era sustentada por ossatura de ferro fundido.

Significativos esforços foram feitos para definir e conhecer o patrimônio resultante do processo de industrialização, com o objetivo de determinar por que e o que preservar. Houve, no início, na Grã-Bretanha, ênfase em relação aos remanescentes da chamada Revolução Industrial. Exemplo pode ser constatado na definição elaborada, em 1962, por um membro da Inspetoria de Monumentos Antigos do Ministério de Obras: "Um monumento industrial é qualquer edifício ou outra estrutura, em especial do período da Revolução Industrial, que, sozinho ou associado a equipamentos, ilustra o início e desenvolvimento de processos industriais e técnicos, incluindo meios de comunicação"[6].

Vários autores, porém, começaram a fazer restrições aos primeiros enunciados, pela existência de atividades industriais anteriores à Revolução Industrial – cuja definição e a própria denominação são controversas, havendo ainda dificuldade em precisar o tipo de organização e escala de produção que deixa de ser artesanato e passa a ser indústria –, que as primeiras definições ignoravam ou excluíam. Também os limites cronológicos do estudo não poderiam ser rígidos, dadas as diferentes épocas e fases de industrialização nos diversos países. Kenneth Hudson elaborou um enunciado conciso, mas abrangente: "arqueologia industrial é a descoberta, registro e estudo dos resíduos físicos de indústrias e meios de comunicação do passado"[7]. Outra definição, que permanece incontornável, é aquela elaborada por Angus Buchanan:

> [...] arqueologia industrial é um campo de estudo relacionado com a pesquisa, levantamento, registro e, em alguns casos, com a preservação de monumentos industriais. Almeja, além do mais, alcançar a significância desses monumentos no contexto da história social e da técnica. Para os fins dessa definição, um "monumento industrial" é qualquer relíquia de uma fase obsoleta de uma indústria ou sistema de transporte, abarcando desde uma pedreira de sílex neolítica até uma aeronave ou computador que se tornaram obsoletos há pouco. Na prática, porém, é útil restringir a atenção a monumentos dos últimos duzentos anos, aproximadamente, tanto porque períodos anteriores são tratados por métodos mais convencionais da arqueologia e da história, quanto pela grande massa de material datando do começo da Revolução Industrial[8].

Esses esforços pioneiros de conceituação e análise de "monumentos industriais" e arqueologia industrial se consolidaram ao longo de décadas na produção científica de vários países. Note-se que, já em suas origens, a dis-

6. *Apud* Arthur Raistrick, *Industrial Archaeology: An Historical Survey*, Frogmore, Paladin, 1973, p. 2.
7. K. Hudson, *op. cit.*, 1976, p. 21.
8. R. Angus Buchanan, *Industrial Archaeology in Britain*, Harmondsworth, Penguin, 1972, pp. 20-21.

cussão sobre o patrimônio industrial esteve vinculada também à arquitetura ferroviária (Estação Euston) e aos edifícios com elementos, ou totalmente, pré-fabricados (caso do Coal Exchange). Trabalhou-se e trabalha-se, no campo da arqueologia industrial, de maneira a associar atividades produtivas, meios de transporte, formas de produção de energia e produtos resultantes da industrialização. Considera-se o processo de industrialização intimamente ligado ao desenvolvimento do transporte ferroviário, em especial na segunda fase daquilo que se convencionou denominar Revolução Industrial. A industrialização em larga escala associa-se diretamente a esse meio de transporte, pois impulsionou as ferrovias e, por sua vez, foi por elas impulsionada; e para seu funcionamento, as ferrovias devem possuir uma estruturação industrial.

Essa articulação marcará por longo período a implantação e crescimento de indústrias e a transformação de numerosas cidades, existindo vários exemplos no próprio Estado de São Paulo em que a relação fábricas, habitação operária e ferrovias estrutura vastas zonas. Ademais, muitos complexos ferroviários são verdadeiras usinas, existindo oficinas de produção de componentes, de montagem e de reparos que apresentam uma organização do trabalho e encadeamento de produção de fato industriais, caso, por exemplo, das oficinas das antigas companhias ferroviárias Paulista e Mogiana[9] no Estado de São Paulo. Apesar das diferenças existentes entre, por exemplo, uma estação ferroviária e uma indústria siderúrgica, entende-se que esses elementos sejam partes integrantes de um processo. Por isso, os escritos sobre o tema são em geral estruturados de forma a tratar indústrias e meios de transporte conjuntamente, analisando-os, porém, por tipologias. O interesse pela preservação do patrimônio industrial volta-se, desde seus inícios, ademais, no que se refere à arquitetura, ao conjunto de bens que se articulam ao processo de industrialização como um todo, procurando conhecer e tutelar as especificidades de cada um deles. Desse modo, ao se abordarem os "monumentos da industrialização", examinam-se as construções ligadas aos processos produtivos e aos meios de comunicação, transporte e produção de energia – a "arquitetura industrial"[10] – e, ainda, edifícios pré-fabricados de variadas tipologias.

A Grã-Bretanha, que está entre os pioneiros no tratamento sistemático do tema, foi responsável por diversos escritos de grande interesse feitos por variados autores[11]. Um deles é Kenneth Hudson que publicou seu livro *Industrial*

9. Sobre as oficinas da Mogiana, ver R. C. Francisco, *op. cit.*, 2007.

10. Neste texto utilizam-se as denominações "arquitetura da industrialização" e "arquitetura industrial"; a última expressão não deve ser tomada, aqui, de modo restritivo, associada apenas às unidades de produção.

11. Para uma análise comparativa da formulação de vários autores, ver M. R. Rufinoni, *op. cit.*, 2004, pp. 116-147; cf. ainda B. M. Kühl, *Arquitetura do Ferro...*, 1998, pp. 221-239.

Archaeology em 1963. Outros estudos de relevo sobre o assunto apareceram com constância nos anos 1970, a exemplo do livro de Buchanan, *Industrial Archaeology in Britain*, de 1972. Buchanan já havia feito outros estudos dedicados ao tema durante os anos 1960, como *Technology and Social Progress* e *Industrial Archaeology of the Bristol Region*, em coautoria com Neil Cossons. Também publicado em 1972, e com enfoque um pouco diverso, é o estudo de Arthur Raistrick, *Industrial Archaeology: An Historical Survey*, em que se discute também a questão dos museus e os problemas de preservação e registro. Outro livro de grande interesse foi publicado por Neil Cossons, *The BP Book of Industrial Archaeology*, em 1975. Esses textos apresentam pontos em comum, variando-se, porém, a ênfase dada pelos autores aos diversos aspectos. Em geral, parte-se de uma proposta de definição de arqueologia industrial, qual o interesse e premência do tema e como abordá-lo. É oferecido um quadro histórico das transformações das indústrias, analisando-se suas várias categorias. Depois, são examinados temas como as principais matérias-primas, fontes de energia, tipos de manufatura, meios de transporte, serviços públicos e edifícios e estruturas onde essas atividades se desenvolvem. São feitas ainda considerações sobre métodos de inventário e documentação, sobre a arquitetura dos edifícios e complexos, sua relevância para a composição da paisagem (Cossons) e sobre sua preservação, apresentando-se, por vezes, um levantamento dos principais polos industriais por região.

Seguiram-se numerosos estudos, abarcando também uma série de pesquisas voltadas a assuntos mais específicos, a exemplo da abundante produção sobre o patrimônio ferroviário inglês, até chegar a textos mais recentes, como *The Blackwell Encyclopaedia of Industrial Archaeology*, com organização de Barrie Trinder, de 1992, as análises de Marilyn Palmer e Peter Neaverson, em *Industrial Archaeology: Principles and Practice* de 2000, e o livro de Michael Stratton e Trinder, *Twentieth Century Industrial Archaeology*, também de 2000. Neste último escrito, analisam-se as indústrias que mais se destacaram durante o século XX e que transformaram o panorama da industrialização. O livro trata de cultura material, dos meios para gerar energia (carvão, gás, petróleo, usinas hidrelétricas e termoelétricas), discutindo-se ainda a questão da transferência de tecnologias através da indústria alimentícia. Aborda as indústrias automobilística, aérea e naval, as mudanças decorrentes dos avanços científicos, a exemplo das telecomunicações, e o papel das guerras no estabelecimento e desenvolvimento de parques industriais. Trata também das construções e reconstruções, da arqueologia dos meios de transporte e os serviços que se desenvolvem relacionados com as indústrias. É oferecido, dessa forma, um panorama das atividades que caracterizaram o processo de industrialização durante o século XX.

O interesse específico pelos edifícios resultantes do processo de industrialização consolidou-se ao longo das décadas e vários países iniciaram, e continuam a realizar, um esforço para registrar, elaborar inventários sistemáticos, investigar e proteger sítios industriais. Caso notável é dado pela Suécia, onde a preservação da herança industrial tem larga tradição, fundamentada em consistentes estudos históricos e num sempre presente interesse popular.

Durante os anos 1970 vários outros países passaram a atuar de forma mais sistemática na arqueologia industrial, sendo um exemplo a França. Um fato crucial para desencadear o processo foi a destruição do Mercado Central de Paris – Halles Centrales –, de Victor Baltard[12] no início daquela década. Apesar da existência de grupos e associações que se ocupavam do tema, a conscientização em relação à importância do patrimônio industrial levaria certo tempo para amadurecer. Maurice Daumas constatou, em relação aos Halles, um dos principais símbolos da arquitetura do ferro no país, que, na época de sua destruição, não despertou interesse de nenhum setor, sendo demolido sem maiores protestos[13]. Depois de verificado o estrago resultante desse feito, em pleno âmago da cidade, começou-se a adquirir uma consciência mais efetiva da barbárie do ato. Houve um número crescente de manifestações em favor da salvaguarda do patrimônio industrial no decorrer da década, com iniciativas concretas de grande envergadura, a exemplo da preservação, ainda nos anos 1970, das salinas de Chaux e do complexo do Le Creusot, organizado em 1972-1974. Neste último conjunto, que é habitado e aberto a visitas, é estabelecido o conceito de "ecomuseu", que procura vincular o museu não apenas a um sítio ou a uma cidade, mas a um território[14]. Também os escritos sobre o tema se multiplicaram, sendo um marco o livro de Daumas, *L'Archéologie Industrielle*

12. O conjunto do Mercado Central de Paris foi construído entre 1854 e 1857 por Victor Baltard e Félix Callet. Era formado por quatro pavilhões maiores (54 por 54 metros) e oito menores (54 por 42 metros) separados entre si por corredores cobertos de 15 metros de largura. Nas edificações que compunham esse grande mercado, a estrutura portante vertical era de ferro fundido, com vedação de tijolos e vidro. A cobertura era de vigas treliçadas de ferro pudlado, sendo também empregadas hastes de aço. O Mercado de Baltard foi importante marco na aceitação, pelo público em geral, de construções com estrutura metálica, estabelecendo uma tipologia que teria ampla repercussão nos numerosos mercados construídos posteriormente. Para outras informações sobre o tema e referências bibliográficas complementares ver B. M. Kühl, *Arquitetura do Ferro...*, 1998, pp. 32-34, 51-55, 419-425.

13. Maurice Daumas, *L' Archéologie Industrielle en France*, Paris, Laffont, 1980, p. 438.

14. Para uma análise do papel bastante peculiar dos ecomuseus, principalmente aqueles vinculados ao passado industrial, e a particularidade do ambiente francês ao abordar a questão, além de referências bibliográficas complementares sobre o tema, cf. Louis Bergeron, "TICCIH et L'Ecomusée du Creusot-Montceau les Mines: Les Cheminements d'une Convergence", *Patrimoine de l'Industrie*, 1999, n. 1, pp. 7-13. Ver ainda Heloísa Barbuy, "A Conformação dos Ecomuseus: Elementos para Compreensão e Análise", *Anais do Museu Paulista*, São Paulo, 1995, vol. 3, pp. 209-236.

en France, de 1980. Apesar de todos os esforços de inventário e de várias medidas efetivas no sentido de preservar a herança industrial, Emmanuel de Roux[15] chama a atenção para vários edifícios relevantes destruídos há pouco no país, mesmo após o trauma causado pela demolição do Mercado de Baltard. Isso mostra que o patrimônio industrial, apesar de décadas de discussão sobre o tema, ainda não tem seu valor efetivamente reconhecido, e são constantes as investidas deformadoras e desinformadas ou, ainda, destruidoras.

Na Itália, as pesquisas sobre o patrimônio industrial se vêm desenvolvendo com maior vigor desde os anos 1970, com relevantes publicações que se sucederam desde então[16]. Há um número crescente de escritos com vasta gama de enfoques, a exemplo de conceitos de arqueologia industrial, aspectos históricos e sociais ligados à industrialização, tecnologia, trabalho e aos locais a ele dedicados, estratégias de planejamento territorial[17], inventários regionais[18], com presença constante das universidades, além de estudos monográficos sobre um restauro e reflexões sobre a preservação[19].

O debate sobre o tema nas reuniões científicas, durante certo período, foi marcado pelas querelas em relação ao emprego ou não da expressão "arqueo-

15. Emmanuel de Roux, *Patrimoine Industriel*, Paris, Scala, 2000. Ver em especial pp. 10-16.

16. Cf., por exemplo, os textos, apresentados por sua data de publicação: *Archeologia Industriale. Atti del Convegno Internazionale di Milano 24/26.06.1977*, Milano, Clup, 1978; Antonello Negri, Massimo Negri, *L'Archeologia Industriale*, Messina, D'Anna, 1978; Andrea Carandini, "Archeologia Industriale", *Ricerche di Storia dell'Arte*, 1978-79, n. 7, pp. 5-7; Giancarlo Macinini, Giancarlo Rosa, Adolfo Sajeva, *Archeologia Industriale*, Firenze, Nuova Italia, 1981; Aldo Castellano (ed.), *La Macchina Arrugginita: Materiali per un'Archeologia dell'Industria*, Milano, Feltrinelli, 1982; *Archeologia Industriale, Monumenti del Lavoro fra XVIII e XX Secolo*, s.l., Touring Club Italiano, 1983.

17. Ver, por exemplo: Sergio Ricossa (ed.), *Archeologia Industriale e Dintorni*, Torino, Allemandi, 1993; Eugenio Battisti, *Archeologia Industriale, Architettura, Lavoro, Tecnologia, Economia e la Vera Rivoluzione Industriale*, Milano, Jaca, 2001; Francesco Martinico, *Il Territorio dell'Industria. Nuove Strategie di Pianificazione delle Aree Industriali in Europa*, Roma, Gangemi, 2001.

18. Cf., por exemplo, o esforço de documentação e análise em publicações desenvolvidas na região da Umbria (agradeço a Simona Salvo por ter providenciado exemplares desses livros): Fazio Bartocci, Renato Covino, Maria Grazia Fioriti, *Lo Zuccherificio di Foligno*, Perugia, Editori Umbri Associati - Electa, 1988; Gianni Bovini et alli., *Un Modello Catalograffico per l'Archeologia Industriale*, Perugia, Editori Umbri Associati - Electa, 1987 e *Le Officine Bosco di Terni*, Perugia, Editori Umbri Associati - Electa, s.d.; Gianni Bovini, Renato Covino, Michele Giorgini (ed.), *Archeologia Industriale e Territorio a Narni*, Perugia, Editori Umbri Associati - Electa, 1992 e *Archeologia Industriale e Territorio a Terni*, Perugia, Editori Umbri Associati - Electa, 1991. Para a Lombardia, ver Marco Dezzi Bardeschi, Filippo Tartaglia, *Architetture Lombarde Dimenticate*, Firenze, Alinea, 1991. Já para a região do Lazio, cf. *L'Archeologia Industriale nel Lazio: Storia e Recupero*, Roma, Palombi, 1999 (agradeço a Giorgio Ortolani a gentileza de oferecer um exemplar do trabalho, de que participou).

19. Ver, por exemplo: Alberto M. Racheli, *Recupero Edilizio e Archeologia Industriale. La Fabbrica della Birra Peroni a Roma (1901-1992)*, Venezia, Marsilio, 1993; Luciano Cupelloni (ed.), *Il Mattatoio di Testaccio a Roma*, Roma, Gangemi, 2001; *Archeologia Industriale, Metodologie di Recupero e Fruizione del Bene Industriale*, Firenze, Edifir, 2001.

logia industrial", questionando-se a sua pertinência em casos em que não fosse necessário o emprego de métodos da arqueologia "tradicional" (em especial as escavações) e em exemplos em que não existissem testemunhos materiais da atividade produtiva[20]. Mas a arqueologia industrial pode ser entendida de maneira ampla, como enfatiza Hudson, que evidencia a largueza semântica da palavra arqueologia (cujo sentido considera que tenha sido limitado pelos próprios arqueólogos), associando-a a fases passadas de manifestações humanas[21], buscando-se assim, superar os problemas resultantes do uso da palavra arqueologia.

Também a questão da arqueologia industrial como disciplina autônoma levantou e levanta uma série de polêmicas. Buchanan, comentando sua própria definição de 1972, advogou a posição de não se considerar a arqueologia industrial como uma matéria com limites precisos, nem cronológicos nem disciplinares, pois o seu principal interesse reside, com efeito, no seu caráter multidisciplinar, recomendando que se procure uma harmonia na definição e que se pratique verdadeiramente arqueologia industrial[22]. De fato, a arqueologia industrial deve calcar-se nos referenciais teórico-metodológicos de vários campos do saber – como a história, a arqueologia, a antropologia, a sociologia, a arquitetura, a restauração –, não possuindo referenciais que lhes sejam específicos, ou seja, formulações teórico-metodológicas que digam respeito apenas ao legado da indústria. A arqueologia industrial, assim, não se caracteriza como disciplina autônoma; é um vasto tema de estudo que exige a multidisciplinaridade e articulação de variados campos do saber. O interesse da arqueologia industrial é de fato tratar esse tema – o legado da industrialização em suas numerosas facetas – de maneira abrangente com a colaboração das diversas disciplinas envolvidas, evitando uma pulverização de competências que pode, inclusive, levar a uma crescente opacidade de linguagem e a uma esterilidade da produção científica.

Apesar dos extensos debates, a discussão sobre a arqueologia industrial e sua definição permanece em aberto e parece predominar, na atualidade, certo pragmatismo. Houve esforços sistemáticos que se estenderam dos anos 1950 a

20. Para análises sobre o assunto e para referência bibliográficas complementares, ver B. M. Kühl, *Arquitetura do Ferro...*, 1998, pp. 221-230; M. R. Rufinoni, *op. cit.*, 2004, pp. 116-127; G. Pozzer, *op. cit.*, 2007, pp. 209-217.

21. O autor relembra a definição de O. G. S. Crawford: "Arqueologia é meramente o passado de antropologia. Refere-se a 'fases passadas da cultura humana'" (K. Hudson, *op. cit.*, 1976, p. 17). Ou, ainda, podem-se retomar as proposições de Annette Laumon, que sugeriu que, para a compreensão dos termos, se voltasse à etimologia – *archaîos* + *log(o)ia* – vinda do grego, que pode ser interpretada como a ciência ou estudo do passado (Annette Laumon, "Tribulations d'une Expression en France", em *L'Étude et la Mise en Valeur du Patrimoine Industriel, op. cit.*, 1985, p. 109).

22. R. A. Buchanan, "The Definition of Industrial Archaeology", em *L'Étude...*, 1985, pp. 107-108.

1980 para definir o tema e suas implicações teórico-metodológicas; depois, as discussões conceituais diminuíram significativamente, em frequência e consistência, apesar de louváveis exceções. Isso faz com que os estudos do tema, hoje, se estejam voltando cada vez menos para um aprimoramento conceitual e metodológico e cada vez mais para a descrição de uma infindável série de casos de estudos, sem que haja, concomitantemente, um esforço de comparação e de síntese que permita um efetivo aprofundamento da compreensão do próprio processo de industrialização e dos problemas colocados pela preservação de seus testemunhos[23].

De todo modo, multiplicam-se os estudos vinculados ao tema e, em alguns países, predomina o emprego da expressão "arqueologia industrial" e, em outros, "patrimônio industrial". A arqueologia industrial volta-se ao estudo, análise e registro de formas de industrialização do passado – mesmo quando desapareceram os testemunhos materiais – e, por vezes, quando reconhecido o interesse como bem cultural, à sua preservação. Quando se fala de patrimônio industrial, pressupõe-se que tenham sido feitos esses estudos – que devem ser multidisciplinares – e que se tenham identificado os bens que possuem interesse para a preservação; a "arqueologia industrial" volta seus esforços a todo o legado da industrialização, seja ele considerado bem cultural ou não. Na prática, porém, as expressões têm sido usualmente empregadas como sinônimos.

No que tange à arquitetura, um ponto a ser notado é que os "monumentos da industrialização" se referem não apenas à arquitetura dos edifícios relacionados com as unidades de produção, mas se volta a todo o complexo de edifícios que pode compor um conjunto industrial – fábrica, residências, enfermaria, escola etc. – além de abarcar unidades de produção de energia e meios de transportes; ademais, concerne também a edifícios pré-fabricados (total ou parcialmente), que são fruto do processo de industrialização. Por questões de método, é interessante fazer os estudos por tipos de atividade produtiva, incluindo-se produção de energia e transporte, diferenciando esses edifícios das outras construções pré-fabricadas. Pois, apesar de todas as variantes, possuem como elemento comum espaços estruturados a partir de uma atividade produtiva, enquanto as outras construções pré-fabricadas podem abranger tipos bastante díspares, a exemplo de mercados, igrejas, teatros, pavilhões de exposições, caixas-d'água e viadutos. Trata-se, porém, sempre de monumentos históricos decorrentes do processo de industrialização. Deve-se notar que esse é um universo de estudos demasiado vasto;

23. Para uma avaliação crítica desse processo, ver por exemplo, Marilyn Palmer e Peter Neaverson, *Industrial Archaeology: Principles and Practice*, London, Routledge, 2000 e Pozzer, *op. cit.*, 2007.

nesse sentido seria necessário retomar, minuciosamente, as discussões metodológicas, para tentar estabelecer linhas temáticas que permitam indagações que, por um lado, aprofundem aspectos específicos da discussão (arquitetura ferroviária, por exemplo) e, por outro, sejam articuladas com debates abrangentes em campos como a história, sociologia, antropologia e restauro que possibilitem uma compreensão mais ampla dos vários aspectos vinculados ao legado da industrialização.

Para fundamentar essas análises é necessário desenvolver inventários sistemáticos, alicerçados em processos cognitivos oferecidos pelas ciências humanas (história, sociologia, antropologia, geografia etc.), pois somente através desses instrumentos é possível ter uma compreensão suficientemente ampla do processo de industrialização para avaliar o interesse de seus remanescentes - histórico, formal, memorial e simbólico para as comunidades - para identificar, de maneira consciente e embasada, os bens considerados merecedores de ser preservados para as gerações futuras.

Pois a preservação, quer se queira ou não, é processo seletivo, seja através de escolhas conscienciosas e legitimadas através dos instrumentos oferecidos pelas humanidades, seja por ausência de ação proposicional de tutela, que resulta na destruição ou sobrevivência aleatória dos bens, que será, assim, ditada, em geral, por questões econômicas. Somente uma ampla análise circunstanciada pode fundamentar a identificação dos bens de interesse. Os critérios variarão com o tempo e um dado presente histórico deverá prestar contas para as gerações futuras por seu zelo ou negligência em relação a esses bens e o modo como se operou essa seleção; daí a necessidade de agir de modo embasado nos instrumentos cognitivos que um dado presente histórico possui. Todo o processo deveria, ainda, ser resultado de um programa amplo sobre tutela de bens culturais (e também naturais) como um todo e fruto de ações conscientes da sociedade.

No que se refere ao inventário dos bens arquitetônicos ligados às atividades produtivas, é necessário fazer um estudo histórico-documental e iconográfico, estudo analítico-descritivo e também comparativo, para entender as tipologias e a transformação dos vários setores industriais. Para isso, é preciso entender os processos de produção, os espaços de trabalho a eles correspondentes e o tipo de energia utilizado. Devem-se registrar e analisar os edifícios, tanto aqueles destinados à produção propriamente dita, quanto os demais tipos de construção que podem compor o complexo (como escola, ambulatório e moradia) - com sua configuração arquitetônica e espacial, suas técnicas e sistemas construtivos –, os remanescentes dos modos de produção e o maquinário existente, que devem ser preservados *in situ*; ou seja, preservar a memória do trabalho é essencial. É necessário, ainda, estudar a implantação desses edifícios e sua articulação com o bairro, cidade ou território, suas relações com os meios de transporte etc. De início, pode ser feito um levantamento preliminar com descrição e registro sumários do sítio e dos artefatos, com especial atenção também ao maquinário, suas dimensões básicas e o estado em que estão. Essa apreciação, associada a estudos multidisciplinares abrangendo aspectos históricos, sociológicos, geográficos, antropológicos e econômicos, permite uma identificação consciente, para estudos mais aprofundados, dos exemplares considerados mais importantes para fins de preservação, por seu interesse histórico, memorial e pelo papel simbólico que possuem para as comunidades concernidas.

Devem, então, ser analisadas pormenorizadamente as características e especificidades do complexo de edifícios e dos equipamentos ali existentes. Para isso deve ser feito um estudo da distribuição no espaço das edificações, um levantamento métrico-arquitetônico de cada uma delas, exame e documentação de vestígios materiais ligados à produção e um extenso registro fotográfico. É preciso também aprofundar os estudos histórico-documental e iconográfico, através de fontes escritas ou gráficas, e a análise de testemunhos orais etc., que se refiram aos edifícios, à produção e ao trabalho. O intuito é situar o complexo em seu contexto urbano ou territorial, além de sociocultural e econômico, em estudos que se desenvolvam de maneira articulada, com vistas à preservação.

A arqueologia industrial interessa, assim como a preservação como um todo, às humanidades em geral, estando ligada à antropologia, à sociologia, à geografia, à história – social, do trabalho, econômica, das ciências, da técnica, da engenharia, da arte, da arquitetura, das cidades etc. Pode ser entendida como o esforço multidisciplinar – de inventários, de registro, de entrevistas, de pesquisas histórico-documentais e iconográficas, de levantamento métrico e análise de artefatos, de edifícios e de conjuntos arquitetônicos (de sua transformação no decorrer do tempo, de seus materiais, de suas estruturas, de suas atuais patologias, de sua inserção na cidade ou território), que, sendo reconhecidos como bens culturais, devem dar origem a ações de preservação e a projetos de restauração – para estudar as manifestações físicas, sociais e culturais de formas de industrialização do passado, com o intuito de registrá-las, revelá-las e preservá-las.

No Brasil, estudos de arqueologia industrial se têm multiplicado ao longo dos anos. É necessário recordar um fato de grande importância: o pioneiro tombamento federal, em 1964, do conjunto formado pelos remanescentes da Real Fábrica de Ferro São João de Ipanema, no município de Iperó (SP). A inscrição deu-se no Livro do Tombo Histórico, apresentando-se como justificativa:

> Remanescente de arqueologia industrial do primeiro complexo funcionante para exploração e fabricação do ferro no Brasil. [...] Estas instalações funcionaram até o final do século XIX, produzindo grades, equipamento agrícola e armas brancas[24].

Esse tombamento poderia fazer antever caminhos incipientes para uma consistente arqueologia industrial no Brasil; no entanto, nos órgãos de preservação não se desenvolveram iniciativas sistemáticas voltadas a esse fim, sendo a tutela oficial de bens vinculados ao processo de industrialização, na verdade, bastante rara.

As investigações históricas no campo possuem, porém, longa genealogia, através dos estudos de história das ciências, da técnica, da arquitetura, econômica, social e do trabalho, voltados aos processos de mecanização e industrialização, produção de energia e meios de transporte. São estudos que provêm de variadas correntes historiográficas e exploram o assunto sob diversos pontos de vista. Destacam-se numerosos trabalhos, podendo ser citados, entre outros, escritos de: Bandeira Júnior, Warren Dean, Edgar De Decca, Flávio A. Marques Saes, Francisco Foot Hardman, Júlio Roberto Katinsky (que desenvolveu ainda extenso trabalho de registro e estudos de unidades produtoras de açúcar e café em São Paulo através de disciplina optativa da FAU-USP), Maria Auxiliadora De Decca, Milton Vargas, Murillo Marx, Odilon Nogueira de Matos, Pedro Carlos da Silva Telles, Philip Gunn, Ruy Gama, Telma de Barros Correia[25]. Possuem ainda grande relevância os pioneiros trabalhos de arqueologia voltados à industrialização de Margarida Andreatta, assim como os escritos centrados diretamente na arqueologia industrial de Ulpiano Bezerra de Meneses[26].

Trabalhos relevantes foram desenvolvidos pela Fundação Patrimônio Histórico da Energia de São Paulo, que dedica há tempos esforços ao estudo, análise e preservação da arquitetura, do maquinário e dos documentos relacionados com o setor energético paulista, tendo como veículo de difusão a revista *Memória e Energia*. O número de reuniões científicas tem crescido, destacando-se entre outras: aquelas organizadas pelo Movimento

24. Processo 0727-T-64, Arquivo Noronha Santos, RJ. Agradeço a Claudia dos Reis e Cunha pela referência e pela citação. Para maiores informações sobre o conjunto e sobre o processo de tombamento, ver C. R. Cunha, *op. cit.*, 2005, pp. 107-108, 114-117.

25. Para uma análise sobre a historiografia das ferrovias no Brasil e temas vinculados à arqueologia industrial, cf. G. Pozzer, *op. cit.*, 2007, pp. 199-208, 244-247.

26. Ver referências completas na bibliografia. No que se refere aos trabalhos da disciplina da FAU-USP, "AUH-401 História da Técnica no Brasil", coordenada por Katinsky, um levantamento parcial dos resultados obtidos pode ser encontrado em Arthur S. Rozestraten, *Arquitetura Rural do Planalto Paulista: Fazendas de Açúcar e Café – Séculos XVIII e XIX*, São Paulo, FAU-USP, Relatório de iniciação científica, 1993.

de Preservação Ferroviária, como o I Encontro Latino-Americano / V Seminário Nacional de Preservação e Revitalização Ferroviária realizado na UNIMEP em Piracicaba em 2001; o encontro, também em 2001, "Território, Patrimônio e Memória" realizado em Santa Maria (RS), com organização do ICOMOS-RS e da Universidade Federal de Santa Maria; o "VII Encontro de Teoria e História da Arquitetura do Rio Grande do Sul: Arquitetura Industrial", promovido pela Faculdade de Engenharia e Arquitetura de Passo Fundo, em 2003; o I Encontro em Patrimônio Industrial organizado pelo IFICH-Unicamp, no centro de Convenções da Unicamp, Campinas, em 2004, quando foi instituído o comitê brasileiro do TICCIH. A esses trabalhos se têm somado numerosas e significativas dissertações de mestrado e teses de doutorado sobre o tema[27].

No entanto, apenas uma pequena parte da produção científica aborda o enfoque perseguido neste texto, ou seja, os critérios de restauração que deveriam guiar a prática de intervenções em bens culturais.

DISCUSSÃO SOBRE A PRESERVAÇÃO DO PATRIMÔNIO INDUSTRIAL EM ALGUNS ESCRITOS

O debate sobre questões relacionadas com a preservação do patrimônio industrial se vem ampliando e muitos países desenvolvem seus inventários de maneira gradual[28]. Os intercâmbios também se estão multiplicando, através de várias reuniões científicas, nacionais e internacionais, contando, inclusive, com organizações dedicadas tão só a esse fim, a exemplo de The International Committee for the Conservation of the Industrial Heritage (TICCIH), criado em 1978, que realiza reuniões científicas periódicas sobre o tema. Devem ainda ser destacados os recentes esforços de cooperação desenvolvidos entre o TICCIH e o ICOMOS, instituições que começaram a colaborar desde o Congresso Mundial de Conservação do Patrimônio Monumental e a XII

27. A exemplo das de Helena Saia, Fábio Cyrino, Manoela Rossinetti Rufinoni, Claudia dos Reis e Cunha, Henrique Telles Vichnewski e Guilherme P. Pozzer (agradeço aos autores a gentileza de terem providenciado um exemplar dos trabalhos), entre muitas outras. Para as referências completas, ver final deste livro.

28. Na América Latina, México, Chile e Argentina, entre outros países, desenvolvem trabalhos consistentes na área. Exemplos no México são oferecidos pelos estudos sobre a região mineradora de Hidalgo que podem ser apreciados em várias publicações como: *Canto en la Tierra e Imagen ante el Tiempo: El Distrito Minero de Real del Monte y Pachuca*, Pachuca, Archivo Histórico y Museo de Minería, 1997; e *Guía General del Archivo Histórico de la Compañía de Minas de Real del Monte y Pachuca*, México DF, Archivo General de la Nación, 1993. Agradeço a Belem Oviedo Gámez a gentileza de oferecer cópias dessas publicações de que participou.

Assembleia Geral do ICOMOS, no México em 1999. A UNESCO criou, ainda, grupos específicos para a definição de critérios e elaboração de estudos para a inclusão do legado da industrialização na lista do Patrimônio Mundial, com a participação também de membros do TICCIH. No entanto, mesmo em países com maior tradição no campo, uma efetiva preservação do patrimônio industrial é ainda difícil[29].

Vale destacar que, durante o congresso internacional realizado em 2003 pelo TICCIH na Rússia (o XII), foi redigida e aprovada uma carta – Carta de Nizhny Tagil sobre o patrimônio industrial – que traz contribuições para evidenciar a importância da herança da industrialização, além de mencionar temas vinculados à sua preservação. Para este último fim, remete-se aos princípios da Carta de Veneza[30]. A Carta de Nizhny Tagil foi apresentada à XV Assembleia Geral do ICOMOS realizada na China em outubro de 2005. Nas resoluções do encontro, reconhecendo a colaboração entre o TICCIH e o ICOMOS e a importância do patrimônio industrial, decidiu-se propor uma reflexão específica sobre o tema durante a XVI Assembleia Geral do ICOMOS, realizada no Canadá em 2008, para analisar os princípios e diretrizes da Carta de Nizhny Tagil de modo conjunto e submetê-la à aprovação da Assembleia Geral[31].

De todo modo, vale citar a definição de arqueologia industrial contida na Carta de Nizhny Tagil, que, ao evidenciar a abordagem multidisciplinar do campo, consubstancia décadas de definições sobre o tema:

29. Cf. por exemplo, a visão de Louis Bergeron, presidente do TICCIH e do Ecomuseu Le Creusot, sobre a questão em "Prospettive Internazionali per l'Archeologia Industriale", em *Archeologia Industriale: Metodologie di Recupero e Fruizione del Bene Industriale*, Firenze, Edifir, 2001, p. 16: "[...] e que seja oportuno recordar que, apesar de um número relativamente elevado de sucessos, a identificação e a defesa de um tipo muito particular de patrimônio cultural, representado pelo patrimônio da indústria, não superou até agora as primeiras etapas de um percurso bastante árduo. A consolidação do futuro do patrimônio industrial depende de um equilíbrio de forças políticas, econômicas, socioculturais, administrativas que é particularmente difícil de atingir e de manter."

30. Apesar de o documento TICCIH remeter a cartas do ICOMOS para tratar de questões de princípios de intervenção – a Carta de Veneza e a Carta de Burra – não é feita distinção entre a primeira, ratificada pela assembleia geral da instituição, e a segunda, não-ratificada, que permanece como um documento do ICOMOS-Austrália. Outra questão instigante é o fato de no XIII Congresso Internacional, realizado em Terni, Itália, em 2006, na sessão 3 (O Projeto: restauro, reutilização e transformação) que tratava mais especificamente dos modos de operar nos bens, a formulação de seus objetivos surpreende: "A qualidade do projeto arquitetônico tem um papel central na recuperação e na valorização do patrimônio arqueológico industrial – reside na propriedade dos projetos mais ainda do que em regras metodológicas a seguir...". Ao analisar os documentos resultantes desses encontros, prevalece a descrição de casos de estudo, sem que haja um concomitante esforço de articulação dos resultados e de reflexão metodológica.

31. Ver informações no sítio do ICOMOS (www.icomos.org; consulta em 21.12.2005).

O *patrimônio industrial* compreende os vestígios da cultura industrial que possuem valor histórico, tecnológico, social, arquitetônico ou científico. Estes vestígios englobam edifícios e maquinaria, oficinas, fábricas, minas e locais de tratamento e de refinação, entrepostos e armazéns, centros de produção, transmissão e utilização de energia, meios de transporte e todas as suas estruturas e infraestruturas, assim como os locais onde se desenvolveram atividades sociais relacionadas com a indústria, tais como habitações, locais de culto ou de educação.

A *arqueologia industrial* é um método interdisciplinar que estuda todos os vestígios, materiais e imateriais, os documentos, os artefatos, a estratigrafia e as estruturas, as implantações humanas e as paisagens naturais e urbanas, criadas para ou pelos processos industriais. A arqueologia industrial utiliza os métodos de investigação mais adequados para aumentar a compreensão do passado e do presente industrial.

O *período histórico* de maior relevo para este estudo estende-se desde os inícios da Revolução Industrial, a partir da segunda metade do século XVIII até aos nossos dias, sem negligenciar as suas raízes pré e proto-industriais. Para além disso, apoia-se no estudo das técnicas de produção, englobadas pela história da tecnologia[32].

São pelo menos quatro décadas de discussões sobre o tema, com numerosas experiências práticas já acumuladas. Comparado a outras áreas, o estudo do patrimônio industrial é relativamente incipiente, e é natural que as atenções se concentrem em apontar sua significância e nos esforços para seu estudo, documentação e divulgação; isso repercute na postura adotada em grande parte dos textos. No entanto, os escritos sobre intervenções realizadas em edifícios industriais, mesmo quando elaborados para reuniões científicas, têm em geral caráter descritivo, e poucas vezes as atuações são analisadas à luz dos princípios teóricos que as orientaram[33].

Na vasta experiência britânica no campo, tanto em estudos mais amplos sobre arqueologia industrial, quanto em exemplos práticos de restauração de edifícios específicos, prevalece certo pragmatismo, que tem sido aplicado com extrema eficiência em vários casos, a exemplo do que ocorre com o patrimônio ferroviário. Houve vigoroso debate nos anos 1970 a respeito da preservação das estruturas destinadas às ferrovias, pois eram vítimas de reiterados atentados contra sua integridade pelas transformações do sistema ferroviário, que implicou a supressão de várias linhas e o

32. Consulta no sítio do TICCIH (www.ticcih.org; acesso em 7.12.2005). Agradeço a Manoela Rossinetti Rufinoni pela versão em português da Carta, cuja tradução é de José Lopes Cordeiro.

33. É importante destacar que a preocupação com critérios transparece em textos de autores brasileiros, como Geraldo Gomes da Silva e Samuel Kruchin (ver referências bibliográficas no final deste livro).

consequente abandono e destruição de muitos de seus edifícios. A British Rail que, desde a nacionalização das ferrovias em 1947, era proprietária de grande parte desse legado, estava indiferente à sua importância. Foram realizadas exposições – a exemplo de "Off the Rails"[34] no Royal Institute of British Architects, que teve grande repercussão –, e campanhas em jornais e publicações para chamar a atenção sobre o problema. Conseguiu-se sensibilizar a opinião pública e as autoridades, e a atitude da British Rail foi mudando aos poucos; o legado das ferrovias, porém, continuou e continua sob constante ameaça.

Essas iniciativas tiveram o sentido de ressaltar a importância histórica das ferrovias e a relevância arquitetônica de suas construções. Tinham certo caráter panfletário, evidenciando o desperdício que era destruir esses edifícios. Ao discutir o tema, enaltecia-se a versatilidade das construções, apresentando exemplos bem-sucedidos de adaptação para os mais variados usos, respeitando e conservando suas principais características. Mostrava-se, assim, a viabilidade de sua conversão para empregos diversos do original. No entanto, os critérios de conservação em si não eram debatidos. Isso não significa que as intervenções apresentadas sejam desprovidas de qualidades e realizadas sem critérios, mas o tema é pouco mencionado nos escritos.

Tratava-se de um momento delicadíssimo, em que o essencial era mostrar o interesse e a viabilidade da preservação desses bens. No entanto, em publicações posteriores[35] sobre o patrimônio ferroviário e sobre o patrimônio industrial de forma geral, a questão é sempre tratada com o pragmatismo que caracteriza parte da abordagem anglo-saxã em relação aos monumentos históricos. São enfatizados temas como os aspectos econômicos, a viabilidade da reconversão, o papel dos novos usos, dos empreiteiros, do turismo, a relevância dessas ações para configurar o futuro das cidades; a discussão de critérios de intervenção, porém, não é aprofundada.

34. Dessa exposição resultou um livro feito pelos organizadores da exposição David Pearce e Marcus Binney, *Off the Rails: Saving Railway Architecture*, London, SAVE, 1977. Além disso, os mesmos autores organizaram o volume *Railway Architecture*, London, Orbis, 1979, que também trata de problemas relacionados com a preservação. Ambas as publicações, somadas às outras atividades promovidas pela fundação para a conservação SAVE Britain's Heritage, criada em 1975, acabaram por sensibilizar o público, mas nem por isso as demolições deixaram de ocorrer.

35. Cf. por exemplo os livros: Marcus Binney, Francis Machin, Ken Powell, *Bright Future: The Re-use of Industrial Buildings*, London, Save Britain's Heritage, 1990; Marilyn Palmer, Peter Neaverson, *Managing the Industrial Heritage*, Leicester, School of Archaeological Studies, University of Leicester, 1995; Peter Burman, Michael Stratton (ed.), *Conserving the Railway Heritage*, London, Spon, 1997; Michael Stratton (ed.), *Industrial Buildings: Conservation and Regeneration*, London, Spon, 2000.

Texto significativo que analisa a ação britânica na preservação ferroviária foi escrito por Marcus Binney[36]. Trata da atuação do Railway Heritage Trust, formado em 1985 por iniciativa da British Rail (em consequência das experiências e operações de salvaguarda desencadeadas pela exposição "Off the Rails"), de que o próprio Binney faz parte. São descritos os possíveis modos de financiamento e analisadas numerosas intervenções feitas por iniciativa do Trust, executadas com rara eficácia. Mais de quinhentas estações foram contempladas, tanto da British Rail quanto, desde há alguns anos, da Railtrack, que assumiu as estações e estruturas da antiga companhia. A Railtrack detém cerca de duas mil propriedades tuteladas por lei e existe ainda um enorme trabalho a ser desenvolvido. Apesar de ser um texto conciso (resultado de apresentação num colóquio), o tema é exposto com clareza. O passo inicial foi elaborar a seleção dos edifícios representativos, em função também da urgência das intervenções. Através da ação do Trust, foi possível ainda impedir a demolição de vários edifícios e salvar de intervenções deturpadoras numerosos interiores e, também, auxiliar na formação de mão de obra especializada. As estações em uso, pelo próprio movimento de passageiros e mercadorias, requerem manutenção e repintes constantes. O critério adotado foi de voltar ao esquema original de cores, sem, no entanto, ser sentenciosos a esse respeito. De modo geral, nos exemplos citados no texto, foram feitos reparos, limpezas, removendo-se adições desfiguradoras feitas com o tempo e, algumas vezes, buscando-se recuperar a configuração original do edifício. As operações são realistas do ponto de vista econômico e social, sem descuidar da qualidade da execução. As questões, no entanto, são resolvidas prevalentemente através de chave funcional, não sendo discutidos os impasses que sempre surgem num projeto de restauro. Ou seja, são temas – a exemplo da configuração, do tratamento de superfícies e das cores – abordados como manutenções, ordinárias ou extraordinárias, e não como aquilo que de fato deveriam ser: problemas de restauro (que serão abordados mais adiante)[37].

36. Marcus Binney, "The Railway Heritage Trust", *Eisenbahn und Denkmalpflege*, s.l., ICOMOSDE, 1997, pp. 48-53, 84.

37. Também significativos foram os estudos norte-americanos surgidos desde os anos 1970 sobre estações ferroviárias, a exemplo pioneiro de *Reusing Railroad Stations* (em dois volumes, editados em Washington DC pelo Educational Facilities Laboratories, 1974 e 1975). O debate foi suscitado pela demolição de exemplos relevantes e os trabalhos tiveram o intuito de chamar a atenção do público e sensibilizá-lo em relação ao problema, mostrando a importância das ferrovias e de seus edifícios do ponto de vista histórico e estético. Apresentam-se casos em que foi possível salvar estações, abandonadas em função do declínio do meio de transporte, e os usos compatíveis com esses espaços. Os quesitos para um projeto bem-sucedido são abordados essencialmente levando-se em conta aspectos econômicos, tratando de temas como: modos de elaborar análises de viabilidade econômica; estimativas e controle de custos; meios de financiamentos através de

No que concerne à Península Ibérica e à América Latina, de grande relevância foi o colóquio realizado na Andaluzia, datando as atas – *Preservación de la arquitectura industrial en Iberoamérica y España* – de 2001. Em alguns textos, transparece a consciência em relação à importância de discutir princípios de preservação. Um exemplo é o ensaio de Castro Morales[38], em que o autor manifesta preocupação com a falta de definição de critérios e com a excessiva liberdade projetual com que muitos exemplares têm sido tratados, pelo fato de não existirem, na Espanha, instrumentos legais adequados para sua proteção. O autor tece ainda considerações sobre numerosas experiências no país nos últimos anos. Nota a existência de um grande leque de atuações, desde aquelas que propõem uma mudança de uso radical, muitas vezes pondo em risco a integridade das construções, até as mais respeitosas, em geral vinculadas a projetos de "musealização" do sítio. Chama a atenção para a necessidade de preservar também o valor simbólico dos lugares e apresenta uma análise sensível de vários casos. Uma referência direta a preceitos teóricos da restauração, porém, não comparece no texto.

Na mesma publicação, existe outro ensaio sobre aspectos conceituais de interesse, de Inmaculada Aguilar sobre a restauração do patrimônio arquitetônico industrial[39], através da análise de casos de estudo, abordando de modo incipiente a questão dos critérios. Ao observar a transformação de vários sítios industriais, mostra que, desde o princípio da industrialização, as mudanças nos complexos davam-se de variados modos – adição de novos elementos no decorrer do tempo, usos diversificados, alterações na estrutura por causa de mudanças dos métodos de produção, reconstrução – e constata que esses procedimentos, empregados até hoje, são sobretudo práticos e não correspon-

programas governamentais ou através de fundações privadas. Todos assuntos de grande importância. Os princípios projetuais e critérios a serem empregados, no entanto, estão ausentes do discurso. Abordagem semelhante ocorre em publicações mais recentes.

38. Federico Castro Morales, "Memoria, Ocio y Cultura: Nuevos Usos en España para el Patrimonio Industrial", em *Preservación de la Arquitectura Industrial en Iberoamérica y España*, s.l., Instituto Andaluz del Patrimonio Histórico, 2001, pp. 204-212. A Espanha tem apresentado excelentes contribuições no campo, a exemplo da produção de Maria Pilar Biel Ibañez – como o livro *Zaragoza y la Industrialización: La Arquitectura Industrial en la Capital Aragonesa entre 1875-1936*, Zaragoza, Gobierno de Aragón, 2004 (agradeço à autora pelo exemplar) –, que, trabalhando com o processo de industrialização em Zaragoza, apresenta primorosos estudos históricos e analisa pormenorizadamente as tipologias industriais da região.

39. Inmaculada Aguilar, "Restauración del Patrimonio Arquitectónico Industrial", em *Preservación...*, 2001, pp. 160-203. A autora comenta que na Espanha, o interesse pela preservação de bens culturais partiu, de início, do interesse histórico, através da Real Academia de História e não da Academia de Belas Artes. Em relação à arqueologia industrial, afirma que existe uma afinidade maior com a História Contemporânea, em especial em todos os aspectos da cultura material, do que com a História da Arte.

dem ao conceito de conservação. Apesar de o valor histórico e cultural dos edifícios industriais ser hoje aceito e de haver maior sensibilidade da opinião pública em relação a eles, falta um programa específico e princípios de atuação para esse tipo de legado, que, no presente, segue a normativa geral sobre patrimônio histórico. Expõe alguns possíveis critérios, salientando a necessidade de estudos históricos e levantamentos para entender as características tipológicas e construtivas mais relevantes, evidenciar o caráter do edifício como representativo do pensamento científico de uma época e de uma dada cultura arquitetônica, para respeitar sua concepção geral, seus processos técnicos e seu uso. Aconselha, ainda, ao projetista uma atitude moral, profissional e modesta, para valorizar os princípios arquitetônicos da obra. Considera que existe maior dificuldade em respeitar os edifícios industriais do que outros monumentos históricos pela falta de sensibilidade em relação ao objeto, que é considerado mero recipiente, por seus espaços livres e versáteis; quando são transformados para novos usos, transcuram-se amiúde suas especificidades. Essas análises sensíveis são feitas sem menção explícita às teorias de restauração ou às cartas de restauro. Quando a palavra "restauração" aparece, a respeito da transformação dos complexos em museus relacionados com sua própria atividade produtiva, a autora comenta a importância de conservar os objetos em seu lugar de origem e afirma que a tendência de atuação nesses edifícios seria uma restauração, no sentido "clássico" da palavra, entendida como fazer com que o edifício voltasse ao seu estado original[40].

O fato de haver propostas para voltar ao estado original mostra o descompasso existente em relação à teoria de restauração contemporânea, pois isso corresponde a noções oitocentistas do restauro. Atuações nesse sentido evidenciam uma ampla desinformação sobre o tema, que em alguns arquitetos se transforma em generalizado preconceito em relação à disciplina. Em muitas intervenções recentes no patrimônio arquitetônico industrial há uma dissociação injustificável entre prática e teoria de restauro, pois muitas vezes as ações são feitas à margem, ou no total desconhecimento das atuais vertentes teóricas do campo, como se o patrimônio industrial fosse algo completamente distinto.

Em alguns escritos, a exemplo dos supracitados, há muitos pontos convergentes entre as considerações apresentadas pelos autores e os princípios da restauração como expostos na Carta de Veneza, por exemplo, mas os enunciados são feitos sem menção explícita às formulações teóricas do restauro de bens culturais, que é o grande ausente do discurso. Ou, quando está presente,

40. *Idem*, p. 168.

é fruto de interpretações um tanto quanto apressadas e simplistas. Exemplo é dado pelas afirmações feitas por de Roux quando se refere à aplicação dos princípios da Carta de Veneza ao patrimônio industrial. O autor afirma que a Carta, por preconizar que um edifício deva deixar legíveis os diversos estratos de sua história, é inoperante para os edifícios industriais, a maioria dos dois últimos séculos, pois, para receber um novo uso, devem passar por transformações incisivas[41].

O fato de a Carta preconizar o respeito pelas várias fases e pela configuração da obra não significa que o bem não possa ser alterado ou que remoções não possam ser feitas. Ao contrário, a restauração implica transformações, tema que será analisado mais adiante, e exige esforço de interpretação caso a caso. Interpretação que tem por fundamento uma indagação meticulosa do edifício em seus aspectos materiais, formais e documentais para restaurá-lo – com base nos procedimentos teórico-metodológicos do campo – respeitando seus elementos caracterizadores. Por vezes a restauração pode comportar transformações significativas, mas é o procedimento de análise supracitado que vai determinar os parâmetros dentro dos quais é lícito fazê-las. Ademais, a avaliação visa também fazer com que os usos propostos sejam compatíveis com as características da edificação, e não que esta seja adulterada para receber um novo uso que não respeite suas particularidades.

Nesse sentido, um escrito de grande interesse foi elaborado por Angelika Baumann a respeito das transformações dos gasômetros municipais de Viena, projetadas por vários escritórios e arquitetos de renome. A autora critica de modo contundente a forma de intervenção e os usos ali instalados, que não preservaram os equipamentos, não respeitaram a configuração espacial e as soluções técnico-construtivas das edificações existentes, deformando-as de modo injustificável, através de projetos que tratam edifícios históricos como meros contentores e não se preocuparam em preservar os elementos que os caracterizam[42].

41. E. de Roux, *op. cit.*, 2000, p. 26.

42. Angelika Baumann, "The Viennese Gasometer-City", TICCIH *Bulletin*, 2002, n. 16, pp. 1, 7. Dados do artigo informam que os gasômetros foram construídos entre 1896 e 1899, resultado de um concurso de projetos vencido pelo engenheiro de Berlim, Schimming. Na construção, participaram vários outros profissionais. O conjunto tinha capacidade de estocagem de 90 000 m³ e, em consequência da mudança para gás natural, foi fechado em 1985-1986. No ano seguinte, foi feito um concurso de ideias para novos usos entre estudantes de arquitetura austríacos, obtendo-se uma variada gama de sugestões que manteriam intacto o exterior e preservariam as características do interior dos edifícios. O projeto efetivo de transformação do complexo estendeu-se de 1996 a 2001; compreende áreas de estacionamento, *shopping center*, escritórios, residências e um espaço para eventos em um dos *containers* com capacidade para três mil pessoas, e contou com a participação de vários escritórios de arquitetura, como o de Jean Nouvel e de Coop Himmel(bl)au.

Os artigos publicados em veículos destinados à divulgação da produção arquitetônica atual, por sua vez, são com frequência voltados para a descrição da intervenção em si. É dada pouca atenção ao preexistente, que aparece, não raro, apenas como personagem secundário numa trama estruturada em torno da manifestação da arquitetura contemporânea e, poucas vezes, como protagonista de uma história que, de fato, é a sua. São análises dirigidas para o novo projeto, deixando de lado as características daquilo que lá estava e de que modo se deu seu diálogo com a intervenção. Em geral, não é possível avaliar os aspectos verdadeiramente conservativos da ação, pois quase nunca é apresentado um exame do edifício como estava antes e o que se procurou conservar e valorizar no projeto, quais os elementos transformados, e por que razão e com que fundamentação foram feitas as opções. Ademais, as palavras restauração, conservação ou preservação, raramente comparecem nos artigos. Fala-se com frequência de revitalização, recuperação ou mesmo reciclagem, procurando evitar, de maneira consciente ou inconsciente, as complexas questões que a preservação, como ato de cultura, envolve.

O resultado de numerosos projetos parece bastante bom, mas é difícil avaliar sua pertinência ou não em relação às características materiais, históricas e formais da construção, por esse tema não ser abordado. O fato de o resultado final parecer satisfatório, por si só não assegura que a intervenção tenha sido respeitosa em relação ao bem que se queria salvaguardar, podendo, antes, acobertar desatenções a aspectos que deveriam ter sido preservados e valorizados. Claro está que se pode argumentar que os veículos em que são descritas essas intervenções não são voltados para esse tipo de debate, mas sobressai a ausência por completo dessas análises em qualquer veículo que seja. Por que esses temas não estão sendo tratados e aprofundados em relação às vertentes teóricas da restauração como entendida hoje? Por que poucas vezes se veem descrições e análises de intervenções com referências aos princípios em vigor, como enunciados na Carta de Veneza, por exemplo?

Um motivo é a própria complexidade que envolve a restauração de bens culturais, campo disciplinar que exige sólido preparo tanto em aspectos técnicos quanto teóricos e humanísticos. A abordagem do tema é complexa e necessariamente multidisciplinar, mas esse afastamento parece se dar por desconhecimento dos instrumentos teóricos da restauração ou, mesmo, pela

O conjunto era único e de grande relevância histórica tanto pela configuração e escala dos espaços, quanto pelos equipamentos, em excelentes condições. O projeto, que utilizou as construções como meros contentores, destruiu a configuração espacial dos edifícios, desconsiderou os aspectos construtivos das antigas edificações de tijolos, não respeitou a fenestração original (pelo uso residencial e de escritórios exigir mais luz, abriram-se novas janelas), não manteve nenhum dos equipamentos, preservando apenas o casco exterior, desfigurado e reduzido a mero cenário.

ignorância da existência de formulações teóricas no campo. No Brasil, ademais, é incipiente a discussão voltada à realidade atual e inexiste uma carta de princípios de restauro nacional que poderia, por exemplo, inquirir e integrar preceitos da Carta de Veneza. O intuito seria adequar suas proposições à realidade, hoje, no país, pois se verifica uma ampliação crescente e legítima daquilo que é considerado bem de interesse cultural a ser preservado, estendendo-se a um número cada vez maior, a tipos cada vez mais variados e a um passado cada vez mais próximo. Muitos exemplares do patrimônio industrial se enquadram nesse contexto de alargamento daquilo que é considerado bem cultural.

Há ainda, e sobretudo, um progressivo desviar da questão, que é eminentemente cultural – pautada nos valores formais, históricos, simbólicos e memoriais, em contraposição às ações de cunho prático –, para fora desse seu campo matriz. Isso é devido em parte à ampliação do que é tido como monumento histórico que resultou em renovado problema quantitativo e qualitativo e colocou uma série de novas questões, tanto teóricas, quanto técnicas, práticas e éticas, que devem ser enfrentadas com base no campo cultural, também como meio de fazer face a uma inevitável maior participação no mercado imobiliário. Vários fatores acabaram por levar a um afastamento do debate de seu lugar de direito, que é o foro cultural, para um âmbito diverso, havendo uma interferência justificável, mas que está assumindo proporções desequilibradas, de pressões econômicas, utilitárias e de certas práticas políticas (de cunho populista, demagógico etc.) – que fazem uso dos bens culturais como instrumentos para qualquer coisa, menos para a cultura – que não podem ser transcuradas na preservação, mas tampouco podem ser as únicas e preponderantes como acontece hoje.

Distintas formas de encarar os monumentos históricos devem coexistir. Os bens culturais não podem e não devem ser tratados como se fossem alienados da realidade em toda a sua complexidade, incluindo-se nisso aspectos socioeconômicos e políticos. São fatores que têm relevante papel, mas é necessário ter em mente, porém, que o movente, aquilo que motiva a preservação dos monumentos históricos, não é seu valor imobiliário, nem seu possível aproveitamento para um futuro uso qualquer. A preservação é motivada pelo fato de nesses bens ser reconhecido um significado cultural – seu valor histórico, artístico, memorial ou simbólico – tornando-os dignos de medidas para ser tutelados para as próximas gerações, para que continuem a ser documentos fidedignos e efetivos suportes do conhecimento e da memória coletiva. Portanto, deveriam ser essas as razões prevalentes para guiar o projeto de restauração.

Existe um vasto instrumental teórico para uma preservação social e culturalmente responsável – e economicamente viável, algo diverso de auferir os maiores lucros possíveis. Esse instrumental é baseado em pelo menos dois séculos (cinco se forem buscadas as raízes da discussão no Renascimento) de formulações teóricas, associadas a experiências sistemáticas na prática que conduziram às atuais vertentes da restauração de bens culturais, tema que será analisado a seguir.

PRESERVAÇÃO COMO ATO DE CULTURA

A conformação do campo; os fundamentos da restauração

Mas, afinal, o que se entende hoje por conservação, restauração e preservação?

As formas de intervir em bens legados por outras épocas atravessaram mudanças graduais no decorrer dos séculos até se chegar às atuais noções ligadas à preservação, entendida como ação cultural. A palavra preservação no Brasil possui um sentido lato que abarca variados tipos de ações, tais como inventários, registros, providências legais para a tutela, educação patrimonial e políticas públicas. Abrange também as intervenções nos bens, para que sejam transmitidos da melhor maneira possível ao futuro, que podem assumir a forma de manutenção, conservação, restauração (as implicações dessas palavras serão expostas mais adiante), devendo o restauro ser entendido, antes de tudo, como ato de cultura, algo evidenciado por Renato Bonelli[43] há meio século.

Esse processo está relacionado intimamente com mudanças da relação entre uma dada cultura e seu passado. Um momento crítico, apontado por variados autores, que dá as bases da preservação hoje, ocorreu na segunda metade do século XVIII[44]. Até então, as atuações em obras preexistentes eram voltadas, de maneira geral, para sua adaptação às necessidades da época e ditadas por exigências práticas, em especial as de uso[45]. No entanto, houve um processo

43. Ver em especial as colocações de Renato Bonelli, no capítulo introdutório "Il Restauro come Forma di Cultura", do livro, dele próprio, *Architettura e Restauro*, Venezia, Neri Pozza Editore, 1959, pp. 13-29.

44. Para análise das transformações da noção de restauro ao longo dos séculos – e as razões por que se deram essas mudanças – até os debates contemporâneos e para referências bibliográficas complementares, ver: Giovanni Carbonara, *Avvicinamento al Restauro*, Napoli, Liguori, 1997; Jukka Jokilehto, *A History of Architectural Conservation*, Oxford, Butterworth Heinemann, 1999; Maria Piera Sette, *Il Restauro in Architettura: Quadro Storico*, Torino, Utet, 2001. Ver ainda, com especial interesse naquilo que se refere ao papel dos monumentos na sociedade contemporânea, Françoise Choay, *A Alegoria do Patrimônio*, São Paulo, UNESP, 2001.

45. Houve casos, relatados desde a Antiguidade, e em variadas culturas, em que prevaleceram razões de outra natureza, que não as de uso, como a importância histórica ou celebrações de cunho político ou memorial. No entanto, esses casos de restauro (como ato pautado por razões culturais em sentido lato) eram exceções; não havia a preocupação de constituir um verdadeiro

gradual de alteração do modo de lidar com bens legados por outros períodos, que tem suas raízes no Renascimento italiano e se acentua em finais do século XVIII devido a vários fatores, entre os quais o Iluminismo, as profundas e aceleradas alterações ocasionadas pela chamada Revolução Industrial e as reações às destruições maciças posteriores à Revolução Francesa. Acentuou-se paulatinamente a noção de ruptura entre passado e presente, fazendo com que a forma de lidar com o legado de outras gerações – reconhecido como de interesse para a cultura – se afastasse, cada vez mais, das ações ditadas por razões pragmáticas, assumindo conotação fundamentalmente cultural, voltada aos aspectos estéticos, históricos, memoriais e simbólicos dos bens, também com fins educativos.

A preservação passaria, desde então, a ser motivada por questões de cunho cultural, científico – pelo conhecimento que as obras transmitem em vários campos do saber, tanto para as humanidades quanto para as ciências naturais –, e ético – por não se ter o direito de apagar os traços de gerações passadas e privar as gerações futuras da possibilidade de conhecimento de que os bens são portadores. Desse modo, as questões de ordem prática deixam de ser as únicas e prevalentes, apesar de dever estar sempre presentes, e passam a ser concomitantes, a ter caráter indicativo, mas não determinante. São empregadas como meios de preservar, mas não como a finalidade, em si, da ação.

O século XIX assume papel proeminente nesse processo. Ao longo de todo o período foram constantes as tentativas de inventários sistemáticos, as experimentações práticas, as formulações teóricas, a elaboração de medidas legais e o estabelecimento de órgãos de preservação. As experiências foram díspares – e variadas correntes se manifestavam de forma concomitante nos diversos ambientes culturais –, oscilando entre posturas antagônicas, desde as mais "conservativas", com grande apreço pelos valores formais da pátina e pelas marcas da passagem do tempo, até as voltadas a completamentos e refazimentos em estilo[46], cujos mais notórios representantes foram respectivamente John Ruskin e Eugène Emmanuel Viollet-le-Duc.

"projeto cultural" que a questão assume em finais do século XVIII, em que a preservação passa a ser elemento portante de políticas públicas em maior escala. Para esses temas, além da bibliografia supracitada, cf. também as observações de Carlo Ceschi, *Teoria e Storia del Restauro*, Roma, Bulzoni, 1970 e de Michelangelo Cagiano de Azevedo, *Il Gusto nel Restauro delle Opere d'Arte Antiche*, Roma, Olimpus, 1948; ver ainda B. M. Kühl, "As Transformações na Maneira de se Intervir na Arquitetura do Passado entre os Séculos XV e XVIII: O Período de Formação da Restauração", *Sinopses*, 2001, n. 36, pp. 24-36.

46. Sobre as transformações ao longo do século XIX e bibliografia complementar sobre o tema, além das obras de referência citadas anteriormente, ver: Maria Lucia Bressan Pinheiro, William Morris e a SPAB, *Rotunda*, 2004, n. 3, pp. 22-35; B. M. Kühl, "Viollet-le-Duc e o Verbete Restauração", em Eugène Emmanuel Viollet-le-Duc, *Restauração*, Cotia, Ateliê Editorial, 2000, pp. 9-25;

Na prática de intervenções acabou por sobressair ao longo daquele século, em vários países, a busca de um estado completo, por vezes fantasioso, de um bem – tendo por objetivo, em geral, mas não necessariamente, a unidade de estilo, havendo uma visão idealizada da própria história da arte –, não importando se, para tanto, fossem sacrificadas várias fases da passagem da obra no decorrer do tempo e feitas substituições e alterações maciças. Os edifícios não eram entendidos em sua individualidade (de composição e de seu percurso ao longo dos séculos), mas como fazendo parte de um sistema idealizado ao qual se deveria remeter. Foram muitas as críticas em relação a esses procedimentos pelos danos que causavam à obra como documento histórico e testemunho do transcurso do tempo e pelo fato de as comunidades não mais se reconhecerem nessas obras completamente transfiguradas e reinseridas de modo violento em seus ambientes. Mais para o final do século, multiplicaram-se as vozes que preconizavam uma posição mais conservativa e historicamente fundamentada. Essas experiências díspares e, mesmo, antitéticas foram analisadas e reformuladas por Camillo Boito no final do século XIX, que retoma e sintetiza várias proposições que amadureceram no decorrer do século. Propõe assim uma via "intermediária" para a restauração, baseada em sólidos princípios, tais como: ênfase no valor documental das obras, que deveriam ser preferencialmente consolidadas a reparadas e reparadas a restauradas; evitar acréscimos e renovações, que, se necessários, deveriam ter caráter diverso do original, mas de modo a não destoar do conjunto; completamentos de partes deterioradas ou faltantes deveriam, mesmo seguindo a forma primitiva, ser de material diverso ou ter incisa a data de sua restauração ou, ainda, no caso das restaurações arqueológicas, ter formas simplificadas; obras de consolidação deveriam limitar-se ao estritamente necessário, evitando-se a perda dos elementos característicos e pitorescos; respeitar as várias fases do monumento, sendo a remoção de elementos admitida apenas se tivessem qualidade artística manifestamente inferior à do edifício; registrar as obras, documentando os trabalhos antes, durante e depois da intervenção; colocar uma lápide com inscrições para apontar a data e as obras de restauro realizadas[47]. Gustavo Giovannoni retomaria

B. M. Kühl, "A Restauração de Monumentos Históricos na França após a Revolução Francesa e Durante o Século XIX: Um Período Crucial para o Amadurecimento Teórico", *Revista CPC*, 2006, vol. 1, n. 3, pp. 110-144.

47. Camillo Boito, arquiteto, restaurador, historiador, ensaísta, poeta, foi autor muito prolífero. Teve papel relevante no campo da restauração, a exemplo de sua primordial atuação durante o Congresso dos Engenheiros e Arquitetos Italianos realizado em Roma em 1883, propondo os critérios acima enunciados de intervenção em monumentos históricos que depois seriam adotados pelo Ministério da Educação (cf. *Atti del Quarto Congresso degli Ingegneri ed Architetti Italiani Radunato in Roma nel Gennaio del 1883*, Roma, Centernari, 1884). Alguns de seus escritos foram dedicados à restauração, tratando da análise das intervenções, ou da formulação de princípios

essas colocações no início do século XX, reinterpretando-as também para a escala urbana. O autor acentua a construção de Boito, reiterada por grande parte da historiografia das teorias de restauração, de uma postura de restauro como um caminho intermediário – o chamado "restauro filológico" – entre os procedimentos antitéticos de Ruskin e Viollet-le-Duc.

Contribuições de inestimável valor foram feitas por Alois Riegl, na virada do século XIX para o XX, oferecendo meios inovadores tanto para a teoria quanto para a prática da preservação dos monumentos históricos ao abarcar aspectos normativos (no caso, na Áustria) e analisar de modo agudo o papel dos monumentos históricos e suas formas de apreensão por uma dada sociedade[48]. Riegl deu passos fundamentais para consolidação do campo[49], que passa a assumir características próprias, podendo, por sua vez, oferecer contribuições para a historiografia e para a criação artística contemporânea. Elaborou proposições prospectivas, que permanecem válidas e que contêm elementos que podem ser continuamente explorados.

De relevância são suas colocações na obra *O Culto Moderno dos Monumentos*, de 1903. Esse texto de Riegl faz parte de um projeto de organização legislativa para a preservação na Áustria, sendo composto de três partes: a primeira, justamente *O Culto*, que é uma discussão teórica que fundamenta a proposta de lei; a segunda é o projeto de lei para a tutela dos monumentos; a parte final é composta pelas disposições para aplicação da lei (cuja implementação seria concretizada mais tarde, com outra conformação)[50].

As propostas de Riegl tendiam a se distanciar da discussão sobre monumentos históricos pautada apenas em questões histórico-artísticas, como pre-

gerais, a exemplo de *Os Restauradores*, uma conferência apresentada durante a exposição de Turim em 1884 (publicada em português pela Ateliê Editorial, Cotia, 2002), ou *Questioni Pratiche di Belle Arti*, Milano, Hoepli, 1893, ou ainda no artigo "I Nostri Vecchi Monumenti, Conservare o Restaurare", aparecido em *La Nuova Antologia* (1885, vol. 81, pp. 640-662; vol. 82, pp. 58-73; 1886, vol. 87, pp. 480-506). Para uma análise do tema e referências bibliográficas complementares, ver B. M. Kühl, "Os Restauradores e o Pensamento de Camillo Boito sobre a Restauração", em C. Boito, *Os Restauradores*, *op. cit.*, 2002, pp. 9-28.

48. Para uma análise pormenorizada do papel de Riegl para a tutela dos monumentos, em que são também apresentadas e analisadas formulações de variados autores, cf. Sandro Scarrocchia (ed.), *Alois Riegl: Teoria e Prassi della Conservazione dei Monumenti*, Bologna, Accademia Clementina di Bologna, 1995.

49. Ver, no que concerne às contribuições de Riegl para a conformação de um campo disciplinar autônomo, as análises de autores como: Margaret Olin, "Forms of Respect: Alois Riegl's Concept of Attentiveness", *The Art Bulletin*, 1989, vol. 71, n. 2, pp. 285-299; Wolfgang Kemp, Alois Riegl, em H. Dilly (ed.). *Altmeister Moderner Kunstgeschichte*, Berlin, 1990, pp. 37-60; e Jörg Oberhaidacher, "Riegls Idee", *Wiener Jahrbuch für Kunstgeschichte*, 1985, vol. 28, pp. 199-218. Ver ainda a formulação de S. Scarrocchia (ed.), *op. cit.*, 1995, pp. 29-35.

50. Ver sobretudo o texto de Alois Riegl, "Progetto di un'Organizzazione Legislativa della Conservazione in Austria", em S. Scarrocchia (ed.), *op. cit.*, 1995, pp. 171-236.

valecera até então, passando a considerar também as formas de recepção e de fruição dos monumentos, através dos "valores" por ele explicitados no *Culto*. De especial interesse, pela repercussão que terá nas suas formulações para a lei de tutela é o valor de "antiguidade" (ou valor "de antigo"), que depende da preservação escrupulosa das várias estratificações da obra e das marcas da passagem do tempo, apreciando-se inclusive o efeito subjetivo e afetivo das próprias formas de dissolução do monumento, independentemente de sua destinação e significado inicial. Procurou, desse modo, embasar a tutela dos monumentos no respeito pelo "valor de antigo", não mais tendo como objetivo, como predominara até então na práxis austríaca, a unidade de estilo. Ou seja, a tutela não se volta para a retomada de "formas" antigas, nem desconsidera as várias fases dos edifícios; tem por objetivo respeitar escrupulosamente o bem e os próprios traços de ancianidade[51].

O culto do "valor de antigo" era, segundo o autor, de grande atração e é nele que se fundamenta o projeto de lei, justamente por ser valor mais inclusivo, mais perene e que respeita integralmente as obras de toda e qualquer fase da produção humana, as várias estratificações de uma mesma obra e as próprias marcas da passagem do tempo. Neste ponto é importante esclarecer que a análise apresentada por Riegl no *Culto* serve de substrato para a elaboração do projeto de lei. Mas de modo algum, na atuação nos monumentos, Riegl considerava que os outros "valores" devessem ser aplicados, de modo alternado ou indistinto, dependendo da situação. Sua proposta de lei é baseada essencialmente no respeito pelo valor de "antiguidade":

> A futura tutela dos monumentos deve ser baseada no culto do valor de antigo, que se manifesta com a existência dos traços de antiguidade. A maior preocupação da futura tutela dos monumentos deve ser voltada para a conservação desses traços e, por isso, devem cair inevitavelmente os postulados da originalidade e da unidade estilística, ligados ao culto do valor histórico e do valor de novidade, que objetivam, ambos, à sua eliminação [dos traços de antiguidade][52].

51. Ver S. Scarrocchia (ed.), *op. cit.*, 1995, pp. 91-110. Sobre alguns aspectos do pensamento riegliano e a preservação na Áustria, ver ainda de B. M. Kühl: "História e Ética na Conservação e na Restauração de Monumentos Históricos", *Revista* CPC, 2005, vol. 1, n. 1; "Observações sobre as Propostas de Alois Riegl e Max Dvořák para a Preservação de Monumentos Históricos", in: Max Dvořák, *Catecismo da Preservação de Monumentos*, Cotia, Ateliê Editorial, 2008, pp. 33-62.

52. Ver as considerações de Riegl para a lei de tutela (em S. Scarrocchia (ed.), *op. cit.*, 1995, pp. 209-210), mostrando o caráter mais inclusivo do valor de antiguidade, baseado na "solidariedade com todo o mundo". Ver, ainda, de Riegl, as disposições para a aplicação da lei (em S. Scarrocchia (ed.), *op. cit.*, 1995, pp. 222-236; cita-se da p. 224). Riegl enfatiza que, em relação aos monumentos, não apreciamos somente o valor histórico, pois, se assim o fosse, quanto mais antigo, melhor seria; no entanto, às vezes preferimos obras recentes às mais antigas. O autor afirma não fazer sentido

Ademais, para Riegl, monumentos históricos eram não apenas as "obras de arte", mas qualquer obra humana com certa antiguidade (para ele, qualquer obra com mais de sessenta anos, que equivale ao distanciamento crítico de duas gerações)[53], contrapondo-se assim às políticas de preservação que se voltavam apenas aos objetos de excepcional relevância histórica e artística.

Na prática de intervenções, como mencionado, fora bastante comum na Europa do século XIX e início do século XX a busca de um estado supostamente completo e original, resultando em críticas e ardorosos debates pelas perdas de diversas estratificações da obra, que deturpam o documento histórico, e pelo fato de reinserir, na vida das comunidades, de modo violento, uma renovada imagem da obra, sem precedentes e totalmente diversa daquela que se consolidara ao longo do tempo. A ênfase no valor documental se firmaria nas discussões em âmbito internacional somente no século XX, através das propostas de vários autores, destacando-se as ideias de Gustavo Giovannoni que teriam repercussão na reunião de 1931 do Office International des Musées (da Sociedade das Nações) realizada em Atenas, que resultou numa publicação, *La Conservation des Monuments d'Art et d'Histoire*. Giovannoni participou ativamente na elaboração do documento final, conhecido como Carta de Restauro de Atenas de 1931.

Ou seja, restaurar não mais é voltar ao estado primitivo da obra, nem a um estágio anterior qualquer. Isso, em textos de caráter normativo, pelo menos desde 1883, ao se relembrar do ambiente italiano e das resoluções do Congresso de Engenheiros e Arquitetos, adotadas pelo Ministério da Educação do país. Em âmbito austríaco, pelo menos desde as proposições de Riegl. No contexto internacional, desde a Carta de Restauração de Atenas. Restaurar é respeitar plenamente qualquer obra reconhecida como bem a tutelar, em suas várias estratificações e em seu transcurso ao longo do tempo, independente da maior ou menor apreciação pelo seu valor "artístico", algo reiterado na Carta de Veneza, de 1964.

As transformações que ocorreram no campo não foram nem homogêneas, nem lineares. No entanto, ao longo desses vários séculos de experimentações,

separar em categorias distintas o monumento histórico do monumento artístico, pois toda obra de arte é um fato histórico e todo documento histórico – mesmo um pedaço de papel rasgado portando uma "nota breve e sem importância" – possui uma conformação. Também condena o fato de se basear uma política de tutela no valor artístico, que é avaliado pela medida em que satisfaz a *Kunstwollen* moderna [volição da arte], algo que não é formulado de maneira clara e jamais o poderia ser, pois varia de indivíduo para indivíduo e de momento para momento. Desse modo, continua o autor, se não existe um valor artístico eterno, mas somente um valor relativo, o valor artístico de um monumento não é um valor de rememoração, mas um valor atual, de contemporaneidade. A conservação, pois, deve levar isso em conta, por se tratar de valor flutuante e é também por isso que baseia suas propostas no "valor de antigo".

53. Ver S. Scarrocchia (ed.), *op. cit.*, 1995, pp. 91-110, 55-73.

houve um contínuo intercâmbio entre teoria e prática e alguns modos de operar, considerados mais respeitosos e inclusivos, acabaram por ser reinterpretados e integrados nas atuais tendências da restauração.

Um momento crucial nesse processo, que lança muitas das bases para o atual pensamento sobre o tema, deu-se em meados do século XX, período em que se fez uma extensa reelaboração dos conceitos em vigor. Esse processo, como evidenciado por Giovanni Carbonara[54], foi também consequência dos problemas suscitados pelas destruições da Segunda Grande Guerra, evidenciando os reduzidos meios teóricos até então empregados para entender a realidade figurativa dos monumentos. Não se haviam levado em conta as contribuições da Estética naquela primeira metade de século, e, por conseguinte, as formulações teóricas do restauro – muitas das quais baseadas num modo positivista e classificatório de conceber a arte – não lidavam com meios conceituais para abordar obras devastadas. Princípios essenciais do "restauro filológico" mantêm sua validade, mas se mostraram incapazes de ir além da realidade documental das obras, aspecto que não mais podia ser transcurado. Tornara-se também evidente a insuficiência e inadequação de trabalhar através de "neutros" no tratamento de lacunas, fossem elas pictóricas, escultóricas, arquitetônicas ou urbanas, e também a dificuldade de atuar no campo através de categorias determinadas.

A partir de meados do século a discussão ganha em amplitude, consistência e profundidade, alcançando-se um período de grande maturidade. Através das proposições de variados autores, buscava-se superar visões do restauro que, na linha teórica predominante, eram voltadas essencialmente aos aspectos documentais; mas, em muitas que ainda operavam na prática, a ação era tida como algo empírico que procurava reverter o curso do tempo e que mostrava aversão ao "envelhecimento". Passa-se a encarar o restauro como ato histórico-crítico, que considera concomitantemente os aspectos materiais, formais e documentais da obra, que deve respeitar as várias fases por que ela passou e que preserva a pátina, ou seja, conserva as marcas de sua própria translação no tempo. Ademais, assume-se que qualquer ação no bem intervém inexoravelmente em sua realidade figurativa (pois mesmo uma limpeza que remova a sujeira, mas preserve a pátina, muda a leitura da obra) e a restauração assume para si a tarefa de prefigurar[55], controlar e justificar alterações.

54. G. Carbonara, *Avvicinamento...*, 1997, pp. 231-233.

55. E no caso da arquitetura, prefigurar é controlar através do projeto, como bem evidenciou Carbonara em "Beni Culturali, Restauro, e Recupero: Un Contributo al Chiarimento dei Termini", em *Il Recupero del Patrimonio Architettonico*, Aosta, s.e., 1992, pp. 40-41.

Foram de grande relevância, e permanecem com aspectos sempre atuais, textos escritos desde os anos 1940, a exemplo dos de Cesare Brandi, Roberto Pane, Renato Bonelli e Paul Philippot, atingindo-se certa posição de consenso internacional na Carta de Veneza, de 1964. Houve buscas paralelas que convergiram em alguns temas, oferecendo meios de ulterior crítica e aprofundamento recíprocos. Autores filiados ao chamado "restauro crítico" - assim denominado por se entender a restauração essencialmente como processo histórico-crítico que se fundamenta também numa pormenorizada análise da obra e não parte de categorias genéricas pré-determinadas[56] - como Bonelli e Pane[57], alicerçam suas posições a partir das análises das transformações por

56. No que se refere às definições e a uma análise do restauro crítico, ver G. Carbonara, *Avvicinamento...*, 1997, pp. 23-34, 271-390. O autor enfatiza as raízes na teoria de Brandi de vários autores que apresentaram contribuições próprias, para aprofundar, rever e ampliar o debate, com suas interpretações singulares, a exemplo de Bonelli, Pane, Philippot e Baldini. Carbonara apresenta de forma clara o "restauro crítico", corrente de que são notáveis representantes Bonelli e Pane, respeitadas as particularidades (e oposições) das proposições de cada um deles. Nas pp. 285-286: "[O restauro crítico] parte da afirmação de que toda intervenção constitui um caso em si, não classificável em categorias (como aquelas meticulosamente precisadas pelos teóricos do chamado restauro 'científico': completamento, liberação, inovação, recomposição etc.), nem responde a regras prefixadas ou a dogmas de qualquer tipo, mas deve ser reinventado com originalidade, de vez em vez, caso a caso, em seus critérios e métodos. Será a própria obra, indagada atentamente com sensibilidade histórico-crítica e com competência técnica, a sugerir ao restaurador a via mais correta a ser empreendida. Resulta uma estreita ligação da restauração com a história artística e arquitetônica, com a finalidade de obter respostas satisfatórias aos problemas que o restauro, desde as suas origens, coloca: reintegração de lacunas, remoção de adições, reversibilidade e distinguibilidade da intervenção, controle histórico-crítico das técnicas e assim por diante. Problemas que na restauração, porém, requerem, diferentemente da verdadeira atividade historiográfica, respostas não apenas 'verbais', mas também concretamente operacionais e figurativas: digamos, pintando e não apenas falando quando se trata de restauro pictórico, esculpindo e plasmando no restauro escultórico, fazendo arquitetura, e boa arquitetura, no caso do restauro arquitetônico".

57. Existem divergências nas posições de ambos os autores. Para uma análise do tema, ver as colocações de Renato Bonelli no verbete "Il Restauro Architettonico" publicado em 1963 na *Enciclopedia Universale dell'Arte* (em Renato Bonelli, *Scritti sul Restauro e sulla Critica Architettonica*, Roma, Bonsignori, 1995, pp. 27-34) e as ressalvas levantadas por Pane na conferência de abertura do Congresso Internacional de Restauração de Veneza, que daria origem à Carta de Veneza de 1964 (Roberto Pane, em ICOMOS, *Il Monumento per l'Uomo*, *op. cit.*, 1971, pp. 1-12). No texto, Pane interpreta as colocações do verbete de Bonelli em que se discute a prevalência do valor artístico sobre o histórico em caso de conflito, como se Bonelli tivesse negado a simultaneidade e a relação dialética entre eles, dando preponderância absoluta ao valor artístico em detrimento do histórico, o que conduziria a uma intervenção liderada pela livre escolha e não por um fundamentado juízo crítico (cf. em especial, pp. 4-6). Refuta ainda as colocações de Bonelli sobre a criatividade necessária na restauração, considerando-as como um incitamento à criatividade arbitrária e não condicionada pela análise da obra. Apesar da polêmica, o que se buscava no período era uma necessária maior atenção aos valores figurativos da obra, sem desrespeitar, porém, os aspectos documentais. Bonelli, por sua vez, vê a Carta de Veneza como formulação de cunho essencialmente positivista, de caráter ainda giovannoniano e oitocentista, que não levava em consideração as formulações da estética, especialmente aquelas de matriz crociana. Desse

que passou a restauração, reformulando-as e articulando-as a correntes do pensamento sobre estética e a outras proposições da época, como as de Cesare Brandi. Brandi, por sua vez, fundamenta seus enunciados essencialmente através da estética e da historiografia e crítica da arte.

Deu-se maior ênfase aos valores formais do que no período anterior – em que predominava o valor documental da obra –, sem desrespeito, porém, aos aspectos históricos e às várias fases por que passou o monumento ao longo de sua vida. Aborda-se a restauração de forma articulada, e não subdividida em categorias, como propusera Giovannoni. Isso pode ser constatado na própria diferença de redação entre a Carta de Restauração de Atenas, de 1931, e da Carta de Veneza, de 1964, em que, por exemplo, não mais aparece a distinção entre "monumentos vivos" e "monumentos mortos", como sugerira Louis Coloquet no início daquele século, trabalhando-se com princípios fundamentais que deveriam guiar todas as intervenções[58], com maior atenção pela configuração das obras.

Cesare Brandi deu passos primordiais para a consolidação do restauro como campo disciplinar, através de unidade conceitual, buscando filiá-lo ao pensamento crítico e às ciências e contrapondo-o ao empirismo pedestre que prevalecera até então. Essas tentativas têm uma larga genealogia, mas nunca antes uma formulação teórica perfeitamente articulada com sua aplicação na prática atingira tal consistência.

A produção de Brandi tem caráter multifacetado, sendo significativa em variados campos, entre eles a história e a crítica de arte, a estética e a restauração[59]. Suas formulações sobre a estética, de derivação do pensamento kantiano, possuem alto grau de autonomia em relação às principais corren-

modo, afirma que o documento desconsidera as aquisições das duas décadas precedentes sobre a fundamentação do restauro no juízo crítico e a prevalência do valor artístico. Para uma análise da polêmica, cf. G. Carbonara, *La Reintegrazione dell'Immagine*, Roma, Bulzoni, 1976, pp. 43-73. Uma leitura diversa do problema comparece em Marco Dezzi Bardeschi, *Restauro: Due Punti e da Capo*, Milano, FrancoAngeli, 2004, pp. 432-437.

58. Louis Cloquet, "La Restauration des Monuments Anciens", *Revue de l'Art Chrétien*, 1901, pp. 498-503. Além dos textos das duas Cartas, ver a esse respeito as atas do Congresso Internacional de Restauração de Veneza (em ICOMOS, *op. cit.*, 1971), particularmente o Relatório Geral do Congresso, feito por Raymond Lemaire (pp. 147-152) e as contribuições de Luigi Crespi (pp. 136-139). Crespi manifestou-se contra a denominação "vivo" ou "morto", pois se deve enfatizar a necessidade de utilizar um monumento, qualquer que seja a sua destinação ou época de construção, respeitando a integridade da configuração de seus espaços.

59. Para um aprofundamento das teorias estéticas de Brandi, e para uma melhor compreensão de sua articulação com o pensamento sobre o restauro, é necessário retomar seus diversos escritos sobre o tema – uma vez que as formulações estão intimamente conexas (ver Bibliografia). Para uma análise da inter-relação entre os vários aspectos de seu pensamento, cf. em especial Massimo Carboni, *Cesare Brandi: Teoria e Esperienza dell'Arte*, Roma, Editori Riuniti, 1992 e Paolo D'Angelo, *Cesare Brandi: Critica d'Arte e Filosofia*, Macerata, Quod Libet, 2006.

tes do período; fazem, porém, referência a elas, apresentando enunciados que têm ligações com as ideias de diversos autores, mas ao mesmo tempo percorrendo um caminho muito próprio. A partir de uma releitura das propostas de Croce, Brandi extrapola-as, estabelecendo parâmetros para uma estética verdadeiramente pós-crociana[60]. Propõe uma releitura de Sartre, Heidegger, Hegel, reelaborando aspectos da pura visibilidade (em especial as formulações de Fiedler), e, no que respeita ao reconhecimento da obra de arte – ponto basilar de sua teoria da restauração – denota afinidades com a fenomenologia de Husserl.

Os variados aspectos da produção teórica de Brandi, e de sua atuação prática, estão sempre inter-relacionados, remontando a um núcleo comum de pensamento, extremamente consistente, a partir do qual os diversos temas se articulam e se aprofundam. Desse modo, por exemplo, sua teoria para o restauro não é mera extensão de suas formulações no campo estético ou vice-versa; Brandi, ao abordar outro domínio do saber, a partir dos renovados dados que se colocam para a reflexão, ascende à essência de seu pensamento para reorganizar e reelaborar os resultados.

Através de suas formulações no campo da estética, Brandi trabalha com uma fenomenologia da criação da obra de arte, vendo-a como processo e não apenas como resultado, e estrutura o processo artístico em duas fases: *constituição do objeto* e *formulação da imagem*. Através dessas elaborações, Brandi "munia-se de instrumentos para uma leitura rigorosamente *formal*, mas não *formalista* da obra, descobrindo no estilo um modo de conhecer as coisas, não um simples receituário deduzido das características da obra formulada"[61], instrumentos que utilizava tanto na crítica de arte quanto na história da arte (e no restauro), examinando a obra também *internamente*, por intermédio do processo criativo que lhe deu origem.

Através do "reconhecimento" brandiano, como exposto pelo autor em *Celso o della Poesia* (de 1956) e analisado por Paolo Antinucci, o artista trabalha com a formulação do objeto através do seguinte processo: após a neutralização existencial do objeto real, este último torna-se fenômeno, imagem funcionalizada na consciência, como parte do processo cognitivo do artista, que seleciona nesse fenômeno os aspectos ópticos que fornecem a possibilidade para que se forme uma imagem na consciência do artista; nesse ponto, aninha-se o processo de constituição do objeto (que é um objeto diverso daquele da realidade existencial das coisas) para o qual se busca uma forma adequada, para torná-lo palpável e transmitir uma dada imagem. Desse modo, para Brandi

60. Como analisado por P. D'Angelo, *op. cit.*, 2006, pp. 48-50.
61. *Idem*, p. 17.

existem dois momentos fundamentais, como mencionado: o primeiro, a constituição do objeto; o segundo, a formulação da imagem, a partir do qual o "objeto" – que pode ser inclusive uma abstração – se materializa e passa a fazer parte da vida de todos. O artista não formula o objeto de modo que esse pensamento seja imediatamente legível; porém a consciência de quem frui é capaz de perceber, através da lógica profunda da obra, sua própria estrutura ontológica. Por isso, como nota Antinucci, para Brandi uma obra de arte não se compreende, se reconhece, pois o que se reconhece é o inteiro processo que a produziu[62]. Brandi denomina esse modo particular de existir da obra *astanza*, o "ser no mundo" da obra, associado à capacidade da obra de arte de suscitar experiências que o respectivo objeto da realidade existencial das coisas não seria capaz de produzir. Esse fenômeno se repete toda vez que a obra é reconhecida, havendo possibilidade contínua de reconhecimento ao longo do tempo. O reconhecimento não é um processo imediato, nem simples, sendo, antes, extremamente complexo e lento[63], reconhecendo-se o objeto na plenitude de sua herança formal, de sua estrutura ontológica.

Como Brandi afirma na *Teoria da Restauração*, esse processo do "reconhecimento" da obra de arte é "reconhecimento duplamente singular, seja pelo fato de dever ser efetuado toda vez por um indivíduo singular, seja por não poder ser motivado de outra forma a não ser pelo reconhecimento que o indivíduo singular faz dele"[64], em razão do próprio processo descrito acima. O que não significa, como querem alguns incautos, que a intervenção de restauro seja, por isso, um ato individual, em que cada um faz o que quer, tornando-o um ato arbitrário. Pelo contrário, o esforço do autor volta-se a afastar a restauração do empirismo e da arbitrariedade e a vinculá-la ao método e ao processo histórico-crítico de forma rigorosa[65]. Prova disso é a própria organização que Brandi im-

62. Paolo Antinucci, "Introduzione", em Cesare Brandi, *In Situ*, Viterbo, Sette Città, 1996, pp. 18-19.
63. Cesare Brandi, *Teoria da Restauração*, Cotia, Ateliê Editorial, 2004, p. 91: "[...] para realizar-se plenamente na consciência, uma obra de arte pode empregar, se não anos luz, por certo alguns anos, durante os quais serão reunidos e precisados todos aqueles elementos que deverão servir para explicitar seja o valor semântico da imagem, seja a figuratividade peculiar desta".
64. *Idem*, p. 27. Agradeço a Giuseppe Basile – que foi aluno de Brandi e é atualmente diretor do Serviço de Intervenções em Bens Históricos e Artísticos do ICR – por várias sugestões bibliográficas e pela paciente e pormenorizada discussão de muitos aspectos da teoria brandiana, retomados em diversos pontos deste texto, durante as suas visitas a São Paulo em 2004 e 2006.
65. O processo histórico-crítico tem por objetivo afastar as ações da esfera do arbitrário. Outra falsa crença em relação ao pensamento de Brandi é questionar se a *Teoria* seria aplicável a obras pelas quais ele não tinha maior apreço, como, por exemplo, a arquitetura do século XIX. Esse tipo de raciocínio se constitui num sofisma. Vincular o restauro ao processo histórico-crítico é afastá-lo do empirismo e da arbitrariedade para ancorá-lo às ciências, impondo à ação do restaurador o respeito a uma sólida deontologia profissional, baseada em método científico, independente de sua "opinião" pessoal sobre uma dada obra. Se a obra foi reconhecida como

primiu ao Instituto Central de Restauração (ICR) – de cuja fundação participou, em Roma, em 1939, dirigindo-o por duas décadas –, que envolvia profissionais de variadas formações, o que evidencia ainda mais o caráter multidisciplinar e jamais individual e arbitrário da restauração:

> A organização do Instituto, sendo baseada no conceito de restauração como crítica filológica, segundo o qual se recomenda restaurar inicialmente aquilo que resta de uma obra de arte, a direção do Instituto foi confiada não a um restaurador, mas a um historiador da arte, secundado por um comitê técnico, composto de arqueólogos, de historiadores da arte e de críticos da arte[66].

A restauração deveria ser entendida, no enunciado de Brandi, como "*o momento metodológico do reconhecimento da obra de arte, na sua consistência física e na sua dúplice polaridade estética e histórica, com vistas à sua transmissão ao futuro*"[67]. Ou seja, é ação de caráter eminentemente cultural, em oposição às ações derivadas de razões pragmáticas, que se transforma em ato histórico-crítico, alicerçado na análise da relação dialética entre as "instâncias" estética e histórica de uma dada obra. Pela própria definição de Brandi, a me-

bem cultural (sendo ou não tutelada por lei), deve ser restaurada com todo o rigor. Ademais, Brandi jamais se colocou como senhor onipotente e onisciente para decidir sobre tudo aquilo que é ou deixa de ser de interesse para a preservação. Outro problema é imputar uma opinião do autor sobre obras a respeito das quais ele não se manifestou (e que nem conheceu); engano é ainda considerar que ele desprezaria, por exemplo, toda e qualquer obra do século XIX. Giuseppe Basile, atual diretor do Serviço de Intervenções em Bens Culturais do ICR, informa que, ao contrário, o autor tinha espírito bastante aberto para as várias formas de manifestação artística e era extremamente sensível ao significado de uma dada obra para o local em que se encontra, de qualquer época que fosse.

66. C. Brandi, "L'Institut Central pour la Restauration d'Œuvres d'Art a Rome", *Gazette des Beaux-Arts*, 1954, vol. 43, pp. 42-44. No artigo, Brandi discorre sobre a organização do ICR, as várias profissões envolvidas e os diversos laboratórios existentes, e, ainda, sobre os trabalhos ali realizados. Assim descreve a organização (p. 44): "Esquematicamente o instituto compreende: a. Vastos laboratórios de restauração, com salas especiais e ateliês anexos de marcenaria, trabalho com gesso e douração etc.; b. Um laboratório fotográfico com arquivo de todos os negativos e um setor de radiografia; c. Laboratórios de química e de física, dotados dos equipamentos mais modernos; d. Uma sala de exposições e de experiências museográficas, com condicionamento de ar, que permite regular a umidade e a temperatura de acordo com as estações; e. Arquivos onde devem ser reunidas, para cada obra restaurada – em benefício dos pesquisadores que se seguirão – todos os elementos técnicos e gráficos que a ela se referem (experimentos, análises, avaliações, fotografias, radiografias, cromografias); f. Uma biblioteca especializada em história da arte e uma biblioteca de física e de química. Uma escola de restauração de obras de arte, cujos cursos são distribuídos em quatro anos, é vinculada ao Instituto. Essa escola é aberta tanto a estudantes italianos quanto estrangeiros. O instituto conta com vários restauradores, químicos, físicos, fotógrafos e artesãos (marceneiros, douradores etc.), arquivistas, bibliotecários, secretários e datilógrafos [...]."

67. C. Brandi, *Teoria...*, 2004, p. 30.

todologia da restauração conduz ao trabalho multidisciplinar (consistência física e dúplice polaridade estética e histórica), mesmo que a parte operacional seja executada por uma única pessoa. Afastar do empirismo e vincular ao pensamento científico, a isso leva a definição de Brandi, pois a restauração não é apenas o reconhecimento da obra de arte, é o "momento metodológico do reconhecimento da obra de arte" em seus aspectos materiais, figurativos e documentais com um dado objetivo, a saber, "sua transmissão ao futuro", metodologia vinculada à crítica de arte, estética e história. Esse caráter do restauro é retomado ainda mais explicitamente por Brandi:

> Por isso, definindo a restauração como o momento metodológico do reconhecimento da obra de arte como tal, a reconhecemos naquele momento do processo crítico em que, tão só, poderá fundamentar a sua legitimidade; fora disso, qualquer intervenção sobre a obra de arte é arbitrária e injustificável. Além do mais, retiramos para sempre a restauração do empirismo dos procedimentos e a integramos na história, como consciência crítica e científica do momento em que a intervenção de restauro se produz. [...]
>
> Com isso não degradamos a prática, antes, a elevamos ao mesmo nível da teoria, dado que é claro que a teoria não teria sentido se não devesse, necessariamente, ser verificada na atuação [...].
>
> Por conseguinte, como a restauração não consiste apenas das intervenções práticas operadas sobre a própria matéria da obra de arte, desse modo não será tampouco limitada àquelas intervenções e, qualquer providência voltada a assegurar no futuro a conservação da obra de arte como imagem e como matéria, a que está vinculada a imagem, é igualmente uma providência que entra no conceito de restauração. Por isso é só a título prático que se distingue uma restauração preventiva de uma restauração efetiva executada sobre uma pintura, porque tanto uma como outra valem pelo único e indivisível imperativo que a consciência impõe a si no ato do reconhecimento da obra de arte na sua dúplice polaridade estética e histórica e que leva à sua salvaguarda como imagem e como matéria[68].

Note-se que Brandi associa as ações voltadas ao monumento histórico à sua definição de restauração ("momento metodológico do reconhecimento"), inclusive os atos daquilo que denomina restauração preventiva. Tudo faz parte do processo histórico-crítico vinculado ao restauro. Ademais, para Brandi, o fato de se reconhecer a obra de arte como tal impõe a quem reconhece o imperativo moral da sua conservação[69].

A consistência física, para Brandi, tem prioridade por ser o local em que se manifesta a imagem. Deve-se lembrar que o termo imagem para o autor

68. *Idem*, pp. 100-101.
69. *Idem*, p. 31.

está ligado a questões de percepção da obra, vinculado a teorias estéticas de ascendência kantiana. A matéria é o meio de transmissão da imagem (e não o trâmite, como ocorre na literatura e na música, por exemplo), decorrendo daí o primeiro axioma: "*restaura-se somente a matéria da obra de arte*"[70]. Essa colocação por vezes dá origem a interpretações que vão a extremos, como considerar que, por isso, para Brandi, apenas os aspectos técnicos importam (em flagrante contradição com sua definição de restauro), ou a desqualificação do axioma, uma vez que qualquer ação sobre uma obra, mesmo uma controlada limpeza, modifica a leitura da obra (deixando-se de levar em conta a conceituação de imagem por parte de Brandi). Deve-se recordar que o axioma decorre necessariamente da definição e, ainda, o período em que Brandi formulou seus preceitos teóricos, em que predominava, na prática, o empirismo, sendo comuns "correções", intervenções arbitrárias e modificações da imagem; é possível então perceber a relevância que o tema assume para o autor. Ao lembrar que a teoria brandiana é ancorada na fenomenologia, deve-se entender o processo fenomenológico a partir do qual a intuição do artista se transforma numa expressão física. Ou, como coloca Croce, a obra nasce na consciência do artista e depois se concretiza através de determinados materiais; a ideia do artista é uma realidade pura, incorruptível, mas a matéria se degrada. É por isso que Brandi insiste que se intervenha apenas na matéria da obra de arte (e não na imagem como concebida pelo artista)[71].

Devem ainda ser esclarecidos outros equívocos em relação à *Teoria*, recorrentes no Brasil e contraditórios entre si. A *Teoria* não é uma simples coletânea de textos que conformam um manual prático de restauração. Trata-se de uma consistente concepção e formulação do restauro, que oferece uma unidade de método e de conceitos para guiar a atividade prática de restauro. No polo oposto, muitos consideram as formulações de Brandi excessivamente teóricas, e que o livro foi concebido como texto filosófico, desvinculado da prática. Esse é um grave engano, pois a *Teoria* é a consubstanciação de décadas de formulações teóricas do autor associadas à sua experiência à frente do Instituto com repercussões na práxis. Ademais, como exposto no próprio livro, a *Teoria* é articulada com os seus escritos anteriores e com a sua experiência didática no ICR, com aulas destinadas à formação de corpo profissional capacitado do ponto de vista teórico-crítico e operacional. Suas

70. *Idem, ibidem.*

71. Sobre esses temas, ver G. Carbonara, "Questioni di Principio e di Metodo nel Restauro dell'Architettura", *Restauro*, 1978, n. 36, pp. 5-51; sobre o significado da imagem no pensamento do autor, cf. ainda Lucina Napoleone, "Cesare Brandi", em Paolo Torsello (ed.), *Che Cos'è il Restauro*, Venezia, Marsilio, 2005, pp. 73-76; M. Carboni, *op. cit.*, 1992, P. D'Angelo, *op. cit.*, 2006.

formulações teóricas não estavam, de modo algum, desvinculadas da prática do Instituto; antes, regiam-na e eram, por isso, continuamente verificadas e confrontadas. E continuam a sê-lo, uma vez que as proposições de Brandi seguem como referências incontornáveis na formação dos alunos do ICR e nas restaurações ali feitas[72].

Cabem aqui algumas outras considerações sobre o uso das palavras preservação, restauro e conservação. Em alguns ambientes culturais, como no Brasil e na França, existe um sentido lato associado à palavra *preservação*, que pode abranger procedimentos de intervenção (a exemplo de manutenção, conservação e restauração), formas legais de tutela (como o tombamento), políticas de proteção e perpetuação da memória, educação patrimonial[73]. Na Inglaterra, a palavra *restoration* permanece com conotação extremamente negativa pela repercussão do pensamento ruskiniano, utilizando-se *conservation* tanto para bens móveis quanto imóveis. Já nos Estados Unidos, a palavra *conservation* volta-se mais para os bens móveis, enquanto *preservation* é empregada preferencialmente para bens imóveis. Em ambiente italiano, usa-se *conservazione* e *tutela* para o sentido lato, com algumas nuanças, semelhante ao uso brasileiro da palavra *preservação*. *Conservazione* também é associada a um dos graus de atuação (distinta da manutenção e do restauro).

Essa falta de uniformidade no emprego dos termos entre as várias línguas e, muitas vezes, na mesma língua – uma notável exceção é o ambiente italiano, em que os esforços de conceituação se destacam, havendo de fato uma relação entre a palavra e o significado que ela adquiriu para o campo disciplinar –, dependendo do ambiente em que se trabalha, comparece até mesmo em documentos internacionais, bastando-se verificar, no âmbito do ICOMOS, as diferentes versões da Carta de Veneza nas várias línguas, e a contradição entre os termos ali presentes e aqueles definidos pela Carta de Burra, do comitê nacional do ICOMOS australiano[74]. Caso semelhante acontece com a carta

72. Agradeço a gentileza de Giuseppe Basile no que concerne ao esclarecimento da prática atual do Instituto, tema também das duas conferências que apresentou em São Paulo, publicadas em português (ver Giuseppe Basile, "A Atualidade da Teoria da Restauração de Cesare Brandi: Alguns Exemplos", *Pós*, 2004, n. 16, pp. 143-146).

73. Nesse sentido, ver as considerações de Sonia Rabello de Castro, *O Estado na Preservação de Bens Culturais: O Tombamento*, Rio de Janeiro, Renovar, 1991: "Preservação é um conceito genérico. Nele podemos compreender toda e qualquer ação do Estado que vise conservar a memória de fatos ou valores culturais de uma Nação [...]. Do ponto de vista normativo, existem várias possibilidades de formas legais de preservação [...]. Portanto o conceito de preservação é genérico, não se restringindo a uma única lei, ou forma de preservação específica [...]". Agradeço a Cecília Rodrigues dos Santos por ter chamado a atenção para o trecho do texto de Castro.

74. Carta de Burra, 1980, tradução disponível no sítio do IPHAN (www.iphan.gov.br): "a restauração será o restabelecimento da substância de um bem em um estado anterior conhecido". Ou seja, uma visão do restauro ainda ligada às definições oitocentistas, não mais usadas em documentos

"Princípios para a Análise, Conservação e Restauração Estrutural da Herança Arquitetônica", em que os princípios gerais foram aprovados na Assembleia Geral no Zimbábue em 2003, enquanto as diretrizes, que relacionam "restauração" à volta a um estado anterior – em flagrante contradição com os enunciados da Carta de Veneza –, são apresentadas em anexo, especificando-se que não foram ratificadas pela Assembleia Geral[75]. Mesmo em textos legislativos dos vários países, notam-se alterações no uso da terminologia que podem parecer sutis, mas não são indiferentes pela repercussão que podem ter na prática de intervenções, dependendo da maior ou menor ênfase em determinados conceitos[76].

Apesar desse quadro, é relevante enfatizar que o uso dessas palavras: preservação, conservação, restauração, em seus sentidos dilatados ou restritos, associadas ou não, de forma clara, a determinadas modalidades de intervenção, deveria, por definição, estar sempre associado a ações culturais, e não pragmáticas.

Na falta de uniformidade no emprego dos termos, tomem-se as definições da Carta de Veneza, em que se faz a classificação dos procedimentos de conservação e restauro através de diferentes graus de ingerência sobre o monumento, tendo-se, em ordem crescente, os processos de:

- manutenção ou reparos: ações cotidianas e periódicas que visam a sanar e reparar problemas que aparecem na edificação assim que surgem, como reparo de um condutor vertical, de fiação inadequada, substituição de telhas e de vidros quebrados, de balaústres danificados etc., em que se opera, em geral por analogia, com formas e materiais iguais ou semelhantes aos originais; casos, pois, em que os problemas não se consolidam como uma cisão, no tempo, na obra como imagem figurada (caso houvesse uma cisão, esses mesmos problemas deveriam ser tratados como casos de restauração);
- conservação: "Artigo 4º – A conservação dos monumentos exige, antes de tudo, manutenção permanente. Artigo 5º – A conservação dos monumentos é sempre favorecida

internacionais pelo menos desde a Carta de Restauro de Atenas de 1931. Cabe lembrar que essas formulações são válidas para a Austrália; a Carta de Veneza é aprovada pela Assembleia Geral e, portanto, válida para todos os países-membros, enquanto a Carta de Burra não é referendada pela Assembleia Geral.

75. Ver no sítio do ICOMOS (www.international.icomos.org/charters), na seção propósitos do documento: "As Recomendações apresentadas no documento completo estão em duas seções: Princípios, em que os conceitos básicos de conservação são apresentados; Diretrizes, em que as regras e metodologias que um projetista deveria seguir são discutidas. Apenas os Princípios têm o *status* de um documento aprovado / ratificado pelo ICOMOS". No glossário que aparece nas Diretrizes, com efeito, a definição de restauro é: "Restauração: Processo de recuperar a forma de um edifício como ele aparecia num particular período através de remoção de adições ou pela substituição de partes posteriores faltantes", algo que contradiz definições presentes na Carta de Veneza.

76. Ver, por exemplo, as análises dos textos normativos italianos, e as implicações de certas alterações de terminologia, feitas por Daniela Esposito e Lucina Napoleone (em P. Torsello, *op. cit.*, 2006, pp. 126-138).

por sua destinação a uma função útil à sociedade; tal destinação é, portanto, desejável, mas não pode nem deve alterar a disposição ou a decoração dos edifícios. É somente dentro destes limites que se deve conceber e se pode autorizar as modificações exigidas pela evolução dos usos e costumes. Artigo 6º – A conservação de um monumento implica a preservação de um esquema em sua escala. Enquanto subsistir, o esquema tradicional será conservado, e toda construção nova, toda destruição e toda modificação que poderiam alterar as relações de volumes e de cores serão proibidas."

- restauração: "Artigo 9º – A restauração é uma operação que deve ter caráter excepcional. Tem por objetivo conservar e revelar os valores estéticos e históricos do monumento e fundamenta-se no respeito ao material original e aos documentos autênticos. Termina onde começa a hipótese; no plano das reconstituições conjeturais, todo trabalho complementar reconhecido como indispensável por razões estéticas ou técnicas destacar-se-á da composição arquitetônica e deverá ostentar a marca do nosso tempo. A restauração será sempre precedida e acompanhada de um estudo arqueológico e histórico do monumento"[77].

De acordo com as colocações de Roberto Pane na conferência introdutória do encontro que deu origem à Carta de Veneza, a diferença entre conservação e restauração possui um caráter essencialmente quantitativo e não qualitativo (algo contestado pela atual vertente da conservação integral), sendo a manutenção constante o meio para evitar intervenções mais incisivas[78]. Isso pode ser notado no próprio texto da Carta, nas definições supracitadas de conservação e restauração, em que sobressai o aspecto de excepcionalidade conferido à operação de restauro e a ênfase dada às operações conservativas, denotando seu papel essencial. Deve-se ainda lembrar que nas ações de restauro, em geral, opera-se concomitantemente também com procedimentos de manutenção e conservação.

O restauro (no sentido brandiano), a conservação e a preservação de bens culturais, em seu sentido lato, são, pois, motivados pelo reconhecimento que se faz da obra como dado cultural. A abordagem teórico-metodológica, associada ao ato histórico-crítico, em que se baseia a teoria brandiana e o restauro crítico, define a restauração como campo disciplinar autônomo que deve fundamentar toda e qualquer ação sobre bens reconhecidos como de interesse cultural (inclusive as de manutenção e conservação e aquilo que Brandi denominou restauração preventiva). Pauta-se na análise da obra (baseada no "reconhecimento" da teoria brandiana), de sua conformação, de

77. Carta de Veneza, *Revista do Patrimônio Histórico e Artístico Nacional*, Rio de Janeiro, 1987, n. 22, p. 106.
78. R. Pane, "Conférence Introductive", em ICOMOS, *op. cit.*, 1971, p. 2.

seus aspectos materiais e de sua transformação ao longo do tempo, através de método fundamentado nos instrumentos de reflexão oferecidos pela filosofia e historiografia da arte, crítica e estética[79]. Desse modo, utilizam-se meios mais refinados para analisar a relação dialética entre os valores históricos e formais da obra, ancorados de fato na historiografia e na estética. Não mais se recorre aos "bons olhos, bom critério, boa experiência, bom balanceamento e muito boa vontade de pesar tudo, também os escrúpulos, com ânimo desprovido de paixão e desinteressado" de Camillo Boito, nem ao "bom senso e sensibilidade estética" de Louis Cloquet[80].

Por se fundamentar na relação dialética entre as "instâncias" estética e histórica da obra (ou conjunto de obras), essas proposições exigem esforço interpretativo caso a caso, e a intervenção não pode ser enquadrada, *a priori*, numa determinada categoria fixa. Pois o restauro, segundo a bela asserção de Bonelli é "processo crítico em ação", compreendendo o juízo histórico-crítico e a sua tradução operacional, que deve partir das indicações fornecidas através da indagação da própria obra. Essa proposição retoma colocações de Philippot, que entende a restauração como interpretação crítica que não se deve limitar a uma expressão verbal, mas que deve exprimir-se em ação[81], que remontam a Cesare Brandi que apresenta o restauro como processo de "crítica filológica", ou "filologia em ação", como um problema metodológico, antes de se tornar técnico, por causa dos elementos de "hipótese crítica"[82] que entram em jogo para enfrentar problemas como o tratamento de lacunas e remoção de adições.

79. Para um aprofundamento do conceito de juízo crítico aplicado à história da arquitetura e sua relação com a restauração, ver os escritos de Cesare Brandi, com especial interesse por aqueles contidos em *Segno e Immagine*, 1996, 3ª ed. (1ª ed. 1960), *Struttura e Architettura*, 1975 (1ª ed. 1967) e *Teoria Generale della Critica*, 1974. Ver também os textos de Renato Bonelli, a exemplo dos ensaios da coletânea, *Scritti sul Restauro e sulla Critica Architettonica*, *op. cit.*, 1995.

80. C. Boito, *Questioni Pratiche...*, 1893, p. 22; Louis Cloquet, La Restauration des Monuments Anciens, *Revue de l'Art Chrétien*, 1902, pp. 42: "Seria insensato demolir a metade de um monumento antigo para reconstruí-la no estilo da outra metade com o único objetivo de restabelecer a unidade de estilo. [...] Como regra geral, devem-se respeitar as partes de um monumento pertencente a épocas sucessivas. Mas essa regra sofre exceções. Entre os retoques e adições que arquitetos antigos se permitiram fazer em velhos monumentos, existem algumas que são inovações respeitáveis, outras que devem ser consideradas como aberrações [...] em tal caso, está-se autorizado a apagar a sobrecarga para fazer com que reapareça o delicioso substrato. [...] Mas sobre que regra devemos nos basear para decidir a sua sorte? É, ainda aqui, caso de bom senso e de sensibilidade estética".

81. R. Bonelli, *Scritti...*, 1995, pp. 57, 69. Albert e Paul Philippot, "Le Problème de l'Intégration des Lacunes dans la Restauration des Peintures", *Bulletin de l'Institut Royale du Patrimoine Artistique*, 1959, vol. 2, pp. 5-18. Na p. 11, ao analisar as lacunas e os retoques como procedimento de restauro, afirmaram: "permanece essencialmente uma hipótese crítica, uma proposta sempre modificável, sem alteração do original, até quando uma crítica mais bem esclarecida julgar necessário".

82. C. Brandi, "L'Institut Central...", 1954. Ao descrever a restauração, iniciada em 1944, dos afrescos da Capela Mazzatosta na Igreja S. Maria della Verità em Viterbo, muito danificados por bombardeios da Segunda Grande Guerra (que resultaram em graves danos e muitos diminutos

Mas o fato de cada restauração constituir um caso a ser analisado de modo singular – em razão das características particulares de cada obra e de seu individual transcorrer no tempo[83] – e não obedecer a colocações dogmáticas, não significa que a intervenção seja arbitrária. Como já notara Frodl, a teoria tende a uma generalização, enquanto os monumentos são sempre "indivíduos". Por que então uma teoria? Este último é um questionamento que perpassa as formulações das ciências em geral, e das humanidades em particular, e, nesse sentido, é prudente retomar Heidegger, por exemplo, que evidencia o papel do rigor e do método para se ter acesso a uma objetividade, mesmo na intrínseca e necessária não-exatidão das ciências humanas[84]. Ou seja, a teoria justamente por refletir sobre o método para chegar ao conhecimento. Dada a responsabilidade envolvida – social e perante a história e as ciências, no presente e no futuro – é necessário resolver o problema de modo que a ideia subjetiva se torne acessível a um juízo mais objetivo e controlável. Essa objetividade só pode ser alcançada através da reflexão teórica[85].

Por isso a restauração deve seguir princípios gerais, vinculados a uma unidade conceitual e metodológica (algo diverso de regras fixas), para as várias formas de manifestação cultural, mesmo na diversidade dos meios a serem empregados para enfrentar os problemas particulares de cada obra. É ato histórico-crítico ancorado na história e na filosofia. Essa vinculação é essencial para aqueles que atuam na preservação de bens culturais, pois

pedaços que se desprenderam e caíram sobre o solo – *c.* de 20.000 fragmentos, muitos dos quais não passavam de 0,5 cm^2), afirma que a recomposição dos afrescos se apresentava "antes de mais nada como problema metodológico, e não técnico, por causa dos elementos de hipótese crítica que entravam em jogo toda vez que se devia tratar as lacunas no fundo das pinturas" [p. 47]. Comentando ainda sobre a formação de jovens restauradores no Instituto, afirma que eles não se consideram artistas, no máximo críticos e que "para eles a restauração é filologia em ação" [p. 52], resultado que Brandi considera precioso da ação do Instituto.

83. Algo enfatizado por Ambrogio Annoni, nas suas famosas considerações sobre o "caso a caso", *Scienza ed Arte del Restauro Architettonico: Idee ed Esempi*, Milano, Framar, 1946. Ver, por exemplo, p. 41: "Se uma regra pode ser estabelecida, portanto, esta é a já recordada regra do 'caso a caso'", enfatizando a necessidade de analisar, através de questões técnicas, artísticas, o hábito de bem julgar, criticar e estudar as soluções individuais. O próprio Viollet-le-Duc (*Restauração*, *op. cit.*, 2002, p. 50) afirmara: "Vê-se, pois, que os princípios absolutos nessas matérias podem conduzir ao absurdo".

84. M. Heidegger, *op. cit.*, 1986, pp. 99-126. O texto provém de *Holzwege*, publicado originariamente em 1949. Heidegger evidencia que a não-exatidão das ciências humanas não é um defeito, mas é uma exigência essencial, pois seu campo de objetividade é de outro gênero, se comparado às ciências exatas (cuja ligação com seu setor de objetividade tem o caráter de exatidão e precisão), mas existe e demanda um trabalho mais árduo, devendo pautar-se no método para ter acesso à objetividade.

85. Como evidencia Walter Frodl, "Concetti, Valori di Monumento e il Loro Influsso sul Restauro", em S. Scarrocchia (ed.), *op. cit.*, 1995, pp. 401-412. Cf. pp. 401-402. O texto tem sua origem em conferências de Frodl para a Escola de Especialização em Restauro da Sapienza, em Roma, no ano letivo de 1962-1963.

possibilita que se superem atitudes ditadas por predileções individuais, que qualquer ser pensante possui, e por uma maior ou menor apreciação de uma dada sociedade e de um presente histórico em relação às manifestações culturais de outros períodos, e que se aja de acordo com sólida deontologia profissional, alicerçada numa visão histórica. É importante salientar que esse processo não é óbvio; ao contrário, é procedimento necessariamente multidisciplinar – também para minimizar o risco de atitudes individualistas, parciais e deformadoras –, que exige estudos e reflexões aprofundadas e não admite nem aplicações mecânicas de fórmulas, nem simplificações.

A restauração é um ato de um dado presente histórico que deve ter em vista alguns princípios fundamentais, como enfatizado em diversos textos de Carbonara, pensados de forma concomitante e não excludente[86]:

- Distinguibilidade: pois a restauração (que é vinculada às ciências históricas) não propõe o tempo como reversível e não pode induzir o observador ao engano de confundir a intervenção ou eventuais acréscimos com o que existia anteriormente, além de dever documentar a si própria.
- Reversibilidade, que mais recentemente tem sido enunciada, de modo mais preciso, como "re-trabalhabilidade": pois a restauração não deve impedir, tem, antes, de facilitar qualquer intervenção futura; portanto, não pode alterar a obra em sua substância, devendo-se inserir com propriedade e de modo respeitoso em relação ao preexistente e de forma a não impedir ou inviabilizar intervenções futuras que se façam necessárias.
- Mínima intervenção: pois a restauração não pode desnaturar o documento histórico nem a obra como imagem figurada, devendo respeitar suas várias estratificações.
- Compatibilidade de técnicas e materiais: deve-se levar em conta a consistência física do objeto, com a aplicação, para seu tratamento, de técnicas compatíveis que não sejam nocivas ao bem e cuja eficácia seja comprovada através de muitos anos de experimentação.

Existem também finalidades comuns às restaurações, pois, como exposto na Carta de Veneza, a restauração se fundamenta no respeito pela obra tendo por objetivo "conservar e revelar os valores estéticos e históricos do monumento e fundamenta-se no respeito pelo material original e pelos documentos autênticos" (art. 9º). É voltada, como explicitado na Carta Italiana de Restauro de 1972, "a manter em eficiência, a facilitar a leitura e a transmitir integralmente

86. Esses aspectos são muito enfatizados por C. Brandi, *Teoria...*, 2004; ver em especial pp. 47, 61, 48.

ao futuro"[87] os bens culturais. O segundo axioma da restauração formulado por Brandi trata dessa questão: "*a restauração deve visar ao restabelecimento da unidade potencial da obra de arte, desde que isso seja possível sem cometer um falso artístico ou um falso histórico, e sem cancelar nenhum traço da passagem da obra de arte no tempo*"[88].

Busca-se, através do restabelecimento da "unidade potencial" da obra de arte a reintegração de sua imagem[89] – podendo-se fazer uso (mas não devendo, forçosamente, vai ser o próprio estado da obra associado ao ato crítico a determinar) de recursos como remoção de adições e reintegração de lacunas –, para que sua "artisticidade" possa continuar a manifestar-se, sem que isso signifique, de modo algum, remoções e alterações aleatórias, completamentos ao idêntico e, muito menos, unidade de estilo. Para alcançar a unidade potencial, deve-se procurar desenvolver as sugestões contidas na própria obra ou em seus fragmentos, buscando a unidade que, de acordo com Brandi, "concerne ao *inteiro*, e não a *unidade* que se alcança no *total*"[90] (total entendido como simples somatório de partes isoladas). Como nota Carbonara, para não incorrer em imitações, deve-se analisar a estrutura formal da obra, e não retomá-la literalmente, utilizando instrumentos e linguagem pessoais e contemporâneos baseados na "forma formante" e não na imitação da "forma formada"[91].

Ou seja, a restauração fundamenta-se no respeito pela obra, pela sua materialidade, pelos seus aspectos documentais e de conformação. O restauro e a conservação, hoje, voltam-se não mais apenas para aquilo que era entendido como "obra de arte", mas dirigem suas atenções também às obras modestas que com o tempo assumiram conotação cultural, os "monumentos históricos" (testemunhos do fazer humano) como postulados por Riegl já no início do século XX. Por isso a atual ênfase nos aspectos documentais e nesse sentido é feito o esforço de alargamento de variados autores que se baseiam nos princípios brandianos, buscando interpretá-los não apenas para as obras de arte, mas para todos os "bens culturais", lembrando-se que, mesmo não sendo "obras de arte", possuem uma configuração e estratificações no tempo

87. *Apud* C. Brandi, *Teoria...*, 2004, p. 229.
88. *Idem*, p. 33.
89. Sobre esse aspecto, ver as contribuições de G. Carbonara, *La Reintegrazione...*, 1976.
90. C. Brandi, *Teoria...*, 2004, pp. 41-51.
91. Para discussão mais aprofundada e referências bibliográficas complementares sobre o tema, cf. G. Carbonara, *Avvicinamento...*, 1997, pp. 414-415, retomando proposições de Luigi Pareyson. De Pareyson ver, por exemplo, *Estetica: Teoria della Formatività*, Milano, Bompiani, 2002.

que devem ser analisadas e respeitadas[92] – as instâncias histórica e estética, que devem ser consideradas concomitantemente.

Desse modo, no que concerne ao método, equiparam-se as "obras de arte" aos "demais" produtos da atividade humana, não mais se fazendo distinção entre "belas artes" e as artes ditas aplicadas e todas as outras formas de manifestação do fazer humano. Esses bens são equiparados como bens culturais, como evidencia Giovanni Urbani, não por mero comodismo ou para fazer com que duas coisas indecomponíveis se agreguem. Pelo contrário; é necessário ater-se ao método e reconhecer e valorizar também o caráter documental nas obras de arte (sendo a ação de restauro não voltada "exclusivamente" aos aspectos estéticos), mas, também, a configuração dos "demais" produtos (ou seja, não são "meros" documentos históricos), fazendo ainda com que o procedimento como um todo se torne um processo de aprofundamento cognitivo. Assim, lançam-se luzes sobre vários aspectos dos bens culturais, com a consciência de que todas as coisas que se referem ao homem e à sua história podem ser consideradas objetos de análise científica[93] e dignos de criteriosa preservação.

92. Brandi, ao iniciar a *Teoria da Restauração*, apresenta o conceito de restauração, fazendo a distinção entre restauração de produtos industriais, voltada a recuperar a funcionalidade, e aquela de obras de arte (p. 26), que leva em consideração os aspectos estéticos e históricos, com o objetivo de conservar a autenticidade material da obra e de restabelecer sua unidade potencial. Alguns consideram essa afirmação como um desinteresse de Brandi por quaisquer objetos que não fossem "obras de arte" e que para esses objetos a *Teoria* não seria aplicável. Deve-se lembrar, porém, que o restauro de obras de arte era, nas intervenções do segundo pós-guerra, uma questão pungente e o livro é a consubstanciação de seu pensamento, com base em sua atuação no ICR. Isso não significa, porém, desinteresse de Brandi por outras manifestações culturais, nem que a teoria brandiana seja inaplicável a esses bens, incluindo objetos recentes e industrializados que passaram a ser considerados bens culturais. Sobre essas questões se detiveram e se detêm variados autores, com elaborações teóricas voltadas a estender a unidade conceitual e metodológica de Brandi a temas dos quais ele não se ocupou e a problemas que não se colocavam quando elaborou seu livro. Exemplos são os esforços feitos em relação a várias formas de manifestação cultural, como o cinema, a arte contemporânea, a arquitetura moderna, por autores como Heinz Althöfer, Giovanni Urbani, Michele Cordaro, Giuseppe Basile, e Giovanni Carbonara. Em outros textos, Brandi irá especificar sua concepção alargada de monumento que, como tal, deve ser tutelado e restaurado, que vai além da obra de arte: "Nesse ponto se deve especificar que por monumento entendemos qualquer expressão figurativa, seja arquitetônica, pictórica, escultórica e também qualquer complexo ambiental que seja particularmente caracterizado por monumentos singulares ou simplesmente pela qualidade do tecido edilício de que é formado, mesmo se não relacionado a uma só época". C. Brandi, *Struttura e Architettura*, Torino, Einaudi, 1975, p. 308.

93. Giovanni Urbani, *Intorno al Restauro*, Milano, Skira, 2000, p. 23.

Tendências teóricas atuais no restauro e alguns problemas colocados pela preservação da arquitetura recente

Os caminhos para atingir os objetivos da preservação não são unívocos, verificando-se atualmente variadas tendências. Convém lembrar que muito daquilo que se faz em monumentos históricos (na verdade contra), hoje em dia, não leva minimamente em consideração os preceitos acima expostos e, na prática, acaba-se por desrespeitar aquilo que se diz querer preservar.

No que concerne às tendências atuais que possuem de fato caráter cultural e procuram seguir os objetivos da preservação, deve-se reiterar que são fundamentadas em pelo menos dois séculos acumulados de experiências e de reflexões sistemáticas sobre o tema. Na Itália, em que a reflexão teórica e sua aplicação na prática são mais solidárias do que em muitos outros ambientes culturais, alguns autores detectam, na atualidade, três vertentes principais. Entre elas, a que Carbonara denomina e interpreta como "crítico-conservativa e criativa"[94] e Gaetano Miarelli Mariani chama de "posição central"[95], à qual são

94. No que se refere às propostas teóricas atuais referentes ao restauro e referências bibliográficas complementares, cf. G. Carbonara, *Avvicinamento...*, 1997, pp. 393-439. O autor analisa de forma consciencioso cada uma delas, evidenciando suas respectivas contribuições e sinalizando os pontos de conflito. Nas páginas 393-394, sintetiza a diversidade de posição da vertente "crítico-conservativa" em relação às tendências "manutenção-repristinação" e "pura conservação": "A nossa proposição se diferencia da primeira porque a invocada criatividade não é mais sujeita às exigências da repristinação, de arquitetura retrospectiva ou, caso queiramos, imitativa de formas e técnicas passadas; da segunda porque não aceita como fatos separados o momento conservativo e aquele da inovação, reconhecendo os dois como necessariamente alinhados nos mesmos trilhos críticos, contemporaneamente, e mais do que de modo cronológico, de modo metodológico, em que um nutre e dirige o outro e vice-versa, refutando, ademais, a oportunidade de uma intervenção totalmente 'livre' de vínculos e das indicações que a compreensão histórico-crítica do objeto estabelece. Não se trata, portanto, de 'projeto do novo', nem de 're-projetar o antigo', mas, no máximo, de 'projeto para o antigo'."

95. Gaetano Miarelli Mariani, "I Restauri di Pierre Prunet: Un Pretesto per Parlare di Architettura", *Palladio*, 2000, n. 27, pp. 65-92. Sobre as variadas vertentes, ver pp. 65-67 (agradeço a Simona Salvo pela referência e pela cópia do texto). Miarelli Mariani oferece sua interpretação das várias vertentes atuais e enfatiza a necessidade de superar o péssimo costume de aumentar, nas convicções dos outros, aquilo que as distingue da nossa, em vez de ver traços em comum. Esse é um meio de abrir diálogo, de discutir em profundidade e de saber conviver num momento de pluralidade, procurando superar o isolamento de posições fechadas e individuais e participar de forma aberta numa atividade ampla e complexa como a arquitetônica. Ao analisar as tendências, aponta as contribuições de cada uma (p. 65): "Esquematizando e correndo o risco de ser mal-compreendido, observo que na 'posição central' existe o rigor da pesquisa, a inteligência da avaliação como ratificação da análise, a responsabilidade de selecionar entre as obras do passado e tender a conservar suas qualidades, incrementando a sua compreensão e visibilidade. Em relação à 'pura conservação', ninguém pode negar que suas projeções sejam marcadas por uma louvável prudência, por uma integral obediência às exigências conservativas mais extremas. Ademais, acrescentam os mais atentos expoentes dessa tendência, que o projeto conservativo, consciente da impossibilidade de reconduzir o real à unidade, reivindica a prioridade do moderno, acrescentando a própria marca, ou seja, interpreta

vinculados ambos os autores, alicerçada na teoria brandiana e na releitura de aspectos do chamado restauro crítico, visão compartilhada neste texto. Nessa vertente a restauração assume uma posição conservativa, de forma prudente, que não significa de modo algum congelamento, e não prescinde, antes, propõe, quando necessário, o uso de recursos criativos (utilizados, porém, com respeito pela obra e não em detrimento dela) para tratar várias questões que podem estar, e em geral estão, envolvidas na restauração, como as citadas remoção de adições e reintegração de lacunas. É postura fundamentada no juízo histórico-crítico, na análise da relação dialética entre as instâncias estética e histórica de cada obra, caso a caso, que exclui, na prática, qualquer tipo de interpretação mecânica de relação causa-efeito. É postura, pois, que devota grande atenção aos valores documentais e formais da obra como imagem figurada. Deve-se levar em conta que, com a ampliação daquilo que se passou a considerar monumento histórico, existe um grande número de obras cuja motivação para preservar é prevalentemente documental, a ser respeitado de forma escrupulosa, daí "vertente crítico-conservativa". Aproxima-se, assim, em certos aspectos da "conservação integral", mas sem jamais esquecer que toda e qualquer obra possui uma conformação, uma imagem figurada, que deve ser contemporizada com seus aspectos histórico-documentais.

Outra vertente é a chamada "pura conservação" ou "conservação integral", que privilegia a instância histórica e encara como ações opostas e inconciliáveis, em seu âmago, a restauração e a conservação, retomando uma polêmica que tem suas raízes no século XIX e perpassa pelas formulações de autores como Didron, Ruskin, Morris, Boito e Riegl. Dado o caráter incisivo de grande parte das intervenções realizadas ao longo do século XIX e no início do século XX, que causavam graves danos à obra como documento histórico e problemas na percepção da obra por reinseri-la de modo violento na realidade em que existia, não é de estranhar a virulência de muitas das críticas do período a respeito do restauro: Ruskin, em 1849, considera a restauração como "uma destruição acompanhada da falsa descrição da coisa destruída"; Boito, em 1884, considera os conservadores "homens necessários e beneméritos" enquanto os restauradores são "homens quase sempre supérfluos e perigosos"; já Georg Dehio afirma em 1914 que o "historicismo oitocentista

sem destruir. Por fim, na 'hipermanutenção-repristinação' é fácil perceber e apreciar a premissa de fundo, que consiste em reivindicar para a restauração o pleno e legítimo pertencimento à arquitetura, e ainda a consequente necessidade de se expressar com a linguagem que lhe é própria; em outras palavras, mais explicitamente, com formas verdadeiras e inteiras e não mediante melancólicos simulacros. Isso comporta atenção em compreender a obra, 'estar a seu lado'; propensão essa que, especialmente na tendência rigorosamente conservativa, é comum apenas aos não numerosos expoentes da boa escola".

gerou, além de sua filha legítima, a conservação dos monumentos, também um filho ilegítimo, o restauro"[96]. Boito, porém, ao evidenciar os perigos da restauração, deu passos fundamentais para conter a fúria intervencionista e tornar o restauro um ato culturalmente fundamentado e legítimo; Riegl, por sua vez, lançou bases para superar a oposição entre conservação e restauro e alicerçar uma preservação responsável, preferencialmente conservativa, que assumiria características de campo disciplinar autônomo. Isso seria levado ainda mais além por Brandi, com uma articulação solidária entre teoria e prática de intervenções, articuladas sob a denominação "restauro", entendido como campo disciplinar autônomo que de fato preserva (e não destrói, como acontecera no século XIX) a obra em sua conformação e como documento histórico. A vertente crítico-conservativa baseia-se nesse entendimento do restauro.

Existem contribuições de grande interesse oferecidas por autores vinculados à vertente da conservação integral, a exemplo dos escritos de Amedeo Bellini, Marco Dezzi-Bardeschi, Anna Lucia Maramotti e, ainda, de B. Paolo Torsello que se aproxima dessa corrente de pensamento, que fornecem importantes elementos para a reflexão sobre uma realidade sempre mais complexa.

Nessa vertente, como analisada por Carbonara e Miarelli Mariani, não se trabalha contemporaneamente, como relação dialética, com as instâncias estética e histórica. Isso em certos casos, através do juízo histórico crítico, que é um juízo de valor, poderia resultar em ações como a remoção de adições ou tratamento de lacunas com vistas à reintegração da imagem, ações que a corrente da conservação integral repudia. Convém enfatizar que também na conservação integral, como não poderia deixar de ser, a manutenção é essencial, assim como é primordial eliminar as causas de degradação e remover patologias e sujeiras.

É importante salientar que na vertente da conservação integral, a conservação não é mero apêndice do restauro, nem um grau de intervenção. É algo de natureza diversa. Nessa postura não existe uma distinção entre as instâncias histórica e estética, que são fato único e incindível; ou seja, não se trabalha através de uma relação dialética entre as instâncias, pois a conformação decorre também da passagem do objeto pelo tempo e a historicidade deve ser respeitada de modo absoluto, sendo a matéria preservada tal qual chegou aos dias de hoje. Uma síntese da conservação integral pode ser encontrada em escrito de Maramotti:

> Com alternadas vicissitudes, as teorias de restauração, desde quando [esse campo] se constitui como práxis autônoma em relação à arquitetura e às artes figurativas, oscilam

96. John Ruskin, *The Seven Lamps of Architecture*, Sunnyside, Kent, George Allen, 1889, 6. ed., p. 194; C. Boito, *Os Restauradores*, *op. cit.*, 2002, p. 37. G. Dehio, "La Protezione e la Cura dei Monumenti nell'Ottocento", em S. Scarrocchia (ed.), *op. cit.*, 1995, p. 353.

entre duas finalidades: a de salvar a obra de arte ou a de salvar o monumento histórico. Entre as duas instâncias se evidenciou uma espécie de incompatibilidade. O restaurador, com as suas convicções, deveria optar entre uma e outra. Esse aspecto se torna fundamental na cultura do restaurador a tal ponto que as "cartas de restauro" assinalam as duas diversas tendências. Na Itália, a determinar os dois campos estão o Positivismo e a estética crociana. O primeiro é o fundamento do restauro filológico e do científico, a segunda fundamenta o restauro crítico. Entre os dois polos cria-se uma área que faz seus alguns aspectos de ambas as correntes, indiferentemente, e deixa como subalternos outros, até fazer com que as diferenças desapareçam e a tomar a decisão no momento da escolha operacional. Essa é a teoria do "caso a caso".

O problema não é aquele de escolher entre as três posições, é, ao contrário, remover a convicção de que a instância estética e a histórica perseguem fins contrastantes. O problema é, na verdade, vinculado à estética e à lógica, por um lado, e, por outro, à filosofia da história. A antinomia entre arte e história (à qual se faz referência nas cartas de restauro, nos textos teóricos de restauração e na legislação) é pressuposta. Trata-se de desmantelar esse preconceito que considera a arte possível de ser abstraída do tempo histórico e o documento privado de valores estéticos[97].

Já Riegl, como mencionado, mostrava não fazer sentido separar em categorias distintas o monumento histórico do monumento artístico, pois toda obra de arte é um fato histórico e todo documento histórico – mesmo um pedaço de papel rasgado portando uma nota breve e sem importância – possui uma conformação[98].

No restauro crítico-conservativo, as instâncias estética e histórica são analisadas, do ponto de vista metodológico, interagindo através de dialética, em que as oposições se resolvem numa síntese, mas de modo algum as instâncias possuem autonomia absoluta, não são destacáveis, são faces de um mesmo bem multifacetado, são aspectos coexistentes e paritários[99].

A conservação integral parte, como explicita Carbonara, de correntes historiográficas que questionam a existência de testemunhos relevantes, e outros nem tanto, para a história. Para responder de modo afirmativo, deveria ser possível um conhecimento total, algo que a reflexão histórica nega, enfatizando que juízos historiográficos são sempre relativos e o conhecimento do passado é limitado. Um juízo histórico-crítico "infalível" não existe, sendo

97. Anna Lucia Maramotti, *Passato, Memoria, Futuro: La Conservazione dell'Architettura*, Milano, Guerini, 1996, p. 25.
98. A. Riegl, *Le Culte...*, 1984, p. 38.
99. Deve-se recordar a *dúplice polaridade* estética e histórica da definição de Brandi e que a ação deve ser feita "*sem cometer um falso artístico ou um falso histórico, e sem cancelar nenhum traço da passagem da obra de arte no tempo*" (C. Brandi, *Teoria...*, 2004, p. 33).

uma invenção positivista do século XIX e, portanto, não se deveria julgar, somente compreender, devendo-se privilegiar a instância histórica, ou seja, preservar o documento em sua integridade. Na vertente crítico-conservativa, o juízo histórico-crítico tem de ser baseado na história e na estética, justamente para que seja um juízo, e não uma opinião e nem uma ação arbitrária, tendo-se plena consciência de que é ato do presente – e, portanto, não é atemporalmente válido – e possui pertinência relativa. Segundo a conservação integral, deve-se reconhecer que as várias estratificações da obra, que devem ser rigorosamente respeitadas, possam apresentar descontinuidades, admitindo-se uma configuração final com conflitos e, mesmo, contradições. Ademais, propõe-se, do ponto de vista metodológico, a separação do momento da conservação propriamente dita, que busca perpetuar integralmente seus aspectos materiais, daquele da inovação – projeto de transformação de um edifício para um novo ou para o mesmo uso –, que se segue à conservação e se assemelha ao projeto do "novo". Nesse sentido, difere da corrente crítico-conservativa que trabalha de modo articulado com o momento conservativo e o de inovação. O momento da criação, na conservação integral, comporta-se como adição à obra, excluindo, assim como na vertente crítico-conservativa, qualquer possibilidade de imitação ou mimetismo, conferindo ainda grande espaço para a liberdade expressiva.

Desse modo, para a conservação integral, depois de assegurada, de modo absoluto, a conservação e o respeito pelo documento histórico em todas as suas fases, a ação que depois se desenvolve, comporta-se como uma fase distinta e recai de fato e de direito no campo do projeto arquitetônico de modo semelhante ao projeto do novo. Bellini assim se manifesta sobre o assunto:

> [...] e se separa radicalmente o "projeto" sobre o existente, de conservação, e sobre o novo, totalmente autônomo, que tem um limite físico com o objetivo de não ser destrutivo, em senso lato, e [possui] uma própria liberdade expressiva que poderá se manifestar tanto na contraposição dialética como no acordo, excluída sempre qualquer falsificação estilística. O espaço aberto à criatividade e à liberdade expressiva é imenso[100].

Apesar de se comportar como projeto do novo, cabe lembrar as palavras de Marco Dezzi Bardeschi a esse respeito: "um projeto do novo compatível mas não mimético, isto é respeitoso, dialeticamente consciente e, ao mesmo tempo, declaradamente legível e autônomo"[101].

100. Amedeo Bellini, "Teorie del Restauro e Conservazione Architettonica", em Amedeo Bellini (ed.), *Tecniche della Conservazione*, Milano, Franco Angeli, 2003, p. 53.
101. M. Dezzi Bardeschi, *Restauro...*, 2004, p. 487.

No polo oposto da conservação integral, encontra-se a chamada "manutenção-repristinação" ou "hipermanutenção" que propõe o tratamento da obra através de manutenções ou integrações, ordinárias e extraordinárias. Retomam-se formas e técnicas do passado, sendo um modo de se colocar contra o estado fragmentário do bem, mantendo sua configuração e seu significado linguístico[102].

Como nota Torsello, esta última postura parte de um pragmatismo de base, provém da própria obra e baseia-se numa lógica indutiva, enquanto a teoria brandiana se origina, ao contrário, numa lógica dedutiva fundamentada em axiomas éticos e científicos[103], e depois se volta para a análise pormenorizada da obra em seus aspectos materiais, estéticos e históricos.

Tanto a "posição central" quanto a "conservação integral" preconizam e valorizam a distinguibilidade, enquanto na "manutenção-repristinação" existe um pragmatismo inicial com tendência maior a se trabalhar por analogia. Esta última corrente tem também certa propensão a tratar o restauro arquitetônico como categoria à parte em relação à restauração de outros tipos de manifestação cultural (em especial o restauro escultórico e pictórico), por envolver, mais amiúde, trabalhos que se enquadram como manutenção que podem implicar a substituição de partes danificadas através de repristinações – mas apenas e unicamente quando necessário. Não se deve pensar, porém, que essa vertente legitimaria a substituição de uma inteira cobertura porque algumas telhas estão danificadas. Deve-se consolidar e tratar o existente e operar por substituições apenas onde seja imperativo. O mais conhecido dos arautos dessa vertente no Brasil é Paolo Marconi.

Marconi é defensor do emprego de técnicas tradicionais na restauração e a veemência de seus textos pode ser entendida no contexto dos debates gerados na Itália em torno da Carta de Restauração de 1972. No país, marcado pela repercussão das teorias de Brandi e pelo rigor da Carta, as práticas de repristinação (quando não se trata de processos de manutenção) eram consideradas "falsificadoras". A controvérsia que vinha ocorrendo ampliou-se na década de 1980, em função do tratamento de superfícies arquitetônicas; por serem compostas de materiais que se degradam mais rapidamente, a exemplo das argamassas e tintas, esses recobrimentos deveriam ser renovados periodicamente para continuar a ser eficientes, dando origem à querela sobre as

102. Sobre as colocações de Paolo Marconi, um dos expoentes da "hipermanutenção", a esse respeito, ver Maria Giovanna Putzu, "Progetto Archeologico, Progetto Architettonico", *Arkos*, 2003, n. 1, p. 21. De Paolo Marconi, ver, por exemplo: *Materia e Significato* (1999); *Dal Piccolo al Grande Restauro* (1988); *Il Restauro e l'Architetto* (1993).

103. Paolo Torsello, *La Materia del Restauro*, Venezia, Marsilio, 1988, p. 24.

"superfícies de sacrifício". Marconi defende o emprego de técnicas tradicionais para refazer essas superfícies, afirmando que há duas opções possíveis: acatar a Carta Italiana de Restauração de 1972 e deixar os monumentos à sua própria sorte; levar em conta os resultados dos estudos científicos feitos e estimular, ou pelo menos não condenar, as práticas de limpeza e proteção das superfícies de pedra e tijolos. O autor considera esta última opção como a única a poder salvaguardar, efetivamente, o patrimônio arquitetônico.

Dos numerosos debates que se desenrolavam (e se desenrolam) resultou uma nova carta, a *Carta 1987 della conservazione e del restauro*. Esse documento, cujo coordenador foi Marconi, tinha a pretensão de substituir a Carta de 1972, integrando alguns de seus conceitos e renovando outros, procurando torná-la mais flexível e adaptada aos conhecimentos derivados das experiências desenvolvidas até então. Cabe mencionar, engano corrente no Brasil, que a carta de 1987 jamais foi adotada oficialmente pelo Ministério dos Bens Culturais da Itália[104]. Permanece como referencial para a discussão, sendo conhecida como Carta do CNR (Consiglio Nazionale delle Ricerche) de Restauração. Do ponto de vista normativo, porém, permaneceu e permanece letra morta. Os princípios da Carta de 1972 continuam válidos, com alguns textos complementares e integrativos, pois o documento incluía, além de preceitos teóricos, alguns procedimentos técnicos considerados ultrapassados na atualidade. Autores como Cordaro, Carbonara e Basile, através de cuidadosa releitura da Carta de 1972, recomendam que se deva ater a seu cerne teórico e remeter a capítulos técnicos que tratem as questões técnicas e operacionais, a ser revistos e atualizados periodicamente.

Nos últimos anos tem ocorrido uma retomada de diálogo entre as várias tendências, em especial entre a conservação integral e a crítico-conservativa; mantêm-se, porém, os respectivos pontos de vistas e as diversidades. Ou seja, não se busca um impossível novo caminho único que concilie posições distintas, mas evidenciam-se os pontos de aproximação, algo distinto do que ocorria, que era acentuar as diferenças[105]. Existem aproximações de auto-

104. O Ministério dos Bens Culturais deu apoio à redação da Carta, mas não a adotou oficialmente, criando uma situação bastante incômoda. Dezzi Bardeschi refere-se ao documento como "o embaraçoso esqueleto no armário" do Ministério (M. Dezzi Bardeschi, *Restauro...*, 2004, pp. 445-446). Os princípios da Carta de 1972 devem ser os seguidos para obras de restauro, segundo uma circular do Ministério, mas a Carta não tem força de lei.

105. Alguns sinais podem ser vistos nas considerações contidas no livro de Chiara Lumia, *A Propostio del Restauro e della Conservazione*, Roma, Gangemi, 2003. A autora desenvolveu colóquios com autores pertencentes às distintas correntes: Salvatore Boscarino e Giovanni Carbonara, filiados à vertente crítico-conservativa; e Amedeo Bellini e B. Paolo Torsello, com afinidades com a conservação integral. Ver em especial a resenha comparativa entre a postura dos vários autores que apresenta nas pp. 1-34.

res – como Boscarino e Carbonara, filiados à vertente crítico-conservativa, e Bellini e Torsello, com afinidades com a conservação integral – em temas como: ênfase nos aspectos conceituais e metodológicos; preocupação com o contínuo distanciamento entre teoria e prática; inquietação com os problemas de formação[106], com o risco de simplificação e achatamento ou de cair em excessivo tecnicismo, com fé acrítica nos resultados possíveis de obter através de aparelhagem e de tecnologia cada vez mais complexas; transferência acrítica de tecnologias a que até agora a restauração e conservação estiveram menos sujeitas, justamente por seu forte componente humanístico. Outro problema que se afigura é a crescente especialização das várias áreas científicas envolvidas e a resultante pulverização das competências, havendo, ao contrário, a consciência da necessidade de operar de maneira multidisciplinar e do papel que o arquiteto pode desempenhar, desde que bem formado, na organização e articulação dos diferentes saberes e competências no canteiro de obras. Outros pontos de aproximação são: oposição aos atos de repristinação[107]; necessidade de voltar a indagar as razões por que se preserva[108].

106. Através das recentes reformas universitárias, com o surgimento da graduação em História e Conservação, programa de formação limitado, que exclui o exercício projetual, ou a criação da "laurea breve" em arquitetura de três anos, que, se acrescentados a mais dois anos de estudo, dá direito a uma "laurea specialitica", algo que todos os entrevistados encaram com bastante ceticismo. Outro intelectual de peso a se contrapor à graduação em "bens culturais" é Salvatore Settis. Segundo o autor, os cursos de graduação em bens culturais "fazem parte do mesmo processo de degradação e se baseiam no pressuposto absurdo de que os bens culturais são um domínio separado. Essa é uma das piores bobagens que se pode inventar, é uma coisa absurda sobre a qual basta parar e pensar por trinta segundos para perceber que é uma abissal estupidez. A *Odisseia* e a *Divina Comédia* não são bens culturais? Os cursos de graduação em bens culturais instituídos na Itália em geral preveem exames de história da arte, alguns de administração de museus ou coisas desse gênero, pouca história, pouca literatura, nada de filosofia: em suma, atinge-se um empobrecimento da história da arte clamoroso" (Salvatore Settis, *Battaglie senza Eroi*, Milano, Mondadori, 2005, p. 36; agradeço a Mário H. S. d'Agostino pelo livro). A restauração é um campo disciplinar, possui referenciais teórico-metodológicos que lhes são próprios e necessita de articulação com outros campos do saber, sendo possível formar um restaurador de bens móveis ou um arquiteto especializado em restauro arquitetônico (algo que deveria se dar necessariamente através de estudos de pós-graduação); "bens culturais", por sua vez, não se constituem como disciplina.

107. Carbonara afirma é necessário evitar que os sinais do tempo sejam percebidos como degradação ou negligência, devendo-se operar com cura, sem aderir a teses preconcebidas, voltadas à máxima conservação, mas respeitando uma mínima reserva de bom senso. Encara a repristinação como doença infantil, que não leva em conta os conflitos da existência presente e passada, que se transforma em intervenção de opereta que resulta em cenário artificial (C. Lumia, *op. cit.*, 2003, pp. 25-26). Bellini vê nessa falta de apreciação dos sinais do tempo e da incompletude das obras uma idealização da obra de arte, entendida como valor absoluto, com finalidade em si mesma, algo que foi valorizado pelas correntes estéticas neo-idealistas.

108. C. Lumia, *op. cit.*, 2003, pp. 16-17, 26, 28-29. Há uma ênfase diversa, entre os autores, na relação entre cultura humanística e cultura técnico-científica nos campos da conservação e restauro. Carbonara e Boscarino têm uma aproximação ao campo, primeira e primordialmente através

Preocupação comum é a excessiva repercussão de aspectos econômicos e políticos na atuação sobre os bens culturais, apontando-se como possíveis remédios: a sólida formação dos profissionais; o papel regulador a ser desempenhado pelas Superintendências, que devem ter controle sobre o projeto e o canteiro de obras e, ainda, mediar a elaboração teórica e a prática profissional. Existe plena consciência sobre a relatividade de toda e qualquer decisão, daí a necessária prudência. Como enfatiza Torsello, não existe relação mecânica e binária entre conhecimento e conservação (relação, porém, essencial), sendo necessária a consciência ética em relação ao problema[109].

Um tema que permanece em aberto, e em que existe desacordo, é a relação do restauro com a estética e a questão da fruição da obra de arte. Na conservação integral, Chiara Lumia destaca como os trabalhos de Maramotti evidenciam a falta de fundamentação para uma distinção entre obra de arte e objeto, pois a dimensão histórica do objeto se torna necessariamente uma condição estética, em que o objeto perde seu caráter original e se transforma, assumindo características alusivas àquilo que perdeu, enriquecendo-se com essas alusões. Narra, assim, sua história e convida o observador a abrir-se à contemplação, em que a beleza não está apenas na forma, mas no próprio fato de o objeto contar essa história através de sua configuração[110]. Assim, para a conservação integral, a configuração da obra decorre de sua historicidade. Essas considerações se colocam contra a noção do restauro voltado apenas às "obras de arte", de grande "valor estético" como apregoado por correntes estéticas filiadas ao neo-idealismo.

Deve-se relembrar que desde o momento em que as teorias de Brandi e do restauro crítico foram formuladas, o interesse da preservação alargou-se, mostrando a repercussão de renovadas correntes historiográficas, da antropologia e da sociologia, com maior atenção aos vários aspectos e documentos que suportam a cultura material, voltando-se não mais apenas para aquilo que era entendido como "obra de arte", mas também às obras modestas que com o tempo assumiram conotação cultural. Por isso, a atenção crescente da vertente crítico-conservativa com os aspectos documentais, mesmo sem renunciar à "reintegração da imagem" (através da remoção de adições, tratamento de

das componentes humanísticas, sem desprezar, porém, os aspectos técnico-científicos, enquanto para Bellini a identidade da disciplina se funda no conhecimento científico, sem descuidar dos aspectos humanísticos e conceituais. Segundo Bellini, é necessário também levar em conta, além das considerações de natureza histórica e conceitual, também os direitos fundamentais de vida do homem, o respeito à qualidade de vida que pode ser oferecido pela arquitetura conservada de fato, para os indivíduos e para a coletividade.

109. *Idem*, p. 19.

110. *Idem*, pp. 32-33. Ver também A. L. Maramotti, *op. cit.*, 1996, pp. 63-64, 81-83, 89.

lacunas etc.). Desse modo, atua-se para "facilitar a leitura", mas o resultado não é limpo ou fácil, admitindo-se, por se respeitar de maneira extensa o documento histórico, uma conformação múltipla e, mesmo, fragmentada (sem fetiche, porém, pelo fragmento). Ou seja, existem aproximações com a "conservação integral", sem contudo assimilar-se a ela, pois a reintegração da imagem continua a ser tema em discussão, apesar de a remoção de adições e o tratamento de lacunas serem ações cada vez mais restritas, tendendo-se a uma ampla conservação do documento como está, respeitando suas várias fases.

Neste texto, a restauração é interpretada na sua vertente "crítico-conservativa", por se entender que reintegração da imagem, remoção de adições e tratamento de lacunas são temas a ser enfrentados (de modo fundamentado) e, no que se refere ao método, por se considerar que devam ser articulados os procedimentos de conservação e o projeto arquitetônico de restauro (que pode comportar mudança de uso etc.); ou seja, entende-se que não devam ser momentos metodologicamente distintos e que devam fazer parte de um mesmo processo solidário. Pois o fato de na conservação integral a criação ser um momento distinto e com grande liberdade figurativa – maior do que na vertente crítico-conservativa, em que a criação é condicionada pela preservação – pode levar, por vezes, a uma configuração final ainda mais fragmentária, em que a obra se comporta como somatório de vários componentes. Para a vertente crítico-conservativa o documento histórico deve ser respeitado de forma extensa, mas se admite que nem tudo numa mesma obra deva ser preservado ou deva ser "visível" imediatamente e ao mesmo tempo, preconizando-se limitadas remoções em casos pontuais, e propondo, quando necessário, a "reintegração da imagem".

O restauro, na "posição central", deve ser fundamentado na análise da obra, de seus aspectos físicos e de suas características formais, de seu transcorrer no tempo, para, através de ato crítico, contemporizar, segundo Brandi, as instâncias estética e histórica, e intervir, respeitando seus elementos caracterizadores, com o intuito de valorizá-la e transmiti-la ao futuro da melhor maneira possível.

O restauro torna-se, assim ato crítico que, alicerçado no reconhecimento da obra de arte e de seu transformar no decorrer do tempo, insere-se no tempo presente. Jamais deveria colocar-se em qualquer uma das fases por que passou a obra[111] (muito menos no momento de sua criação) e nunca deveria propor a imitação. Deve sempre ser ação a reinterpretar no presente que se coloca, segundo Philippot e Brandi, como "hipótese crítica" – ou seja, não é uma tese,

111. Sobre os "tempos" da obra de arte, ver, por exemplo, C. Brandi, *Teoria...*, 2004, pp. 53-62; Umberto Baldini, *Teoria del Restauro e Unità di Metodologia*, 2 vols., Firenze, Nardini, 1997 (1ª ed. 1978), vol. 1, pp. 5-15.

que se quer demonstrar a todo custo às expensas do documento histórico, daí toda a prudência conservativa e os princípios da distinguibilidade, re-trabalhabilidade e mínima intervenção –, voltada para a transmissão do bem para as próximas gerações. É, portanto, ato de respeito pelo passado, feito no presente, que mantém sempre o futuro no horizonte de suas reflexões.

Por ser ato histórico-crítico, a restauração possui pertinência relativa, em relação aos parâmetros culturais (e socioeconômico-políticos etc.) de cada época e também no que se refere àqueles de épocas anteriores e posteriores. Não é possível prever quais serão os critérios empregados no futuro que, com toda certeza, serão diversos dos atuais. Isso repercute inclusive na tarefa basilar e talvez mais objetiva da preservação, o inventário, que também é resultante da visão de um dado presente histórico e possui pertinência relativa. A preservação de monumentos históricos deve, por isso, ser discutida e enfrentada com os instrumentos e vinculada à realidade de cada época e o fato de, no futuro, as posturas serem diversas não exime um dado grupo social da responsabilidade pela preservação dos bens culturais[112] (e da identificação dos bens a preservar) e evidencia ainda mais a necessidade de se agir, sempre, de modo fundamentado em relação ao legado de outras épocas[113].

É imperioso que a intervenção seja fundamentada (nas humanidades e nas ciências naturais), para evitar arbitrariedades, pois somos responsáveis pelos nossos atos perante o presente e perante as gerações futuras. Ainda que não haja consenso e uniformidade nas abordagens, não se deve renunciar ao

112. Brandi ("Il Fondamento Teorico del Restauro", *Bollettino dell'Istituto Centrale del Restauro*, 1950, n. 1, p. 8) já ressaltava essa questão há mais de meio século: "[...] já pudemos indicar, sem nenhuma *solicitação*, a interdependência entre o conceito de arte, próprio a uma determinada época cultural, e a intervenção que se faz numa obra de arte, sob a forma de restauro. E isso poderia levar a uma forma de ceticismo em relação a qualquer restauro – apesar de essa atitude não ser conjecturada, é bastante difundida – no sentido de qualquer restauro ser somente bom para a época que o justifica, e talvez péssimo para a seguinte que pense de modo diverso. Assim a validade de um restauro residiria somente na sua contingência histórica, como reflexo prático de uma dada teorização, transitória como é fatal para todo sistema filosófico. Assim se chegaria a reconhecer a *impossibilidade teórica* do restauro que com um golpe de mão audaz seria rechaçado naquela esfera da prática da qual queria elevar-se. Mas essa visão desinibida do problema se resolve, em realidade, num sofisma. Exatamente porque reconhecemos a inseparabilidade do restauro da reflexão sobre a arte, e precisamente porque reconhecemos que o pensamento não pode ser detido mais do que Josué tenha parado o sol, nós temos o dever de continuar a elaborar nossos conceitos, sem preconceito em relação às mudanças que poderão sofrer no futuro por uma especulação ainda não pensada".

113. Isso é exposto logo na abertura da Carta de Veneza: "Portadoras de mensagem espiritual do passado, as obras monumentais de cada povo perduram no presente como o testemunho vivo de suas tradições seculares. A humanidade, cada vez mais consciente da unidade dos valores humanos, as considera um patrimônio comum e, perante as gerações futuras, se reconhece solidariamente responsável por preservá-las, impondo a si mesma o dever de transmiti-las na plenitude de sua autenticidade".

exercício da razão e da crítica e jamais se esquecer de fundamentar em sólidos argumentos toda e qualquer postura.

Ao longo dos séculos, a restauração esteve vinculada a variadas correntes historiográficas, ao pensamento sobre a estética e a correntes ideológicas, e continua desse modo até os dias de hoje, em que, porém, a tendência é se afastar mais de vieses ideológicos e ser tolerantes em relação aos documentos históricos para assegurar a diversidade.

Convém reiterar que se retomam, de modo extenso, as colocações feitas em especial por autores italianos, pelo fato de ser esse o país que mais têm produzido reflexões no que se refere aos preceitos teóricos de restauro que deveriam guiar as intervenções práticas. Paolo Torsello[114] nota que, de fato, a reflexão sobre princípios de restauro na atualidade permanece praticamente circunscrita à Itália; nos outros países, a discussão está mais voltada para os aspectos técnicos e operacionais, procurando-se responder ao como se restaura, muitas vezes transcurando as razões por que se restaura, resultando em ações técnicas desconexas de sua finalidade e motivações de origem científica, ética e cultural.

Em alguns ambientes há de fato uma distância acentuada entre o como e o porquê. É o caso, por exemplo, da França, em que existem reflexões profundas e fundamentadas – com contribuições entre as mais consistentes que se possa encontrar – sobre história, historiografia, memória (e esquecimento), sociologia, antropologia e suas relações com a preservação (no sentido lato). No entanto, essa reflexão, desenvolvida no meio acadêmico, não encontra uma repercussão direta nas ações de restauro conduzidas pelo serviço de monumentos históricos[115], cujas intervenções são guiadas, primordialmente, por questões técnicas e operacionais (com excelência, diga-se), contemporizadas, ao menos nominalmente, pela Carta de Veneza[116]. Na Itália, a tradição de reflexão teórica sobre princípios de restauração que guiam as ações práticas (e as técnicas de intervenção) para respeitar a história e a memória, apesar de todos os pesares, da grave situação atual (e de um futuro bastante incerto), continua muito viva.

114. P. Toresello, "Che Cos'è il Restauro?" em P. Torsello (ed.), *Che Cos'è...*, 2005, p. 9. Agradeço a Simona Salvo a gentileza de ter providenciado um exemplar do livro.

115. A estruturação da carreira no serviço é de extremo rigor e suas ações se voltam aos bens protegidos por lei; deve-se lembrar ainda que na França há uma forte presença do Estado nas questões de preservação.

116. Muitas vezes parece haver uma leitura superficial do documento. Para análise crítica da questão de critérios nas restaurações na França e da ação do serviço de monumentos ver Patrick Ponsot, "Leçons Américaines", *La Tribune de l'Art*, 2006.

Torsello expõe, porém, toda a dificuldade do campo. Mostra que apesar das inúmeras contribuições na área, a bem dizer as únicas definições assertivas sobre restauração são as de Viollet-le-Duc e de Brandi, lembrando-se ainda a definição negativa de Ruskin. Dessa lacuna e dos evidentes problemas no tratamento do tema surgiu sua ideia de colocar nove estudiosos da atualidade em confronto, em que cada um deles deveria oferecer uma definição de restauro. Escolheu-se especificamente o termo "restauro", pois, apesar das diversidades e de muitos autores contraporem a conservação à restauração, esta última é reconhecida como campo disciplinar, enquanto a conservação não o é. A obra é de enorme interesse e põe a nu dificuldades, vicissitudes e diferenças de postura[117]. Como Roberto Masiero evidencia no texto final, em que faz uma análise comparativa das várias definições, as diferenças já começam ao se definir o objeto, continuam ao se qualificar a ação, que assume diversas modalidades, e perpassam também a discussão sobre as finalidades do restauro. Masiero considera impossível oferecer uma definição assertiva do restauro (deveria ser apenas argumentativa), e a experiência realizada abre uma série de questionamentos sobre problemas cruciais para a epistemologia, como a relação entre ciência e arte, história e ciência, e história, arte e técnica. Evidencia que a restauração sempre esteve envolvida em muitas ambiguidades, que deveriam ser consideradas não como um limite, mas como uma fonte para renovadas soluções, devendo-se ainda questionar como a restauração é determinada pelas várias antinomias às quais está ligada[118]. Torsello, em sua própria definição de restauro, retoma esse ponto essencial: todos esses conflitos não podem ser resolvidos através de compromissos banais, mas devem ser enfrentados através de critérios metodológicos que assumam *in toto* esses embates, utilizando-os como fonte geradora[119].

É importante salientar, malgrado toda a complexidade, que as várias vertentes, apesar de operarem de maneira distinta, preconizam um respeito absoluto pelo valor documental da obra, mesmo na pluralidade de suas formulações e

117. P. Torsello (ed.), *Che cos'è...*, 2005. As nove definições em confronto, representando as variadas correntes do pensamento sobre o tema, são de Amedeo Bellini, Giovanni Carbonara, Stella Casaiello, Roberto Cecchi, Marco Dezzi Bardeschi, Paolo Fancelli, Paolo Marconi, Gianfranco Spagnesi, B. Paolo Torsello. No livro, os autores ligados à conservação integral definem o restauro segundo sua visão daquilo que para eles é conservação. Agradeço a Simona Salvo a gentileza de ter providenciado um exemplar do livro.

118. Roberto Masiero, em P. Torsello (ed.), *Che Cos'è...*, 2005, pp. 149-159. Ver em especial os pares de opostos da p. 159: "matéria-forma, forma-conteúdo, natureza-artifício, natureza-cultura, natureza-história, novo-antigo, tradição-progresso, criação-repetição, autenticidade-inautenticidade, verdadeiro-falso, compreensão-pré-compreensão, produção-reprodução, liberdade-necessidade".

119. P. Torsello, *Che Cos'è...*, 2005, p. 54.

dos diversos modos de colocá-las em prática. Seus preceitos teóricos e formas de atuar permitem circunscrever, de maneira pertinente, o campo do restauro como um campo essencialmente cultural. Pois as formulações teóricas permitem que pelo menos se circunscreva e se defina o campo de ação de maneira adequada e fundamentada, separando-o daquilo que exorbita completamente dos objetivos da preservação; pois uma coisa é possuir pertinência relativa, outra é ser de todo impertinente ao campo.

Na prática atual, em diversos países, é possível verificar numerosas ações em bens culturais que não respeitam o documento histórico, sua configuração, seus aspectos memoriais e tampouco as especificidades e características dos materiais de que são compostos: ocorrem e não poderiam ser classificadas como ações de preservação (apesar de se autodenominarem como tal), pois são ditadas essencialmente por razões de uso, de especulação econômica (para obter maiores lucros), vinculadas a certas práticas políticas, inspiradas por vaidades e ignorâncias, pessoais e coletivas. São ações de cunho pragmático, e não cultural – como se firmou e consolidou a preservação ao longo de vários séculos (dois ou cinco, ao se considerar suas raízes no Renascimento) e que firma o restauro como campo disciplinar com a devida autonomia, com seus referenciais teóricos e métodos próprios. São ações ditadas por interesses imediatistas e de setores restritos da sociedade – e não verdadeiramente voltadas à coletividade como um todo, considerando o tempo na "longa duração" – que conduzem a resultados que vão contra os próprios objetivos da preservação, a saber: tutelar e transmitir para o futuro, da melhor maneira possível, os bens culturais, respeitando seus aspectos materiais, históricos e estéticos e, desse modo, assegurando também o respeito pelos aspectos memoriais e simbólicos.

Como mencionado, no atual contexto de alargamento daquilo que é considerado bem cultural, passou-se a preservar bens de tipos variados e pertencentes a épocas cada vez mais próximas. Existem várias questões que decorrem desse processo, entre elas aspectos teórico-metodológicos para enfrentar a questão de forma fundamentada, algo que tem sido feito por diversos autores, como mencionado. Existe, no que concerne à arquitetura recente – denominação vaga, mas que se volta às expressões do último século, abrangendo as mais variadas manifestações da arquitetura moderna (e não-moderna) e contemporânea, que inclui também a arquitetura da industrialização – uma tendência que se tem acentuado: tratar a preservação desses bens fora do âmbito disciplinar do restauro. Isso tem conduzido a uma série de ações nesses bens, com numerosas nuanças, que vão desde a volta ao restauro de repristinação (corrente no século XIX e que acarretou numerosos problemas, como visto) para as obras icônicas, em geral vinculadas ao movimento moderno – em que se chega a extremos de nem mesmo buscar o suposto estado original *as built* (como de fato construído), mas o estado *as published*, como divulgado através de fotos e projetos da época da construção, ou mesmo refazer uma obra desaparecida segundo o projeto original –, até manutenções e modernizações desrespeitosas em relação aos aspectos documentais e formais das obras, algo que acomete sobretudo algumas expressões da arquitetura mais recente, construídas no segundo pós-guerra, ou obras anteriores, não-modernas[120]. Ou seja, para estas últimas, volta-se às intervenções ditadas por razões essencialmente pragmáticas, que caracterizara as relações com as expressões do passado antes do século XVIII[121], não se reconhecendo, de fato, o valor cultural.

Como deve saber qualquer pessoa que trabalhou diretamente na realidade material das obras, o projeto, por mais detalhado que seja, jamais corresponde àquilo que foi construído, pois sempre são feitos ajustes e modificações na fase de produção dos materiais[122] e no próprio canteiro de obras. Mesmo se a construção é feita de elementos pré-fabricados, uma reprodução parcial, ou total, desconsidera o fato de que, a partir do momento em que a obra passa a fazer parte da realidade existencial das coisas, tem incidências nessa realidade, que por sua vez repercute na própria obra (as transformações do entorno, o envelhecimento da matéria pela ação do tempo etc.), processos esses que não podem ser replicados – ou seja, o estado original, como já fora evidenciado por Brandi, é indemonstrável. Portanto, mesmo que o projeto tenha sido feito para ser reproduzido diversas vezes – o que não é o caso de numerosas obras modernas; basta pensar no projeto de Lina Bo Bardi para o MASP ou no prédio de Vilanova Artigas para a FAU-USP, por exemplo, para lembrar que foram obras feitas para um único e determinado contexto, histórico e urbano – na medida em que é construído, existe um processo de simbiose com o ambiente em que está inserido.

120. Para esses temas, ver de Simona Salvo: "A Restauração do Arranha-céu Pirelli: A Resposta Italiana a uma Questão Internacional", *Pós. Revista do Programa de Pós-Graduação em Arquitetura e Urbanismo da FAU-USP*, 2006, n. 19, pp. 201-210; "Restauro e 'Restauros' das Obras Arquitetônicas do Século XX: Intervenções em Arranha-céus em Confronto", *Revista CPC*, n. 4, 2007.

121. Carbonara chama a atenção para essas questões há mais de uma década (G. Carbonara, "Teoria e Metodi del Restauro", em G. Carbonara [ed.], *Trattato di Restauro Architettonico*, Torino, Utet, 1996, pp. 3-107); ver ainda as já mencionadas colocações de Claudio Varagnoli (*op. cit.*, 2002). Sobre o tema, em âmbito nacional, ver Claudia S. R. Carvalho, *Preservação da Arquitetura Moderna: Edifícios de Escritórios no Rio de Janeiro Construídos entre 1930-1960*, São Paulo, FAU-USP, Tese de doutorado, 2006.

122. Isso acontece até mesmo para peças feitas em série, com projeto executivo detalhado, como no caso do arranha-céu da Pirelli (cf. S. Salvo, "Arranha-céu Pirelli: Crônica de uma Restauração", *Desígnio*, 2006, n. 6, pp. 69-86).

Alguns dizem que os projetos modernos poderiam ser interpretados inúmeras vezes em diversos ambientes, como uma partitura musical. Esse tipo de formulação desconsidera, do ponto de vista da preservação, o papel da matéria para a própria expressividade da obra. Como coloca Brandi, no caso da música, a matéria (a partitura, por exemplo) é o trâmite[123] para a expressão artística: quando cessa a execução de uma peça musical, ou a reprodução de um CD, por exemplo, cessa também a expressão musical. Na arquitetura, como obra construída, a matéria não é o "trâmite", é o "meio" físico de expressão, que, quando passa a fazer parte da realidade existencial das coisas, perdura no espaço e se modifica ao longo do tempo, interagindo com o ambiente onde se encontra. Assimilar um projeto arquitetônico a uma partitura musical é desconsiderar as respectivas relações dessas expressões com a materialidade e a temporalidade, temas essenciais no campo da preservação.

Existem formulações arquitetônicas que permaneceram como projetos e jamais foram construídas. São documentos importantíssimos para a história da arquitetura e poderiam talvez ser mais bem estudados através de maquetes eletrônicas, por exemplo. Também neste último caso, aquilo que se obtém através das reproduções, ou uma primeira construção defasada, é uma réplica extemporânea, jamais a obra original; réplicas que têm, no máximo, papel didático e não dizem respeito à preservação – que trabalha por permanências, continuidades e que não considera o tempo como reversível. Ou seja, são atos que se tornam extremamente problemáticos quando querem passar por ações de preservação.

Através de atos como os descritos anteriormente – repristinações, manutenções desatentas, transformações radicais, reconstruções –, desprezam-se pelo menos cinco séculos de experiências de preservação, dos quais dois de restauros sistemáticos e um como campo disciplinar, com seus referenciais teórico-metodológicos e técnico-operacionais, e tem-se a impressão de se estar percorrendo o mesmo caminho empírico iniciado há séculos, para reinventar a roda, cometendo, com essa atitude, destruições e deturpações de documentos. É também desprezar algo que deveria já ser considerado adquirido e essencial na preservação: a "consciência histórica" que, apesar das dificuldades impostas pela proximidade temporal, é possível, existindo

123. C. Brandi, *Teoria...*, p. 39. Sobre temas ligados a reproduções de obras arquitetônicas não mais existentes, ver as agudas análises de Ascensión Hernández Martínez – em *La Clonación Arquitectónica*, Madrid, Siruela, 2007 (agradeço à autora pelo exemplar) – que analisa a questão do papel das reproduções artísticas ao longo da história, para depois abordar os problemas ligados às reproduções do segundo pós-guerra, à clonagem e à fetichização da arquitetura contemporânea, oscilando-se entre os extremos da reconstrução ou da destruição. Conclui sua obra com um belíssimo capítulo intitulado "Do Culto do Original à Ilusão da Cópia".

reflexões e metodologia vinculadas à historiografia que oferecem instrumentos para tal.

Essas ações são feitas muitas vezes no total desconhecimento das vertentes teóricas da restauração, ou até mesmo na ignorância da existência dessas vertentes, ou ainda através de um processo ainda mais pernicioso que é a deformação de determinadas formulações. Por vezes, recorre-se à autoridade de determinados autores para justificar ações que não encontram respaldo algum em seus escritos; em outras ocasiões, desclassificam-se as proposições de outros teóricos de forma absolutamente infundada.

Um dos autores que têm sido retomados para justificar uma suposta diversidade de método para a restauração da arquitetura moderna é Camillo Boito. Com efeito, Boito, em *Questioni Pratiche di Belle Arti*, classifica a restauração de obras de arquitetura em três diferentes tipos – arqueológica, pictórica e arquitetônica –, de acordo com as características prevalentes do edifício com as quais se deveria ter especial cuidado na intervenção: a importância arqueológica para os monumentos da antiguidade, devendo os trabalhos ser voltados para a anastilose e consolidação; as características pictóricas, para os edifícios medievais, sendo importante preservar sua aparência pinturesca, através de trabalhos de consolidação (e não de renovação), preservando o próprio aspecto de vetustez; e a beleza arquitetônica, para os edifícios do Renascimento em diante, edifícios mais próximos temporalmente, que em geral chegaram em melhor estado. Estes últimos seriam mais facilmente compreensíveis e até imitáveis pela arte contemporânea (a Boito), pelo fato de as técnicas construtivas serem, em larga medida, ainda as mesmas, o que não significa que isso deva ser feito. Ao contrário, o autor assere que é necessário fugir de completamentos e imitações. Boito, através dessa classificação, evidencia que certas características são mais prementes em edifícios de determinadas fases e que se deve ter especial atenção por elas. Mas os princípios gerais que enunciou, citados anteriormente, e que aparecem pela primeira vez formulados no Congresso dos Engenheiros e Arquitetos Italianos realizado em Roma em 1883, são reiterados dez anos depois em *Questioni Pratiche di Belle Arti*, voltam-se aos três tipos[124] – ou seja, preconiza que se atue através de uma coerência de princípio para todas as obras. Boito, inclusive, destaca no texto os problemas

124. Ver C. Boito, *Questioni...*, 1893, em especial nas pp. 15-24. Vale a pena reiterar os princípios do autor (p. 24): "1. diferença de estilo entre o novo e o antigo; 2. diferença de materiais de construção; 3. simplificação de linhas e supressão de ornamentos; 4. exposição de velhas partes removidas perto do monumento; 5. incisão, em cada um das peças renovadas, da data de restauro ou de um sinal convencionado; 6. epígrafe descritiva incisa no monumento; 7. descrição e fotografia dos diversos períodos das obras, colocadas no próprio edifício ou próximo a ele, ou descrição publicada por meios impressos; 8. notoriedade".

de um método equivocado, sendo essencial respeitar escrupulosamente todas as estratificações da obra e o documento histórico. De modo algum se pode inferir pelas palavras do autor que existam princípios de restauração diferentes para edifícios de épocas distintas, nem que se possa ter liberdade maior em relação ao documento histórico pelo fato de o monumento ser mais próximo temporalmente. Ao contrário, especifica que por vezes as estratificações mais recentes podem até ser mais belas[125]. Em parte alguma de seus escritos Boito afirma, como divulgam erroneamente alguns, que, pelo fato de as obras mais recentes ainda estarem em uso, esse quesito deva prevalecer para guiar a intervenção; o uso, para Boito, não é critério para a intervenção e nem sequer é mencionado quando analisa a restauração arquitetônica.

Outro autor que tem sido vítima de interpretações apressadas é Cesare Brandi. Além das questões apontadas anteriormente, existe o equívoco recorrente de decretar superado e inaplicável, para a arquitetura, o pensamento de Brandi, sem se dar ao trabalho de explicitar o porquê dessas afirmações. Se estivesse superado, significaria que os conceitos presentes nas formulações de Brandi não mais podem ser repensados para as circunstâncias atuais, tornando-se inoperantes – algo que a reflexão teórica e a atuação prática, hoje, negam[126]. São exemplos, entre outros, as formulações de Heinz Althöfer para as obras de arte moderna e contemporânea, baseadas na sua experiência à frente do *Restaurierungszentrum* de Düsseldorf, assim como as de Michele Cordaro, que trabalha também com temas de arte moderna e contemporânea, incluindo-se o cinema, em sua atuação no ICR. Uma coisa diversa é afirmar que existem diferentes posturas na atualidade; isso é algo que sempre ocorreu e que continua a acontecer no campo da restauração; existem correntes não-brandianas (e até

125. *Idem*, p. 22: "[...] Pode-se afirmar, em geral, que o monumento possui estratificações como a crosta terrestre e que todas, da profundíssima até a superficial, possuem seu valor e devem ser respeitadas. Pode-se acrescentar, ademais, que as coisas mais antigas são, em geral, mais veneráveis e importantes que as menos antigas; mas, quando estas últimas são mais belas do que as outras, beleza pode vencer a antiguidade. Ora, medir a beleza em relação à antiguidade e a antiguidade em relação à beleza é questão delicada; e são necessários bons olhos, bom critério, boa experiência, bom balanceamento e muito boa-vontade de pesar tudo, também os escrúpulos, com ânimo desprovido de paixão e desinteressado. A vaidade e a ambição do restaurador tornam-se ainda mais funestas para o monumento do que aquilo que podem ser a avidez e a avareza".

126. Um dado que corrobora ainda mais a atualidade de Brandi são as várias traduções feitas da *Teoria* em tempos recentes; além da espanhola, existente há décadas, surgiram nos últimos anos as traduções em vários países, como Grécia, França, Brasil e Portugal, Inglaterra, Alemanha, Japão e China. Se o interesse por Brandi fosse apenas para a historiografia das teorias de restauro, as traduções não seriam necessárias, uma vez que grande parte dos profissionais que trabalham com o assunto entende italiano ou poderia servir-se das traduções em espanhol e inglês, por exemplo. O fato de ter sido traduzido para tantas línguas evidencia a atualidade do pensamento do autor e a necessidade de refletir sobre seus conceitos para a situação hoje.

mesmo antibrandianas). Deve-se especificar que as formulações do autor sobre o restauro nunca foram unanimidade, assim como nunca houve homogeneidade total no campo, mas isso não significa superação do pensamento brandiano; no máximo, discordância e pluralidade. Ademais, para aqueles que não creem na possibilidade de aplicação dos preceitos brandianos à arquitetura, convém examinar a recente contribuição de Carbonara[127], que tem por tema "Brandi e a Restauração Arquitetônica Hoje", evidenciando, tanto através de instrumentos conceituais, quanto a partir da análise de exemplos de obras restauradas de fato, que a teoria brandiana continua a ser aplicada na prática, inclusive para a arquitetura moderna – temas destacados também por Claudio Varagnoli e por Simona Salvo – em especial no que concerne ao restauro do arranha-céu da Pirelli em Milão, conduzido segundo sólidas premissas teórico-metodológicas (e com excepcional adequação operacional), com raízes no pensamento de Brandi e do restauro crítico.

Justamente sobre a ampliação dos conceitos basilares do restauro para os renovados problemas que se colocam hoje se detiveram em tempos recentes, e se detêm na atualidade, variados autores, com elaborações teóricas voltadas a estender a unidade conceitual e metodológica das formulações do restauro crítico e da teoria brandiana para temas e problemas que não se colocavam antes. Exemplos são os esforços feitos pelos citados Althöfer, Urbani, Cordaro, Basile, Carbonara, além de Jokilehto.

Outra abordagem que dá contribuições essenciais para a preservação são os trabalhos relacionados à teoria da recepção e a forma como as obras são percebidas pelos diversos agentes sociais. Um exemplo é Gérard Monnier, que parte da teoria da recepção e analisa suas implicações na preservação da arquitetura moderna[128]. As questões ligadas à teoria da recepção desenvolveram-se através de caminho autônomo mas possuem muitas interfaces com a preservação de bens culturais, e devem ser mais exploradas no campo.

Deve-se destacar que a busca da unidade conceitual se fundamenta no rigor metodológico próprio às humanidades, que não deve ser confundido com obsessão metodológica, que leva a uma estagnação estéril do pensamento, algo que não deve jamais ocorrer.

127. G. Carbonara, "Brandi e a Restauração Arquitetônica Hoje", *Desígnio*, 2006 (2007), n. 6, pp. 35-47.

128. A partir das formulações de Hans Robert Jauss, Philippe Boudon, e de outros autores, teóricos como o próprio Monnier, Richard Klein e Dario Gamboni, por exemplo, têm oferecido relevantes contribuições para o tratamento do problema. Essa temática não é estranha às formulações do próprio Brandi, cujas propostas teóricas de restauro são associadas a um pensamento estético vinculado à recepção. Para a análise desses temas em Brandi e para referências bibliográficas complementares, ver P. D'Angelo, *op. cit.*, 2006, pp. 125-142.

A preservação de monumentos históricos, através de seu longo processo de maturação, afastou-se das questões de cunho prático e se tornou ato de cultura, baseando-se no respeito pela materialidade da obra como transformada ao longo do tempo – algo que caracteriza a preservação e o campo do restauro como consolidados secularmente. Carbonara salienta que o campo se distingue pela perpetuação, não da forma, mas da matéria antiga, que é justamente a garantia da continuidade das outras possibilidades e intenções conservativas (estética, histórica, simbólica)[129]. Esses passos dados no campo foram verdadeiras conquistas culturais, diferenciando-se de uma reação intuitiva, primária, e de certo infantilismo conceitual, como ressaltado pelo autor, de querer as coisas como eram antes, sem aceitar as marcas da passagem do tempo e acreditando na sua reversibilidade.

A postura crítico-conservativa pauta-se, com efeito, por noções de distinção entre passado e presente, de que o tempo não pode ser revertido e de que ações impensadas causam danos irreparáveis em bens que são sempre únicos e não-reproduzíveis, e que o restauro é um ato crítico, alicerçado na história e na filosofia. As considerações feitas neste livro baseiam-se no entendimento de que esses preceitos devem ser aplicados também para a produção arquitetônica recente, inclusive aquela derivada do processo de industrialização.

PRESERVAÇÃO NO BRASIL E O PROBLEMA DOS CRITÉRIOS DE RESTAURAÇÃO

Quando se analisam os principais escritos sobre preservação no Brasil, constata-se que raramente os problemas de critérios de intervenção são abordados. Os trabalhos que se têm acumulado nas últimas décadas, de enorme interesse, voltam-se a variados aspectos do problema, como o estabelecimento e transformação dos órgãos de preservação, as políticas públicas patrimoniais, as implicações do tema no campo sociológico, antropológico e historiográfico, a discussão sobre o papel da memória[130]. No entanto, no que respeita às modalidades de intervenção e aos princípios teóricos que deveriam regê-las, existe uma grande lacuna, apesar de vários esforços recentes.

Um fato a ser de pronto evidenciado é que a preservação de monumentos históricos no Brasil, quando se consolidou de fato nas primeiras décadas do século XX (deve-se lembrar que houve tentativas anteriores, que foram, po-

129. G. Carbonara, "Alcuni Temi di Restauro per il Nuovo Secolo", em G. Carbonara (ed.), *Trattato di Restauro Architettonico: Primo Aggiornamento*, Torino, Utet, 2007, pp. 1-50.
130. Remeter-se-á à produção de variados autores sobre esses temas no decorrer do livro.

rém, isoladas), teve – assim como acontecera na Europa no século XIX e em muitos países latino-americanos na virada do século XIX e início do século XX – uma conotação cultural aliada a uma vontade política de afirmação da identidade nacional. Vontade de afirmação da identidade nacional que ocorrera no Brasil anteriormente e se avolumara no decorrer do século XIX, através de variadas iniciativas[131], mas que não se consolidou, no que respeita à preservação, com a consistência que a questão assumiria após a Revolução de 1930. Várias correntes inovadoras no cenário intelectual e artístico – que se vinham manifestando com vigor desde o início do século XX – procuraram afirmar a nacionalidade através da busca das raízes de um passado artístico brasileiro até então pouco valorizado[132]. Essa era também uma forma de se contrapor aos traços do ecletismo e daquilo que se considerava uma excessiva europeização da cultura brasileira, associada aos padrões da Primeira República.

Essa preocupação pelo passado nacional se deu, ainda, em sincronia com movimentos de vanguarda europeus e de seu interesse pela arte de outras civilizações. A reação, no contexto internacional, ao academicismo, ao ecletismo, e àquilo que era sentido como onipresença do passado no processo criativo teve repercussões no Brasil e se manifestou como resistência ao historicismo de origem europeia com raízes oitocentistas. Um dos efeitos dessa oposição foi despertar a atenção para um passado nacional não devidamente conhecido e prezado, valorizando suas qualidades intrínsecas, que eram muito mais do que simples herança exógena. Foram diversas as vertentes, a exemplo daquelas filiadas ao movimento neocolonial[133] e às várias expressões do modernismo. A intenção era retomar esquecidas manifestações culturais nacionais para estudá-las, valorizá-las e também reinterpretá-las para a criação artística.

131. A exemplo da criação de diversos institutos históricos – como o Instituto Histórico e Geográfico Brasileiro, o Instituto Arqueológico e Geográfico Pernambucano e o Instituo Histórico e Geográfico de São Paulo – e de Museus, como o Museu Nacional (1818), o Museu Goeldi (1866) e o Museu Paulista (1894). Para referências bibliográficas complementares, ver Silvana Rubino, *As Fachadas da História*, Campinas, IFICH-Unicamp, Dissertação de mestrado, 1991, pp. 28-29. A autora apresenta uma abordagem do tema voltada especificamente para a preservação e evidencia o papel essencial dos Museus como locais de ciência, enquanto aos Institutos caberia a ênfase em guardar e compor uma história nacional e construir uma memória.

132. Para propostas de preservação anteriores, cf. por exemplo: Antonio L. D. de Andrade, *Um Estado Completo que Pode Jamais Ter Existido*, São Paulo, FAU-USP, Tese de doutorado, 1993, pp. 106-113; Rodrigo M. F. de Andrade, *Brasil: Monumentos Históricos e Arqueológicos*, México D. F., Instituto Panamericano de Geografia e História, 1952, pp. 11-60; S. Rubino, *op. cit.*, 1991, pp. 21-51.

133. Sobre o relevante papel do movimento neocolonial em incipientes tentativas de preservação de monumentos históricos – aspecto até agora pouco explorado por nossa historiografia –, ver a contribuição significativa e pioneira de Maria Lucia Bressan Pinheiro, *O Neocolonial e suas Relações com o Modernismo e com a Preservação do Patrimônio no Brasil*, São Paulo, Relatório Final de Auxílio à Pesquisa Fapesp, 2004. Agradeço à autora pela cópia do trabalho.

A construção da nacionalidade foi perseguida através de diversas ações levadas a cabo por um regime de exceção, o Estado Novo, que nesse sentido se colocou como continuação e exacerbação da Revolução de 1930. Algumas das iniciativas foram desenvolvidas pelo Ministério da Educação e Saúde, encabeçado por Gustavo Capanema a partir de 1934; uma delas era justamente a tutela e preservação do patrimônio histórico, processo que descendia de propostas mais consistentes elaboradas anteriormente. Intelectuais de vanguarda, muitos filiados ao movimento moderno, ganharam, então, maior espaço, e passaram a trabalhar junto ao governo autoritário[134]. A identidade nacional, que até então fora uma preocupação que predominara mais entre intelectuais, tornou-se uma questão de Estado.

Após o decreto de 1933 que elevou Ouro Preto à categoria de Monumento Nacional e a criação, em 1934, da Inspetoria dos Monumentos Nacionais, o ano de 1936 marcou uma mais efetiva participação do Estado na preservação. A partir de anteprojeto elaborado naquele ano por Mário de Andrade, Rodrigo Melo Franco de Andrade preparou um novo projeto de lei federal, sendo proposta a criação do Serviço do Patrimônio Histórico e Artístico Nacional (SPHAN), que passaria a contar com direção do próprio Rodrigo M. F. de Andrade[135]. O instrumento legal para a tutela foi o Decreto-lei nº 25 sobre a proteção do patrimônio histórico e artístico, promulgado em 30 de novembro de 1937[136], que trata da preservação de bens de interesse histórico, artístico ou etnográfico e paisagístico.

134. No que respeita a alguns aspectos das políticas da preservação e da relação entre os intelectuais e artistas renovadores com o governo ditatorial e bibliografia complementar, cf. Maria Cecília Londres Fonseca, *O Patrimônio em Processo: Trajetória Política Federal de Preservação no Brasil*, Rio de Janeiro, UFRJ/Minc/IPHAN, 1997, pp. 85-147. A empatia de Capanema pelo modernismo permitiu ainda que arquitetos filiados ao movimento atuassem tanto na criação de novos edifícios representativos – a exemplo da própria sede do Ministério da Educação e Saúde, iniciada em 1937 – quanto na preservação.

135. Para análises diversas sobre a relação entre a proposta de Mario de Andrade e o Decreto-lei nº 25, ver: A. L. D. de Andrade, *op. cit.*, 1993, pp. 109-113; M. C. L. Fonseca, *op. cit.*, 1997, pp. 98-106; S. Rubino, *op. cit.*, 1991, pp. 63-105; Cecília R. dos Santos, *op. cit.*, 2007, pp. 7-12; 71-105.

136. Aquilo que constitui o patrimônio histórico e artístico nacional assim foi definido: "Art. 1. Constitui o patrimônio histórico e artístico nacional o conjunto dos bens móveis e imóveis existentes no país e cuja conservação seja de interesse público, quer por sua vinculação a fatos memoráveis da história do Brasil, quer por seu excepcional valor arqueológico ou etnográfico, bibliográfico ou artístico. § 1º Os bens a que se refere o presente artigo só serão considerados parte integrante do patrimônio histórico e artístico nacional, depois de inscritos separada ou agrupadamente num dos quatro Livros do Tombo, de que trata o art. 4 desta lei. § 2º Equiparam-se aos bens a que se refere o presente artigo e são também sujeitos a tombamento os monumentos naturais, bem como os sítios e paisagens que importe conservar e proteger pela feição notável com que tenham sido dotados pela natureza ou agenciados pela indústria humana" (*apud* R. M. F. de Andrade, *op. cit.*, 1952, p. 185; também disponível em versão eletrônica no sítio do IPHAN: www.iphan.gov.br).

O enfoque principal foi dado às obras notáveis e isoladas, enquanto no anteprojeto de Mário de Andrade havia uma preocupação com raízes na antropologia, que dava ênfase também à preservação de variados aspectos da cultura popular, em propostas pioneiras que antecipam a discussão atual sobre o chamado patrimônio imaterial, algo que acabou por se esvaecer no projeto final.

Procurou-se preservar obras consideradas significativas das principais etapas de formação do Brasil. O interesse recaiu sobre a produção dos séculos XVI a XVIII; numerosas manifestações do século XIX (com exceção do neoclassicismo, que era, de modo geral, apreciado) e do começo do século XX foram consideradas desprovidas de interesse e fruto de pura importação.

O SPHAN enfrentou uma série de dificuldades, como o fato de não existir no Brasil um corpo de profissionais habilitados para trabalhar em restaurações, o estado incipiente da historiografia da arte brasileira, a dificuldade em estabelecer critérios para a identificação dos bens a proteger. Rodrigo M. F. Andrade procurou resolver esses problemas aos poucos. Reuniu no SPHAN profissionais, em sua maioria jovens e atuantes em vertentes das vanguardas artísticas, que colaboraram de forma competente e engajada. Os arquitetos modernistas brasileiros moviam-se entre valores que eram considerados antagônicos por muitos protagonistas do movimento moderno no contexto internacional: tradição e modernidade, preservação e vanguarda artística, criação arquitetônica e restauração. As tentativas de articulação desses polos contribuíram para certas especificidades dos arquitetos modernos brasileiros, assim como das intervenções por eles feitas no patrimônio histórico. Houve apropriação de aspectos considerados modelares do passado, com o interesse voltado para o futuro. Exemplo proeminente é dado por Lúcio Costa que, ao abraçar as correntes do modernismo, procurou conciliar aspectos da arquitetura tradicional brasileira com as propostas das vanguardas artísticas. Ou seja, houve a contraposição a um passado recente – em especial aquele de matriz eclética – e a busca de uma articulação com um passado remoto, o "colonial"[137].

Houve respeitável esforço do SPHAN para formar e divulgar o conhecimento sobre a arte brasileira. O inventário e os estudos históricos eram essenciais para que o trabalho pudesse consolidar-se. Isso pode ser constatado na importância dada pela instituição à *Revista do Patrimônio Histórico e Artístico Nacional*, um dos principais veículos de difusão de ensaios sobre a arte brasileira, cujos estudos pioneiros, que versam sobre vários temas relativos à produção artística,

137. Ver, por exemplo, as observações de S. Rubino, *op. cit.*, 1991, pp. 114-115.

permanecem essenciais para a historiografia da arte nacional e eram fundamentais para a discussão daquilo que deveria ser tombado. É relevante notar, no entanto, que nenhum dos artigos se refere às obras de restauração que eram executadas pelo próprio Serviço. Ao estudar os textos publicados entre 1937 e 1969[138], percebe-se que de fato há muito pouco relacionado à restauração. De um total de 163 artigos, apenas cinco se referem mais diretamente ao tema: no número 1, o de Heloísa Alberto Torres[139] e o de Raimundo Lopes[140]; no

138. O estudo foi feito através de consultas sistemáticas aos números da revista e da análise das resenhas feitas por Gustavo Neves da Rocha Filho em *Bibliografia Comentada dos Artigos Publicados na Revista do Patrimônio Histórico e Artístico Nacional*, São Paulo, FAU-USP, 1974, que abrange os artigos publicados na Revista do SPHAN, do nº 1, de 1937, ao nº 17, de 1969.
139. Heloísa Alberto Torres, "Contribuição para o Estudo da Proteção do Material Arqueológico e Etnográfico no Brasil", *Revista do Serviço do Patrimônio Histórico e Artístico Nacional*, 1937, n. 1, pp. 9-30. A autora aborda aspectos que deveriam ser considerados na preservação das jazidas arqueológicas, das coleções e espécimes arqueológicos e etnográficos, da produção artística das populações indígenas e "neobrasileiras", que implicava a proteção das próprias populações. Arrola sítios arqueológicos e museus brasileiros contendo acervos na área e recomenda como imprescindível a elaboração de um levantamento dos bens e das coleções. Analisa ainda aspectos econômicos ligados à proteção de determinadas jazidas e considera a demarcação das terras indígenas um passo essencial. De maneira incipiente, foram tratadas diversas questões delicadas relacionadas com a preservação de um patrimônio que era ainda pouco conhecido e apreciado, e por isso mesmo muito frágil e suscetível de destruição por interesses imediatistas. Cita-se também a questão, muito atual, da exploração econômica de bens e locais de interesse histórico e do dilema que muitas vezes se coloca em relação à preservação e à sobrevivência de certas culturas.
140. Raimundo Lopes, "A Natureza e os Monumentos Culturais", *Revista do Serviço do Patrimônio Histórico e Artístico Nacional*, 1937, n. 1, pp. 77-96. O autor analisa aspectos antropológicos e geográficos de cidades de interesse histórico e propõe princípios para sua preservação e valorização. Já havia publicado estudo com mesmo título no *Boletim do Museu Nacional* de 1935 que deu origem a um voto do Primeiro Congresso Brasileiro de Proteção à Natureza, de 1935, cujas resoluções em defesa do estudo e catalogação dos monumentos históricos, artísticos e naturais evidenciavam as deficiências de um decreto de 1934 para assegurar a proteção efetiva dos monumentos brasileiros. No artigo escrito para a revista do SPHAN, apresenta uma versão revista da matéria, levando em conta as resoluções adotadas com o Decreto-lei nº 25. Afirma que a preservação dos monumentos pressupõe um princípio antropogeográfico e uma finalidade social, e que se protege a natureza para o bem da cultura, assim como a tutela dos monumentos culturais se reverte na proteção à natureza. Analisando características antropogeográficas de várias localidades, trata do tema da arqueologia e da arte indígena e da validade ou não de tradições orais como documentos históricos. Chega a doze enunciados como conclusão, entre eles: a necessidade de impedir a substituição do material artístico do monumento por material moderno e não-característico; buscar a reconstituição da vegetação nativa para valorizar monumentos, cidades históricas e jazidas arqueológicas; impedir que novas construções ou melhoramentos perturbem as condições necessárias à preservação, aconselhando que se construam ao redor dos monumentos edificações com feições tradicionais, a exemplo das neocoloniais, que por sua vez não deveriam ser permitidas em bairros industriais. Digna de nota é essa manifestação do autor quanto às características arquitetônicas dos edifícios a construir em área envoltória a bem tombado, que deveriam ser modernos de "tendências tradicionalistas", tema delicado que se insere nas discussões a respeito do neocolonial da década de 1930.

número 4, o de Hannah Levy; no número seguinte, o de E. Orosco[141]; e no número 16, o artigo de José de Souza Reis[142].

O artigo de Hanna Levy, sobre as relações entre valor artístico e valor histórico numa obra de arte, é o que se relaciona de modo mais direto com as teorias de restauro. A autora explora o tema no contexto da historiografia da arte, analisando como o problema foi tratado de maneiras diversas por alguns autores, a exemplo de Henri Focillon. Aponta a importância metodológica do assunto para a preservação de bens culturais, evidenciando a pluralidade de valores que devem ser levados em consideração e o fato de o valor artístico e o valor histórico não coincidirem de maneira forçosa. Especifica que seu texto é apenas uma apresentação preliminar e nos trechos finais tece algumas considerações ligadas à restauração:

> Um exemplo: a construção de um palácio, de uma igreja etc., etc. foi interrompida. O edifício ficou nesse estado inacabado durante um período mais ou menos longo. Depois outro arquiteto fez novo projeto e o edifício foi concluído segundo esse projeto. E foi nesse estado que ele nos chegou. Deverá o restaurador fazer desaparecer todos os acréscimos posteriores à época da primeira construção? Deverá conservá-los? A solução dependerá evidentemente do resultado obtido pela análise dos diferentes "valores" do edifício e ainda da atitude que o restaurador adotar em face do valor histórico, do valor artístico ou documentário em geral [...].
>
> Sabe-se qual foi a atitude adotada por Viollet-le-Duc diante desses problemas e como ele defende o seu ponto de vista no seu "Dictionnaire Raisonné de l'Architecture Française du XIe au XVIe Siècle". Mas as censuras que hoje lhe são dirigidas seriam compreensíveis apenas como uma crítica da sua teoria construtivista da arquitetura? Não visam elas, antes de tudo, o fato de ter Viollet-le-Duc deixado de atribuir a necessária importância à distinção objetiva da pluralidade de valores que uma obra de arte contém?[143]

141. E. Orosco, "As Avarias nas Esculturas do Período Colonial em Minas Gerais", *Revista do Serviço do Patrimônio Histórico e Artístico Nacional*, 1941, n. 5, pp. 179-206. Trata-se de pesquisa de grande relevância em que o autor apresenta resultados do estudo das alterações de elementos de pedra em Minas Gerais, através de exames no local e análises de laboratório, procurando avaliar as causas dos desgastes e os meios de preveni-los. É um artigo eminentemente técnico, com observações e conclusões de interesse para entender o estado da arte então, mas que não versa sobre princípios de restauração.

142. José de Souza Reis, "Evidência dos Monumentos Históricos", *Revista do Patrimônio Histórico e Artístico Nacional*, 1968, n. 16, pp. 305-315. Trata, em essência, da questão da visibilidade dos monumentos e da preservação do entorno, abordando as propostas para o Outeiro da Glória.

143. Hanna Levy, "Valor Artístico e Valor Histórico: Importante Problema da História da Arte", *Revista do Serviço do Patrimônio Histórico e Artístico Nacional*, 1940, n. 4, pp. 191-192.

Postura, pois, bastante lúcida, em que transparece a sensibilidade aos vários valores ligados aos monumentos históricos e às críticas efetuadas a Viollet-le--Duc[144]. Apesar dessas colocações publicadas na revista do próprio SPHAN, várias das obras de restauro efetuadas pelo Serviço tinham um caráter que se poderia reputar "leduciano"[145], desconsiderando-se as alterações sofridas pela obra no decorrer do tempo. Em alguns casos houve, ainda, a imposição sobre o edifício de um estado original hipotético, segundo uma projeção retrospectiva idealizada, e um tanto distorcida, da própria história da arquitetura brasileira, que era ainda muito incipiente e marcada pela visão de uns poucos autores sobre o assunto[146].

144. Sobre o papel de Hanna Levy no SPHAN e seus referenciais teóricos, ainda há muito a ser analisado. Importantíssimas nesse sentido são as contribuições de Adriana Nakamuta, em seu trabalho de conclusão feito para o Programa de Especialização em Patrimônio / IPHAN / UNESCO, sob orientação de Izabel Sales Serzedello, *O Historiador da Arte no IPHAN e as Contribuições para a Historiografia da Arte no Brasil*, Rio de Janeiro, PEP-IPHAN-UNESCO, Trabalho de conclusão de curso, 2006 (agradeço à autora a gentileza de enviar uma cópia do trabalho).

145. Para uma análise aprofundada de algumas intervenções do SPHAN, em que transparece a similaridade com as ideias de Viollet-le-Duc, cf. A. L. D. de Andrade, *op. cit.*, 1993, pp. 119-157. Ver ainda as pormenorizadas análises de exemplos paulistas feitas por Cristiane Souza Gonçalves, *Restauração Arquitetônica: A Experiência do SPHAN em São Paulo, 1937-1975*, São Paulo, Annablume-Fapesp, 2007.

146. Existem vários paralelismos que podem ser traçados na questão da organização da proteção dos monumentos históricos e na própria concepção da restauração no Brasil e na França. O serviço de preservação no Brasil foi organizado pelo Estado, assim como acontecera na França durante a restauração da monarquia, e não foi iniciativa da sociedade civil organizada, caso da Inglaterra. Na França, o cargo de Inspetor-Geral dos Monumentos Históricos foi atribuído em 1830 a Ludovic Vitet, historiador e crítico de arte, que nele permaneceu até 1834, sendo substituído por outro intelectual de peso, Prosper Mérimée. Esse posto foi criado quando da restauração da monarquia, pelo então Ministro do Interior (e depois Ministro da Educação), François Guizot. O conhecimento da história do país e das manifestações artísticas, como modo de afirmação da nacionalidade, tornara-se preocupação essencial, sendo uma elite de intelectuais promovida a altas funções no governo. Guizot procurou valorizar as antigas tradições nacionais, tomando muitas iniciativas para estudar os documentos e monumentos. Esse interesse renovado pelo passado repercutiu também na literatura romântica, buscando-se nela os primórdios da nacionalidade. O estudo aprofundado dos monumentos góticos, franceses por origem, era também um meio de se contrapor à perpetuação de formas derivadas da Antiguidade Clássica, consideradas por alguns sem relação com o próprio tempo e com o país. Através da atuação de vários profissionais, muitos pertencentes a uma elite intelectual, consolidou-se a tutela de monumentos na França, corroborada com a criação, em 1837, do Serviço dos Monumentos Franceses, cem anos antes da efetivação do SPHAN. O modo de atuação sobre os monumentos na França, sobretudo a partir de meados do século XIX, sofreu grande ascendência de Viollet-le-Duc, cuja ação foi calcada em sua notória definição de restauro: "A palavra e o assunto são modernos. Restaurar um edifício não é mantê-lo, repará-lo ou refazê-lo, é restabelecê-lo em um estado completo que pode não ter existido nunca em um dado momento" (E. Viollet-le-Duc, *op. cit.*, 2000, p. 29). O procedimento de Viollet-le-Duc caracterizava-se por procurar entender a lógica da composição do edifício, concebendo então um modelo ideal de correspondência entre forma, função, materiais e estrutura, impondo, a seguir, sobre a obra, o esquema idealizado. Aplicou esse processo em muitas de suas restaurações, sem o respeito que muitos contemporâneos, na França e em outros países, tinham pela matéria, pela configuração da obra e pelas suas transformações no decorrer do tempo.

Isso se deu num momento em que, na teoria, o referencial internacional era a Carta de Restauração de Atenas, de 1931, em que se preconizava o respeito pelas várias fases por que passou o monumento histórico. Outra particularidade do panorama brasileiro (além da presença ativa de intelectuais e artistas filiados ao modernismo na preservação) e da atuação do órgão naqueles primeiros tempos, é uma associação toda peculiar de postura que apresenta semelhanças com a práxis "leduciana" (ou seja, a busca de um estado "original"), com o uso de materiais substitutivos e de técnicas construtivas contemporâneas, havendo extenso emprego do concreto armado nas consolidações e repristinações. No entanto, esses materiais utilizados nos completamentos eram impossíveis de distinguir a olho nu, pois eram em geral revestidos para ter a aparência do material original; ou seja, não se seguia o princípio da distinguibilidade como presente na Carta de Restauração de Atenas. De um lado, as vertentes do chamado "restauro estilístico" (Viollet-le-Duc, por exemplo) associavam a volta a um estado anterior ao uso de técnicas construtivas e de materiais iguais aos originais (ou semelhantes, ou mesmo melhores para assegurar que a vida da obra depois da restauração tivesse uma duração igual ou superior àquela já decorrida); de outro, a Carta de Restauro de Atenas, que recomendava a preservação de todas as fases do monumento e que qualquer completamento fosse feito através da distinguibilidade. Na Carta de Restauro de Atenas, privilegia-se o uso do concreto armado para esse fim; somente nos casos de reforços estruturais se aconselhava o emprego do concreto armado "dissimulado", para não alterar a leitura do bem. O SPHAN usou o concreto armado "dissimulado" tanto para reforços estruturais quanto para completamentos que conduziam o bem a um estado completo idealizado.

Chama a atenção na atuação do SPHAN a ausência de referências a conceitos da restauração[147]. Não se remete a autores ou documentos da área; isso se estende, em menor medida, também a aspectos técnicos – estudos técnicos, uso de técnicas adequadas, métodos de tratamento etc. Transparece uma fé cega no concreto armado, material que se apresenta como ideal, pronto para ser usado em variadas situações, seja na construção de novos edifícios, seja na consolidação de um edifício feito com qualquer material ou no completamento de edifícios históricos, até mesmo os de taipa de pilão. Não parece haver questionamento algum quanto a possíveis problemas de compatibilidade e tampouco o material é empregado, como preconizado na Carta de Restauro de Atenas, no caso de completamentos, para se diferenciar dos materiais tradicionais. Outro elemento a considerar é que numerosas intervenções foram

147. Ver as discussões, por exemplo, nos textos de Lúcio Costa e de Rodrigo M. F. Andrade, reportadas na Bibliografia.

feitas sem projeto: eram elaborados registros fotográficos, feitos levantamentos métricos e havia um caderno de obras, mas as alterações, acréscimos, completamentos, reforços estruturais eram feitos, em larga medida, sem projeto executivo que prefigurasse e guiasse a intervenção[148].

Desse modo, não se pode associar a prática do SPHAN às posturas da Carta de Restauro de Atenas, em que o método e o espírito classificatório sobressaíam. Tampouco pode ser vinculada a um conhecimento aprofundado de Viollet-le-Duc, que preconizava estudos pormenorizados, profundo conhecimento da configuração do edifício, de seus materiais e comportamento estrutural, o respeito pela estrutura existente e por sua função portante, o uso de materiais iguais ou melhores (comprovadamente) do que os originais, e que o restauro fosse alicerçado em extensa documentação da obra antes, durante e depois da intervenção, sendo o todo baseado em estudos, projeto e memorial descritivo rigorosíssimos. O que transparece nas intervenções do SPHAN é, na verdade, o empirismo, tendo como meta a valorização de um período específico de nossa história. Desse modo, em relação aos vários paralelismos com o ambiente francês do século XIX (e a outros ambientes europeus daquele período – e também latino-americanos na virada do século XIX para o XX –, em que se tentava construir a ideia de nacionalidade), é difícil comprovar se são fruto de uma real filiação a sistemas de pensamento sobre o restauro ou se, na verdade, provêm de uma aproximação fortuita, resultados de semelhanças dos processos de construção de identidade, que se aproximou, em certos aspectos, ao que ocorrera na Europa.

Na ausência de uma doutrina ou carta de princípios para guiar as intervenções realizadas pelo Serviço, as principais diretrizes sobre a forma de atuar nos monumentos arquitetônicos eram dadas por Lúcio Costa[149], chefe da Divisão de Estudos e Tombamentos, cuja visão em geral prevalecia. Seu papel como estudioso da arquitetura brasileira foi também dos mais relevantes, tendo elaborado vários textos que se tornaram clássicos, alguns deles publicados na própria revista do SPHAN, a exemplo de "Arquitetura Jesuítica no Brasil" (1941) e "Documentação Necessária" (1937)[150]. Neste último escrito,

148. Algo que pode ser verificado na extensa análise documental da regional de São Paulo do IPHAN feita por Cristiane Gonçalves, *op. cit.*, 2007. Fato ainda mais surpreendente no caso paulista, por serem intervenções feitas por Luis Saia, um egresso da Escola Politécnica de São Paulo, que primava pelo rigor metodológico. Situação semelhante ocorria em Minas Gerais, segundo informações gentilmente cedidas por Leonardo Castriota.

149. A. L. D. de Andrade, *op. cit.*, 1993, pp. 119-129.

150. No que se refere à busca de novos princípios da arquitetura, ver também "Razões de uma Nova Arquitetura", texto de 1934, em Lúcio Costa, *Lúcio Costa: Registro de uma Vivência*, São Paulo, Empresa das Artes, 1995, pp. 108-116.

Costa desenvolve propostas caras à sua maneira de ver o passado, a partir de análises das manifestações de nossa arquitetura popular que buscam a verdade na "boa tradição" de seus princípios. Enxerga nela a forma de recuperar o caminho perdido na produção arquitetônica contemporânea através da conciliação da tradição com inovações formais[151]. O texto, apesar de não ser voltado diretamente à restauração, pode ser encarado como um "programa de trabalho", pois são justamente essas as características que serão buscadas na herança do passado e que serão, de fato, valorizadas e "implementadas" nas restaurações, sendo muitas vezes impostas nas construções preexistentes nas intervenções feitas pelo órgão.

Nota-se, pois, um programa de trabalho do órgão que impinge uma visão idealizada de um dado presente sobre o passado. Falta uma verdadeira visão histórica, baseada em rigoroso método, que fizesse com que se atuasse de acordo com a noção de ruptura entre passado e presente. Isso implicaria o respeito pelo existente, de modo amplo e não-proscritivo, do jeito que chegou àqueles dias, e não a busca de um passado mítico.

A relativa autonomia do SPHAN dentro do governo, seu quadro de profissionais e seu Conselho Consultivo intelectualizados resultaram num certo distanciamento em relação à própria sociedade, sendo o órgão pouco permeável aos anseios da coletividade. Apesar da importância do trabalho executado e do empenho público dos profissionais envolvidos, as discussões ficaram restritas a um pequeno grupo, acarretando, depois, críticas e gerando novas posturas face às políticas de preservação no país[152]. Analisando a fase pioneira do SPHAN, sobressaem, entre outros aspectos, a escassa participação popular e a falta de divulgação de informações e ideias que promovessem um debate mais amplo em relação às posturas conceituais da restauração, mesmo entre os próprios profissionais envolvidos de modo direto com a preservação.

151. Esse é outro paralelo que pode ser traçado com o ambiente francês. Viollet-le-Duc também procurava conciliar a tradição com a modernidade. Em seus escritos que tiveram maior difusão, entre eles os *Entretiens sur l'Architecture*, publicados em dois volumes entre 1863 e 1872, e o *Dictionnaire Raisonné de l'Architecture Française du* XI*^e^ au* XVI*^e^ Siècle*, publicado em dez volumes entre 1854 e 1868, expôs seus conhecimentos sobre a arquitetura e sobre as formas de construir, apresentando reflexões sobre a racionalidade, a relação de adequação entre materiais, formas, funções e estruturas. Seus textos tiveram importância fundamental para a difusão de princípios racionais de construção e na propagação da ideia de que o verdadeiro futuro da arquitetura estaria em estabelecer um novo sistema tão coerente, coeso, racional e eficiente quanto o da arquitetura gótica. Mas, na prática, Viollet-le-Duc nunca se desvencilhou do historicismo, algo que Costa acabou por conseguir, depois de, como ele mesmo afirmou, se livrar do "equívoco" neocolonial, uma "vitória" que foi obtida num contexto em que vanguardas internacionais já haviam rompido de forma violenta com a tradição.

152. Sobre esse aspecto e para referências complementares, cf. M. C. L. Fonseca, *op. cit.*, 1997, pp. 107, 134-142.

A *Revista do Patrimônio Histórico e Artístico Nacional*, quando retomada em sua nova série, em 1984 (n. 19), além de dar continuidade aos estudos historiográficos e debates culturais, abriu um espaço maior à discussão sobre restauro. Temos atualmente muitas contribuições significativas, principalmente na atenta leitura da atuação dos órgãos, das políticas de preservação no país e dos instrumentos legais existentes[153]. Apesar desse esforço, o debate no Brasil sobre os princípios teóricos que deveriam reger a restauração permanece muito limitado. São poucos os veículos interessados nesse tipo de questionamento para que se tenha uma discussão ampla, e os que existem têm periodicidade limitada (quando não irregular), com distribuição difícil, não permitindo um diálogo mais esclarecido e em maior escala, mesmo entre os próprios profissionais que trabalham na área. As reuniões científicas têm-se multiplicado, assim como tem crescido o interesse do público em geral pelo assunto, o que permite esperar que haja, a longo prazo, um alargamento do debate.

Mesmo na ausência de um debate amplo sobre a preservação dos monumentos históricos, pelo menos nominalmente há certa filiação aos preceitos da Carta de Veneza, que é citada com frequência por membros dos órgãos de preservação nas esferas federal, estadual e municipal e por professores universitários. Após a releitura crítica das experiências realizadas pelo SPHAN em sua fase pioneira – com várias intervenções que privilegiaram uma dada leitura da história da arquitetura brasileira, que não considerava como válidas as diversas fases por que passou um monumento histórico, e o desprezo generalizado por grande parte da produção arquitetônica do século XIX e início do século XX –, houve certa convergência, em especial de meados dos anos 1970 em diante[154], para os princípios amadurecidos nas posturas conceituais italianas consolidadas a partir de meados do século XX, incorporadas na Carta de Veneza.

No contexto de alargamento daquilo que é considerado bem cultural, muitos estados da federação e municípios acabaram por criar seus órgãos e legis-

153. Sobre esses temas, ver os textos, relacionados nas referências bibliográficas de, entre outros autores, Antonio Augusto Arantes (1984), Sonia Rabelo Castro (1991), Clara Emília Sanches Monteiro de Barros Malhano (2002), Marly Rodrigues (2000), Silvana Rubino (1991), Maria Clementina P. Cunha (1992), Márcia Sant'Anna (1995), Cecília R. dos Santos (2007), Mariza Veloso Motta Santos (1992), Augusto C. da Silva Telles (1984). A extensa produção sobre aspectos ligados à história e à memória será retomada mais adiante.

154. Nesse sentido, os cursos de pós-graduação realizados na década de 1970 – em 1974 através de cooperação entre FAU-USP, IPHAN, com a presença também de profissionais do exterior vinculados à UNESCO, e depois oferecidos no Recife, em 1976, em Belo Horizonte em 1978 e em Salvador em 1980, onde permanece – parecem ter contribuído enormemente para uma aproximação com os preceitos divulgados através das cartas do ICOMOS. Para esse debate, ver Lia Mayumi, *Taipa, Canela Preta e Concreto: Um Estudo sobre a Restauração de Casas Bandeiristas em São Paulo*, São Paulo, FAU-USP, Tese de doutorado, 2005, pp. 145-155.

lação regionais e municipais de proteção a monumentos históricos. O atual Instituto do Patrimônio Histórico e Artístico Nacional (IPHAN, antigo SPHAN) é o órgão federal. Suas preocupações são voltadas para a preservação de bens representativos para toda a nação, o que, num país de dimensões continentais e com a pluralidade de manifestações como o Brasil, implica não contemplar parcela significativa da produção cultural; a quantidade e variedade dos bens protegidos não atendia a muitos anseios regionais e locais.

Também disso resultou a multiplicação dos órgãos estaduais, lembrando-se de que alguns estados pioneiros já eram dotados de serviços de preservação desde os anos 1920. No Estado de São Paulo foi efetivado um organismo de proteção em 1968, o atual Conselho de Defesa do Patrimônio Histórico, Arqueológico, Artístico e Turístico do Estado de São Paulo (CONDEPHAAT). No município de São Paulo, por sua vez, seriam criados mecanismos para a preservação apenas na década seguinte: em 1975 foi criado o DPH – Departamento do Patrimônio Histórico da Prefeitura Municipal de São Paulo –, dotado de um conselho em 1985/86, o CONPRESP – Conselho de Preservação de São Paulo.

Dessa forma, se o IPHAN atende aos bens considerados representativos para a nação como um todo, alguns lugares contam ainda com leis estaduais e municipais para proteger uma diversidade maior de manifestações de significado para localidades ou regiões. Os bens protegidos pela Federação são em geral tutelados *ex officio* também por Estados e pelos Municípios que possuem legislação referente à matéria, e os bens protegidos pelos órgãos estaduais são também tutelados pelas leis municipais. O caminho inverso não é automático, mas isso não impede que, por exemplo, bens preservados pelas cidades venham, depois de reavaliações, a ser protegidos também pelas leis dos estados e da federação.

Se no plano administrativo e legal existe um quadro teoricamente abrangente de tutela dos bens culturais, na prática as dificuldades são imensas. A própria estrutura administrativa e legal do sistema torna esses organismos pouco ágeis para enfrentar determinadas situações. Os órgãos dos Estados e dos municípios foram criados, em geral, com as mesmas atribuições do IPHAN, como a identificação dos bens a serem tutelados legalmente, a autorização das intervenções e a fiscalização das obras. Não houve uma transformação legislativa e estrutural que permitisse, por exemplo, uma melhor articulação das respectivas competências e responsabilidades, a centralização de informações, além de definir critérios concretos de atuação (tanto da identificação dos bens a proteger quanto de intervenção), o que acaba por gerar lentidão e ineficácia.

Todos esses órgãos, sejam federais, estaduais ou municipais, lutam continuamente contra a escassez de recursos financeiros e humanos, trabalhando com um número insuficiente de profissionais, ademais se for considerado o contexto de alargamento daquilo que é considerado bem cultural, resultando num grande número de obras protegidas por lei, que é, no entanto, insuficiente para contemplar uma tutela difusa e inclusiva dos bens culturais. Esses órgãos, que contam em seus quadros com alguns profissionais de grande valor tanto no nível de formação quanto no modo exemplar com que se dedicam ao serviço público, não têm sido devidamente valorizados pelos governantes. Ademais, nos variados momentos de crises política e financeira por que passou o país nos últimos anos, e mesmo no momento atual, acabam por depender em larga medida da perseverança de alguns de seus funcionários.

As intervenções, tanto no que se refere aos princípios empregados, quanto na qualidade da execução das obras, sofrem enorme variação. Mesmo quando se trata de bem pertencente ao Estado em que algum dos órgãos de preservação seja o responsável pelo projeto, não existe clareza, e às vezes nem mesmo coerência, nos conceitos utilizados. Os trabalhos, em geral executados por empresas através de licitação, acabam por depender do preparo dos profissionais encarregados do projeto e da fiscalização da obra, pois a capacitação dos executores e o controle das obras normalmente deixam a desejar.

Apesar das décadas de existência dos serviços de preservação no Brasil, não existe uma tradição consolidada de ampla formação de profissionais para atuar na área, havendo discrepâncias dentro dos próprios serviços; tampouco existe um quadro suficiente de mão de obra e de empresas verdadeiramente qualificadas para trabalhar no setor, nem exigências legais efetivas para esse fim. Quanto às edificações que pertencem a particulares, as disparidades são ainda maiores. Não se exige do profissional responsável pelo projeto e/ou pela obra uma especialização, ou ao menos experiência comprovada no campo da restauração, em que pese a existência de cursos de especialização no país, que não são, porém, em número suficiente para atender às necessidades. O restauro arquitetônico é campo de alta formação, em que deveria ser exigida uma preparação de pós-graduação, como ocorre na medicina.

Outro tipo de problema que pode ainda ocorrer é o parecer dos corpos técnicos das instituições não ser acatado pelos conselhos deliberativos dos próprios órgãos, pelo fato de a composição dos conselhos estar, com certa frequência, sujeita a vicissitudes políticas e à influência de interesses privados e setoriais. Os critérios empregados não são, na maioria das vezes, claros e uniformes, mesmo dentro de um mesmo órgão, podendo-se reconhecer em certos casos incoerências em relação à própria legislação. Existe ainda toda uma série de questões administrativas e burocráticas para se atuar em bens protegidos por lei, que resultam num demorado e penoso procedimento. Os resultados são, pois, desiguais e muitas vezes deixam a desejar quanto à sua qualidade. As intervenções acabam por depender em larga medida apenas da consciência e capacidade dos profissionais envolvidos, não havendo meios eficientes de controle.

Parte dessa situação é devida à falta de tradição de reflexão crítica e de formação de profissionais para a restauração no país, resultando na ausência de clareza conceitual e de meios apropriados para as intervenções. Citam-se frequentemente Brandi e a Carta de Veneza, mas o resultado de várias operações mostra ou uma ignorância completa desses escritos, ou uma leitura pouco profunda, ou, ainda, um flagrante e intencional desrespeito às posturas neles consolidadas. Verifica-se, ademais, que muitas das questões essenciais da restauração não têm sido nem mesmo reconhecidas como problemas de restauro, sendo tratadas com cego empirismo, sem filiar as ações a um pensamento científico e aos preceitos éticos e deontológicos da restauração, derivados das razões por que se preserva, como se fosse algo a ser resolvido meramente na prática, ademais empregando muitas vezes soluções técnicas inadequadas.

A legislação em vigor, apesar do amplo espectro administrativo, é absolutamente lacônica no que respeita a princípios de restauro que deveriam reger as intervenções práticas em bens culturais: não menciona o tema, não define modalidades de intervenção e tampouco remete ou vincula a documentos que tratem do assunto. O CONDEPHAAT é membro institucional do ICOMOS-Brasil e, como tal, deveria atuar de acordo com as cartas e doutrinas do ICOMOS, de convenções internacionais e recomendações da UNESCO, algo que está explicitado na Declaração de Compromisso Ético para os membros do ICOMOS, que reitera a validade e pertinência da Carta de Veneza para a conservação e restauração de monumentos. A Carta de Veneza aparece muitas vezes como anexo de documentos ou apostilas da instituição, mas poucas vezes, em tempos recentes, os princípios da Carta foram de fato respeitados (tema a ser retomado adiante).

No Brasil, com efeito, verificam-se certas semelhanças ao que ocorre no ambiente francês, em que há uma reflexão aprofundada sobre alguns aspectos da preservação vinculados à historiografia, sociologia, antropologia, ao papel da memória nesses campos e para a sociedade, que não encontra contrapartida proporcional na reflexão sobre princípios teóricos que deveriam guiar as atuações práticas, lembrando-se, porém, de que a legislação e a práxis na França é muito mais estruturada e coerente do que aquilo que se verifica no ambiente brasileiro.

Apesar dos inúmeros problemas, da complexidade em afrontar a preservação dos bens culturais no Brasil, existem iniciativas recentes que demonstram maior sensibilidade em relação à questão, a exemplo da retomada, durante o seminário de Fortaleza em 1997, em comemoração aos 60 anos de criação do IPHAN, das discussões sobre o chamado patrimônio imaterial, resultando em recomendações para a criação de meios legais e administrativos para a proteção dessas manifestações, sendo tomadas providências nesse sentido por decreto presidencial[155]. Promover esse debate significa também acreditar no conhecimento oferecido pelos instrumentos da memória, materiais ou imateriais, como modo de adaptação às exigências da vida e, nesse sentido, deveriam ser feitos renovados esforços para aprofundar a discussão sobre critérios de preservação.

Existe conscientização crescente sobre os bens culturais no país, e o interesse e participação de vários setores da sociedade têm aumentado, mas ainda em episódios esporádicos. Não se pode falar de ampla conscientização, nem de mecanismos de controle eficientes sobre os bens culturais, e discussões e decisões continuam restritas a um grupo muito pequeno de pessoas.

Examinando o que ocorreu na prática da preservação no Brasil, é possível verificar que se passou de um momento repristinatório para um momento de alinhamento com o restauro crítico (ou seja, a contemporização dos aspectos documentais e formais da obra), pelo menos em teoria, sem atravessar, como no ambiente italiano que incubou o restauro crítico, por uma fase verdadeiramente "filológica", ou seja, de atenção primordial aos aspectos documentais. O que por si só não seria um problema, não fosse o modo infundado como se invocam em ambiente brasileiro as formulações do restauro crítico e as atuais vertentes teóricas, desconsiderando-se sistematicamente os aspectos documentais dos monumentos históricos. A não-compreensão dos bens culturais também como documentos históricos conduz a verdadeiros arbítrios e danos irreparáveis, pois se deve repetir à exaustão que o tempo não é reversível e que se está sempre diante de testemunhos únicos e não-reproduzíveis que deveriam ser escrupulosamente conservados.

Outro aspecto que chama a atenção é a ausência de críticas mais contundentes por parte de profissionais vinculados às humanidades – cuja produção intelectual, como mencionado, oferece contribuição essencial no que respeita a temas como o debate sobre história da preservação no país, memória e políticas de preservação – sobre intervenções recentes, que desfiguraram por completo vários documentos históricos. Parece não haver percepção de que existem princípios teóricos que poderiam guiar as ações; as modificações e eventuais destruições (como a remoção de adições, por exemplo), portanto, devem ser feitas de maneira fundamentada, de modo a não deturpar e destruir

155. Sobre esse tema, com um visão crítica muito bem fundamentada a respeito da contraproducente separação entre patrimônio material e imaterial e para referências bibliográficas complementares, ver C. R. dos Santos, *op. cit.*, 2007.

os testemunhos, exigindo, no que se refere às obras de arquitetura, que o projeto arquitetônico seja respeitoso em relação aos aspectos documentais. Não há efetiva consciência em relação à necessidade de preservar o documento em sua complexa estratificação, considerando que apenas o registro – gráfico ou escrito – seria suficiente. Esses registros jamais substituem o "original", pois, por mais precisos e extensos que sejam, não dão conta da complexidade e das várias estratificações de conhecimento de que um bem é portador; haja vista os aportes que um estudo bem realizado para uma restauração oferece para a própria historiografia, lançando luzes sobre aspectos antes ignorados; uma intervenção desrespeitosa elimina-os por completo, sem deixar vestígios.

É relevante, mais do que nunca, evidenciar o necessário caráter multidisciplinar da restauração, que não é mero somatório de competências isoladas; é preciso que haja verdadeira articulação entre as variadas profissões e saberes envolvidos, para que se atue em acordo com as motivações e objetivos próprios à preservação de bens culturais.

Ainda inexiste, pois, uma discussão teórica aprofundada voltada à realidade brasileira e uma carta de princípios nacional que poderia, por exemplo, inquirir e integrar os preceitos da Carta de Veneza (ou refutá-los e propor outra coisa) que, como mencionado, têm caráter indicativo e não são de aplicação e interpretação fácil ou imediata. O intuito de uma discussão sobre o assunto seria tornar a Carta e os princípios atinentes ao restauro adequados e atuais no Brasil, pois há uma ampliação crescente e legítima daquilo que é considerado bem de interesse cultural a ser preservado, estendendo-se a um número cada vez maior, a tipos cada vez mais variados e a um passado cada vez mais próximo. Muitos exemplares do patrimônio industrial se enquadram nesse contexto de alargamento e deveriam ser inseridos na reflexão atual sobre a restauração, que exige que o monumento histórico seja escrupulosamente respeitado para que de fato possa continuar a ser documento fidedigno e, como tal, ser analisado de modo idôneo pela historiografia, sociologia, antropologia e servir como efetivo suporte do conhecimento e da memória coletiva.

2

Algumas Questões Pertinentes à Preservação da Arquitetura da Industrialização numa Escala Mais Abrangente

PROBLEMÁTICA

Na Carta de Veneza, em seu primeiro artigo, em que se define o que é monumento histórico, existe grande abertura para abarcar o novo contingente de bens que passou a ser considerado de interesse cultural, afirmando-se que essa noção se estende não só às grandes criações, mas também às obras modestas que com o tempo adquiriram significação cultural[1].

Passou-se, desse modo, a dar atenção não apenas às "obras de arte", mas ainda, como já preconizavam Ruskin, Morris e Riegl, às expressões que constituem testemunhos materiais portadores de valores significativos da operosidade humana e que possuem, essencialmente, interesse histórico, memorial e simbólico; uma vez reconhecidas como tal, são de interesse para a preservação[2], caso de muitos bens vinculados ao processo de industrialização.

Podem existir, porém, "deformações"; algumas linhas tendem a considerar de modo acrítico como válidas toda e qualquer manifestação de épocas

1. Ver também a citada definição de monumento de C. Brandi em *Struttura...*, 1975, p. 308.
2. Ver, por exemplo, as colocações de Gaetano Miarelli Mariani, *Centri Storici: Note sul Tema*, Roma, Bonsignori, 1993, pp.12-13: "A arquitetura não é certamente uma *unfrei Kunste* mas apenas raramente é arte. Ademais, o ambiente humanizado não é caracterizado tanto pelos episódios exemplares da operosidade humana quanto por aqueles êxitos que constituem expressões, ou testemunhos, de civilizações e de culturas determinadas, todos valores que, uma vez reconhecidos, devem ser tutelados e que, portanto, interessam ao Restauro. [...] Dessas observações derivam imediatamente dois corolários. O restauro arquitetônico compreende por certo aquele da obra de arte mas não se identifica nem se exaure com ele; [...] é mais complexa e problemática a compreensão das obras que não possuem uma tradição e que, por isso, dispõem de escassas interpretações; esse é, exatamente, o caso daqueles produtos da operosidade humana que apenas recentemente foram considerados objetos de interesse histórico."

pretéritas – algo que pode ser encarado inclusive como uma forma de reação extremada ao atual período de intensas e rápidas transformações (e destruições); outras, ao contrário, destroem ou deformam indistintamente o legado de outras épocas.

Coloca-se, de todo modo, como mencionado, um renovado problema quantitativo e qualitativo em relação aos monumentos históricos, resultando numa série de novas questões, tanto teóricas, quanto técnicas, práticas e éticas, que devem ser enfrentadas em toda a sua complexidade. Vários fatores têm levado, no presente, ao afastamento do debate sobre preservação do foro cultural, com crescente ingerência de pressões econômicas, utilitárias, e políticas. Esses fatores não podem ser transcurados na tutela, mas tampouco podem ser únicos e preponderantes como acontece hoje.

A implicação econômica da preservação é assunto pouco explorado no âmbito das discussões teóricas do campo. Uma tentativa foi feita por Giuseppe La Monica, que procurou analisar a relação entre economia, conflito de classes e intervenção no patrimônio histórico, sob uma óptica marxista. O autor nota que existem escritos, muitas vezes eufemísticos, sobre a vinculação entre teoria de restauro e gosto, mas pouco se escreveu sobre "a imediata ou mediada coação econômica, social, ideológica, exercitada em todos os níveis da atividade restaurativa, das condições históricas do 'trabalho', em que materialmente, e não de modo idealista, operaram, e operam, 'trabalhadores' teóricos e técnicos da restauração"[3]. Fala ainda da agressividade crescente do capitalismo contra as restaurações fundamentadas na ciência e contra a preservação de áreas naturais, evidenciando a fragilidade e exiguidade da força da consciência (predomina, na verdade, a "falsa consciência"), afirmando que o método da restauração tem inegáveis aspectos positivos, mas possui também um implícito significado anticapitalista. O autor chama atenção para o fato de o trabalho feito por artistas e restauradores gerar um valor agregado, resultando em mais-valia e acumulação de capitais, fato que tem repercussão na própria ideologia da restauração e é, por sua vez, também resultado dela. Enfatiza ainda a necessidade, sobretudo no trato de centros históricos e conjuntos urbanos, de não se abordar a questão como museu-relicário e a necessidade da existência de uma "política para os 'bens culturais' como 'serviço

3. Aspectos dessa questão foram tratados por Michelangelo Cagiano de Azevedo, em *Il Gusto...*, 1948, que na introdução cita trecho de Brandi em *Carmine o della Pittura*, em que afirma que o restauro é o espelho do gosto e da atitude crítica em todas as épocas. Ver também C. Brandi, *Carmine...*, 1947, p. 137. O trecho citado vem de Giuseppe La Monica, *Ideologia e Prassi del Restauro con Antologia di Testi*, Palermo, Presenza, 1974, p. XI.

social' público, total (contra qualquer privatização vinculada à mercadização), através dos mais avançados instrumentos técnicos e histórico-filológicos"[4].

A inter-relação entre teoria de restauração e práticas de intervenção com a realidade socioeconômica e política em que essas atividades são praticadas deve, de fato, ser mais bem perscrutada. Caso contrário, corre-se o risco de tratar a questão de forma incompleta, como se a restauração fosse isolada, com a consequência mais evidente de tornar a restauração alienada das atividades da sociedade em que e para a qual deveria operar e, portanto, uma presa ainda mais fácil para um capitalismo cada vez mais selvagem.

Isso se aplica de modo direto às áreas industriais, por se tratar, muitas vezes, de vastas superfícies em zonas urbanas hoje valorizadas. Uma ampla consciência e reconhecimento social da relevância dessas áreas como testemunhos de interesse histórico, memorial, simbólico, formal e de composição de um ambiente, são essenciais para se enfrentar o problema como "serviço social público" contra uma especulação imobiliária voraz. São necessários inventários sistemáticos, fruto de estudos multidisciplinares de que participem não apenas órgãos de preservação, mas em que a comunidade e a sociedade de uma forma mais ampla estejam envolvidas, e em que devem assumir papel proeminente também as instituições de ensino superior.

Apesar dos numerosos problemas, da complexidade e da dificuldade em afrontar a preservação dos bens culturais no Brasil, existem iniciativas recentes que demonstram maior sensibilidade em relação à questão e interesse por temas cada vez mais variados, abrangendo um panorama vasto e representativo da cultura brasileira. A preservação do patrimônio industrial pode ser contemplada nesse processo.

Malgrado o crescente interesse pelos bens culturais no país e a maior participação de vários setores da sociedade, uma verdadeira consciência é ainda longínqua e esses episódios são, na verdade, esporádicos. As discussões e decisões continuam restritas a um grupo pequeno, muitas vezes conduzidas sem embasamento suficiente. Não se pode falar de amplo envolvimento dos vários setores da sociedade brasileira, nem de mecanismos de controle eficientes sobre os bens culturais. É necessário catalisar esses rompantes inconstantes de vitalidade que caracterizam a questão no país e propor renovadas formas de relacionamento entre os vários grupos interessados. A maior participação da comunidade – processo que deve provir de ampla e fundamentada conscientização – é imperativa para que exista um efetivo reconhecimento desses bens e, por conseguinte, um controle social. As comunidades devem chamar

4. G. La Monica, *op. cit.*, 1974, p. XXII. As afirmações anteriores encontram-se nas pp. XVI e XXXVIII.

a si parcela da responsabilidade, através da percepção desse patrimônio como parte integrante de sua herança cultural e de sua identidade, que constitui e que qualifica seu presente (e que fundamenta seu futuro), para que a questão não se limite a mais um procedimento burocrático-administrativo desprovido de legitimidade social. Mas esse processo envolve, sem dúvida, pontos fundamentais que levarão muito tempo para serem enfrentados e resolvidos: noção de pertencimento, de cidadania e educação num sentido profundo.

Os conflitos entre os interesses do poder público, da iniciativa privada e dos vários setores da sociedade civil são e serão sempre presentes. É, portanto, necessária a mediação e o uso de instrumentos reguladores por parte do poder público, que assegure ampla e legitimadora participação social e também, e sobretudo, a preservação em prol do interesse coletivo de maneira abrangente (e não unicamente de setores da sociedade), de modo consistente e com clareza de critérios. Através dessa articulação, mediada pelo Estado, poderiam ser feitos projetos de maior envergadura, informados e consistentes (em seus princípios, métodos, critérios e técnicas) que abarquem o planejamento urbano e territorial. Isso não significa uma atividade centralizadora absoluta por parte do Estado, que deve, porém, possuir os instrumentos reguladores, mas, ao mesmo tempo, oferecer espaço para associações espontâneas e para uma maior participação da sociedade[5].

CONSERVAÇÃO AMBIENTAL E PRESERVAÇÃO DO PATRIMÔNIO HISTÓRICO: PRINCÍPIOS SEMELHANTES, ENVOLVIMENTOS DIFERENTES?[6]

Existe uma sensibilização mais intensa da sociedade como um todo em relação às questões ambientais do que em relação aos bens culturais. Isso não significa

5. Sobre a discussão do papel do Estado na preservação é de grande interesse a obra de Salvatore Settis, *Italia S.p.A: L'Assalto al Patrimonio Culturale*, Torino, Einaudi, 2002; agradeço a Carbonara por ter sugerido essa leitura. O autor analisa as transformações, propostas e leis italianas das últimas décadas e em especial duas leis de 2002, que levaram a um crescente afastamento da cultura institucional que no decorrer dos séculos fez do patrimônio cultural um elemento portante da sociedade civil italiana: antiga e radicada cultura institucional, como experiência fundadora da identidade italiana e da Constituição republicana. São apresentadas também, de modo fundamentado, questões pungentes, abordando o papel do Estado e da iniciativa privada na preservação. Settis não se nega a enfrentar o problema em sua complexidade e procura demonstrar a importância para o "modelo italiano" da presença forte do Estado na tutela dos bens culturais, propondo, ao mesmo tempo, formas pertinentes de participação da iniciativa privada em prol do interesse público. São considerações que, apesar da diversidade em relação ao caso brasileiro, oferecem pontos relevantes para o debate da situação no Brasil.

6. As discussões e dados apresentados nesta parte do texto e naquela que se segue foram fruto

que a percepção no que tange aos problemas do meio ambiente seja plena (nem mesmo suficiente – basta ver os catastróficos números do desmatamento na Amazônia divulgados periodicamente através da imprensa) e que o tratamento do problema tenha adquirido a relevância que necessita. Existe uma atenção maior em relação a atos pontuais, como salvar uma dada espécie ou preservar um parque, enquanto ações mais completivas, muitas vezes, não ganham o devido respaldo da mídia, das comunidades e do poder público.

Apesar de, na área ambiental, os problemas serem tão pungentes quanto aqueles que afetam os monumentos históricos, nota-se um interesse popular e político maior, e também maiores são as verbas destinadas à pesquisa nesse campo. Há ainda uma participação ativa de ONGs nacionais e internacionais (para o bem ou para o mal) e também de alguns grupos empresariais, cientes da importância da preservação ambiental como fator de valorização de sua própria imagem. Ou seja, pelo menos existe a consciência de que atividades ligadas ao meio ambiente geram uma imagem positiva.

No Brasil, a preservação dos monumentos históricos e a conservação de áreas naturais consolidaram-se na década de 1930 através de várias iniciativas como a criação do SPHAN, o Decreto-lei nº 25, o Código Florestal, a proteção do Parque Nacional de Itatiaia. De interesse é a pioneira discussão sobre a relação entre preservação da natureza e dos monumentos históricos feita no artigo, citado anteriormente, de Raimundo Lopes no primeiro número da revista do SPHAN. A questão ambiental, naquele momento, ficou mais circunscrita à formação e proteção de parques e foi retomada de forma ampla em tempos recentes, mas com tal articulação e intensidade que teve uma penetração e conseguiu visibilidade até maior do que o trabalho desenvolvido ao longo de pelo menos sete décadas de preservação de bens culturais.

Cabe indagar as razões do maior envolvimento em relação à área ambiental; as perguntas pertinentes são várias. Assegurar a biodiversidade é de fato uma questão premente. Grande parte da população dos países em desenvolvimento depende da natureza, de modo direto, para sua alimentação, para a obtenção de remédios derivados de plantas e animais, para seu vestuário, para a construção de suas casas etc. Existe uma relação perceptível de causa-efeito da conservação da natureza com a saúde, a qualidade de vida, do ar, da água e com a própria sobrevivência. A sociedade como um todo depende da preservação da biodiversidade para atividades como extrair alimentos e produzir remédios. Apenas uma pequena parcela das plantas tropicais, por

de entrevistas com Jean Paul Metzger, professor do Instituto de Biociências da USP, a quem dirijo meus agradecimentos pela sua disponibilidade e diligência no debate de aspectos da questão e pela indicação de bibliografia.

exemplo, tem seu potencial conhecido e utilizado para uso farmacêutico. Somente assegurando a conservação da natureza em escala abrangente será possível explorar toda uma série de benesses ainda desconhecidas, que podem ter incidência direta sobre a vida do ser humano.

Porém não é possível afirmar que se viva no jardim do éden. Existe uma legislação ambiental adequada[7], bem mais abrangente do que a de bens culturais, mas seriam necessários métodos de acompanhamento e vigilância constantes (através de imagens de satélite e ações de controle efetivo por parte dos órgãos responsáveis, por exemplo) e a aplicação de severas penas e multas para que seja de fato respeitada. As pressões econômicas são imensas, talvez até maiores do que aquelas que incidem sobre os bens culturais. Em áreas naturais, apesar do maior interesse, as intervenções muitas vezes estão mais afastadas territorialmente, sendo menos visíveis e controláveis – e, até por isso mesmo, mais perigosas e insidiosas. Em centros históricos, muitas intervenções especulativas são travestidas de "preservação" e são mais perceptíveis; no entanto, por melhores ou piores que sejam, despertam pouca controvérsia. Ou seja, no caso dos monumentos históricos, muitos veem, mas poucos se importam, enquanto na questão ambiental, muitos se preocupam, mas pouco se controla.

A conservação ambiental é questão da maior premência, mas será por isso mais importante do que a preservação de bens culturais? A sociedade brasileira se reconhece mais na natureza, aprecia mais os valores de suas matas, florestas, animais do que seus monumentos históricos? Seria a assimilação dos "valores naturais" mais tangível, existindo um apelo econômico direto e um apelo emocional mais forte (a exemplo de algumas de nossas belas espécies de animais que correm risco de extinção)? A apreciação dos bens culturais exigiria maior mediação da razão e não teria, portanto, apelo imediato aos sentidos? Mas e os valores simbólicos da herança do passado, o importante papel a ser desempenhado pelo senso de pertencimento e pela memória individual e coletiva, onde ficam?

Outro fator a ser investigado nesse quadro é o papel da pressão internacional sobre a conservação ambiental no Brasil, vendo em nossas florestas o reservatório mundial de áreas naturais e de biodiversidade (e muitas outras coisas) que vários países não souberam preservar em seu território e cuja manutenção é essencial para o equilíbrio do planeta. Qual é o peso disso no

7. Ver por exemplo a legislação a respeito do Sistema Nacional de Unidades de Conservação da Natureza – SNUC (Lei n.º 9985, de 18 de julho de 2000, regulamentada pelo Decreto n.º 4340, de 22 de agosto de 2002, que podem ser consultadas através do endereço: www.planalto.gov.br/ccivil_03/leis) e outros textos legais (é possível consultar a legislação através do endereço: www.socioambiental.org.br).

maior empenho por parte do governo e das instituições de fomento à pesquisa na área ambiental? Em contrapartida, há uma quase total ausência de interesse internacional no que se refere aos nossos bens culturais, a não ser por uma ou outra ação isolada, em geral para apontar algum risco iminente[8]. Afinal, por que se preocupariam com nossos monumentos históricos, que não lhes trariam retorno de espécie alguma (não afetam sua sobrevivência, não são portadores de "grandes descobertas" científicas, de nada a ser explorado pela indústria farmacêutica, não possuem riquezas no subsolo) e que não têm sido devidamente prezados nem mesmo pela sociedade que os herdou e que deles é a depositária, muitas vezes infiel.

Existe maior interesse difuso voltado à questão ambiental, maior controle social (não se pode afirmar que, por isso, seja mais eficiente) e maior sensibilidade em relação ao próprio discurso voltado à preservação das áreas naturais. Mas isso não se traduz, automaticamente, numa conservação eficiente.

O "turismo ecológico" – que no Brasil tem maior presença nos meios de comunicação do que o "turismo cultural" (expressões que não de modo forçoso precisam ter conotação negativa) –, se não é portador de efetiva compreensão em relação a questões ligadas à conservação da natureza (não passando, por vezes, de modismo desarticulado), por outro lado tem ajudado na sensibilização de algumas pessoas. A estrutura necessária para que esse tipo de atividade se desenvolva é, em geral, mínima, tratando-se de uma pousada, associada a algumas trilhas e à presença de monitores. No entanto, se esse tipo de turismo não for dirigido, torna-se predatório e pode não existir uma real consciência em relação a esse limite. É um tipo de atividade que tem visíveis implicações econômicas e que deve ser fiscalizada para não trabalhar contra si mesma, pois se as áreas naturais sofrerem modificações de porte, perderão seu interesse. Desse modo, pelo menos é sensível a percepção de que esse tipo de exploração econômica, para ser compatível com a conservação, deva ser controlado. No que respeita aos centros históricos brasileiros, mesmo intervenções que trazem alterações de vulto, com expressiva destruição de testemunhos históricos significativos, não despertam críticas mais amplas da sociedade e, contraditoriamente, atraem maior número de turistas, também por se tornarem alvo de campanhas publicitárias de monta.

Proprietários de áreas rurais – de quem se exige a preservação da vegetação nativa em porcentagens que vão dos 20% em grande parte do território nacional, caso de algumas áreas de São Paulo, por exemplo, até os 80% na Amazônia – parecem adquirir, de modo incipiente, maior compreensão sobre

8. Exemplo é dado por Ouro Preto, que correu o risco de perder o título de Patrimônio Mundial pela UNESCO, pelas transformações e destruições seja no centro, seja na área envoltória.

a importância de conservar. Alguns poucos se estão conscientizando de que áreas bem mantidas trazem rendimento, pois existem formas de exploração econômica de áreas protegidas que são compatíveis com a conservação. Um exemplo é o extrativismo de frutas em florestas, que permite rendimentos, ao mesmo tempo em que se preservam matas e não se impede o fluxo biológico. Devem ser estudadas caso a caso e é algo contemplado na legislação até mesmo para as unidades de conservação[9].

Outro aspecto da questão que começa a ser abordado são as pesquisas sobre a percepção da paisagem, para saber como os vários agentes envolvidos (proprietários, arrendadores, trabalhadores rurais, comunidades locais, turistas etc.) apreendem a paisagem para que seja possível estabelecer diferentes formas de agir na educação ambiental. Tem-se plena consciência de que é inviável assegurar a conservação ambiental apenas através de iniciativas públicas, com desapropriações e criação de unidades de conservação. Por outro lado, sabe-se que é impossível conservar áreas privadas sem que se adquira real consciência da importância do ambiente, que exige uma visão a longo prazo, sendo necessária a participação dos variados setores da sociedade. Isso pode ser conseguido através de um árduo trabalho de educação, que, para ser eficiente, precisa ser fundamentado nos estudos de percepção que se iniciam.

Essas questões que concernem às áreas naturais – turismo, usos e explorações econômicas compatíveis, estudos de percepção e educação, essenciais para que se adquira uma efetiva consciência que assegure a conservação – estão também presentes no que se refere aos bens culturais[10], mas são, apesar de ainda incipientes e insuficientes, mais amadurecidas e efetivas no campo da ecologia.

Por que a preservação dos bens culturais não alcança essa empatia? Será porque a sociedade brasileira não se reconhece em suas próprias raízes históricas e culturais? Por muitos viverem em cidades em contínua, profunda e acelerada transformação, não se identificam na produção cultural dos antecessores, nem nos significados dos espaços em que habitam? Por não se ter nenhum vínculo afetivo com o espaço em que se vive, falta o sentido de

9. V. capítulo III da citada Lei nº 9985: "Das categorias de unidades de conservação" Art. 7º As unidades de conservação integrantes do SNUC dividem-se em dois grupos, com características específicas: I – Unidades de Proteção Integral; II – Unidades de Uso Sustentável. / § 1º O objetivo básico das Unidades de Proteção Integral é preservar a natureza, sendo admitido apenas o uso indireto dos seus recursos naturais, com exceção dos casos previstos nesta Lei. / § 2º O objetivo básico das Unidades de Uso Sustentável é compatibilizar a conservação da natureza com o uso sustentável de parcela dos seus recursos naturais.

10. Ações de grande interesse em educação patrimonial têm sido desenvolvidas por universidades, como aquelas feitas pelo Centro de Preservação Cultural da USP, na Casa de Dona Yayá, ou as da Universidade Federal da Bahia, coordenadas por Heloísa Helena Gonçalves da Costa, com projetos de inclusão social através do patrimônio histórico.

pertencimento? Não se criam vínculos afetivos com o patrimônio histórico porque não mais se percebe nele valor memorial? Para apreciar os valores históricos e, portanto, "científicos", e, mesmo, os valores estéticos e memoriais, que têm maior apelo aos sentidos, é necessária maior elaboração racional e educação, no sentido amplo da palavra? Por que então a sociedade brasileira (ou alguns de seus membros) os elegeu como "monumentos", como bens que adquiriram significação cultural? Uma vez que a conservação da natureza transparece hoje em dia como uma questão mais relevante do que a preservação de bens culturais, se for assegurada apenas a salvaguarda das áreas naturais, serão preservados os valores da coletividade? Conservação ambiental e preservação de bens culturais não fazem parte da mesma questão e não são problemas com igual relevância para toda a sociedade brasileira?

Os estudos de percepção são fundamentais para que se possam desenvolver ações de educação patrimonial adequadas. Note-se que se trata de educação no sentido amplo e não de mero "adestramento" para que pessoas artificiosamente respeitem monumentos. É necessário buscar o restabelecimento dos vínculos das comunidades com seus monumentos, para que sejam entendidos como aquilo que deveriam ser (e o são do ponto de vista etimológico): elementos portantes da memória coletiva. Memória que deve ser percebida não como algo estático e alijado do presente e do quotidiano das pessoas, mas como elemento essencial de percepção da realidade e importante meio propulsor de modificações.

O modo mais responsável de abordar essas questões seria trabalhar de forma articulada com a percepção da paisagem como um todo – a natural e a antrópica[11]. Por que, o que, como, para que e para quem se preservam os bens culturais. São perguntas que devem ser feitas e refeitas, e suas várias respostas pertinentes devem ser questionadas e reformuladas, sempre, para que a necessidade do reconhecimento desses bens (culturais e ambientais) como portadores de valores significativos para comunidades e para toda a sociedade (e as razões que levam e levaram a isso) possa emergir, antes que tudo seja destruído e se perceba tarde demais que a omissão, irresponsabilidade e imprudência em relação às raízes culturais leva ao aniquilamento de valores fundamentais para a apreensão da realidade (diminuindo, portanto, sua capacidade de modificá-la) e de civilidade, com consequências graves.

11. Sobre esses temas, agradeço as discussões e sugestões de José Pedro de Oliveira Costa. Como bibliografia elementar que remete a outros estudos, podem ser citados: *Agenda 21.-Global - Conferência das Nações Unidas sobre Desenvolvimento e Meio Ambiente* – Rio 92.– Fundação Getúlio Vargas; José Pedro de Oliveira Costa, *Aiuruoca, Matutu e Pedra do Papagaio, um estudo de Conservação do Ambiente Natural e Cultural*, São Paulo, Edusp, 1994; Jean Labasse, *L'Organisation de l'Espace: Eléments de Géographie Volontaire*, Paris, Herwan, 1966.

Ademais, até agora pouco se explorou, de forma conscienciosa, o fato de monumentos históricos poderem ser também importante meio de educação.

O homem, destruindo o ambiente em que vive, ameaça sua própria sobrevivência, com incidência direta sobre o clima, o ar que respira, a água de que necessita para viver, os alimentos e remédios que utiliza. O homem, destruindo ou degradando os monumentos históricos, deturpa e destrói a própria memória e a história. Apaga suas raízes, deforma as lições deixadas pelo passado. Condena-se a nunca ir além do empirismo, a repetir os próprios passos, erros e acertos, sem jamais consolidar pontos de referência. Apaga traços da própria vida e as chances de construir um futuro melhor. É um desperdício humano, de tempo e material (numa atitude, de fato, "antiecológica"), que desrespeita a memória e a história. Uma sociedade que deturpa ou destrói sua cultura e sua memória destrói instrumentos que são seus próprios meios de expressão como seres vivos, com incidências sobre a memória individual e coletiva, podendo gerar enormes problemas[12].

Conservação de áreas naturais e sua relação com a preservação de bens culturais

Ninguém pretenderia assegurar a preservação da biodiversidade conservando apenas um indivíduo de cada espécie de uma floresta. Esses exemplares não fariam sentido desarticulados, transmitiriam informações e valores de forma

12. O papel da memória – e do esquecimento – na conformação da identidade coletiva, necessariamente articulado com a história é tema da maior relevância e, apesar de ser um dos instrumentos utilizados neste texto, sua discussão não faz parte dos objetivos deste trabalho. Para uma aproximação ao tema e para referências complementares, v. os escritos dos seguintes autores (listados na bibliografia no final deste livro): Marc Augé (2001); Henri Bergson (1990); Ecléa Bosi (1995; 2003); Maria Clementina Pereira Cunha (org.) (1992); Maurice Halbwachs (1990); Stuart Hall (2003; 2005); M. Hobsbawm e T. Ranger (2002); David Lowenthal (2005); Olgária Matos (1982; 1992); Jacques Le Goff (1996); Maria Cecília França Lourenço (1999); Ulpiano T. B. de Meneses (1978; 1992); Pierre Nora (org.) (1997); Márcio Seligmann-Silva (2005); Tzvetan Todorov (2004); Frances Yates (1984). Para o aprofundamento de alguns aspectos memoriais do patrimônio, com certas análises voltadas diretamente para o patrimônio industrial, v. Henri-Pierre Jeudy (1990; 2001). Para a discussão aprofundada desses temas, com ulteriores referências bibliográficas v. Paul Ricœur (2000). Agradeço a Marly Rodrigues, Jean-Marc Basyn, Claudia dos Reis e Cunha e José Hermes Martins Pereira por várias referências e pela discussão de temas ligados ao campo. Outra questão importante diz respeito aos aspectos psicológicos ligados à preservação, tema que tem sido pouco explorado no Brasil em relação aos bens culturais. Se na área ambiental se têm expandido os estudos sobre percepção do ambiente pelos vários agentes para se poder entender e trabalhar de modo profícuo, no que se refere ao patrimônio histórico resta muito por fazer. No que concerne a algumas comparações entre distúrbios gerados pela perda de memória para o indivíduo e destruições de monumentos e alterações da memória coletiva, resultando em perturbações da identidade individual e social, v. F. Choay, "Riegl, Freud e i Monumenti Storici", em S. Scarrocchia (ed.), *op. cit.*, 1995, pp. 455-465.

falha, não poderiam ser lidos e entendidos de modo adequado e teriam sua sobrevivência comprometida numa realidade completamente alheia à sua. Ninguém pretenderia preservar os valores essenciais de um fragmento de mata conservando o seu perímetro e fazendo em seu interior uma cultura de eucaliptos, um jardim ornamental, ou construindo um ranário, um orquidário.

Quando ações similares são transpostas para um contexto urbano ou para a preservação de uma obra arquitetônica, o discurso não causa o impacto, a indignação e a celeuma que causariam as ações acima descritas para uma área natural.

Os princípios que guiam a conservação de áreas naturais e as questões e problemas em relação à preservação dos bens culturais, no entanto, respeitadas as particularidades e diversidades em relação ao próprio objeto da preservação, apresentam várias similaridades (e também diferenças, como será exposto adiante). Questões como o que e por que conservar, até que ponto é lícito intervir, o controle de áreas envoltórias, usos adequados, exploração econômica compatível e a dialética entre preservação e desenvolvimento estão sempre presentes em ambos os casos.

Ruskin, em meados do século XIX, já evidenciava de modo pioneiro a questão da conservação da natureza: "A terra é um legado inalienável, não uma propriedade". Discorre longamente sobre o tema, evocando razões morais e estéticas para sua conservação. Foi ainda um dos primeiros a abordar de modo articulado, como bem nota Antonio Petrella, ambiente natural e patrimônio histórico, que por serem bens comuns, mesmo se de propriedade privada, podem trazer benefícios a toda a sociedade. Riegl notara, no início do século XX, que existe uma raiz comum na preservação da natureza e dos monumentos, sendo em ambas determinante o desejo de evitar a destruição de características legadas por outros tempos[13].

O interesse pela preservação de áreas naturais tornou-se mais efetivo no decorrer do século XIX (a exemplo do que se deu com os monumentos históricos), sendo um marco a criação do parque de Yellowstone em 1872, em que foram evocados argumentos éticos, morais e também estéticos. Questionava-se a ação imprudente do homem de alterar de forma incisiva ou destruir e degradar o ambiente em que vive, constatando-se a necessidade de preservar porções de natureza intocada.

A noção do caráter de vocação e fruição públicas e de responsabilidade coletiva em relação aos monumentos históricos pode ser observada anteriormente,

13. J. Ruskin, *op. cit.*, 1889, aforismo 29. Antonio Petrella, "John Ruskin e l'Economia Politica dell'Arte", *Restauro*, 1987, n. 91-92, p. 80. O texto de Riegl é "Neue Strömungen in der Denkmalpflege" ["Novas Tendências na Conservação"], de 1905 (A. Riegl, em S. Scarrocchia (ed.), *op. cit.*, 1995, pp. 291-302).

como, por exemplo, nos relatórios (1793-1794) sobre o vandalismo pós-revolucionário na França, elaborados pelo abade Grégoire e apresentados no Comitê de Instrução Pública da Convenção, que evidenciam a necessidade do respeito público pelos monumentos históricos que eram propriedade de todo o povo[14].

Como mencionado, esse processo, no que se refere aos monumentos históricos, inicia-se como ação voltada às grandes obras de arte isoladas. Posteriormente, estende-se a um conjunto maior de edificações, também elas significativas e portadoras de valores a serem transmitidos ao futuro. Esse ampliar da questão vem amadurecendo há decênios; aparece embrionariamente em Ruskin e ressurge de forma consistente, por exemplo, nas formulações de Gustavo Giovannoni e, em âmbito internacional, de modo incipiente na Carta de Restauração de Atenas, de 1931, em que transparece a preocupação com a área envoltória das grandes obras. Comparece na Carta de Veneza, como citado, em que se afirma que dignas de preservação não são apenas as grandes obras, mas também aquelas mais modestas que com o tempo adquiriram significação cultural. Formulações mais explícitas e consistentes surgem na Declaração e no Manifesto de Amsterdã, de 1975, documentos supranacionais formulados por países europeus, em que se afirma a necessidade de trabalhar a preservação dos bens culturais associada ao planejamento urbano e territorial, e na Carta de Washington para a salvaguarda de cidades históricas de 1987, entre outros documentos.

Na preservação de áreas naturais, ocorre algo similar. Constatou-se há tempos a necessidade de se atuar não apenas com pequenos fragmentos isolados de mata – que dão resultados insuficientes, podendo comprometer o próprio fragmento –, mas com uma realidade mais ampla, conduzindo a várias investigações, incluindo-se aquilo que hoje se denomina ecologia da paisagem. Foi um processo com várias vertentes, que se desenvolveu principalmente a partir dos anos 1950 na Europa, adquirindo nova consistência após a conferência de Estocolmo de 1972 (quando, no Brasil, se começa a dar uma atenção mais efetiva ao problema, também em função da celeuma gerada pela própria posição do país na conferência) e ganhou novo alento com as ações norte-americanas nos anos 1980. Essas concepções mais abrangentes se firmaram com maior vigor nos anos 1990.

Verificou-se, pois, que preservar fragmentos isolados, as "ilhas", um núcleo de proteção integral, era insatisfatório, apesar de se perceber que quanto maior a área melhores os resultados obtidos. Acreditava-se, de início, que apenas afastar o homem seria suficiente. No entanto, as populações isoladas "das ilhas" tendem à endogamia e a apresentar taras genéticas. Também os

14. Ver em especial, F. Choay, *A Alegoria...*, 2001, pp. 118-119.

expedientes das *buffer zones*, as zonas de amortecimento, que correspondem ao conceito de áreas envoltórias para os monumentos históricos, mostraram-se insuficientes – por não assegurarem o fluxo biológico para evitar os problemas supracitados –, apesar de necessárias, pois é preciso controlar o uso das áreas ao redor para que os fatores externos que possam ameaçar as unidades de conservação sejam abrandados (através das próprias zonas de amortecimento e das áreas de transição). Daí a gradual evolução de "ilhas" para "redes" (de modo a assegurar a interligação entre manchas através de "corredores"), até se chegar aos "mosaicos", em que cada unidade da paisagem (inclusive a modificada pelo homem) – as áreas de proteção integral, as de amortecimento, as de transição com uso controlado, as propriedades rurais com porcentagem de áreas naturais a preservar para assegurar o fluxo biológico, as cidades e suas periferias etc. – tem sua importância na composição e no equilíbrio do território como um todo.

Dessas transformações, chegou-se à chamada ecologia da paisagem, que no Brasil começou a se efetivar nos anos 1990. Esses estudos devem abranger grandes áreas, sendo necessária a preservação de matas nativas em vastas extensões para assegurar os fluxos biológicos de modo a interligar de forma eficiente as várias unidades de conservação, atuando de forma completiva no território. Disso decorre a determinação legal em que se estipula a preservação, em propriedades rurais, dos 20% a 80% de área com vegetação nativa, como mencionado, para que se garanta a sobrevivência das unidades de conservação, que ocupam cerca de 3% do território nacional. Daí a também citada necessidade de exercer um efetivo controle sobre áreas de propriedade privada. Assim como as áreas preservadas de particulares, também as unidades de conservação podem ter algum tipo de exploração econômica compatível, algo estabelecido pela própria lei, podendo-se propor zoneamentos distintos.

As várias peças que compõem o mosaico, as tesselas, podem e devem ter funções distintas, mas não são peças autônomas e desconexas; fazem parte de um conjunto e têm funções relevantes na composição da paisagem como um todo. Esse é um tema que comporta várias correntes dentro da ecologia e do planejamento urbano e territorial. Há vertentes que consideram opostos e desconexos o mundo natural e o transformado pelo homem, enquanto outras assumem a inter-relação e a consequente complexidade, considerando essencial uma abordagem articulada. Estas últimas tratam das áreas transformadas e ocupadas pelo homem, pois a diversidade biológica é ligada também à cultura, ou à forma como o homem se relaciona com o meio ambiente.

Em relação ao tratamento das áreas naturais, sempre se colocam questões a examinar caso a caso, pois depende de múltiplos fatores, a exemplo da extensão das áreas, do grau de degradação, dos usos, das espécies existentes etc.

Assim como na restauração de bens culturais é necessário buscar a melhor solução para cada caso (e das partes articuladas entre si e com o todo) através de acurada análise. Deve-se ponderar sobre o que deve ser preservado, o que pode ser modificado (e por que) e admite outra utilização, quais os usos mais adequados para cada situação, quais formas de exploração econômica podem ser compatíveis e legítimas etc.

Mas as ações a serem examinadas caso a caso seguem uma série de princípios de cunho científico, derivados dos motivos por que se preservam áreas naturais, algo que responde a argumentos de variadas espécies: morais e éticos (como questionar o direito de levar uma espécie à extinção; todas as formas de vida têm direito de existir); biológicos (pois todas as espécies são importantes para o funcionamento de um ecossistema, eliminando-se um elemento, o ecossistema como um todo perde o equilíbrio); econômicos (pois existem explorações econômicas diretas compatíveis com a preservação, existem benefícios econômicos indiretos vindos da preservação ambiental, como a proteção de mananciais, a contenção de erosão, de encostas etc., espécies desconhecidas e ainda não estudadas que podem trazer benefícios); e estéticos. Esses fatores levam a "o que" preservar e as formas de intervenção (o "como") respondem a essas razões.

Em áreas naturais alteradas que devam ser tratadas, os graus e tipos de intervenção são variados, dependendo da deterioração sofrida pelo local. Qualquer que seja o caso, é essencial verificar se existe uma ou mais causas de degradação externa recorrente (construções e atividades extrativas ilegais, exploração inadequada do solo em áreas envoltórias, turismo predatório etc.), que devem ser suprimidas. Em áreas pouco atingidas, controlados os fatores de degradação, o sistema tem, em geral, capacidade de se recuperar sozinho. Em áreas mais afetadas, quando o sistema não mais tem aptidão de se regenerar por si só, é necessário intervir para que readquira estrutura e função compatíveis. Pode ser necessário restaurar (e no caso ambiental restauração implica fazer com que o sistema volte a ter características próximas o mais possível das originais), procurando acelerar a regeneração através de variados expedientes, como introduzir espécies que atraiam a fauna e outras que acelerem a recuperação do solo. Ou, ainda, dependendo do grau de perturbação, o sistema pode ser "recuperado" ou "reabilitado", fazendo com que evolua e se estabilize numa condição não-degradada, mas que pode ser bastante diferente da original[15].

15. Ver as definições presentes na já citada Lei nº 9985 (grifos da autora): Art. 1º Esta Lei institui o Sistema Nacional de Unidades de Conservação da Natureza – SNUC, estabelece critérios e normas para a criação, implantação e gestão das unidades de conservação. Art. 2º Para os fins previstos nesta Lei, entende-se por: I – unidade de conservação: espaço territorial e seus recursos

Para áreas tratadas que atingiram seu equilíbrio, deve-se seguir a máxima "deixar em paz", sendo necessário apenas monitorar, para evitar causas de degradação externa (pois se não houvesse perturbação exógena não seria necessário intervir), sendo essencial, ainda, a conscientização e educação contínuas.

No que se refere às edificações, a manutenção constante, garantida através de um uso adequado, é a melhor forma de assegurar a sobrevivência do bem, as-

ambientais, incluindo as águas jurisdicionais, com características naturais relevantes, legalmente instituído pelo Poder Público, com objetivos de conservação e limites definidos, sob regime especial de administração, ao qual se aplicam garantias adequadas de proteção; II – *conservação da natureza:* o manejo do uso humano da natureza, compreendendo a preservação, a manutenção, a utilização sustentável, a restauração e a recuperação do ambiente natural, para que possa produzir o maior benefício, em bases sustentáveis, às atuais gerações, mantendo seu potencial de satisfazer as necessidades e aspirações das gerações futuras, e garantindo a sobrevivência dos seres vivos em geral; III – diversidade biológica: a variabilidade de organismos vivos de todas as origens, compreendendo, dentre outros, os ecossistemas terrestres, marinhos e outros ecossistemas aquáticos e os complexos ecológicos de que fazem parte; compreendendo ainda a diversidade dentro de espécies, entre espécies e de ecossistemas; IV – recurso ambiental: a atmosfera, as águas interiores, superficiais e subterrâneas, os estuários, o mar territorial, o solo, o subsolo, os elementos da biosfera, a fauna e a flora; V – *preservação:* conjunto de métodos, procedimentos e políticas que visem a proteção a longo prazo das espécies, *habitats* e ecossistemas, além da manutenção dos processos ecológicos, prevenindo a simplificação dos sistemas naturais; VI – proteção integral: manutenção dos ecossistemas livres de alterações causadas por interferência humana, admitido apenas o uso indireto dos seus atributos naturais; VII – conservação *in situ*: conservação de ecossistemas e *habitats* naturais e a manutenção e recuperação de populações viáveis de espécies em seus meios naturais e, no caso de espécies domesticadas ou cultivadas, nos meios onde tenham desenvolvido suas propriedades características; VIII – *manejo:* todo e qualquer procedimento que vise assegurar a conservação da diversidade biológica e dos ecossistemas; IX – uso indireto: aquele que não envolve consumo, coleta, dano ou destruição dos recursos naturais; X – uso direto: aquele que envolve coleta e uso, comercial ou não, dos recursos naturais; XI – uso sustentável: exploração do ambiente de maneira a garantir a perenidade dos recursos ambientais renováveis e dos processos ecológicos, mantendo a biodiversidade e os demais atributos ecológicos, de forma socialmente justa e economicamente viável; XII – extrativismo: sistema de exploração baseado na coleta e extração, de modo sustentável, de recursos naturais renováveis; XIII – *recuperação*: restituição de um ecossistema ou de uma população silvestre degradada a uma condição não degradada, que pode ser diferente de sua condição original; XIV – *restauração*: restituição de um ecossistema ou de uma população silvestre degradada o mais próximo possível da sua condição original; [...] XVI – zoneamento: definição de setores ou zonas em uma unidade de conservação com objetivos de manejo e normas específicos, com o propósito de proporcionar os meios e as condições para que todos os objetivos da unidade possam ser alcançados de forma harmônica e eficaz; XVII – plano de manejo: documento técnico mediante o qual, com fundamento nos objetivos gerais de uma unidade de conservação, se estabelece o seu zoneamento e as normas que devem presidir o uso da área e o manejo dos recursos naturais, inclusive a implantação das estruturas físicas necessárias à gestão da unidade; XVIII – zona de amortecimento: o entorno de uma unidade de conservação, onde as atividades humanas estão sujeitas a normas e restrições específicas, com o propósito de minimizar os impactos negativos sobre a unidade; e XIX – corredores ecológicos: porções de ecossistemas naturais ou seminaturais, ligando unidades de conservação, que possibilitam entre elas o fluxo de genes e o movimento da biota, facilitando a dispersão de espécies e a recolonização de áreas degradadas, bem como a manutenção de populações que demandam para sua sobrevivência áreas com extensão maior do que aquela das unidades individuais.

sunto que será retomado adiante. Utilização que na arquitetura implica um grau de ingerência maior do que na conservação de áreas naturais. A importância do uso para os bens culturais tem sido reconhecida como essencial e sua relevância evidenciada de modo devido por vários autores, mesmo quando professam visões antagônicas, a exemplo de Viollet-le-Duc e Ruskin[16]. Está presente também nas várias cartas de recomendações internacionais (e também nas cartas de várias nações). A utilização de um edifício é essencial para sua sobrevivência e deve ser condicionada por análise pormenorizada da obra (ou conjunto de obras), algo primordial para determinar usos compatíveis de modo a assegurar a preservação dos elementos caracterizadores do bem e valorizá-los.

A conservação ambiental coloca questões éticas delicadas: a presença do homem se imiscuindo numa área natural, em que ele não teve participação na criação ou equilíbrio (contribuindo, ao contrário, muitas vezes, para seu desequilíbrio ou destruição). É necessário determinar até que ponto é lícito ou não intervir e o que fazer, quais as providências a serem tomadas para uma conservação responsável e uma apropriação legítima pelo presente, garantindo a permanência para as gerações futuras. Também em relação aos monumentos históricos se colocam questões éticas semelhantes: a necessidade de intervir em obras criadas num tempo pretérito, que passaram por transformações também em outros períodos que não o atual; a ação sobre elas não pode ser a simples e livre apropriação como se fosse um eterno presente, sem levar em conta seu significado cultural e suas várias estratificações, desconsiderando o futuro.

Mas a mínima intervenção na área ambiental, é algo, de fato, respeitado na teoria e na prática, pelo menos pelos profissionais conscienciosos da área. Os ecossistemas são sempre muito complexos e qualquer ação pode ter consequências completamente inesperadas e incontroláveis; ao se dar um passo em falso, pode-se comprometer toda uma área ou território (exemplo extremado foi a introdução de coelhos na Austrália ou de castores na Terra do Fogo que, por não terem predadores naturais, tornaram-se verdadeira praga). Ou seja, não é possível, como ocorre na restauração de uma obra arquitetônica, prefigurar a ação de forma mais precisa através de um instrumento essencial para a arquitetura, que é o projeto. Por outro lado, uma questão que se coloca é que a atuação em áreas naturais segue princípios científicos e é, em geral, conduzida por profissionais que possuem formação adequada e consciência da importância e gravidade da questão, e que via de regra adotam uma postura fundamentada nas ciências naturais. Ou seja, o problema é mais objetivo e até certo ponto possível de ser quantificado (por exemplo, os citados 20 a 80%

16. Ver as colocações dos autores respectivamente no verbete "Restauração" (E. Viollet-le-Duc, *op. cit.*, 2000, p. 65), e nas "Sete Lâmpadas da Arquitetura" (J. Ruskin, *op. cit.*, 1889, pp. 196-197).

de áreas de preservação em propriedades particulares que assegurem o fluxo biológico e, portanto, a conservação das áreas de proteção integral) através de dados mais precisos, mesmo na ausência de um instrumento como o projeto arquitetônico que prefigure a ação. No caso de bens culturais, trata-se sempre de bens únicos e não-reproduzíveis, não sendo possível asseverar que conservando uma certa porcentagem deles, qualquer que seja, a memória será preservada do ponto de vista qualitativo. A preservação de bens culturais, além de necessitar das ciências naturais, está necessariamente vinculada às ciências humanas – história, filosofia, antropologia, sociologia etc. –, ou seja, o restauro é fundamentado também em ciências que não são exatas por definição.

A intervenção em monumentos históricos, ademais, segue um projeto de restauração (ou deveria seguir), que é um projeto de arquitetura, que implica processos de criação que são autógrafos. É rara uma posição isenta de personalismos, muitas vezes perdendo-se a noção de que se está lidando com um documento histórico que possui uma configuração, e que é um monumento, instrumento da memória coletiva. Há, com frequência, um embate de ego do restaurador com a obra do arquiteto primitivo ou de outros profissionais que nela tenham atuado no decorrer do tempo, em que o restaurador aventura-se a assumir o papel de Criador onipotente, muitas vezes em detrimento dos verdadeiros valores que levaram à preservação, de interesse para toda a coletividade.

Existe ainda outra diferença significativa entre a preservação de bens culturais e a de áreas naturais. Áreas naturais estabilizadas, asseguradas condições de sobrevivência – extensão, zonas-tampão, fluxos biológicos etc. – e monitoramento para evitar fatores de degradação, sobrevivem e mantêm-se, se forem deixadas em paz, em seu equilíbrio. Ou seja, mesmo que seja necessário intervir ou modificar uma condição (algo que se restringe a um mínimo) para que tenham condições de se regenerar, essas áreas, depois, sobrevivem por si só.

No que tange aos monumentos históricos, a mínima intervenção, como citado, é essencial, mas tem escala muitas vezes distinta. Deve-se intervir imprescindivelmente, com constância e com certo grau de ingerência, em procedimentos de manutenção, conservação ou restauro, para que se possa assegurar a sobrevivência do monumento. Nas áreas naturais existem elementos vivos, com ciclos de vida que se renovam e os fatores de degradação são em geral externos. Os monumentos históricos também são ameaçados por fatores externos, a exemplo de intempéries, sismos, poluição e o homem. São, porém, compostos por materiais que não se renovam sozinhos e que se degradam com o passar do tempo, com maior ou menor velocidade, sendo imperioso intervir para que durem o máximo possível. Deixados à própria sorte, os monumentos históricos consomem-se, de modo forçoso, e não se autorregeneram, sendo necessário atuar sobre eles para assegurar a permanência por tempo mais prolongado, o que implica modificações. Nada permanece imutável por tempo indeterminado (como ensina a termodinâmica), sendo necessário interagir com essas mudanças, mitigando ou suprimindo agentes que aceleram as deteriorações (numerosíssimos), mas com plena consciência de que existe e é inevitável um envelhecimento natural, que faz parte da vida da obra e que é diverso de eventos excepcionais, ocasionados por incúria, abandono e falta de manutenção que levam à destruição acelerada. Ou, como colocou Leonardo Benevolo, a conservação não pode significar a ausência de uma intervenção, pois as coisas deixadas à própria sorte se modificam de qualquer modo; preservar significa, portanto, intervir de uma certa maneira e, por conseguinte, modificar a realidade existente[17].

PRESERVAÇÃO DO PATRIMÔNIO INDUSTRIAL EM ESCALA MAIS ABRANGENTE

Trabalhar com edifícios e complexos industriais significa em geral atuar em áreas grandes, na maioria das vezes obsoletas e decadentes, que só poderão ser reinseridas numa nova realidade agindo em escala mais ampla – através de intervenções articuladas em bairros, cidades ou, mesmo, em situações críticas de decadência de vastas áreas, numa região – como único meio de viabilizar sua preservação.

Com o alargamento daquilo que é considerado bem cultural, começam a tomar corpo, após a Segunda Grande Guerra e principalmente a partir dos anos 1960, ações voltadas à preservação de ambientes urbanos, de cidades, de partes de território e da paisagem. Convém lembrar formulações anteriores, como as de Giovannoni[18], que, analisando a oposição entre inovadores e conservadores, propõe formas de trabalho que tornem possível a relação harmoniosa, em cidades de interesse para a preservação, de bairros novos e antigos. Preconiza integrá-los num sistema unitário, num organismo complexo, através de medidas resultantes de estudos metódicos, em contraposição ao empirismo.

No entanto, na prática, os instrumentos levados a efeito nem sempre foram suficientes para preservar os testemunhos de interesse histórico. Grande parte das formulações teóricas da restauração é voltada para a preservação de edifícios singulares, levando-se em conta o ambiente em que estão inse-

17. Leonardo Benevolo, "L'Esigenza di Conservare gli Ambienti Antichi non Significa Bloccare Ogni Iniziativa: Per Conservare Bisogna Modificare la Realtà", *L'Architettura: Cronache e Storie*, 1957, n. 21, p. 184.
18. Em especial, ver Gustavo Giovannoni, *Vecchie Città ed Edilizia Nuova*, Torino, Utet, 1931.

ridos. A passagem para um contexto urbano e territorial não é evidente, não se tratando simplesmente de generalizar as conclusões do restauro de edifícios para uma outra escala. As questões devem ser reinterpretadas a partir do cerne conceitual do restauro, para aprofundá-las e complementar com a reflexão sobre toda uma outra série de problemas. Claro está que neste texto não se pretende "resolver" a questão, nem fazer uma revisão historiográfica do tratamento do tema, e tampouco retomar as numerosas discussões sobre o assunto como tratadas pelo planejamento urbano e territorial na atualidade[19], através de processos de conservação integrada. Neste texto, serão evidenciadas algumas questões que se colocam através das formulações de teóricos do restauro, que deveriam ser levadas em consideração nas abordagens em escala mais ampla. Existem exemplos que podem oferecer dados de interesse para o debate, alguns dos quais serão mencionados a seguir.

Alguns autores, como Pier Luigi Cervellati, procuraram em tempos recentes discutir uma metodologia de intervenção de restauro voltada à escala urbana, sendo um caso canônico Bolonha. A discussão é ampla, envolvendo contribuições consistentes de variados profissionais como Guglielmo de Angelis d'Ossat e Gaetano Miarelli Mariani, que apresentam análises de experiências efetuadas em cidades e sua pertinência, ou não, em relação à efetiva conservação dos testemunhos históricos relevantes[20].

No que se refere à herança industrial, pode-se citar a região de Ironbridge, Inglaterra. Constitui interessante caso de preservação de área antes devotada à siderurgia que estava em estado de decadência desde os anos 1960. A cidade de Ironbridge estava ainda ameaçada pelo rápido desenvolvimento da cidade-nova de Telford. Em 1967, foi constituída uma fundação para tentar preservar os edifícios históricos e, na década seguinte, a cidade foi restaurada pela Companhia de Desenvolvimento de Telford, graças a fundos estatais. A cidade e parte do vale do rio Severn foram estruturadas para receber o turismo, que

19. Contribuições notáveis nesse sentido, como mencionado, foram dadas pela Carta e pela Declaração de Amsterdã (1975). A análise desse contexto de maneira ampla e fundamentada foge aos escopos deste livro. No que se refere à preservação na escala urbana no Brasil, destaca-se a produção do Centro de Conservação Integrada Urbana e Territorial da Universidade Federal de Pernambuco e do grupo de professores que trabalha articulado a esse centro; ver em especial a produção de Silvio Zancheti. Na FAU-USP vários professores se têm dedicado ao tratamento de temas correlatos, a exemplo de Nestor Goulart Reis Filho, Gustavo Neves da Rocha, Murillo Marx, Regina Meyer, Marta Dora Grostein, Heliana C. Vargas e Sueli R. Schiffer.

20. Ver, por exemplo as obras de: Pier Luigi Cervellati, *Metodologie di Intervento per la Salvaguarda dei Centri Storici*, Milano, Mondadori, 1976; do mesmo autor, *La Città Bella: Il Recupero dell'Ambiente Urbano*, Bologna, Mulino, 1991, e *L'Arte di Curare la Città*, Bologna, Mulino, 2000; P. L. Cervellati e R. Scannavini (eds.), *Bologna: Politica e Metodologia del Restauro*, Bologna, Mulino, 1973; Guglielmo De Angelis d'Ossat, *Sul Restauro dei Monumenti Architettonici: Concetti, Operatività, Didattica*, Roma, Bonsignori, 1995; G. Miarelli Mariani, *Centri Storici...*, 1993.

substituiu, na economia da região, a antiga atividade metalúrgica. Também fazendo parte das iniciativas, foram criadas oficinas, que passaram a funcionar nas antigas usinas. A partir de 1982, passaram a produzir o ferro através de técnicas tradicionais de fundição, atuando como ateliês de restauração, tanto para a própria fundação quanto a serviço de outras organizações ou particulares. Essas oficinas contam com material transferido de uma antiga usina de Bolton, que era a última a produzir peças de ferro "doce" na Inglaterra e fora fechada em 1976. Outra parte do material de Bolton foi transferida para fábricas em Blists Hill, na mesma região, que também fabricam o ferro com técnicas tradicionais para uso em restauração[21].

Essa região do Severn, nas proximidades de Coalbrookdale, é objeto de ações e revisões críticas constantes e também de pesquisas históricas que se têm destacado pela consistência[22]. Toda a zona foi transformada em área de preservação integrada, buscando-se o desenvolvimento sustentável através de iniciativas voltadas a atividades produtivas, com a reabertura de várias antigas unidades, e ao turismo. Resta acompanhar a dinâmica do local a longo prazo.

Os países escandinavos também oferecem exemplos de grande interesse, possuindo larga tradição na preservação do patrimônio industrial. Desde o final do século XIX algumas companhias metalúrgicas suecas passaram a se ocupar da preservação de suas instalações e acervos históricos. A importância do segmento industrial acabou conduzindo ao estabelecimento e consolidação de estudos sobre o tema, além de atrair um crescente interesse popular. Várias ações se sucederam até alcançarem formas mais abrangentes, como a elaboração conjunta, em 1999, pelos governos da Suécia, Dinamarca, Noruega e Finlândia, de um plano plurianual para a pesquisa e salvaguarda do patrimônio histórico industrial[23].

Na Alemanha, verificaram-se experiências muito significativas no final do século XX, sobretudo na região Norte do Reno-Westfália. Foi criada a Internationale Bauausstellung Emscher Park em 1989, dirigida por Karl Ganser, que deu início a um plano decenal de intervenção na zona do Emscher Park (Ruhrgebiet). O Emscher Park é uma região do Ruhr que se transformou com o carvão e a metalurgia, dominando o cenário industrial do país por mais de um século. O desenvolvimento da área foi intenso, contando com numerosos complexos industriais associados a zonas habitacionais e centros comerciais.

21. David de Haan, "Ironbridge: Priorité au Visiteur", em *De l'Utilité du Patrimoine*, s.l., Direction du Patrimoine, 1992, pp. 126-131 e, do mesmo autor, "The Iron Bridge. New Research in the Ironbridge Gore", *Industrial Archaeology Review*, 2004, vol. 26, n. 1, pp. 3-19.

22. Ver, por exemplo, Richard Hayman, Wendy Horton e Shelley White, *Archaeology and Conservation in Ironbridge*, York, Council for British Archaeology, 1999.

23. L. Bergeron, "Prospettive...", 2001, p. 18.

Ademais, possuía densa malha de transporte de mercadorias, tanto ferroviária quanto fluvial, explorando os canais da região. Com o esgotamento do carvão e o declínio da siderurgia, a região entrou em decadência, apresentando, nos anos 1980, graves problemas econômicos, sociais e ambientais.

As ações no Emscher Park, que se estenderam de 1989 a 1999, não se limitaram aos edifícios industriais obsoletos. Foi um projeto complexo e articulado, envolvendo várias esferas de poder, local, regional e nacional, contando também com financiamentos da União Europeia. A área selecionada ao longo do rio Emscher possui cerca de 800 km^2 e, além das diretrizes coordenadoras gerais, foram elaborados mais de cem projetos específicos. A região foi tratada como um todo, com o envolvimento dos vários municípios. Foram promovidas renovadas atividades econômicas e zelou-se pelo espaço natural e construído, atuando-se através de projetos arquitetônicos, urbanos e paisagísticos. Foram desenvolvidas outras iniciativas, a exemplo de: exploração de fontes de energia alternativa; despoluição; recomposição das matas ciliares; construção de complexos habitacionais e de centros de pesquisa. Os grandes complexos industriais obsoletos foram aproveitados de formas diversas, em iniciativas provisórias e permanentes, como fábricas usadas como museus, de gasômetro convertido em espaço de exposição, tanque de gás transformado em tanque de mergulho, antigas siderúrgicas aproveitadas como teatros, fornalhas utilizadas como local para escaladas.

Desse modo, procurou-se recuperar a paisagem construída e a natural, articuladas através do projeto paisagístico que teve o intuito de criar um corredor verde para a região, com trilhas para caminhadas e ciclovias. Outro ponto nodal era a despoluição do próprio rio Emscher, acompanhada pela construção de rede e estações de tratamento de esgoto, projeto que deve se estender por pelo menos mais duas décadas. A alta taxa de desemprego era uma grande preocupação, sendo combatida através da prestação de serviço para as indústrias e apoio a pesquisas científicas de modo a atrair investimentos e criar empregos[24].

Foi um projeto de envergadura, implantado ao longo de dez anos, em que se enfrentaram enormes problemas de várias ordens. Os resultados foram significativos, adotando-se a postura de utilizar as limitações como estímulo propulsor de soluções criativas. Espera-se que as iniciativas deem frutos e que as sementes plantadas vinguem, para promover reestruturações locais e regionais, econômicas, sociais, culturais e ambientais. O período de interven-

24. Os dados provêm do artigo Ingerid Helsing Almaas, "Regenerating the Ruhr", *The Architectural Review*, 1991, n. 1224, pp. 13-14. Sobre a atuação na região, ver também: L. Bergeron, "Prospettive...", 2001, p. 18; Hans Kania, "Zollverein XII", *Patrimoine de l'Industrie*, 1999, n. 1, pp. 25-30; *Alte Städte Formen die Wirtschaft*, Bonn, Deutsche UNESCO-Kommission, 1995, pp. 31-32;79-86.

ções sistemáticas se encerrou e seria de grande interesse acompanhar o comportamento da região a longo prazo, através de revisões críticas e analisando os reajustes necessários para verificar quais os frutos permanentes e quais os resultados que acabaram por se mostrar efêmeros. Apesar de os responsáveis pelas propostas, reunidos em torno de Ganser, terem ainda certa ascendência sobre as propostas para a região, análises recentes mostram que, na prática atual, não se manteve a maneira articulada de tratar a questão, tendendo-se a abordar os problemas de modo pontual e local[25].

Esses exemplos mostram que em certas situações, em que a degeneração não incide apenas sobre um edifício específico ou sobre um bairro, mas abrange inteiros setores de uma cidade ou vastas áreas, apenas uma abordagem ampla do problema, não apenas na escala mas também em termos sociais, políticos e econômicos, pode resultar mais completiva. A solução torna-se muito complexa, devendo-se fazer uso dos instrumentos do planejamento urbano e territorial e, em casos extremos como esses, a preservação dos conjuntos industriais estará subordinada a esse tipo de ação mais abrangente, que vai resultar em novos tipos de organização para a cidade e o território. Nesse processo, a análise pormenorizada dos bens industriais – de forma individual e em seu conjunto, de sua história e transformação ao longo do tempo, de seu estado de conservação, do modo como se inserem na vida das comunidades e como se articulam no espaço, na cidade, na região e numa dada realidade socioeconômica e política – deve necessariamente informar o plano de conjunto e leva a soluções mais consistentes.

A determinação, por exemplo, dos novos usos para os edifícios obsoletos deve ser feita levando em conta suas características, para que a nova utilização seja nela instalada de modo a preservar, respeitar, valorizar e não deturpar seus principais elementos caracterizadores, fazendo uso dos instrumentos teóricos oferecidos pela restauração. Estará articulada, porém, com a ação, inclusive política, que se desenvolverá na região em que estão inseridos, para que esses edifícios ou conjuntos possam ser de fato incorporados numa nova realidade, em que, por sua vez, terão papel de impulsionar determinadas atividades.

Deve-se trabalhar com plena consciência de que não se pode elaborar um plano abrangente baseando-se em aspectos puramente quantitativos; é necessário analisar o território em profundidade, em sua estruturação histórica, de modo a entender e respeitar a história e as exigências contemporâneas, sem tentar impor modelos pré-concebidos[26].

25. Axel Sowa, "Zollverein ou l'Espoir d'une Renaissance", *L'Architecture d'Aujourd'hui*, 2003, n. 348, pp. 82-89.

26. G. Miarelli Mariani, "La Città Storica: Alcuni Nodi del Recupero", em Francesco Perego (ed.), *Anastilosi. L'Antico, il Restauro, la Città*, Roma, Laterza, 1986, pp. 264-269.

Um tema de interesse, que mostra que a realidade é muito mais vária do que modelos pré-concebidos, é apresentado por John Box. Refere-se a casos de sítios industriais (siderúrgicos) e pedreiras abandonados, fora de zonas urbanas, que devem ser conservados como áreas de interesse histórico e natural, pelo fato de as particulares condições ambientais desses sítios levarem ao estabelecimento de um ecossistema todo especial, com comunidades biológicas inusuais[27]. Outro tópico a ser trabalhado com acuidade é a preservação dos aspectos paisagísticos de complexos industriais, pois existem casos de indústrias que receberam tratamento paisagístico de qualidade e que devem ser considerados na preservação[28].

Passando-se de casos extremos, em que a degeneração atinge porções amplas do território, para casos em que o problema se estende por zonas de uma cidade, são de interesse os elementos trazidos para o debate por Renato De Fusco, ao tratar das cidades e dos centros históricos[29]. Analisando a situação italiana, considera os planos diretores, como elaborados, instrumentos inadequados para a conservação. O processo de intervenção e controle das transformações das cidades muitas vezes peca pela falta de agilidade, sendo associado a fatores como falta de vontade política, não-cumprimento de leis, corrupção do sistema etc. Por conseguinte, para evitar um desmando generalizado, estabeleceu-se uma política do "proibicionismo" que, por sua vez, gerou como reação o "abu-

27. John Box, "Nature Conservation and Post-Industrial Landscapes, *Industrial Archaeology Review*, 1999 (vol. 21), pp. 137-146.

28. V., por exemplo, o caso da Fábrica de Louças Adelinas, criada em 1929 em São Caetano do Sul, analisada por José Hermes M. Pereira, cuja face voltada ao leito ferroviário, conforme aparece em catálogo de 1935, possuía projeto paisagístico de grande interesse (J. H. M. Pereira, *op. cit.*, 2007, pp. 94-103).

29. A locução "centro histórico" levanta uma série de polêmicas, porque, de fato, toda a cidade é histórica, mesmo suas partes mais recentes; ou seja, a partir do momento em que passam a existir, possuem interesse para análises históricas. Deve-se, portanto, saber identificar quais as áreas, zonas, bairros que são de interesse para a preservação, reconhecidos como bens culturais. Desse modo, alguns autores trabalham com uma diferenciação entre "centro antigo", ao qual se associa parte (ou partes) da cidade formada em tempo não recente, e "centro histórico", que é área à qual é atribuído um significado cultural pela composição de seus ambientes, por seus bens arquitetônicos e importância histórica (G. Miarelli Mariani, *Centri...*, 1993, pp. 37-45). Por "centro" entendem-se os núcleos a partir dos quais se irradiou o crescimento das urbes (podendo ou não ser o núcleo originário, estando ou não no centro geométrico da cidade contemporânea, que é, em muitos casos, multifacetada). O restauro na escala urbana não se restringe, por certo, apenas aos centros históricos, mas se refere a todas as zonas reconhecidas como de interesse para a preservação. Para algumas discussões pioneiras a esse respeito e para a definição de centros históricos, centros antigos, ambientes urbanos e outros problemas relacionados v., por exemplo: R. Bonelli, *Scritti...*, 1995, pp. 27-33; G. Miarelli Mariani, *Centri...*, 1993; R. Pane, *Città Antiche Edilizia Nuova*, Napoli, Edizioni Scientifiche Italiane, 1959; do mesmo autor *Attualità e Dialettica del Restauro*, Chieti, 1987; Lucio Santoro, *Restauro dei Monumenti e Tutela Ambientale dei Centri Antichi*, Cava dei Tirreni, Di Mauro, 1970.

sivismo", que o autor considera ainda mais grave que a especulação imobiliária. Acredita que não se possa deter a vida da cidade e que não devem ser os planos diretores a condicionar o centro histórico, mas, sim, o centro histórico a informar ao plano como ordenar e promover articulações com o restante da cidade. As diretrizes para intervenção na cidade deveriam ser estabelecidas, examinando as particularidades de cada zona para se chegar a princípios de intervenção que podem (ou não, dependendo de cada caso) nortear as atuações sucessivas, sempre analisando as características e o caráter histórico-artístico de cada ambiente. Atuar-se-ia do particular para o geral, em vez de tratar as questões e problemas a partir de uma superestrutura, do macrocosmo dos grandes planos diretores. Assim, a questão seria abordada a partir do microcosmo de uma área mais delimitada, as tesselas (que compõem os mosaicos que são as cidades e os territórios), que possuem problemas mais tangíveis, e em escala mais adaptada, para serem de fato enfrentados e resolvidos[30].

Dessa forma, também se resolve de forma mais eficaz a relação entre as múltiplas áreas de interesse para a preservação com a cidade como um todo, composta de variadas tesselas (em vez da pura oposição entre "centro histórico" e "resto"). O processo por ele proposto é semelhante àquele descrito no tratamento da ecologia da paisagem, em que também se atua através de mosaicos. O mesmo raciocínio aplica-se aos problemas das áreas e bairros industriais, que são tesselas inseridas dentro de uma composição maior, que é a cidade, em que cada tessela é analisada numa escala mais compatível com suas características e problemas.

As tesselas condicionam a cidade e são por ela condicionadas, num processo de simbiose e retroalimentação. São mosaicos em que cada peça tem sua particularidade, mas que fazem parte de um organismo que deve ser entendido como um inteiro, e não apenas como o somatório de partes isoladas. Deve-se buscar a integração, disciplinar e territorial, fazendo com que as propostas para essas áreas atuem de modo orgânico com a cidade em sua complexidade.

Esse deveria ser o caso, por exemplo, da região da Luz, que poderia ser considerada como uma tessela dentro do grande mosaico que é a cidade de São Paulo, com características que possibilitariam a adoção de medidas dentro de um universo de dimensões controláveis, mas que por sua vez também dependem da articulação com os outros setores da cidade. Mesmo dentro das tesselas do mosaico, várias intervenções em edifícios isolados, sem um plano

30. Renato De Fusco, *Dov'era ma non Com'era*, Firenze, Alinea, 1999. Ver em especial pp. 24-25. Para a análise dos limites dos planos diretores e para a atuação a partir dos mosaicos, ver pp. 40-62.

articulador, não formam necessariamente uma ligação entre si, por tratar de modo desconexo os fragmentos de uma realidade. Isso é o que vem ocorrendo na área da Luz. De modo concomitante, foram feitas intervenções no Parque da Luz, na Pinacoteca do Estado e a Estação Júlio Prestes foi transformada em Sala de Concertos em 1999. A seguir, em 2002 foram concluídas as obras no antigo edifício de armazéns da Sorocabana, que serviu por certo tempo como estação e depois abrigou instalações do famigerado DOPS, para convertê-lo em Museu do Imaginário do Povo Brasileiro, mas que funciona como anexo para exposições temporárias da Pinacoteca. A própria Estação da Luz passou por reformas, para fazer a sua ligação com o metrô e para transformar parte do edifício administrativo em centro de referência da língua portuguesa, inaugurado em 2006. O intuito é transformar a área em polo cultural e promover uma tão necessária revalorização da Luz.

O problema é que essas iniciativas são tomadas sem que tenha sido posto em prática, ao mesmo tempo, um plano completivo que atue não apenas nesses notáveis edifícios, mas que trabalhe com toda a zona, de forma que essas iniciativas tenham repercussão efetiva numa área mais ampla e façam parte da regeneração de toda aquela região[31]. O que se verifica na transformação dos edifícios é que os usos a eles atribuídos são todos de cunho cultural. Fato que em si não se constituiria num problema, se iniciativas mais abrangentes também oferecessem maior apoio e abertura para a comunidade que ali vive e para os milhares de pessoas que dia a dia frequentam a região como usuárias dos meios de transporte.

A Estação Júlio Prestes, por exemplo, passou a abrigar parte da Secretaria da Cultura e a sala de concertos sede da Orquestra Sinfônica do Estado de São

31. Com efeito, houve e há várias propostas, como a de 1998, que previa um projeto mais abrangente para a área da Luz. Através de financiamento do Banco Interamericano de Desenvolvimento (BID), do Governo Federal, do Governo do Estado e da Prefeitura, pretendia-se trabalhar de modo articulado, sempre abordando a preservação dos principais edifícios e do Parque da Luz, mas incluindo outras iniciativas, como a recuperação de imóveis pertencentes a particulares e a montagem de oficinas-escolas para menores carentes (v. artigo "Projeto Prevê Revitalização do Bairro da Luz", *O Estado de S. Paulo*, 31/05/1998, p. C8). No decorrer de 2003, foram apresentadas outras propostas para a região, envolvendo financiamentos de envergadura para criar uma esplanada entre a Estação e o Parque da Luz (cuja recuperação seria completada) e a criação de um auditório subterrâneo, patrocinado pelo empresariado da região e voltado para o setor da moda (v. artigo de Marcus Lopes, "Parque da Luz. Inspiração Veneza", *O Estado de S. Paulo*, 05/08/2003, p. C1). No presente, espera-se que as verbas do programa Monumenta – BID para a área sejam liberadas, com projetos de intervenção em 26 locais, iniciando-se pela Praça Coronel Fernando Prestes (*O Estado de S. Paulo*, 06/06/2005, p. C1). As obras de demolição para implementar os projetos foram iniciadas em 26 de outubro de 2007 ("Prefeitura Promete Começar no Mês que Vem a Demolir Cracolândia", *O Estado de S. Paulo*, 03/09/2007, p. C1; "Prédios Resistem na Cracolândia", *O Estado de S. Paulo*, 10/11/2007, p. C7).

Paulo em seu átrio central. Em todo aquele vasto complexo, são promovidas poucas iniciativas voltadas à comunidade local e aos usuários dos meios de transporte públicos. Existe um controle ostensivo da entrada no local em função dos problemas de segurança na região. Tanto as pessoas que trabalham no prédio quanto, sobretudo, o público que vai aos concertos (que chega em automóveis particulares e entra nos estacionamentos subterrâneos criados no complexo, sob forte vigilância) só raramente têm algum tipo de interação com a área envoltória. A instalação desse complexo cultural na área ainda não resultou na criação de novas atividades de apoio e serviços na região, como bares e restaurantes, pois tudo se resolve dentro do edifício transformado.

Caso semelhante ocorre também na Pinacoteca. Apesar de, em alguns dias por semana, ter a entrada franqueada ao público, não há maior interação com os frequentadores do Parque da Luz, onde está inserida. Os visitantes da Pinacoteca, às vezes, saem para uma volta no parque, mas fluxo contrário ocorre numa proporção muito menor. O próprio fato de o edifício ter tido a sua caixilharia modificada, com a substituição de suas janelas, ou por janelas cegas fechadas por placas de aço (voltadas para o Parque), ou por vidros espelhados (a exemplo daquelas voltados para a avenida Tiradentes) denotam vontade deliberada de desligamento do mundo "exterior", não havendo permeabilidade exterior-interior. O mesmo problema se estende ao antigo prédio do DOPS e atinge, apesar do expressivo número de visitantes, o centro de referência da língua portuguesa na Estação da Luz, resultando numa ocupação bastante alheia à população que frequenta dia a dia a região ou mora nas redondezas.

Iniciativas em edifícios isolados, que são meritórias e necessárias, acabam por ter resultados limitados no ambiente em que se inserem se não forem unidas a ações mais abrangentes, que levem em conta a questão cultural e social em sua complexidade. Tanto é assim que os problemas relacionados à droga, à prostituição e à criminalidade na Luz não sofreram melhoria significativa (basta observar o tristíssimo quadro que se vê na região da chamada "Cracolândia"), apesar das várias obras já concluídas, pelo fato de não terem sido implementados, até o momento, outros projetos de cunho social que considerem os gravíssimos problemas daquela área.

Esses pontos deveriam ser balanceados quando da elaboração dos projetos, e a destinação a ser dada aos edifícios singulares também tem de levar em conta esses fatores. Em especial, deve-se articular o papel de um dado bairro ou região no sistema urbano ao qual pertence, respeitando suas características e a "vocação" do local historicamente estratificada, intervindo na região e determinando usos para as edificações que contemplem aspectos sociais, formais, documentais, memoriais e simbólicos da área e dos edifícios que a compõem, escolhendo novas utilizações que respeitem e sejam compatíveis com esses fatores. Ou seja, é sempre necessário ter pleno conhecimento da cidade ou do território no qual se intervirá. Conflitos com certeza aparecerão, mas uma solução pertinente não é impossível.

Um ponto essencial evidenciado por Giovanni Urbani diz respeito à conservação programada – locução associada a um conteúdo conceitual da mais alta importância, cuja gênese está nas proposições do autor, quando diretor do Instituto Central de Restauração em Roma (1973 a 1983), para o Plano-piloto de conservação programada dos bens culturais da Úmbria, de 1975, reelaborando as propostas de Brandi de restauração preventiva – e às propostas de manutenção constante. A ênfase é no controle das causas de deterioração, para desacelerar os processos de decadência dos bens culturais, atuando concomitantemente com tratamentos de manutenção. Urbani contesta o caráter de excepcionalidade vinculado a intervenções de restauro em obras singulares, com custos altíssimos, em detrimento de uma verdadeira prática recorrente de manutenção. Pondera que se deveria questionar se, em vez de um monumento restaurado (ou vários) a custos elevados, não seria mais oportuno atuar através da melhoria do estado de manutenção, mesmo que mínimo, do contexto como um todo e do próprio monumento que se quer restaurar[32].

Outro ponto nodal e correlato que se coloca, e que pode parecer contraditório com o exposto acima, é a necessidade de intervir nos edifícios ainda que na ausência de planos mais abrangentes. Por certo inventários sistemáticos e planos diretores para áreas extensas, ligados às propostas para a cidade como um todo, são instrumentos mais eficazes para se tomarem decisões que sejam resultado de análises judiciosas e não de pânico. Um planejamento articulado, informado através da análise pormenorizada dos bens culturais existentes,

32. G. Urbani, *op. cit.*, 2000, pp. 31-35. Na p. 34: "Para quem sustenta a tese que a degradação dos centros históricos se deve aos erros urbanísticos de planejamento das periferias modernas, deve-se objetar que, por mais graves que sejam esses erros, eles não têm relação alguma com a escolha, feita há muito tempo pela cultura histórico-artística moderna, de privilegiar na restauração o objetivo estético em relação àquele simplesmente conservativo, conferindo assim às intervenções concretas o caráter de excepcionalidade, isto é, exatamente o caráter oposto àquele regular e repetitivo da manutenção ordinária [...]". E, na p. 35: "Em conclusão, parece evidente que as vantagens de uma política de manutenção programada sejam tais e tamanhas a ponto de impor aos especialistas do restauro tradicional uma nova regra de conduta deontológica, que não figura em nenhuma 'carta de restauro' até agora codificada. Toda vez que se faz o projeto de restauro de um monumento ou edifício isolado, deveria ser obrigatório que a decisão de efetuar, ou não, as obras seja tomada apenas depois de calcular se, com a mesma despesa, seria mais vantajoso para aquele determinado centro histórico a presença de um único monumento bem restaurado, mas no contexto de edifícios em ruína, ou uma melhoria, mesmo mínima, do estado de manutenção desse contexto, naturalmente nele incluído também o monumento que se queria restaurar". Ver também, em especial, trechos relativos ao Plano Piloto (pp. 103-112). Para uma definição da locução conservação programada mais recente e com grande precisão v. Stefano Della Torre, "Il Ciclo Produttivo della Conservazione Programmata", *TeMa*, 2001, n. 3, pp. 49-57.

fornece meios para o tratamento mais aprofundado de uma realidade, algo necessário para uma efetiva inserção na realidade socioeconômica, política e cultural. Por outro lado, tanto o inventário quanto planos diretores são operações complexas e lentas, que envolvem complicadas tratativas políticas. Muitas vezes, a intervenção num dado edifício ou complexo não pode tardar, sob o risco de se perder o bem ou comprometer de forma irremediável sua sobrevivência. Não tomar as iniciativas necessárias, adiando decisões urgentes por esperar uma solução vinda de outra esfera de poder, coloca-se muitas vezes como escusa irresponsável para a inação[33].

A ausência desses instrumentos jamais poderia justificar a falta de providências em relação a bens culturais, que poderia conduzi-los a uma situação de degradação irreversível. Antes de tudo, os instrumentos oferecidos pela história, e pelas humanidades em geral, fornecem meios adequados (mesmo tendo pertinência relativa) para identificar os bens relevantes para a preservação. Depois, a ausência de planos urbanísticos completivos e informados quanto aos monumentos históricos não exime a sociedade da responsabilidade pela preservação desses bens, pois existem preceitos e métodos de análise e de atuação pertinentes para intervir em edifícios isolados ou conjuntos urbanos que são fornecidos pela teoria de restauração. Ademais, esses métodos são sempre necessários para a atuação em edifícios ou conjuntos, tanto na presença de planos abrangentes, quanto na sua ausência. Mesmo inexistindo planos diretores, um projeto pontual feito com diligência em relação às estratificações históricas e vocação do local, que seja articulado de maneira sensível com as necessidades ali detectadas, respeitando os aspectos documentais, formais, memoriais e simbólicos do edifício, são pertinentes para a edificação e podem ter um impacto positivo na área envoltória.

33. R. De Fusco (*op. cit.*, 1999, pp. 39-40) expôs de modo muito pertinente a situação: "[...] foi dito que não se resolve nenhum problema particular a não ser no âmbito de um contexto mais geral, no nosso caso, no nível urbano e territorial. Para desmentir esse preceito em aparência tão legítimo está o desabamento da cúpula e da nave da catedral barroca de Noto. A lição não pode deixar dúvidas: as obras de que nos ocupamos pertencem a um 'céu que não pode esperar'; monumentos e ambientes são como pessoas velhas e doentes que têm necessidade contínua de assistência, de próteses, de operações cirúrgicas, senão morrem; quando um desses doentes chega a um pronto-socorro não se pode pensar que a intervenção será adiada para quando a pesquisa médico-científica tiver dado uma solução abrangente para aquela patologia [...] O caso mais clássico de adiamento é aquele que declara querer enquadrar o caso único de intervenção numa operação mais global. Deveria, a essas alturas, estar claro a todos que, quando há incapacidade ou falta de vontade de resolver um problema, ele é remetido a uma esfera superior – no nosso caso o plano diretor da cidade, da metrópole, ou da região etc.; trata-se de uma verdadeira impostura. O expediente é utilizado por todos aqueles que têm uma responsabilidade, sobretudo pelos políticos. O fato de remeter a uma esfera mais ampla e global, salvo casos de exceção, é feito sabendo que nessa tal escala mais ampla aquele problema não será jamais solucionado".

A existência de planos mais abrangentes, por sua vez, não prescinde da utilização dos princípios oferecidos pela teoria de restauro que, ao contrário, são fundamentais para informar o plano e para atuar nos monumentos. Na ausência de projetos mais abrangentes, os resultados podem não ter o impacto desejado na articulação com a cidade e, às vezes, nem mesmo com o entorno imediato (outras vezes, sim, pode ter impacto positivo). Os princípios da restauração são, pois, meios necessários, na presença ou na ausência de planos diretores; mas podem não ser suficientes para deflagrar um processo de regeneração de áreas problemáticas, se não forem articulados a outras ações de caráter mais abrangente. Fundamentos semelhantes estão expostos na Carta de Washington:

> O plano de salvaguarda deverá definir uma articulação harmoniosa dos bairros históricos no conjunto da cidade. [...]
>
> Enquanto não for adotado um plano de salvaguarda, as ações necessárias à conservação devem ser tomadas no respeito pelos princípios e métodos da presente Carta e da Carta de Veneza.

Os instrumentos teóricos da restauração permanecem essenciais e são adequados para intervir no preexistente, respeitando e valorizando seus elementos caracterizadores. Ou seja, oferecem meios para preservar de forma eficiente, sem congelar, sem embalsamar, sem apartar e, sobretudo, sem deturpar. Em alguns dos conceitos da teoria de restauro e sua aplicação aos edifícios industriais será alicerçada a discussão que se segue.

Intervenção no patrimônio arquitetônico da industrialização: problemas quantitativos e qualitativos

O patrimônio arquitetônico resultante do processo de industrialização abarca grande variedade de tipos, a exemplo de fábricas ou complexos destinados ao transporte ferroviário, e é comum que se trate de imensas superfícies em áreas hoje centrais de numerosas cidades e, por conseguinte, que apresentem grande interesse e, mesmo, urgência, para projetos estratégicos de requalificação urbana e territorial[34].

34. Para o caso de Campinas, em observações de grande atualidade e validade para variados contextos, v. o artigo de Dênio Munia Benfatti, "Patrimônio Ferroviário e Política Pública", *Oculum Ensaios*, 2002, n. 2, pp. 141-147. O autor enfatiza a necessidade de os governos municipais assumirem a responsabilidade de iniciar discussões para elaborar projetos em que áreas ferroviárias tenham papel estratégico na requalificação e reintegração de espaços, com consequências na própria vida das cidades.

A pressão econômica que incide sobre esses complexos faz com que, às vezes, apareçam projetos autodenominados de requalificação dessas áreas que, na verdade, desqualificam os espaços industriais. Devem ser feitos estudos acurados para apontar sua importância e especificidade, para que não sejam tratados apenas como uma projeção em planta, um livre parque de diversões para a especulação imobiliária, em que o contorno das edificações ali presentes é apenas um estorvo a ser removido.

Em relação às áreas industriais, incluindo-se as áreas ocupadas por galpões ferroviários, ainda aparecem sugestões de empreendimentos que fazem tábula rasa de todas as construções que se relacionam com a indústria, haja vista a repugnante proposta feita no ano de 1999 para a área do Pari em São Paulo[35].

Não se trata de conservar tudo, nem, tampouco, de demolir ou transformar indistintamente tudo. Claro está que o crescente alargamento daquilo que é considerado bem cultural pode levar, como mencionado, a extremos indesejáveis – como tombamentos indistintos e demolições impiedosas – por falta de clareza no que se refere à caracterização dos monumentos históricos e de seu papel memorial[36]. Isso demonstra uma falta de aproximação historicamente fundamentada, denota negligência na análise das construções legadas pelo passado, deixando-se de assumir a responsabilidade por uma identificação consciencIosa. Nesses casos extremos, ou se pode tender a uma "pulsão documental alucinatória"[37] ou a escolha se dará por fatores fortuitos, resguardando-se através do cômodo e irresponsável álibi da inação.

Deve-se reconhecer que todas as épocas, que as várias fases da produção humana, possuem interesse e são merecedoras de estudo. Mas isso não significa preservar todo e qualquer testemunho, material ou não, legado pelo passado. É indesejável conservar de modo indiscriminado e é ainda mais ir-

35. A chamada "Maharishi Tower", edifício que teria 108 andares e 510 metros de altura, destinado a ser um dos mais altos do mundo. A proposta, feita pelos grupos Brasilinvest e Maharishi, envolveria investimento de 1,65 bilhão de dólares estadunidenses. A proposta era destruir todas as edificações existentes em uma área de 1,325 milhão de metros quadrados e implantar um mega-edifício de 1,315 milhão de metros quadrados e uma série de outras estruturas. Além da infâmia do projeto arquitetônico em si, a proposta era completamente desprovida de relações de escala, de implantação, de articulação com as áreas envoltórias, e ainda de significado urbano, não tendo nada a ver com a tradição da cidade. O projeto provocou vivos debates e, pelo menos uma vez, foi possível brecar esse atentado contra São Paulo. O problema foi tratado por diversos veículos; para alguns dados basilares, v. *Projeto Design*, 1999, n. 237, pp. 24-25 e n. 238, pp. 20-23.

36. Para a discussão de alguns aspectos desse problema, v. os textos de Ulpiano B. de Meneses (reportados na bibliografia) e as referências bibliográficas referentes ao tema da memória. Ver ainda o número monográfico *La Confusion des Monuments*, Paris, Gallimard, 1999. Ver também as importantes contribuições de Françoise Choay ("A Propos...", 1995 e *A Alegoria...*, 2001).

37. Eficiente expressão utilizada por Ulpiano B. de Meneses, "História, Cativa da Memória?", *Revista do Instituto de Estudos Brasileiros*, 1992, vol. 34, p. 13.

responsável demolir ou transformar de forma incontrolada. Trata-se de saber identificar os elementos a ser tutelados para as gerações futuras, não através de atos arbitrários e fortuitos, mas através de processo cognitivo que deve ser fundamentado nas humanidades.

Vale ainda recordar que a elaboração da memória se dá sempre no presente, e como enfatiza Ulpiano B. de Meneses, a memória "é filha do presente. Mas como seu objeto é a mudança, se lhe faltar o referencial do passado, o presente permanece incompreensível e o futuro escapa a qualquer projeto"[38]. A memória, pois, refere-se a um dado básico da existência humana, que é a mudança: "Se não houver memória, a mudança será sempre fator de alienação e desagregação, pois fica faltando uma plataforma de referência e cada ato seria uma reação mecânica, um mergulho vazio para outro vazio. É a memória que funciona como instrumento biológico-cultural de identificação, conservação e desenvolvimento"[39].

Deve-se ainda lembrar, a respeito desse processo, que é seletivo, o papel do esquecimento, algo evidenciado por vários autores, entre eles Marc Augé: "O esquecimento, em suma, é a força viva da memória e a recordação é o produto"[40]. É necessário fazer uma identificação consciente, baseada em conhecimento aprofundado do próprio processo de industrialização, das áreas envolvidas e de suas construções, de seu papel memorial e simbólico para as comunidades para que os espaços mais significativos – com grande atenção à memória do trabalho – possam ser preservados e valorizados de forma conveniente, e isso implica, por certo, transformações. Régis Debray evidencia algumas contradições inerentes ao debate: para mobilizar a lembrança, imobilizam-se seus traços; para transmitir, deve-se conservar e conservar é colocar à parte, pôr de lado; para manter uma memória viva, corre-se o risco de embalsamá-la[41]. É necessário, pelo contrário, afastar-se desse risco de embalsamar e de apartar. A dualidade conservação-transformação pode ser enfrentada de modo dialético, através de oposições que se resolvem numa síntese, e é a isso que procura conduzir a teoria da restauração em sua vertente crítico-conservativa. Trata-se de identificar e de atuar de forma conscienciosa e responsável, para transformar, valorizando o sentido desses bens, respeitando suas características essenciais, inserindo os novos elementos, se necessário, com propriedade e de maneira sensível para formar uma nova sintaxe arquitetônica e urbana.

38. *Idem*, p. 14.
39. U. B. de Meneses, "Patrimônio Ambiental Urbano: Do Lugar Comum ao Lugar de Todos", CJ *Arquitetura*, 1978, n. 19, p. 46.
40. Marc Augé, *Les Formes de l'Oubli*, Paris, Payot, 2001, p. 30.
41. Régis Debray, "Trace, Forme ou Message?", em *La Confusion*..., 1999, pp. 27-44.

Algumas observações de Giorgio Muratore para o patrimônio industrial italiano são bastante pertinentes para o caso brasileiro. Após apresentar uma série de considerações sobre a arqueologia industrial, afirma que grande parte desses complexos está abandonada, subutilizada e que poderia, seguindo medidas adequadas, ser recuperada para uma nova dimensão econômica e social. Acredita que seja necessário ir além das noções muitas vezes redutivas dos termos, que algumas vezes levaram a uma falta de perspectiva operacional. Aponta a importância estratégica das áreas industriais e sobretudo dos parques ferroviários, tanto pelas suas dimensões físicas quanto pela sua localização no tecido historicizado, como forma de elaborar planos conscienciosos para o futuro das cidades. Cita várias intervenções realizadas em Roma e afirma que muitas delas são ofensas ao senso comum, destruindo áreas significativas pela voracidade e ignorância de empreendedores e ocasiões desperdiçadas para praticar boa arquitetura e respeitar vocações de áreas consolidadas do ponto de vista urbanístico e cultural[42].

A abordagem do projeto para os complexos industriais é um problema que se coloca de modo semelhante ao tratamento de centros históricos. Miarelli Mariani[43] enfatiza aspectos duais da recuperação de centros históricos (ou mesmo das operações numa única obra), que comportam aspectos conservativos e não-conservativos. Reconhecido o valor histórico ou, mesmo, apenas "ambiental" (seu papel na composição de um ambiente) de construções preexistentes, deve-se operar através de ações conservativas, ou seja, através da restauração, da conservação e da manutenção. Mas, na medida em que existem elementos que não são postulantes à preservação, neles não se reconhecendo valor histórico, formal, memorial, simbólico ou mesmo ambiental, a recuperação pode se dar através de transformações mais incisivas,

42. G. Muratore, *op. cit.*, 2000, p. 172. Comentando sobre o papel estratégico das áreas ferroviárias em Roma, o autor afirma que sua presença no mercado alteraria de modo profundo o sentido de qualquer plano. Essas zonas deveriam ser projetadas com cuidado e respeito, com especial atenção voltada ainda à qualidade dos novos edifícios, que porventura venham a se inserir no contexto, e a sua relação com as edificações preexistentes (p. 173). Em exemplos de intervenções recentes em Roma, como o antigo pastifício Pantanella, a intervenção foi guiada apenas por questões de uso e econômicas. Esse importante testemunho da arquitetura industrial do início do século XX ocupa uma vasta área cuja recuperação era essencial para a requalificação da zona. Infelizmente, a proposta para o complexo foi, na verdade, uma alavanca para a especulação imobiliária, com a inserção de blocos habitacionais e de um centro comercial com arquitetura de qualidade lamentável, contando inclusive com um bingo. Um enorme desperdício, em que a arquitetura do complexo industrial ficou de todo obliterada, a intervenção constituindo-se num projeto sem a menor sensibilidade arquitetônica ou urbanística. Deve-se sempre discutir as várias possibilidades de conversão e modernização e suas consequências, que no caso da Pantanella, assim como em outros exemplos recentes, não parecem ter sido examinadas sob a óptica cultural.
43. G. Miarelli Mariani, *Centri Storici...*, 1993, pp. 55-69.

que podem comportar ações como manutenções genéricas, reestruturações e, mesmo, substituições. No entanto, assim como outros autores, chama a atenção para um problema que pode decorrer disso: a substituição progressiva e indistinta das "edificações de base"; isso é um engano, pois se as construções têm valor histórico ou ambiental, devem ser restauradas. Deve ser a restauração a condicionar as eventuais ações "não-conservativas" e não o contrário. Formulação semelhante encontra-se na Carta de Washington:

> O plano de salvaguarda deverá definir uma articulação harmoniosa dos bairros históricos no conjunto da cidade. O plano de salvaguarda deve determinar quais os edifícios ou grupos de edifícios a serem especialmente protegidos, a conservar em certas condições e, em circunstâncias excepcionais, a serem demolidos. O estado em que se encontram os sítios antes de qualquer intervenção será rigorosamente documentado. O plano deveria beneficiar-se da adesão dos habitantes.

Através de substituições não-fundamentadas e do acúmulo de operações sucessivas, por melhor e mais criteriosos que sejam os novos elementos inseridos, corre-se o risco de alterar irremediavelmente a composição e o equilíbrio do conjunto. Esse problema deve ser tratado não apenas de modo pontual, mas de forma abrangente, na escala urbana.

Surge então a dificuldade de como intervir de modo a preservar uma grande massa edificada com construções que apresentam "apenas" valor ambiental. Miarelli Mariani[44] apresenta soluções da maior pertinência para tratar das "edificações de base": manter suas características estruturais e os testemunhos significativos de sua passagem no decorrer do tempo; fazer discretas adequações funcionais, sem recorrer às sofisticadas e custosas técnicas necessárias para intervir em obras de arte; oferecer meios para garantir que cada um dos edifícios seja utilizado com civilidade e de modo compatível. Princípios similares são enunciados na Carta de Washington:

> A salvaguarda das cidades e bairros históricos deve, para ser eficaz, fazer parte integrante de uma política coerente de desenvolvimento econômico e social, e ser considerada nos planos de ordenamento e de urbanismo em todos os níveis.
>
> Os valores a preservar são o caráter histórico da cidade e o conjunto de elementos materiais e espirituais que lhe determinam a imagem, em especial:
>
> - a forma urbana definida pela malha fundiária e pela rede viária;
> - as relações entre edifícios, espaços verdes e espaços livres;

44. *Idem*, pp. 55-69; 93.

- a forma e o aspecto dos edifícios (interior e exterior) definidos pela sua estrutura, volume, estilo, escala, materiais, cor e decoração;
- as relações da cidade com o seu ambiente natural ou criado pelo homem;
- as vocações diversas da cidade adquiridas ao longo da sua história.

Qualquer ataque a estes valores comprometeria a autenticidade da cidade histórica.

Em certos conjuntos industriais, as edificações que os compõem formam um complexo que atinge grande qualidade figurativa. Nesses casos, não há motivos pelos quais se imiscuir numa realidade harmoniosa e consolidada; desse modo, é necessário operar através de ações essencialmente conservativas. Não se justifica a alteração de um conjunto de qualidade para fazer arquitetura, ainda que boa arquitetura, que no Brasil não pode ser acusada de falta de locais para se manifestar (talvez poderia queixar-se de falta de oportunidade). Na visão crítico-conservativa da restauração, a instância histórica só poderia ceder lugar à instância estética. Segundo os motivos da história, todos os testemunhos devem ser salvos. Apenas a instância estética poderia preconizar modificações no caso em que certos testemunhos não possuíssem valor formal nem ambiental, deturpassem a leitura do conjunto e perturbassem sua configuração; seria caso de remoção de adições, que é exceção, e não a regra. Motivos de uso não devem ser prevalentes, pois são subordinados à análise histórico-crítica.

Por outro lado, existem complexos industriais de interesse para a preservação, mas em que os elementos que os constituem não possuem maior qualidade figurativa, sendo, no entanto, testemunhos relevantes da operosidade humana. Reconhecida a existência do valor histórico, ou mesmo ambiental, memorial ou simbólico, é de restauro que se trata. No entanto, a teoria da restauração, que jamais pode ser aplicada de um modo "automático", demandando sempre o esforço interpretativo caso a caso, nessas circunstâncias exige particular atenção. Esses testemunhos não são "obras de arte", mas o fato de o valor documental ser o predominante para a preservação não invalida os princípios da restauração, uma vez que essas obras possuem imagem figurada[45]. Ou seja, devem-se considerar concomitantemente os aspectos formais e documentais do complexo. Os elementos não podem ser demolidos de modo arbitrário, nem novos elementos inseridos sem prévia análise, incorrendo-se no risco de, como exposto, através de substituições não-justificadas, descaracterizar a composição do conjunto. É a análise da conformação da obra ou do conjunto e de suas transformações ao longo do tempo – do ponto de

45. Brandi, na *Teoria da Restauração*, por exemplo, justifica o campo de ação do restauro para as obras que possuem o valor documental como prevalente, a exemplo das considerações que faz na parte 8, "A Restauração Preventiva" (C. Brandi, *Teoria...*, 2004, pp. 97-109).

vista material, formal e documental – que deve guiar o modo de operar e determinar, ou não, a necessidade de remover adições, admitir (ou não) a inserção de novos elementos e tratar certos componentes como "edificações de base", fornecendo indicações para se promover, se necessário, a integração da imagem e conduzir o ato criativo.

Não se trata de conservar de forma acrítica tudo do modo em que se encontra. Trata-se de judiciosa identificação de quais os elementos caracterizadores que devem ser preservados e de que forma intervir e modificar para que esses valores possam ser transmitidos ao futuro. Isso pode exigir, e quase sempre exige, inovações. Feita a análise, deve-se determinar quais devem ser as ações conservativas e quais podem ser as eventuais intervenções "não-conservativas" (raras, de exceção), sendo, às vezes, necessário operar com substituições. Pois, existem obras ou conjuntos que, em função do próprio projeto, em consequência das várias transformações que sofreram ao longo do tempo, de intervenções recentes, de acidentes etc., podem se encontrar desarticulados, descaracterizados, deformados ou mutilados e exigir uma intervenção mais profunda.

CONSIDERAÇÕES SOBRE A RELAÇÃO ANTIGO-NOVO NAS INTERVENÇÕES EM AMBIENTES E EDIFICAÇÕES DE INTERESSE PARA A PRESERVAÇÃO

Em casos como os supracitados, em que o conjunto está descaracterizado e desarticulado, em que é necessário operar também com demolições e inserção de novos elementos, surgem problemas fundamentais, verdadeiros nós conceituais não desfeitos de modo consensual, cuja discussão se impõe: a legitimidade da presença da arquitetura contemporânea em contextos históricos e a relação antigo-novo em projetos de restauração[46].

As questões têm despertado ardorosos debates há décadas, sendo exemplos as colocações de autores de língua alemã, em princípios do século XX, como Riegl, Paul Clemen – historiador da arte e conservador provincial da Renânia (de 1892 a 1902), que se dedicou depois ao ensino universitário em Bonn – e Georg Dehio – que trabalhou no âmbito da história da arte e da conservação, sendo professor em Köningsberg, Bonn e Estrasburgo –, todos a favor de uma rigorosa conservação. Os dois primeiros mostraram-se, porém, mais abertos em relação à intervenção que poderia, assegurada rigorosamente a conservação do existente, comportar também a inserção de novos elementos.

46. Para análise do tema com referências bibliográficas complementares, v. G. Carbonara, "Architettura e Restauro Oggi a Confronto", *Palladio*, 2005, n. 35, pp. 99-128.

Riegl, no texto "Projeto de Organização Legislativa da Conservação na Áustria", oferece um exemplo da possível conjugação do novo com o existente através do exemplo de uma cobertura de torre que ameaça desabar:

> A futura tutela dos monumentos, que se interessará sobretudo pela conservação do valor de antigo, no exemplo citado conduzirá análises as mais rigorosas possíveis, voltadas a verificar se a torre com cobertura em forma de bulbo que chegou até nós se tornou verdadeiramente periclitante a ponto de dever ser substituída por uma torre nova ou de necessitar uma restauração tão radical que se torna próxima a violar de modo inoportuno ou cancelar de todo os traços de antiguidade. Se resultar das análises que o teto da torre deve ser renovado, naquele mesmo momento o interesse da autoridade de tutela cessará completamente para aquele objeto para retornar apenas depois de um período de sessenta anos após a construção do teto novo. Para a autoridade de tutela dos monumentos é totalmente indiferente se a torre será renovada em estilo gótico ou barroco, porque, de todo modo, a torre permanecerá, naquele momento, privada do valor de antigo. A torre nova significa para a autoridade de tutela somente uma obra construída *ex novo*, ou seja, uma obra moderna, mesmo se realizada utilizando formas de estilo antigo. Como obra moderna, a torre está sujeita à crítica de uma opinião moderna e sobretudo ao juízo do gosto do comitente, mas de modo algum a um voto da autoridade para a tutela dos monumentos, que no futuro deverá repelir decididamente a função de conselheiro estético. A tutela dos monumentos não reconhece mais o postulado da unidade estilística; cada parte autônoma pode mostrar um estilo por si independente[47].

Ou seja, a torre refeita, em qualquer estilo que seja, só terá interesse para a tutela após sessenta anos (o transcorrer de duas gerações, que Riegl considerava o distanciamento crítico necessário para reconhecer uma obra como bem cultural) e a unidade de estilo não é um postulado. Dehio, por sua vez, assim como Riegl e Clemen, era contra as propostas que visavam à unidade estilística e apreciava as várias estratificações da história, opondo-se decididamente a projetos de reconstrução em estilo. Era, porém, reticente em relação aos restauradores "artistas" – nesse caso, entendidos como aqueles que praticavam a livre e arbitrária criação artística em busca de completamento e unidade estilística, principalmente no que concerne aos completamentos excessivos e injustificados. Contrapunha essa postura à conservação, que deveria recair no campo histórico-crítico. De fato, Dehio considera que a criatividade artística não deva ser vinculada ao campo da conservação, formulando a enfática frase "Deus proteja os monumentos dos restauradores geniais":

47. A. Riegl, "Disposizioni per l'Applicazione della Legge di Tutela dei Monumenti", em S. Scarrocchia (ed.), *op. cit.*, 1995, p. 225.

Se tutela significa embelezar os monumentos – segundo uma opinião que perdurou durante muito tempo – então o seu companheiro de escolha é sem dúvida o artista; mas se o baricentro da sua práxis consiste na conservação, então o artista pode fazer as vezes de consultor, na medida em que de um lado está o técnico, do outro, o conhecedor, isto é, o arqueólogo, e de todo modo sua capacidade artística deve ceder. Somente sendo poeta se consegue entender os tesouros da literatura do passado? A relação do artista no confronto com os monumentos não é diversa disso. Se ele é um conservador que sabe olhar – entre os artistas existiram sempre conservadores do gênero – então nesse caso vem à luz um ulterior dote e tendência do espírito, que com a criatividade artística não tem nada a ver e será até fortemente questionado por esta última. O artista – se é verdadeiramente tal – necessita da liberdade assim como os peixes necessitam da água: como poderia ser honrado por uma tarefa que como primeira condição necessita do abandono da liberdade? No caso em que os restauradores em busca do sucesso procurassem atestados de genialidade junto aos seus sustentadores, eu digo: Deus proteja os monumentos dos restauradores geniais! Evidentemente não existe uma tensão tão relevante entre o dever da conservação dos monumentos e o talento natural do artista. E, no entanto: por mais que a consciência arqueológica se tenha aperfeiçoado nas jovens gerações de arquitetos em relação às passadas, graças também à ótima formação preparatória nos Politécnicos; por mais que alguns tenham conduzido ao conhecimento, a tal ponto minucioso que impressiona, sobre este ou aquele estilo; apesar de tudo, jamais uma cabeça artística se transformará numa histórica, ou essa transformação poderá se repetir à vontade num sentido ou no outro, dia a dia[48].

Discussões semelhantes também se davam em outras regiões da Europa, sendo exemplos naquele mesmo período as formulações de dois belgas, Louis Cloquet e Charles Buls.

Cloquet, que redigiu tratado de arquitetura com enorme difusão em finais do século XIX em ambiente francófono[49], preconizava a conservação constante e restaurações limitadas (com formas e materiais semelhantes ao original). Trabalha com a distinção entre "monumentos vivos", aqueles ainda em uso, e "monumentos mortos", remanescentes de épocas anteriores desprovidos de uso, normalmente ruínas da Antiguidade clássica ou da Idade Média. No que concerne aos "monumentos mortos", considera que não se deve deixá-los perecer, pois isso ocasionaria perdas irreparáveis, sendo necessário conservá-los. Prossegue, meditando a respeito do tema:

48. Georg Dehio, "La Protezione e la Cura dei Monumenti nell'Ottocento", em S. Scarrocchia (ed.), *op. cit.*, 1995, p. 356.
49. O *Traité d'Architecture*, em cinco volumes, publicado pela Baudry de Paris entre 1898 e 1901.

Uma dessas fórmulas obteve, nos últimos tempos, grande sucesso; a dos arqueólogos ingleses: "conservar, não restaurar". Ela não é absurdamente negativa como o sistema de nossos poetas, mas, em nosso entender, é ainda muito limitada [...]. Deveríamos, antes, dizer: *conservar antes de tudo, restaurar com discrição.* [...] A restauração deve ser feita apenas quando se pode, sem incertezas e sem temer errar quanto à forma e aos procedimentos originais. É necessário, para restaurar, dominar perfeitamente ambos. A restauração, então, impõe-se, se dispomos dos materiais antigos apropriados para ser recolocados em obra[50].

A seguir, volta-se aos monumentos vivos. Considerava que em certos casos, de modo limitado e sempre respeitando a "alma do edifício", fosse oportuno, por questões de uso, fazer completamentos e ampliações, mas deixa, de modo não-assertivo, entrever conformações miméticas em relação ao preexistente ("deve ser reparado, conservado, desenvolvido no espírito da obra original"). Evidencia, ao mesmo tempo, a importância de preservar vestígios e marcas da antiga arte e preconiza que não se deva, a qualquer custo, colocar novos elementos na obra antiga, evocando a máxima de Didron[51]:

Deve-se fazer, para esses edifícios, não apenas os trabalhos apropriados para lhes restituir a fisionomia primitiva e depois assegurar a sua conservação, mas também as obras necessárias para que sejam apropriados ao emprego atual, com os seus desenvolvimentos normais. Deve-se, portanto, repudiar por completo nesse caso a fórmula: conservar, não restaurar. Deve-se conservar, restaurar e, mesmo, às vezes, aumentar [...].

O completamento e o aumento desses edifícios por vezes se impõem. Por que nos seria vetado fazer o que se fez em todas as épocas, ou seja, tornar nossos velhos edifícios apropriados às necessidades modernas [...]? No entanto, isso deve ser feito somente quando necessário. [...]

Em todo caso, não se deve perder de vista o respeito em relação a um monumento secular, nem o grande interesse que se vincula à conservação dos vestígios da antiga arte e da história local que nele permanecem impressas. Todos os retoques que faremos sobre ele devem inspirar-se num cuidado piedoso e num espírito de conservação sistemática.

50. Louis Cloquet, "La Restauration des Monuments Anciens", *Revue de l'Art Chrétien*, 1901, pp. 498-503. Ver em especial p. 499; cita-se das pp. 500-501.

51. Adolphe Didron afirmara: "No que tange aos monumentos antigos, é melhor consolidar do que reparar, reparar do que restaurar, restaurar do que refazer, refazer do que embelezar; em nenhum caso se deve acrescentar e, sobretudo, nada suprimir" (*apud* G. Carbonara, *Avvicinamento...*, 1997, pp. 107-108). A formulação aparece pela primeira vez em *Bulletin Archéologique du Comité Historique des Arts et Monuments*, 1839, vol. 1, p. 47, sendo depois retomada nos *Annales Archéologiques*, 1845, n. 3, p. 123, em artigo sobre a catedral de Paris, de que provém a citação de Carbonara.

Não se deve, sem necessidade, "colocar o novo entre essas cores, essas formas que envelheceram juntas". Deve-se respeitar aquilo que chamaremos a alma do monumento, o caráter que lhe é próprio, seu estilo, e aquele que coloca a mão sobre ele deve considerar-se como um continuador do artista que o concebeu. Deve ser reparado, mantido, desenvolvido segundo as necessidades, de acordo com o espírito da obra original e com o cuidado de interferir nela apenas na medida do necessário, na frágil harmonia que o tempo lhe deu. Aqui, devemos adotar, como o fizemos em 1894, a bela fórmula de Didron, mas introduzindo uma divisão: "Quando se trata de monumentos mortos, deve-se, dizemos nós, *antes consolidar do que reparar, antes reparar do que restaurar*; quando se trata de monumentos vivos, *antes restaurar do que refazer, antes refazer do que embelezar*[52].

Charles Buls, que foi prefeito de Bruxelas de 1881 a 1889, desenvolveu grande interesse pelo patrimônio histórico e pela preservação urbana, preconizando princípios de uma "arte urbana" – conhecia bem os ensinamentos de Camillo Sitte – em que procurava conciliar as exigências da vida moderna com os valores legados pelo passado[53]. Seu texto sobre a restauração dos monumentos impressiona pela lucidez e pelo amplo conhecimento da situação em vários países europeus. Suas atentas análises de intervenções realizadas e sua interpretação aguda do pensamento de variados autores, associados à sua capacidade de síntese, levaram-no a elaborar proposições e de grande interesse. Seu texto é pouco posterior ao de Cloquet. Buls trabalha de forma mais abrangente com o tema da preservação dos monumentos históricos, fazendo também relações com a preservação de seu entorno e de áreas urbanas. Retoma a distinção feita por Cloquet entre monumentos vivos e monumentos mortos. Para estes últimos, considera de grande valia as proposições de Ruskin, aliando-as a métodos de consolidação um pouco mais enfáticos. Adota, porém, posição mais conservativa do que Cloquet, cujas proposições tendem preferencialmente à recomposição e completamentos. Ou seja, Buls recomenda essencialmente

52. L. Cloquet, "La Restauration ...", 1901, pp. 502-503. Na segunda parte do artigo (1902, pp. 41-45), aponta os perigos de completamentos, preconizando o uso de testemunhos (p. 44): "Com efeito, uma reconstituição parcial, se tem por intuito a harmonia de um conjunto, não pretende emocionar, nem instruir como o monumento autêntico. Esse privilégio é reservado às partes antigas restauradas com discrição. Uma restauração integral confunde-se com uma reconstituição. Um monumento restaurado de uma maneira demasiado radical está perdido como testemunho venerável dos séculos e como espécime autêntico da arte antiga. Chegaríamos a esse resultado desastroso se, em vez de tratar as feridas, de restituir as pedras removidas, de reparar os membros amputados, fôssemos levados a renovar completamente as superfícies marcadas pela usura do tempo e da atmosfera e fizéssemos uma nova pele para as fachadas".

53. Para informações pormenorizadas sobre Buls, seu pensamento e sua ação no campo urbanístico e para referências bibliográficas complementares, v. Marcel Smets, *Charles Buls: Les Principes de l'Art Urbain*, Bruxelles, Mardaga, 1995.

trabalhos de consolidação para evitar o agravamento da situação, sem refazer partes desaparecidas. Quando é necessário refazer, preconiza a distinguibilidade da intervenção, remetendo a soluções como a do Arco de Tito (recomposição com materiais ligeiramente diferenciados e com formas simplificadas), ou à consolidação em seu estado mais "puro", através do exemplo do esporão maciço do Coliseu[54]. Enfatiza, sempre, o respeito pelo documento histórico e pelo aspecto de vetustez das construções, contemporizando os aspectos pinturescos, históricos, arqueológicos e artísticos. Ainda considerando essas questões, reconhece que em alguns casos a serem ponderados com cautela se deva fazer anastiloses e eventualmente remover acréscimos espúrios ("construções parasitas"). Ou seja, trabalha sobretudo com aspectos de cunho histórico e de conformação da obra para embasar suas proposições.

No que se refere aos "monumentos vivos", procura classificá-los num sistema complexo associado ao estado de conservação e à época em que foram construídos. Faz a distinção entre os de linhagem clássica, cuja unidade seria mais fácil de recompor (pelo fato de a composição ser regida pelas ordens), e aqueles românicos e góticos, para os quais, em geral, é necessário conservar as adições posteriores. Apesar das numerosas subdivisões, em função das variadas situações que quer exemplificar, alguns princípios essenciais permeiam suas proposições: ênfase na manutenção e conservação; intervir o mínimo possível; respeitar, de modo geral, as adições feitas ao longo dos séculos ("a experiência nos mostra o quanto é perigoso sacrificar uma obra do passado ao gosto do presente")[55]; recompor apenas em casos em que se tenham dados e documentação absolutamente precisos. Também retoma a máxima de Didron, modificada, para monumentos negligenciados dos quais restam apenas fragmentos:

54. Os exemplos das restaurações do Arco de Tito (1817-1824) e do Coliseu (1806-1825) tornaram-se canônicos e são reiteradamente citados nos textos sobre restauração, desde a realização das obras. Um dos primeiros a fazer uma apreciação das intervenções e divulgá-las numa escala mais ampla foi Quatremère de Quincy no terceiro tomo de sua enciclopédia, de 1825 (Quatremère de Quincy, 2003). A restauração do Arco de Tito, em Roma, foi executada por Raffaele Stern e Giuseppe Valadier. Sobreviviam elementos originais apenas na parte central do arco, que esteve, durante certo tempo, adossado a muros. Foram realizadas escavações que permitiram encontrar a fundação original, possibilitando a reconstituição das proporções primitivas. O arco teve suas partes desmontadas e depois remontadas cuidadosamente num novo arcabouço de tijolos. Nos elementos reconstituídos (colunas, capitéis, entablamentos etc.) foi empregado o travertino em lugar do mármore grego e foram usadas formas simplificadas, permitindo a sua diferenciação das partes originais. Outro exemplo é dado pelo Coliseu, que se encontrava em estado precário no início do século XIX, depois de séculos de variada sorte e de servir como fonte de materiais de construção. Durante o papado de Pio VII (1800-1823) resolveu-se consolidá-lo; os trabalhos foram confiados a Stern, com a colaboração de G. Camporesi e G. Palazzi, sendo as obras iniciadas em 1806. Optou-se, numa das extremidades do anel externo, pela construção de um esporão oblíquo de tijolos, preservando o quanto possível e consolidando os elementos como se encontravam.

55. Charles Buls, *La Restauration des Monuments Anciens*, Bruxelles, Weissenbruch, 1903, p. 20.

"antes manter do que reparar, antes reparar do que restaurar, antes restaurar do que refazer, antes se abster do que inventar; essa é a gradação a aconselhar"[56].

Outro dado que sobressai é que – mesmo em se tratando de "monumentos vivos", ou seja, em que uma utilização é ainda existente –, jamais considera o uso como fator preponderante. A utilização pode balizar algumas escolhas pela situação do edifício numa cidade, ou por necessidade de ampliação; mas as razões invocadas como primordiais para o tratamento das construções são de cunho estético e histórico. No que respeita aos completamentos, admite em certos casos recomposições em estilo, em presença de documentos absolutamente seguros (e recomenda grande cuidado com os documentos). Quando não existirem documentos e o edifício estiver fragmentado, afirma que a restauração em estilo será apenas um pastiche, um produto bastardo, sem originalidade. Aconselha preservar o edifício da ruína e, caso sejam necessários anexos para os serviços, preconiza que sejam feitas novas instalações, isoladas, ao lado. Se isso não for possível, deve-se buscar uma transição entre a parte antiga e a nova, que será francamente moderna. Ou seja, em casos muito particulares, recomenda a justaposição do antigo (mas não o aumento de um edifício antigo completo, pois isso modificaria as proporções e estragaria a obra) ao novo, este último de fato "moderno", problema esse que considera de grande interesse para ser resolvido por um artista de talento.

Considerações semelhantes apresenta para o caso de monumentos inacabados, que devam ser completados para responder a novas exigências, oferecendo três opções: empregar o estilo do monumento, mas fazendo uso da sinceridade, não enganando quanto à idade da construção; usar um estilo

56. O sistema se articula basicamente em cinco categorias de monumentos, com algumas subdivisões (C. Buls, *op. cit.*, 1903, pp. 11 a 33, com resumo nas pp. 32-33, de onde provém o quadro a seguir com algumas modificações), a saber: 1. Intactos – Mantê-los em bom estado. / 2. Negligenciados. a. Na presença de documentos seguros – Seguir regras de Viollet-le-Duc sem exagerar na restauração. Podem-se manter partes deterioradas, mas que não comprometem a solidez do edifício. b. Restam apenas fragmentos – questão de tato: antes manter do que reparar, antes reparar do que restaurar, antes restaurar do que refazer, antes se abster do que inventar; essa é a gradação a aconselhar. c. Não restam nem fragmentos, nem documentos – Limitar-se a impedir a acentuação da ruína. Não restaurar [em caso de adições para serviços necessários, construir anexo ao lado, francamente moderno] / 3. Monumentos restaurados ou completados posteriormente em outro estilo. a. Monumentos que possuíram uma unidade de estilo – Para os monumentos clássicos, pode-se quase sempre restabelecer a unidade; para os monumentos românicos e góticos, conservar as adições posteriores; para as adições em gesso, cimento, estuque, deixar que o tempo as destrua. b. Monumentos cuja construção seguiu evoluções dos estilos – Mantê-los no estado em que o passado nos deixou [p. 21: respeitar escrupulosamente, como os séculos nos deixaram e voltar-nos a mantê-los em bom estado]. / 4. Monumentos inacabados. a. Adições no corpo principal no mesmo estilo. b. Anexos independentes. De preferência num estilo de transição. / 5. Monumentos não-restauráveis. Reconstruídos se são indispensáveis em um ambiente e se formam um elemento decorativo necessário.

de transição, que talvez seja o que mais bem resolva este tipo de problema; adotar um estilo moderno, mas tendo cuidado quanto à escolha dos materiais, dimensão do aparelhamento, disposição dos volumes etc., para obter uma relação harmoniosa entre o anexo e o edifício principal[57].

Como se vê, a presença da arquitetura contemporânea em edifícios ou ambientes de interesse histórico já despertava vivos debates desde o início do século XX. Essa discussão se acentuou a partir dos anos 1950[58], também pelas destruições maciças da Segunda Guerra Mundial. Naquele momento, de modo incontornável, era necessário lidar com extensas recomposições e reconstruções de áreas ou de edifícios de interesse para a preservação. Havia autores com ressalvas quanto à conjugação do antigo e do moderno (leia-se arquitetura do modernismo), a exemplo de Cesare Brandi e, mesmo, Renato Bonelli[59], e aqueles que consideram, antes, oportuno, a exemplo de Bruno Zevi ou Roberto Pane.

Brandi, na *Teoria da Restauração*, afirma que a substituição, num ambiente monumental, de uma construção de pouco valor por outra moderna, que tenha o direito de ser denominada Arquitetura (ou seja, Arte), com mesma massa, altura e cor é um problema apenas em aparência lógico, mas que se resolve num sofisma. Pois, se a construção não chega a atingir o grau da arquitetura, não poderá justificar a destruição de uma situação existente; por outro lado, se a construção é verdadeira arquitetura e portanto, arte, dada a configuração espacial contrastante da arquitetura moderna (arquitetura do movimento moderno), sua inserção num ambiente antigo é inaceitável[60]. No terceiro apêndice

57. *Idem*, pp. 15, 26.

58. Para análise das discussões e referências complementares v. L. Santoro, *Restauro...*, 1970, pp. 87-97; Giuseppe Fiengo e Luigi Guerriero, *Monumenti e Ambienti: Protagonisti del Restauro del Dopoguerra*, Napoli, Arte Tipografica, 2004 (agradeço a Salvo pelo exemplar); G. Miarelli Mariani, "Riflessioni su un Vecchio Tema: Il Nuovo nella Città Storica", *Restauro*, 2003, vol. XXXII, n. 164, pp. 11-48.

59. Para a discussão das posturas de Bonelli, que vê a restauração como ato crítico e criativo, mas é reticente quanto à inserção de construções modernistas em contextos históricos, v. Cesare Chirici, *Il Problema del Restauro*, Milano, Ceschina, 1971. Cf. também as formulações de R. Bonelli, *Scritti...*, 1995.

60. C. Brandi, *Teoria...*, 2004, pp. 107-108: "Ocorre que o raciocínio sobre o qual se baseia a proposta de substituir uma construção de pouco valor inserida em um ambiente monumental por uma moderna de igual massa, altura, cor, é lógico só na aparência, e, na realidade, se resolve em um sofisma, uma vez que a substituição ocorre, ou não, com uma construção que tem o direito de se chamar arquitetura. Se a construção não chega à arquitetura, é claro que não poderá justificar a destruição de um *status quo* que historicamente deve subsistir assim como está, não podendo a instância histórica ceder a outra coisa que não seja a instância estética. Ou a construção crê poder atingir o grau de arquitetura, ou seja, de arte, e então, dada a espacialidade contrastante que personifica a arquitetura moderna, a inserção de uma *verdadeira* arquitetura moderna em um contexto antigo é inaceitável".

da *Teoria*, "Princípios para a Restauração dos Monumentos", Brandi retoma a questão em relação a elementos de sítios históricos cuja desaparição alterou e deturpou a configuração espacial do conjunto. Não se trata de destruir o existente para substituir por outra coisa; trata-se de inserir novas construções no lugar de elementos perdidos (por desabamentos ou bombardeios, por exemplo). Afirma que, se os elementos desaparecidos não eram em si obras de artes, reconstituições seriam admissíveis, pois apesar de serem "falsos", pelo fato de não serem obras de arte, não degradariam a qualidade artística do ambiente e se colocariam como limites espaciais qualificados de modo genérico. Assevera ainda que novas obras de arquitetura também podem ser inseridas, para elaborar de maneira original uma nova imagem, mas que esse seria um problema de criação, e não de restauro. Mas se os elementos desaparecidos tivessem sido verdadeiras obras de arte, uma reconstituição seria inadmissível, e o ambiente deveria ser recomposto através de uma nova obra que se baseasse nos dados espaciais do monumento desaparecido, mas que jamais retomasse seus dados formais[61]. Ou seja, Brandi não nega a inserção de novos elementos em contextos históricos quando isso é necessário. Para o autor, o que é absolutamente ilícito é a destruição do existente por vontade de substituir.

Em relação à "espacialidade" contrastante, Brandi desenvolvera uma série de considerações no artigo "Processo all'Architettura Moderna", em que traça um panorama da forma de inserir novos edifícios numa realidade preexistente desde o Renascimento. Afirma que, com o desenvolvimento da perspectiva por Brunelleschi, esse instrumento se tornou essencial para a nova forma de ordenar o espaço. Uma "espacialidade perspéctica", segundo Brandi, que foi utilizada não como imitação, mas como modo para uma autêntica criação associada à inteligência formal. Disso resulta a fusão harmoniosa e coerente com o ambiente, que se deu desde o Renascimento até, apesar dos pesares, o século XIX. Reconhece muitos méritos na arquitetura moderna, mas afirma que a verdadeira arquitetura moderna, pelo modo como se compõe, tem uma natureza diversa da "espacialidade perspéctica" (isso como uma característica e não um depreciativo) e, por isso, não poderia inserir-se num ambiente monumental sem renegar sua própria natureza[62]. Portanto, não se poderia justificar a demolição de um edifício, mesmo que de valor limitado, para inserir um novo. Brandi considera relevante o reconhecimento do conjunto como complexo monumental, enfatizando a consciência histórica, que, uma vez adquirida pela nossa civilização, não pode ser invalidada. Não se trata de

61. *Idem*, pp. 136-137.

62. C. Brandi, "Processo all'Architettura Moderna", *L'Architettura: Cronache e Storia*, 1956, n. 11, pp. 356-360.

falta de confiança nos artistas contemporâneos, mas de reconhecer um *status* irreversível da consciência histórica que impede de atuar de forma livre em relação a monumentos ou a ambientes monumentais, concebendo-os como obras concluídas que, por isso, não admitiriam modificações e acréscimos[63]. Brandi evidencia ainda a enorme dificuldade que é projetar em contextos históricos, algo que a arquitetura moderna acabou por acentuar.

Bruno Zevi contesta as colocações de Brandi. Afirma que a composição perspéctica, em si, não assegura continuidade e respeito pelo ambiente preexistente, citando várias obras oitocentistas malsucedidas. Garante que, quando a arquitetura moderna repete de forma acrítica os princípios perspécticos, é mais lesiva ao ambiente do que a inserção de obras de fato modernas. Zevi considera que, apesar de a arquitetura moderna ter favorecido o gosto pelos prismas isolados, não tem, necessariamente, de se manifestar como volume autônomo, citando exemplos que buscam a continuidade espacial e se inserem com propriedade no ambiente. Contesta ainda a análise de Brandi baseada tão só em algumas intervenções desastrosas de arranha-céus inseridos em ambientes históricos, que de fato foram feitas sem critérios e sem sensibilidade. Assevera que isso foi a vitória da especulação sobre o ambiente e que o problema foi criado pelo programa imposto e não pela linguagem arquitetônica em si. Dessa forma, em 1956, manifesta a sua crença em buscas qualificadas através da linguagem contemporânea – apesar de admitir que ainda faltem experiências positivas – que "reconheça a condição histórica e que dela extraia seu estímulo criativo, reconduzindo o tema da ambientação ao como e, talvez ainda, às razões de inserir novos edifícios nas antigas tramas urbanas"[64].

Zevi foi um dos que se debateram contra as formas de "ambientação" de manifestações arquitetônicas – o vilipendiado "moderno ambientado" –, que foram consideradas por alguns como meio de tutelar o antigo e que foram favorecidas em detrimento de uma verdadeira nova forma de expressão. Zevi assevera que através dessas ações ocorria justamente o contrário: essas construções "ambientadas" na verdade são arquitetura de má qualidade, que acabam por deteriorar ambientes históricos; por isso, afirma que para salvar a arquitetura do passado se deva lutar pela arquitetura moderna. Baseado nessas considerações, anos depois, formula critérios, e dois dos três preceitos que elabora se referem a zonas com preexistências de interesse para a preservação (o outro preceito se refere a áreas novas). Aborda, de início, a questão das áreas a serem respeitadas: devem ser delimitadas com exatidão; nelas, as novas

63. C. Brandi, *Struttura...*, 1975, pp. 308-315.

64. Bruno Zevi, "Unità Prospettica e Spazio-Temporalità nell'Architettura Moderna", *L'Architettura: Cronache e Storia*, 1956, n. 11, p. 323,

construções serão proibidas; se um edifício corre risco de ruir, deve ser feito um restauro filológico, de "tipo japonês"; se de fato cai, deve ser substituído por um jardim. Já para as áreas de transição – entre aquelas a ser respeitadas e as áreas novas –, em que o tecido já foi alterado, afirma que o contraste entre antigo e novo deve ser explícito e será tanto mais eficaz quanto mais a arquitetura for dinâmica, quadridimensional, aberta, estereométrica e antitética em relação ao ambiente em que se encontra; os planos diretores poderão limitar os metros cúbicos construídos, mas de modo algum intervir no volume como fato figurativo, procurando liberar-se da rua-corredor[65].

Zevi, em texto para um congresso sobre o tema "Os Arquitetos Modernos e o Encontro entre Antigo e Novo" realizado em Veneza em 1965, apresenta considerações contrastantes com as de seu texto de 1956, em que acreditava na busca qualificada de diálogo harmônico entre novo e antigo em áreas protegidas. Considera a arquitetura moderna inconciliável com a antiga, por ser decididamente anticlássica e não se basear nas proporções consagradas, nos cânones compositivos, na continuidade perspéctica etc.[66] Desse modo, observa que o único modo de aproximação entre as duas é através do contraste explícito.

Roberto Pane, por sua vez, apresenta considerações de outra natureza, afirmando que, se existe a realidade da estratificação histórica, que se consolidou ao longo do tempo na configuração daquilo que hoje queremos salvar, seria um absurdo negar esse direito também ao presente (ver a posição de Cloquet, apresentada anteriormente), desde que a nova arquitetura seja subordinada à análise do ambiente como uma obra coletiva, a ser salva como tal; ambiente não como simples soma de peças isoladas, mas como relação de massas e espaços que permita a substituição de um edifício existente se necessário, desde que o processo seja regido pelos princípios enunciados acima[67]. Chama ainda atenção para a contradição de Zevi, pois, ao definir as zonas a serem respeitadas em alguns centros antigos como intocáveis, aliena-as da própria cultura viva, recusando qualquer possibilidade de convivência entre as imagens do passado e do presente, negando assim a continuidade da cultura em sua essência. Pane evidencia o fato de que todos os tecidos antigos passaram por alterações e todos recairiam, portanto, na segunda categoria (zonas de transição) em que Zevi propõe que se deva operar por contraste[68]. Pane invoca então o uso da criatividade, não a serviço de um contraste puro e simples ou

65. B. Zevi, "Contro Ogni Teoria dell'Ambientamento", *L'Architettura: Cronache e Storia*, 1965, n. 118, pp. 212-213.
66. *Apud* L. Santoro, *op. cit.*, 1970, p. 89.
67. Roberto Pane, *Città Antiche...*, 1959, pp. 70-71.
68. R. Pane, "Antico e Nuovo", *Casabella*, 1965, n. 297, pp. 92-93.

alienado do tecido histórico da cidade, mas como parte integrante desse tecido historicizado, pois os centros antigos não são uma área morta da cidade[69].

Como examinou Carbonara, as posições dos autores supracitados não são redutivas, parciais ou não-operacionais. Ao contrário, analisam, sob pontos de vista diversos, mas sempre no campo da cultura, um tema fundamental: a licitude ou não de intervenções em centros históricos com uma arquitetura nova. Nos casos em que isso é considerado lícito, examinam de que forma deveria ser feita a intervenção, sempre à luz das duas instâncias fundamentais, a estética e a histórica[70]. Pode-se verificar que são questões que, mesmo se analisadas em relação a preceitos culturais, local de direito do debate, são conflituosas e difíceis; isso não significa, porém, que uma solução pertinente, mesmo que não seja consensual, seja impossível. A preservação de bens culturais (e todos os problemas a ela ligados) – como apontava Riegl já no início do século passado, algo evidenciado por Choay[71] – não comporta apenas um ponto de vista e uma única solução, como dito, mas várias soluções de pertinência relativa.

O que fazer quando é de fato necessário inserir um novo elemento? Não quando se "quer" inserir um elemento, mas quando é necessário operar através de inserções. Pode ser o caso, por exemplo, do desabamento ou incêndio de um edifício numa trama de construções de certa densidade, em que a colocação de um jardim em seu lugar não alcança resultados desejáveis do ponto de vista formal, dada a proporção da lacuna, que mais se assemelha a uma falha na arcada dentária, pois o novo jardim não seria reabsorvido na malha de edificações. Pode ainda se dar quando há desabamento parcial de um edifício, que exige o seu completamento por questões relacionadas com a própria sobrevivência do bem.

69. R. Pane, *Attualità e Dialettica...*, 1987, p. 198. Liliana Grassi, por sua vez, acredita na possibilidade de síntese dialética entre memória e projeto, na coexistência das instâncias histórica e estética e que "a conservação em geral, e aquela dos centros históricos em particular, poderia encontrar uma justificação mais profunda no quadro mais vasto de uma renovada unidade dialética do tempo (passado, presente, futuro)". *Apud* Stefano Della Torre, "Liliana Grassi", em G. Fiengo e L. Guerriero, *op. cit.*, 2004, pp. 72-86.

70. Para uma análise das várias posturas e referências bibliográficas mais completas, v. G. Carbonara, *Avvicinamento...*, 1997, pp. 423-434. Na p. 428: "Às duas instâncias fundamentais, a histórica e a estética, serão reconduzidos, pois, todos os valores a tutelar [...]. Mas se para todas as questões de remoção de partes acrescentadas e de modificações, de todo modo feitas nos centros históricos será necessário garantir o respeito da instância histórica (que por definição requereria a defesa de toda a fase e de todo pequeno testemunho), para as questões relativas à inserção de novos edifícios em espaços disponíveis, isto é, de aproximação do antigo e do novo, será a instância estética a merecer a mais alta consideração: eis reconduzido o problema exatamente àqueles fatores 'formais e estéticos' e, nesse momento, exclusivamente a eles, erroneamente considerados parciais".

71. F. Choay, "A Propos...", 1984, pp. 7-19.

Nesses casos, em que é legítimo tratar esses vazios que se comportam como lacunas que não são reabsorvidas na composição do ambiente e o degradam, como se deve operar? As soluções podem ser as mais variadas e sempre dependerão das características do próprio ambiente e das obras que o compõem; ou seja, é essencial pensar a questão como restauro urbano, perscrutando a relação com as edificações e a estruturação urbana existentes[72]. Podem-se seguir as supracitadas propostas feitas por Brandi (e a solução sempre dependerá da relação dialética entre aspectos históricos e estéticos): quando os elementos preexistentes não eram "obras de arte", admitem-se tanto recomposições quanto novas criações; no caso de efetivas obras de arte, não se deve jamais operar com reconstituição, mas, sim, com novas composições baseadas nos dados espaciais da construção preexistente, sem jamais retomar aspectos formais.

A solução mais insatisfatória, tentada no segundo pós-guerra, tanto do ponto de vista proposicional, quanto do ponto de vista formal, foram as soluções do "moderno ambientado", algo já explicitado nas críticas feitas por Zevi. São composições que se desenvolveram retomando volumetria, ritmos e, muitas vezes de modo simplificado, formas, cores e materiais, resultando numa "construção domesticada", tendo como resultado amiúde um edifício sem personalidade e anacrônico, em que se evidencia uma "covardia" proposicional e uma injustificável falta de confiança nos recursos de composição da arquitetura contemporânea.

Miarelli Mariani aponta três principais tendências para enfrentar o problema: manter esses espaços sem construções, mas recebendo um tratamento adequado, através de paisagismo ou de conveniente mobiliário urbano, por exemplo; buscar a unidade de leitura do organismo, desenvolvendo o projeto através das sugestões dadas pelos fragmentos existentes (mas se deve estar atento a jamais buscar uma reconstituição literal), com cuidadosa reinterpretação das construções do local; ou, através da realização de obras francamente contemporâneas[73].

Essas soluções são atinentes à cultura arquitetônica de um dado período, e devem ser merecedoras da denominação arquitetura: ou se trabalha com diferenciação em consonância, a que tendem as proposições de Brandi e da

72. Sobre aspectos da relação novo-antigo, restauro e projeto arquitetônico v. G. Carbonara, "Architettura...", 2005; "Alcuni Temi...", 2007; ver ainda, sobre a ausência de referenciais teóricos nas recentes ações práticas M. G. Putzu, "Progetto...", 2003, pp. 18-25.

73. G. Miarelli Mariani, *Centri...*, 1993, pp. 94-97 e "Riflessioni...", 2003. Para uma análise de outros aspectos do problema, enfatizando a relação entre intervenção no construído e prática arquitetônica, ver seu texto "I Restauri...", 2000, pp. 84-88. Neste último texto, reafirma sua crença na esperança de poder produzir obras de arquitetura que pertençam de modo legítimo ao mundo de hoje e capazes, ao mesmo tempo, de conviver com as antigas (p. 87).

vertente crítico-conservativa, através do desenvolvimento da "unidade potencial"; ou se trabalha com diferenciação em dissonância em relação ao existente, como admitiam Riegl e Zevi e como preconiza a vertente da conservação integral. Em ambos os casos é necessário fazer uso da criatividade.

Trabalhar com arquitetura diferenciada mas em consonância com o preexistente – entendendo-se por consonância, neste texto, o uso de notas diversas que se conjugam num acorde harmônico, sem se trabalhar, portanto de forma mimética, por imitação, analogia ou repristinação – apresenta a vantagem de se buscar um diálogo de modo cortês. Deve-se sempre procurar uma relação positiva do novo com o preexistente que, de modo eficiente e respeitoso, atue como elemento de conexão no tecido figurativo. A reintegração da imagem, dos edifícios isolados ou do conjunto em sua inteireza, coloca-se como um dos objetivos que podem ser postulados pela intervenção, desenvolvendo a "unidade potencial" das obras. Deve-se sempre ter em mente os preceitos fundamentais da restauração (mínima intervenção, re-trabalhabilidade, distinguibilidade), e o modo de articulação do novo com o antigo pode tomar as mais variadas formas[74]. A arquitetura contemporânea afirma-se como tal, sem impingir de modo ostentatório sua própria presença. Deve-se assumir a responsabilidade projetual de fazer novo(s) elemento(s) articulador(es), sem perder a individualidade e personalidade, mantendo-se o princípio fundamental da distinguibilidade, mas evitando aumentar a cacofonia no ambiente, que é aquilo que se propõe a resolver. É importante ainda salientar que apenas manter a volumetria, ritmos, cores etc. não resolve o problema do ponto de vista formal, pois isso não se configura como um projeto, podendo servir no máximo como parâmetros de utilidade relativa.

Nas análises de Baldini, existem colocações que podem ser de valia para o tratamento de lacunas urbanas, através de suas propostas de abstração e seleção cromáticas. No caso da arquitetura, poder-se-ia buscar a identidade de efeito, através de uma abstração volumétrica criticamente extraída da obra (no caso de um completamento da edificação), ou das obras circunstantes, sem cair na imitação, na competição e na falsificação, fugindo do equívoco de uma "imitação diferenciada" ou da "diferenciação imitativa"[75]. Deve-se procurar interpretar, distanciando-se de qualquer tipo de citação, pois isso pode

74. As relações entre o novo e o antigo, os modos de buscar essa articulação através da leitura sensível e da análise do preexistente, como um instrumento de projeto, é tema da maior relevância. Para análises e para uma bibliografia complementar sobre a questão ver: G. Carbonara, *La Reintegrazione...*, 1976 e "Alcuni Temi...", 2007. No primeiro texto, apresenta uma análise aprofundada da relação entre criatividade, tratamento de lacunas, reintegração da imagem e o problema da escala urbana.
75. U. Baldini, *op. cit.*, 1997, pp. 40-57.

levar a um aspecto caricatural. Tem-se, pois, que perquirir, como aconselha Carbonara, a estrutura, e não a letra da obra, através de linguagem pessoal, atual e genuína, interpretando a "forma formante" e não imitando a "forma formada"[76], como mencionado.

Inserir elementos (quando necessário, e não como premissa) por dissonância é a que tende a vertente da conservação integral. A dissonância pode postular a legitimidade mesmo na vertente crítico-conservativa em casos particularíssimos, em que o ambiente "aceite" esse tipo de imissão sem se esfacelar. Esses casos são muito delicados, pois a fronteira entre a criação para o monumento ou ambientes monumentais ou em detrimento deles é muito tênue. Deve ser consequência de análise acurada, em que a intervenção respeite integralmente o documento histórico e valorize os elementos que caracterizam o conjunto. Esse pode ser o caso, por exemplo, de complexos industriais que estejam de tal forma desarticulados e deteriorados, inseridos em áreas degradadas, que um gesto arquitetônico mais incisivo, deliberadamente contrastante – mas fundamentado no respeito pelo existente e não como um ato egocêntrico, alienado e exibicionista –, pode, ao contrário, servir de elemento propulsor de uma necessária e desejável nova realidade. É sempre bom lembrar, retomando a comparação musical, que por vezes a dissonância agrada, cabendo à sensibilidade do arquiteto interpretar a dissonância que pode contribuir para valorizar o conjunto[77]. De qualquer modo, a postura aqui adotada é que se deva, via de regra, buscar a polifonia e não a cacofonia, mesmo quando se opera através de dissonâncias.

76. Ver, sobre esse aspecto, G. Carbonara, "Questioni di Principio e di Metodo nel Restauro dell'Architettura", *Restauro*, 1978, n. 36, pp. 27-28; e *La Reintegrazione...*, 1976, pp. 134-196.

77. Sobre o tema de consonância e dissonância na restauração, são de interesse as colocações de Roberto Papini, *14 Lezioni sul Restauro dei Monumenti, Tenute nella Facoltà di Architettura durante l'Anno Accademico 1945-1946*, Firenze, Duplic, s.d., pp. 58-59: "a harmonia não é feita apenas de concordância entre as partes, mas também de dissonância. Como se estuda em acústica, a qualidade de uma nota e o seu timbre são resultantes dos acordes daquela nota, acordes que podem ser também dissonantes em relação à própria nota e acrescentar, precisamente por isso, uma tonalidade vibrante, musicalmente oportuna. As dissonâncias têm, portanto, um valor que deve ser levado em conta, tanto na execução de uma música quanto no concerto de um restauro. [...] O bom maestro, assim como o bom restaurador, evitará sobrepor a própria personalidade àquela do músico ou do arquiteto de quem interpretam a obra. São apenas os medíocres que, com o pretexto da liberdade de interpretação, diminuem ou apressam excessivamente os tempos, abusando do 'piano' e do 'forte', desarticulam ou falseiam a partitura para parecer originais e fazer barulho, e, assim fazendo, chamar a atenção do público sobre a própria pessoa e não sobre aquela do artista criador. São faltas de respeito perpetradas contra a própria arte; são arbítrios que se aproveitam da mentira com objetivos nada legítimos; são falta de fineza típicas da cafonice dominada pelo diletantismo. Que tudo isso aconteça num concerto ou na execução de um melodrama que tenham a duração de poucos quartos de hora, a má interpretação passa rápido para a categoria das ofensas que devem ser evangelicamente esquecidas. Mas na restauração de um monumento, certos erros ofensivos de interpretação permanecem por muito mais tempo e são capazes, às vezes, de estragar toda a harmonia do ambiente".

Caso exemplar de atuação por dissonância é o projeto de Lina Bo Bardi, com a colaboração de Marcelo Ferraz e André Vainer, para o SESC Fábrica Pompeia (1977-1986), em que a arquitetura contemporânea se comporta como um novo estrato que não destrói e respeita os elementos caracterizadores da composição preexistente, apesar de a ênfase ser no projeto do novo e não na preservação em si. Trata-se de projeto para centro de lazer criado numa antiga fábrica de contentores metálicos, das primeiras décadas do século XX, dos Irmãos Mauser, no bairro da Pompeia, na cidade de São Paulo. O local, que permaneceu abandonado por longo período, foi transformado num centro cultural e esportivo do Serviço Social do Comércio. A antiga fábrica deveria ser demolida, mas por uma série de conjunções favoráveis, muito raras de ocorrer na prática, entre elas a presença de um membro esclarecido entre os comitentes, acabou por ser preservada. Lina Bo considerou o conjunto de grande interesse, sendo particularmente atraída pela pioneira e elegante estrutura de concreto armado que sustentava as coberturas[78]. Houve uma leitura sensível dos atributos espaciais, tectônicos e formais das edificações existentes, inserindo uma nova estratificação contemporânea, sem devastar, em que pese uma ressalva no que se refere ao tratamento das superfícies, pois todo o revestimento que cobria os tijolos foi removido. Os elementos acrescentados possuem personalidade forte, com grande qualidade projetual e se tornaram preponderantes na composição, mas foram inseridos com propriedade, sem esfacelar o conjunto original, resultando numa nova articulação para a obra como um todo. Tratava-se de conjunto e de uma realidade urbana que, pela sua configuração, "aceitava" tal tipo de intervenção. Os novos edifícios e o conjunto como um todo aspiram de forma legítima à caracterização como obra de arte e se afirmam de modo determinante na paisagem. Aquela região da cidade podia absorver esse tipo de gesto e a intervenção fez com que pudesse ser novamente apreciada. Já o mesmo não se pode afirmar em relação aos prédios residenciais construídos mais recentemente no perímetro do conjunto, que são de péssima qualidade projetual e perturbam a paisagem.

A vertente da conservação integral, respeitados os aspectos histórico-documentais, de modo absoluto, ou seja, preservando escrupulosamente tudo que ali existe, não postula a resolução de questões como a remoção de adições e o tratamento de lacunas através de uma síntese proveniente da relação dialética entre as instâncias estética e histórica. Novo e existente são pensados como coisas distintas impossíveis de serem resolvidas numa síntese que leve

78. Para os dados sobre o projeto v. Marcelo Ferraz (org.), *Lina Bo Bardi*, São Paulo, Instituto Lina Bo e P. M. Bardi, 1996, pp. 220-235.

à reintegração da imagem e a obra passa a se comportar como o somatório das intervenções, admitindo descontinuidades.

Diversamente, respeitadas as particularidades da obra e do complexo, o seu cerne, do ponto de vista da vertente crítico-conservativa, seria a instância estética a permitir, ou não, a inserção de novos elementos para promover a reintegração da imagem. Nessas condições, após consciencioso juízo histórico-crítico, assegurada a preservação, a inovação e o sempre necessário uso da criatividade podem contribuir para a formação de uma renovada sintaxe para a obra ou complexo, através de uma intervenção diferenciada em que se opera através de diferenciação em consonância.

As análises e procedimentos supracitados podem ser interpretados tanto no tratamento de um conjunto de edificações, quanto na abordagem de uma obra singular. Em casos em que é legítimo e necessário intervir tratando lacunas ou inserindo novos elementos, qualquer que seja a postura adotada mediante a análise fundamentada da realidade existente, a intervenção será, de fato, algo além da conservação, em que a arquitetura contemporânea, consonante ou dissonante, com legítima pretensão a obra de arte, pode e deve manifestar-se. Manifestar-se, porém, respeitando e valorizando o preexistente, buscando uma relação positiva e construtiva do novo com aquilo que ali está. Nesses casos, poderia haver alterações com intuito inovador, oferecendo renovada configuração à obra ou ao complexo, para que possam adquirir, inclusive, consistência. Ao mesmo tempo, devem-se conservar escrupulosamente os elementos que caracterizam o conjunto (ou edifício) e as partes que o compõem, não deturpando os documentos históricos.

Retomando o tema da relação antigo-novo sob a óptica das vertentes atuais da restauração anteriormente mencionadas, poderíamos dizer que há uma vertente – a da "hipermanutenção" – que trabalha através de assonâncias, ou seja, analogia de formas e materiais. Considera, assim como na "conservação integral", não ser possível uma síntese vinda de relação dialética entre novo e antigo, mas opera através de assonância, e não de dissonância. Paolo Marconi, por exemplo, ao abordar o tema, evidencia antes de mais nada os ânimos opostos que se têm acentuado entre "tradicionalistas" e "modernistas". Considera que o campo da preservação, que deveria ser um campo "neutro" por excelência, padece muito dessa visão maniqueísta. Apresenta comparações com a medicina, afirmando que seria o confronto entre médicos num campo de batalha em que jazem feridos o patrimônio paisagístico e o arquitetônico; uns teriam a intenção de restituir aos feridos a saúde perdida, renunciando a infligir-lhes sua própria sigla estilística e respeitando a máxima compatibilidade recíproca de formas e materiais para os eventuais transplantes; outros buscariam marcá-lo com seu próprio ferro estilístico. Considera que a arquitetura contemporânea, desde que seja bela, deva ter muito espaço à sua disposição, mas fora da cidade e dos burgos, e que se manifeste sobretudo nos temas verdadeiramente "modernos", que são as várias estruturas de serviço da sociedade atual. No que se refere especificamente à relação novo-antigo, afirma:

> É inútil nesse ponto vir dizer que o novo e o existente poderiam conviver numa dialética possível. Deveria, quando muito, ser demonstrado que o existente está bem disposto e adaptado a tal dialética com o novo e que, sobretudo, também o sejam os usuários de tal eventual acomodamento, os cidadãos, mas o primeiro é mudo e os segundos têm voz fraca na questão, na mentalidade de demasiados arquitetos "modernos". Na falta de tais interlocutores, seria como afirmar que o colonizador e o colonizado poderiam conviver pacificamente, afirmação que sempre foi feita – a história o ensina – pelos colonizadores, feita a colonização[79].

Quando se trata de preservação, freqüentemente se trabalha com termos que se contrapõem: preservação e inovação[80]; novo e antigo; os objetivos da preservação e aqueles do projeto; preservação e desenvolvimento. Certos autores trabalham com esses termos numa relação dialética que procuram resolver numa síntese; outros trabalham como sendo de fato termos opostos, que assim permanecem e, mesmo não se buscando uma síntese (considerada impossível), sempre levam em consideração a existência dos dois termos. Ademais, as três vertentes da preservação se baseiam num respeito

79. Paolo Marconi, "La Questione del Linguaggio Moderno: La Bellezza come Luogo Comune", em *Manutenzione e Recupero nella Città Storica: L'Inserzione del Nuovo nel Vecchio a Trenta Anni da Cesare Brandi*, Roma, Gangemi, 2004, pp. 64-74. Cita-se da p. 68.

80. Nessa sempre difícil relação entre preservação e inovação, considerações de interesse são oferecidas por Francesco Cellini ("Restauro, Conservazione, Innovazione", em *Manutenzione...*, 2004, pp 75-78), analisando a "feroz" oposição entre conservacionistas e restauradores, de um lado e inovadores, de outro (em ambiente italiano, não se pode esquecer a oposição virulenta que existe entre os adeptos da "conservação integral" e os da "hipermanutenção"). Inicia a discussão referindo-se às transformações, danosas, por que passou a cidade grega de Fiskardo no arco de 25 anos: cresceu de forma desordenada, com vulgares casas falso-venezianas de concreto armado ou através de tentativas ineptas de adaptação ao ambiente. Aponta, consciente de estar simplificando, dois caminhos essenciais: se as condições e necessidades às quais se voltava a construção não mudaram, ou se as exigências atuais são compatíveis com ela, não tem sentido tentar inovar, devendo-se refazer do mesmo modo e com os mesmos critérios. Mas, se as condições se tiverem alterado de forma substancial, deve-se fazer, necessariamente, algo novo, mas um novo em que nada seja perdido da sabedoria acumulada. O denominador comum das alternativas é o conhecimento técnico-prático-produtivo, sendo necessário estudar todas as fases da história da construção, compreender as razões práticas e as motivações estéticas a ela associada. Considera esse o único modo de projetar o novo: repercorrer as razões históricas das transformações técnicas, não apenas como "ginástica" (e no entanto o exercício serve bem à didática), nem como educação de respeito ao passado, mas como algo intrínseco ao processo criativo, podendo-se assim introjetar na inovação elementos de sapiência ou de desenvolvimento derivados do conhecimento histórico.

absoluto pela obra e pela sua historicidade. Algo a não ser confundido com muitas intervenções recentes que, na relação novo e antigo, simplesmente desprezam a análise sensível e fundamentada e ignoram um dos termos, ou seja, a preexistência e, portanto, o documento histórico, e se projeta levando preponderantemente em consideração as "vontades" do projeto do novo, da inovação e de uma equivocada noção de progresso[81].

De todo modo, a inserção dos novos elementos, pensando-se no âmbito da preservação como ação cultural, deveria ser fundamentada na análise aprofundada do conjunto e no respeito por ele, caso contrário, segundo a colocação de Philippot, "a restauração dará, inevitavelmente, lugar a exercícios de arquitetura moderna feitos em detrimento de edifícios antigos"[82]. A restauração deve, ao contrário, ser um exercício de arquitetura contemporânea para valorizar os edifícios históricos e o conjunto de que fazem parte, que precisam ser escrutinados e compreendidos em sua essência, através de estudos multidisciplinares acurados e da aproximação por intermédio de uma visão histórica. O projeto deve decorrer desse processo. Mesmo tipo de raciocínio é exposto na Carta de Washington:

> No caso de ser necessário efetuar transformações nos edifícios ou construir edifícios novos, qualquer operação deverá respeitar a organização espacial existente, nomeadamente a sua rede viária e escala, como o impõem a qualidade e o caráter geral decorrente da qualidade e do valor do conjunto das construções existentes. A introdução de elementos de caráter contemporâneo, desde que não perturbem a harmonia do conjunto, pode contribuir para o seu enriquecimento.

Outro fator a ser considerado, como colocou Torsello, é que "se é nosso dever refutar uma arquitetura de baixa qualidade como condição inaceitável do nosso presente, com maior razão devemos impedir que ela substitua ou altere aquela do passado"[83].

Entenda-se bem: a inserção de elementos contemporâneos em contextos históricos deve ser consequência de uma análise cuidadosa do edifício ou do conjunto e da área em que está inserido, e não uma premissa. É necessário

81. Carbonara ("Architettura...", 2005) abrange o panorama dessas intervenções de modo completivo, mesmo aquelas que desconsideram um dos termos, apresentando modalidades de aproximação do novo em relação a preexistências de interesse para a preservação sob o ponto de vista estético.

82. P. Philippot, "Historic Preservation: Philosophy, Criteria, Guidelines", em *Preservation and Conservation*, Washington, Preservation Press, 1976, p. 381.

83. P. Torsello, "Conservare e Comprendere", em Bruno Pedretti (ed.), *Il Progetto del Passato*, Milano, Mondadori, 1997, p. 200.

ainda tomar providências para que não seja a vontade inovadora a condicionar a aproximação crítica a um dado bem ou conjunto de bens. Esse requisito pode, em geral, ser atendido através de estudos multidisciplinares elaborados por profissionais conscienciosos. Respeitados, de forma absoluta, os aspectos documentais, sempre se tendo em mente o princípio da mínima intervenção, seriam as exigências da instância estética a permitir a inserção dos novos elementos (algo diverso do que vem ocorrendo hoje em dia, em que prevalecem apenas as necessidades de uso, de especulação financeira, de práticas político-eleitorais, de afirmação pessoal etc.). Segundo o restauro crítico-conservativo, vai ser a instância estética, sempre considerando a histórica, a demandar, ou não, a remoção de adições, a reintegração da imagem, a inserção de novos elementos, pois nem sempre a obra requer a remoção de adições e o tratamento de partes faltantes, tendo o seu estado fragmentário assumido um valor em si.

Qualquer decisão, portanto, deve partir de uma análise do conjunto por equipe multidisciplinar, de seus edifícios e da sua forma de diálogo com as áreas envoltórias – cuja composição deve ser analisada também de modo atento – que leve em conta aspectos materiais, formais, documentais, memoriais e simbólicos. É algo que pode ocorrer com complexos industriais inseridos em áreas de interesse para a preservação. Às vezes, o conjunto das instalações fabris e demais edifícios é aberto e participante de uma determinada realidade urbana. E essa realidade urbana pode também requerer mudanças, que comportem restauro, com remoção de adições e acréscimo de novas construções etc. Pode também ocorrer que um dado conjunto tenha sido concebido de modo a se voltar para si mesmo (como acontece com certos armazéns e oficinas ferroviárias, por exemplo), sem estabelecer maiores relações com as áreas adjacentes. Em caso de projetos de restauração – sobretudo os que incluem mudança de uso – é imperioso analisar cuidadosamente as formas de sutura com a realidade envoltória, para integrar o conjunto de modo renovado com o contexto, mas também preservando, se for o caso, sua feição "ensimesmada", que caracteriza sua concepção e tem incidências relevantes sobre o modo como se efetua sua leitura.

A maior ou menor possibilidade de transformação deve ser, pois, decorrência da análise do conjunto e dos edifícios que o compõem e da forma como se inserem no ambiente, de modo a que o tratamento de toda a área deixe de ser uma simples projeção em planta, para ser entendido como um elemento tridimensional articulado com uma realidade complexa, em suas várias estratificações ao longo do tempo, não apenas do ponto de vista arquitetônico e cultural, tratado neste texto, mas também econômico, político e social. Pois, como já se afirmou anteriormente, a preservação não é desvinculada da realidade, mas tampouco podem ser as questões utilitárias as únicas e prevalentes nas decisões.

É essencial que todo o processo seja embasado em rigorosa metodologia, que se façam conscienciosos estudos, e que o processo de aquisição e análise dos conhecimentos funcione de modo articulado com o projeto, para que se façam propostas pertinentes, que sejam fundamentadas, justificáveis e justificadas. Pois se trata sempre de intervenções em documentos únicos e não-reproduzíveis. A intervenção é, portanto, ato de extrema responsabilidade.

A forma de articulação do novo com o preexistente é questão difícil, e de grande urgência e atualidade, que exige uma abordagem aprofundada de aspectos amplos e complexos da realidade e deve estar vinculada de modo indissolúvel com a prática arquitetônica. Essas considerações que precedem não devem ser confundidas com algum tipo de receituário; não são regras; trata-se do debate de conceitos. Feitos estudos e análises aprofundados, considerados os preceitos teóricos do restauro, o problema do projeto arquitetônico em si está apenas começando e encontrará soluções, sempre de pertinência relativa, dentro de uma determinada cultura arquitetônica. São questões dificílimas de projeto, talvez entre as mais complexas com as quais um arquiteto pode se defrontar em sua carreira e ainda há muito a provar nesse sentido. Qualquer que seja a postura projetual adotada, a configuração final poderá ser mais ou menos bem-sucedida, agradar mais ou menos, individual ou coletivamente, estando relacionada ainda com o gosto histórico, assim como em qualquer projeto arquitetônico, e depende, por certo, e de maneira indiscutível, também da qualidade do projeto, tema a ser retomado mais adiante.

Ainda sobre a relação antigo-novo: inserções de novos elementos em contextos históricos. Temas para a reflexão

> *O belo e o belo se convêm sempre; a bela cancela rococó somente destoa do gótico do século* XIV *aos olhos das pessoas superficiais, e a harmonia que reside em objetos equivalentes somente em forma, estilo ou época é bastante inferior à harmonia da beleza.*
>
> ADOLPHE DIDRON

> *Não somos de opinião que o belo e o belo se convêm sempre; assim, segundo a nossa opinião, um belo cavalo se encontraria bastante mal colocado numa bela capela.*
>
> CÉSAR DALY

> *[...] porque a boa arquitetura de um determinado período vai sempre bem com a de qualquer período anterior – o que não combina com coisa nenhuma é a falta de arquitetura.*
>
> LÚCIO COSTA

Sobre a relação novo-antigo, invocam-se uma polêmica de meados do século XIX na França e as propostas de Lúcio Costa, um século depois, para reflexão. Apesar da diversidade de situações e da distância temporal, existem alguns temas comuns que comparecem nessas proposições que são de interesse para esta discussão.

Os debates sobre a restauração na França haviam se tornado bastante intensos nos anos 1830-1840, surgindo vozes discordantes sobre certas intervenções excessivamente invasivas, a exemplo do citado Adolphe Didron.

Parte dessa polêmica pode ser seguida através de vários artigos de 1845 na *Revue Générale de l'Architecture et des Travaux Publics*, sobre questões ligadas ao restauro, fazendo transparecer o confronto que havia entre diversas posturas, muitas vezes opondo arquitetos a arqueólogos. A celeuma foi iniciada por um artigo publicado por Henri Janniard[84], que teceu comentários e fez propostas para a igreja Saint-Ouen em Rouen. O arquiteto sugeriu que a cancela rococó do coro fosse substituída por outra neogótica, mais harmoniosa em relação às características da igreja do século XIV. Afirmou ainda que as gárgulas, contemporâneas ao edifício, deveriam ser substituídas por outro sistema de escoamento das águas, mais eficiente e de acordo com as normas de então, pois a água expelida pelas gárgulas molhava os transeuntes e causava respingos que degradavam a parte inferior do edifício. Argumentou, ademais, que muitas delas poderiam vir a se desprender, provocando graves acidentes.

As sugestões de Janniard geraram dura resposta de Didron nos *Annales Archéologiques*. Didron evocou escritos de Viollet-le-Duc sobre edifícios religiosos, nos quais se encontrariam boas razões para a manutenção das gárgulas. César Daly, o diretor da *Revue Génerale* e personagem de grande relevância no cenário intelectual daquele período, por sua vez, afirmou que a questão essencial era saber como resolver o escoamento das águas sem fazer com que os pedestres mudassem de calçada e com que o monumento se deteriorasse. No caso específico de Rouen, Daly considerava que deveria ser feito um novo escoamento de águas, mas que as gárgulas deveriam ser mantidas, para não alterar o efeito pitoresco, respeitando a pureza do estilo gótico. Quanto à cancela do coro, Didron declarou que "*O belo e o belo se convêm sempre*; a bela cancela rococó somente destoa do gótico do século XIV aos olhos das *pessoas superficiais*, e a *harmonia que reside em objetos equivalentes somente em forma, estilo ou época é bastante inferior à harmonia da beleza*"[85]. Didron

84. Henri Janniard, "Trois Jours a Rouen", *Revue Générale de l'Architecture et des Travaux Publics*, 1844, cols. 539-548.

85. *Apud* César Daly, "L'Archéologie aux Prises avec l'Architecture", *Revue Générale de l'Architecture et des Travaux Publics*, 1845/46, col. 72.

aconselhou Janniard a fazer uma obra-prima e a introduzir a unidade de estilo numa construção nova, mas insistiu que não se deveria tirar a cancela rococó de um edifício antigo[86]. Daly respondeu às críticas de Didron, declarando que: "Não somos de opinião que o belo e o belo se convêm sempre; assim, segundo a nossa opinião, um *belo cavalo* se encontraria bastante mal colocado numa *bela capela*"[87]. Formulação extremamente provocativa, pois. Invocou a seguir a opinião de Viollet-le-Duc de que na literatura, assim como na arquitetura, a unidade é a condição de uma boa obra. Apesar da citação que fez de Viollet-le-Duc, talvez a frase denote antes uma certa implicância com o rococó, dado que unidade de estilo não era de fato algo que Daly preconizasse, mas tampouco parecia admitir que toda e qualquer manifestação artística, mesmo de períodos passados, ocorresse em qualquer local. Daly evoca ainda outro problema, que é a dificuldade de conciliar a preservação de aspectos documentais e a busca de novo esplendor numa obra e como saber em que consiste o certo ao se tentar compor o interesse arqueológico e o estético[88].

Claro está que grande parte da argumentação do caso gira em torno da "unidade de estilo", ou da volta a um estado primitivo e, ainda, da proscrição de determinadas manifestações artísticas por parte de um dado presente histórico, fatores que, pelo menos em teoria, deveriam ser considerados superados nos dias atuais. Essas frases foram evocadas, longe de querer propor uma volta à unidade estilística ou o emprego do historicismo em obras ou ambientes de interesse para a preservação – a arquitetura contemporânea pode manifestar-se em ambientes historicizados, porém não de qualquer modo e em qualquer circunstância –, mas para questionar se toda boa manifestação arquitetônica tem direito de se manifestar em qualquer lugar que seja do ponto de vista da preservação. Ou seja, analisar a conformidade e a conveniência (sem querer estender à discussão às suas origens nas proposições sobre a conformidade em Alberti ou, depois, a conveniência de J. F. Blondel etc.), tendo-se em vista os objetivos da preservação que é respeitar os documentos históricos em suas várias estratificações e transmiti-los da melhor maneira possível para o futuro, o que resulta sempre em transformações, como dito. Denominar uma intervenção de preservação, conservação ou restauração implica o respeito pela história, pelas várias estratificações e pela continuidade, pelas permanências, e não enfatizar, apenas e prevalentemente, rupturas e inserções *ex novo*.

86. Adolphe Didron, "Réponse des Annales Archéologiques", *Revue Générale de l'Architecture et des Travaux Publics*, 1845/46, col. 277.

87. C. Daly, *op. cit.*, 1845, p. 72.

88. *Idem*, pp. 73, 74, 75.

Algo com o que se concorda, sem ressalvas, é que "o que não vai com nada é a má arquitetura"[89].

Mas a boa arquitetura vai bem em qualquer lugar? Refraseando: um projeto arquitetônico que em si, isolado ou numa maquete, parece belo, mas que foi concebido desconsiderando o contexto e o significado do lugar em que seria implantado, cuja inserção é tida como uma premissa e não como consequência de uma aproximação histórico-crítica, que desrespeita documentos históricos, pode ser considerado realmente belo, ou melhor, conveniente, no que respeita à preservação? Se o que produz é na verdade uma desagregação do edifício ou do sítio, se não respeita o significado simbólico do lugar, entende-se que não, pois vai contra os próprios objetivos da preservação e é de fato impertinente ao campo. Note-se que a definição do que seja preservação não é algo subjetivo; relaciona-se com a conceitos que se vêm consolidando há séculos e que firmaram a restauração como campo disciplinar autônomo, com seus princípios, métodos, conceitos e referenciais.

De modo algum se quer afirmar que toda e qualquer manifestação de arquitetura contemporânea seja danosa; ao contrário, acredita-se que possa manifestar-se em contextos de interesse para a preservação, respeitando o existente, feita em e para contextos históricos e não em detrimento deles. A beleza não deve ser buscada a despeito daquilo que existe, não deve ser excludente em relação a outras manifestações preexistentes, que têm o direito de viver dignamente. Em se tratando de fato de preservação, nem todo tipo de expressão artística pode se dar ao mesmo tempo, no mesmo lugar, se o faz em detrimento do que existe, não preserva e não respeita escrupulosamente o que lá está; pois isso acarretaria o aniquilamento daquilo que, pelo menos

89. A frase de Lúcio Costa foi formulada para o problema do Hotel de Niemeyer em Ouro Preto e o trecho completo vale a pena ser relido: "Ora, o projeto de Oscar Niemeyer Soares tem pelo menos duas coisas em comum com elas: beleza e verdade. Composto de maneira clara, direta, sem compromissos, resolve com uma técnica atualíssima e da melhor forma possível, um problema atual, como os construtores de Ouro Preto resolveram da melhor maneira então possível os seus próprios problemas. De excepcional pureza de linhas, e de muito equilíbrio plástico, é, na verdade, uma obra de arte e, como tal, não deverá estranhar a vizinhança de outras obras de arte, embora diferentes, porque a boa arquitetura de um determinado período vai sempre bem com a de qualquer período anterior – o que não combina com coisa nenhuma é a falta de arquitetura" [*apud* Maria Angélica da Silva, *As Formas e as Palavras na Obra de Lucio Costa*. Rio de Janeiro, PUC-RJ, Dissertação de mestrado, 1991, p. 246. Agradeço a Maria Lucia Bressan Pinheiro pela gentileza de ter enviado a citação]. Apesar das polêmicas que a construção provocou e ainda provoca, o arquiteto concebeu um edifício de valor, filiado a preceitos do modernismo, mas retomando aspectos de composição de nossa arquitetura tradicional (sem jamais ser caricatural ou beirar a paródia), com uma configuração isolada e caracterizada por um grande volume horizontal – que se contrapõe à continuidade e à compartimentação em pequenos tramos de fachada do tecido tradicional do lugar –, que se insere sem depreciar o todo.

nominalmente, se quer preservar. Agindo dessa forma, destroem-se e deformam-se documentos de interesse (mesmo os que naquele momento pareçam "inúteis") – e mesmo que não haja dano físico, o dano figurativo pode ser enorme (já ensinava Brandi) –, recaindo-se na intolerância e no aniquilamento da diversidade, tema que será retomado mais adiante. O que se deveria buscar, caso seja necessário intervir, é inserir através do projeto, nova estratificação que se comporte como adição que não destrói o edifício, ou o conjunto urbano, dos pontos de vista físico, figurativo, documental, memorial e simbólico.

Assim, a inserção de novos elementos em edifícios ou contextos históricos não é simplesmente realizar um exercício projetual em edifícios ou contextos históricos; trata-se, como nota Carbonara[90], de projetar para edifícios e contextos históricos. Essa não é apenas uma questão gramatical; é também, e sobretudo, semântica.

90. G. Carbonara, *Avvicinamento...*, 1997, p. 394.

3

Restauração do Patrimônio Arquitetônico da Industrialização e Projeto de Arquitetura: Temas Resultantes da Análise de Intervenções e da Bibliografia

ANÁLISE DE AÇÕES RECENTES EM EDIFÍCIOS DA INDUSTRIALIZAÇÃO NA CIDADE DE SÃO PAULO

Várias intervenções foram feitas recentemente no Bairro da Luz; o intuito é promover a revalorização de toda a região com repercussão sobre áreas mais vastas da cidade. Exemplos ilustrativos são as obras na Estação Júlio Prestes, as transformações na Pinacoteca do Estado, os trabalhos no próprio Jardim da Luz, as intervenções no antigo armazém da Companhia Sorocabana e na Estação da Luz, todos bens tutelados por lei. A preservação das duas estações é questão da maior relevância, pois ambos os edifícios são testemunhos significativos da arquitetura ferroviária no Estado e representantes proeminentes do patrimônio industrial. As consequências dessas intervenções são também essenciais na escala urbana, uma vez que poderia resultar numa tão esperada e necessária recuperação de grande área do centro de São Paulo, assunto já abordado neste texto. Algumas das intervenções, no entanto, são também exemplos ilustrativos da falta de discussão aprofundada sobre as raízes que movem a preservação e os critérios de intervenção em bens de interesse cultural.

Edifícios da antiga Companhia Sorocabana: estação Júlio Prestes e armazém

As companhias ferroviárias de São Paulo procuravam através de seus edifícios construir uma "identidade" própria em relação às outras empresas, e a rivalidade entre elas repercutia na arquitetura de suas principais estações. Exemplo é a Júlio Prestes da Companhia Sorocabana, uma das empresas que adquiriram maior destaque no Estado, fundada em 1870. A companhia, nas primeiras décadas do século XX, abandonou a simplicidade dos edifícios de sua fase pioneira para reformular algumas de suas principais estações, com o intuito de torná-las maiores e mais imponentes[1].

A Estação Júlio Prestes foi projetada pelo escritório técnico de Samuel e Christiano Stockler das Neves e inaugurada em 13 de maio de 1930, ainda inacabada. Durante a execução, houve alterações em relação ao projeto original, em especial na cobertura. O conjunto compõe-se basicamente de dois blocos retangulares dispostos um em continuidade ao outro: a administração e o corpo coberto das plataformas, tendo como elemento de ligação entre eles, o "concourse". Ao contrário da Luz, que é uma estação de passagem, a da Sorocabana é uma estação terminal, uma das raras no Estado de São Paulo, e adota uma solução pouco usual, ao colocar o edifício administrativo com seu lado maior paralelo às vias, e não transversal. O complexo foi concebido segundo preceitos distintos: no edifício administrativo e nas fachadas de todo o conjunto foi empregada linguagem marcada pelo historicismo, fazendo-se uso de elementos derivados do classicismo francês, enquanto na sustentação da cobertura das plataformas foi utilizada concepção estrutural das mais avançadas para a época. Essa dualidade na composição é bastante comum nas estações ferroviárias e várias delas no Estado de São Paulo apresentam essa dicotomia[2]. O tratamento coerente dado ao conjunto, no entanto, harmoniza a obra (figura 1, p. 245).

Em 1999 foram concluídas obras de transformação no edifício administrativo da Estação Júlio Prestes com conversão para outro fim. A construção é organizada em torno de um grande átrio central (figuras 2 e 3) – tendo em seu perímetro galerias nos vários pavimentos –, a partir do qual se articulam os espaços. Foi, a princípio, projetado para ser coberto por uma abóbada de berço envidraçada, mas essa cobertura jamais foi executada. O objetivo da intervenção foi instalar na edificação parte da Secretaria de Estado da Cultura e a sede da Orquestra Sinfônica do Estado de São Paulo, criando uma sala de concertos no átrio, uma vez que, devido às suas proporções, teria características acústicas excepcionais. O empreendimento exigiu, porém, grandes mudanças, pois foi necessário alterar a característica básica desse espaço, que, de aberto, passou a ser completamente fechado. Por questões acústicas, uma cobertura isolante e um complexo sistema de forro com painéis ajustáveis foram instalados, e suas laterais, antes fonte de iluminação e ventilação para as galerias nos vários andares, tiveram de ser fechadas. Apesar de o projeto

1. Sobre a companhia e seus edifícios, ver os textos de Antonio Soukef Jr em *Sorocabana: Uma Saga Ferroviária*, São Paulo, Dialeto, 2001, e ainda os textos do mesmo autor e de Silvana Rubino em *Estação Júlio Prestes*, São Paulo, Prêmio, 1997.

2. Para as tipologias de estação, descrição do edifício e referências bibliográficas complementares sobre estações ferroviárias ver B. M. Kühl, *Arquitetura do Ferro...*, 1998, pp. 58-66, 117-175.

respeitar um dos princípios basilares do restauro, a distinguibilidade da ação contemporânea, dois outros preceitos ficam prejudicados – mínima intervenção e reversibilidade (re-trabalhabilidade) –, já comprometidos na fase anterior ao projeto, quando da escolha do uso para aquele espaço (figuras 4 e 5).

Em que pese a legitimidade de oferecer uma sede digna à Sinfônica do Estado e a excelência da sala projetada pelo escritório de Nelson Dupré, as consequências da proposta para o organismo do edifício como um todo, como concretizada, não parecem ter sido avaliadas em profundidade, pois alterou de maneira veemente sua própria essência, ou seja, seu espaço central aberto, a partir do qual se articulava, e para o qual se abria, todo o restante da edificação. Não teria sido o caso de estudar uma transformação que respeitasse as características básicas de organização do conjunto? Não poderia ter sido também aventada a possibilidade de instalar a sala de concertos em local próximo que fosse unido à Júlio Prestes, que manteria seu espaço central com sua vocação básica e características essenciais, servindo como vestíbulo e continuando a ser utilizado de forma esporádica para eventos, como vinha ocorrendo? Por que propostas menos invasivas não foram também analisadas com maior acuidade? O fato de ter, em potencial, qualidades acústicas excepcionais justifica tal alteração do espaço original, uma vez que essas qualidades e proporções poderiam ser construídas em outro lugar? Não existiriam outros locais mais adequados para o fim proposto?

Seria uma justa discussão das várias possibilidades de conversão e modernização e suas consequências, que não parecem ter sido examinadas até as últimas instâncias no que concerne aos preceitos teóricos atinentes à preservação. É questão complexa, pois qualquer restauração, seja para manter a função de origem, seja para estabelecer uma nova, interfere na edificação e, por mais restrita que seja, implica mudanças. Escolhas devem ser feitas, mas têm de ser fundamentadas em critérios consistentes, oferecidos pelas vertentes teóricas da restauração, que são baseados nas razões por que se preserva. O uso, essencial para a preservação, deve ser compatível com as características do bem, não apenas naquilo que se refere a um uso nominal, mas também no modo como o programa é desenvolvido.

Muita atenção deve ser dada ainda às propostas de transformação da área das plataformas, dadas as especificidades daquele espaço e de sua estrutura metálica (figura 6). A cobertura tem 206 metros de comprimento por 43,90 metros de largura, e sua estrutura, de origem alemã, é composta por tesouras de alma plena com arco ogival[3]. O sistema de construção é bastante di-

3. A estrutura foi descrita em artigo de Bruno Simões Magro, "A Estação Inicial da E. F. Sorocabana", *Boletim do Instituto de Engenharia*, 1930, vol. 12, n. 60, pp. 284-290, na época engenheiro

ferente daquele empregado na Estação da Luz, como será visto adiante. Na Júlio Prestes cada armação era montada em sua inteireza no chão e depois levantada, completa, exigindo engenhosos expedientes[4]. Dada a relevância dessa estrutura e da conformação do espaço por ela gerado, todo cuidado será pouco em propostas de transformação.

A companhia Sorocabana possuía ainda outro edifício situado nas cercanias, construído pelo escritório de Ramos de Azevedo, de grande expressividade em São Paulo. A obra estendeu-se entre 1910 e 1913, e o edifício abrigava um armazém, uma vez que a primitiva estação, que subsistiu por longo tempo, mesmo após a construção da Júlio Prestes, tornara-se insuficiente para o movimento da ferrovia. O edifício, de tijolos aparentes, dialogava, em seus materiais, com a vizinha e rival Estação da Luz (da SPR). No entanto, dela se distanciava pelo tipo de composição, calcada em elementos do classicismo, encimado por platibandas e não telhados de inclinação pronunciada, não sendo caracterizado por um forte marco vertical, como a torre do relógio

da Sorocabana: "Os 206 metros de área coberta são abrigados por dois telhados com estruturas metálicas diferentes. O principal, com águas vertendo para as fachadas principal e posterior, começa a seis metros do muro de entrada do 'hall'; o secundário, cobrindo o vão indicado de seis metros, apresenta vertentes na direção longitudinal da plataforma.

"O comprimento da estrutura do primeiro é de 200 metros ou sejam [*sic*] 20 vãos de dez metros que é o intervalo das tesouras. Estas vencem um vão de 42,50m porque os respectivos apoios distam setenta centímetros das paredes, deixando à vista toda a estrutura. As tesouras principais, em número de 21, são de arco ogival, tipo 'Tudor' abatido, munidas de três articulações e com alma cheia. O vão das terças é diminuído por meio de tesouras secundárias as quais, colocadas no meio do intervalo das principais, a elas transmitem as cargas, graças a um sistema de vigas longitudinais em treliça. No vértice da cobertura foi praticado um 'lanternim' com paredes verticais munidas de 'venezianas' para a ventilação do 'hall'. As tesouras do lanternim apoiam-se ora nas tesouras principais e ora nas vigas longitudinais em treliça, visto como seu espaçamento é de cinco metros. O lanternim tem 180 metros de extensão, cobrindo, pois, todo o comprimento do telhado com exceção dos dois painéis extremos. [...] A estrutura metálica foi projetada prevendo três faixas de vidro para a iluminação do 'hall'. A central corresponde ao lanternim de ventilação, sendo as laterais tratadas em 'mansarda'. Entre as últimas faixas e o resto do telhado existe uma abertura longitudinal para aumentar a área de ventilação."

4. *Idem*, p. 287: "A estrutura metálica é da firma – Ang. [*sic*] Klönne de Dortmund, Alemanha e foi fornecida por intermédio da casa – Bromberg e Comp. de Hamburg com filial em São Paulo. Todas as peças vieram em excelentes condições de rebitagem, ajustamento e furação, permitindo fácil montagem no que concerne à ligação e rebitagem das peças avulsas. Grande dificuldade, porém, apresentava o problema do levantamento dos grandes arcos ogivais, devido a seu grande peso e respeitável vão. Coube a incumbência desse serviço à 3ª Divisão da Estrada, cujo chefe, o engenheiro Acrisio Paes Cruz, deu-lhe cabal desempenho, pois conseguiu, com grande economia sobre o orçamento, realizar obra notável de segurança e propriedade de montagem. Os arcos eram armados no chão e levantados completos junto às respectivas bases de apoio, cujos pinos definiam-lhes a charneira do levantamento. Determinado número de guindastes suspendiam a peça até que atingisse inclinação tal que facultasse o trabalho de tração pelas locomotivas da Estrada. Duas destas, em linhas de serviço adrede preparadas, puxavam reforçados cabos de aço que passavam em moitões e rodas de guias presos à estrutura de concreto armado à cabeceira das plataformas".

da Estação da Luz. O armazém, perfeitamente simétrico em relação ao eixo central da fachada principal, possui dois tramos mais elevados que dão ênfase à parte central da construção, que tem três pavimentos, em vez dos dois do restante da edificação (figuras 7 e 8).

Em 1942 o edifício passou a abrigar a Secretaria de Segurança Pública do Estado e, posteriormente, tornou-se a Delegacia de Ordem Política e Social, de triste memória, estando associada à repressão política e tortura, principalmente durante a ditadura militar. Foram elaboradas diversas propostas para um novo uso, sendo inicialmente escolhido o de Museu do Imaginário do Povo Brasileiro, e as obras foram concluídas em 2002[5]. Funciona, porém, como anexo da Pinacoteca do Estado, que está nas cercanias, sendo conhecido como "Estação Pinacoteca".

O projeto promoveu mudanças de vulto no interior do edifício, alterando vários de seus elementos característicos. Uma proposta era justamente preservar as antigas celas dos presos políticos – conformando o Memorial da Resistência – como elemento de rememoração das trágicas passagens associadas ao edifício, que deveriam servir, portanto, para fins memoriais, para não permitir que se esqueçam os horrores associados a ditaduras e regimes totalitários. Muitas críticas foram feitas ao fato de se subverter o significado das celas, deixando apenas quatro como testemunho, com paredes limpas, bem arejadas, que em nada lembram as masmorras do chamado "porão da ditadura", alterando a memória política do local (figuras 9 e 10). Nesse caso, assim como no anterior, a questão do uso atribuído ao edifício prevaleceu sobre seus aspectos memoriais, documentais e de composição.

Estação da Luz

A atual Estação da Luz foi a terceira a ser erigida pela São Paulo Railway (SPR) no local. O edifício inicial, que datava da época da inauguração da linha, em 1867, foi ampliado, dando lugar a outro de maior porte nos anos 1870. Esse prédio, por sua vez, também se tornou insuficiente para atender ao crescente movimento e uma nova edificação foi feita. O atual prédio começou a ser construído em 1895 e foi inaugurado oficialmente em março de 1901. Tinha relevante papel como representação da imagem da SPR na capital. É estação de passagem, mas de enormes dimensões, condizentes com as de uma estação terminal de porte, e nenhuma estação em São Paulo atingira tal escala. Grande parte dos

5. Para descrição do projeto de Haron Cohen e as vicissitudes resultantes das alterações de destinação, ver Ivanise Lo Turco e Roberto Righi, "Exemplo de Reconversão Arquitetônica: da Estação Sorocabana ao Museu do Imaginário do Povo Brasileiro", *Pós*, 2004, n. 16, pp. 114-130.

materiais utilizados e o projeto vieram da Grã-Bretanha. Segundo dados de artigos publicados na época da construção, o autor do projeto arquitetônico foi o britânico Charles Henry Driver[6] (figura 11). O conjunto é organizado basicamente na forma de um retângulo, com um bloco agrupando os principais serviços e a administração, paralelo às vias, ladeado por um corpo que abriga as plataformas. As vias, que são rebaixadas em relação ao nível da rua, foram cobertas por portentosa estrutura composta por armações curvas de treliça metálica, complementada por peças de ferro fundido, que vencem vão de cerca de 35 metros por 25 metros de altura e com comprimento de 155 metros. Observando-se as fotos da época da construção, pode-se ver que cada uma das armações foi montada por partes. Essas partes, de tamanho considerável, eram feitas por perfis compostos rebitados e erigidas a partir dos nascimentos do arco. Eram unidas depois por parafusos às partes subsequentes, até se chegar à chave. Para a montagem, existiam estruturas auxiliares de pequeno porte, e não foram utilizados cimbramentos em toda a extensão do arco.

Pela primeira vez em São Paulo, as plataformas e toda a composição ficavam completamente abrigadas sob uma cobertura única. Essa cobertura é a franca expressão de uma estética funcional, enquanto o edifício administrativo e de serviços recebeu tratamento formal mais ostentatório e consoante aos padrões do ecletismo vigentes na época, fazendo uso de elementos compositivos de procedência variada, a exemplo do coroamento da fachada e das "serlianas" que organizam os vãos de parte do edifício administrativo, de origem renascentista, e dos tetos amansardados, calcados no classicismo francês. A integração de todo o conjunto e sua identidade são obtidas através do emprego do tijolo aparente e de linguagem coerente na totalidade do complexo, com expressividade baseada na utilização, com êxito, de materiais industrializados, sobressaindo-se o tijolo, o ferro e o vidro, seguindo padrões comuns a muitas estações britânicas da era vitoriana. A composição é ainda marcada pela torre do relógio, deslocada em relação ao centro da fachada, referencial da maior importância para a cidade.

A estação sofreu poucas alterações até 1946, quando, às vésperas do término do contrato de cessão da linha e de sua encampação pelo Governo Federal, ocor-

6. A autoria do projeto permaneceu por longo período esquecida. Os dados sobre o projeto foram retomados pela autora em seu doutorado e publicados em B. M. Kühl, *Arquitetura do Ferro...*, 1998, pp. 120-121, baseados nos artigos: "Railway Station at San Paulo, Brazil", *The Building News*, 1901, vol. 80, p. 5; "Obituary, Mr. C. H. Driver", *The Builder*, 1900, Nov. 10, pp. 423-424. Para outras análises pormenorizadas sobre a estação ver: Fábio R. P. Cyrino, *Ferro e Argila: A História da Implantação e Consolidação da Empresa The San Paulo Railway Company Ltd. através da Análise de sua Arquitetura*, São Paulo, Landmark, 2004; Maria I. Mazzoco e Cecília R. Santos, *De Santos a Jundiaí: Nos Trilhos do Café com a São Paulo Railway*, São Paulo, Magma, 2005.

reu um incêndio que afetou o edifício administrativo, atingindo sobremaneira sua ala leste e o saguão central. Os trabalhos de reconstrução estenderam-se de 1947 a 1951, e consideráveis modificações foram feitas, entre elas o acréscimo de um andar na fachada da ala leste (figura 12). A opção pela ampliação do edifício foi devida ao aumento do número de passageiros, da ordem de vinte vezes, ocorrido entre a inauguração e o ano do incêndio. A estação passou por sucessivas reformas de pequeno porte e trabalhos de manutenção, além da construção de alguns anexos. O edifício, desde os anos 1990, necessitava de obras de maior envergadura, que deveriam ser obras de restauração, para fazer face aos problemas causados pelo tempo, a exemplo dos desgastes dos materiais e outros de ordem diversa – como ataque de insetos xilófagos, infiltrações, deficiências nos sistemas hidráulico e elétrico –, para a readaptação do edifício administrativo e para enfrentar o crescente número de usuários. Os trabalhos, que se estenderam por vários anos, foram concluídos em 2006.

A Estação da Luz, pela qualidade de sua construção e composição – algo atestado até pelo fato de ser um dos cinco bens ferroviários protegidos pelo IPHAN no país[7], e um dos dezesseis tutelados pelo CONDEPHAAT[8] –; pela sua importância como marco da cidade, sendo, desde sua construção, um dos elementos caracterizadores da região e referencial da cidade; pela importância do ciclo econômico ao qual está vinculada e pelas consequências posteriores do ciclo cafeeiro para a transformação econômica do Estado e para sua industrialização em maior escala; pelo papel simbólico que sempre esteve associado às ferrovias, de ligação e articulação com o mundo exterior; pelo aspecto afetivo das numerosas famílias de ferroviários que mantêm essa identidade; pelo grande número de usuários que dela dependem para sua locomoção; pela escassez de edifícios daquele período de tal qualidade numa cidade que não poupou suas edificações passadas no processo de transformação[9] –, pode ser considerada uma grande criação pelo seu valor histórico e artístico e é depositária de numerosas estratificações do conhecimento e da memória coletiva. Deveria, portanto, ser restaurada com todo o rigor, respeitando seus aspectos formais, documentais, sua composição como um todo (interna e externamen-

7. Busca efetuada no banco de dados do sítio do IPHAN (Arquivo Noronha Santos) pelos temas "estação" e "ferrovia". Os outros bens tombados são o trecho ferroviário Mauá-Fragoso, no Rio de Janeiro, e, em Minas Gerais, o complexo ferroviário de São João del Rei a Tiradentes e a estação ferroviária de Lassance, além do complexo de Paranapiacaba. Último acesso em 09.11.2007.

8. Segundo a lista constante publicada pelo órgão (em CONDEPHAAT, *Bens Tombados 1969-1998*, São Paulo, IMESP, 1998) existiam quatorze bens. Foram depois protegidos a Estação Júlio Prestes e o armazém da Sorocabana, perfazendo um total de dezesseis.

9. Lembre-se que na cidade de São Paulo apenas três edifícios de finais do século XIX e início do século XX são tombados pelo IPHAN, sendo os outros o Museu Paulista e o Teatro Municipal (cuja tutela já foi aprovada, faltando a inscrição no livro do tombo).

te), sua materialidade, suas várias estratificações e seus aspectos simbólicos, valorizando-a como suporte físico do conhecimento e da memória.

Essenciais eram as alterações para a adequação das instalações, decorrentes do número sempre maior de passageiros de trens de subúrbio e da integração com o serviço de metrô, cuja estação situa-se nas proximidades. A Companhia Paulista de Trens Metropolitanos (CPTM) propôs que quatro linhas de trens de subúrbio passassem a funcionar na Estação da Luz, o que significava um aumento de 50 mil para 300 mil passageiros por dia. A CPTM vinha estudando, desde a década de 1990, soluções para essa questão, propondo, de início, a construção de um novo edifício contíguo ao atual. Essa proposta foi rejeitada, pois condenaria à obsolescência a antiga estação, cujo corpo das plataformas permaneceria sem uso. Uma solução alternativa foi então elaborada, sugerindo-se a construção de pisos, nas extremidades do corpo das plataformas, que ligariam em nível a Praça da Luz à rua Mauá, sacrificando duas das três passarelas existentes e causando uma grave obstrução horizontal naquele espaço. Devido aos protestos gerados pela significativa transformação de leitura resultante desse projeto, foi estudada uma terceira solução, a de construir túneis, aos quais se poderá ter acesso nas laterais da estação, que passam sob as vias, oferecendo um acesso subterrâneo às plataformas e unindo os complexos ferroviário e metroviário. Essa solução, na forma apresentada inicialmente, tinha o grave inconveniente de fazer com que o ingresso fosse possível apenas através de área externa ao edifício, excluindo os usuários do prédio. Esse problema foi revisto pela CPTM, que formulou proposta com entradas para os túneis de ligação, também a partir do interior da edificação.

No entanto, uma intervenção de tal natureza é muito invasiva. Soluções subterrâneas só devem ser adotadas em última instância (e esse é o caso da Luz), pois são sempre violentas e alteram de forma veemente o modo como o edifício se relaciona com o entorno, com o próprio solo onde repousa. O conflito, mesmo se não é visível no nível de circulação da rua, ocorre[10]. O projeto do novo sistema e a sua articulação com o edifício deveria ser feito com o máximo cuidado, sendo um ponto nevrálgico a forma de união da nova proposta com as plataformas existentes.

A própria forma de execução da obra deveria também ter sido exemplar, tendo-se respeito e cuidado para com o documento histórico, e também, apesar dos transtornos que qualquer obra acarreta, com os usuários que continuaram a frequentar o edifício e a redondeza. Infelizmente, os trabalhos deixaram a

10. Para uma discussão das construções subterrâneas em contextos históricos, ver as consistentes colocações de Bernard Furrer e Doris Amacher, "Costruzioni Interrate in Siti Storici: Documento di Base", *Arkos*, 2002, n. 2, pp. 56-60.

desejar nesses quesitos: foram obras feitas sem o cuidado e os meios que uma restauração impõe; também o número excessivo de acessos que desembocam diretamente nas plataformas atravanca o espaço. Deveriam ter sido pelo menos excogitadas soluções alternativas, mudando a quantidade e a localização de acessos, alguns dos quais poderiam ter sido feitos através de pequenas salas existentes na lateral da plataforma. Ademais, esses elementos afloram no espaço histórico sem a delicadeza necessária. Os guarda-corpos dos múltiplos acessos, muretas de concreto, respeitam o princípio da distinguibilidade da ação contemporânea, mas se transformam em elementos que perturbam funcional e formalmente a configuração do espaço (figura 13). Isso mostra o quanto o projeto, a configuração e o desenho em si são importantes.

Esta última proposta, que seria a mais respeitosa em relação à configuração espacial da construção, recebeu críticas contundentes, algumas justas, sobretudo no que se refere à exclusão social resultante dos acessos apenas externos ao edifício, como ocorria na primeira solução. Mas esse problema foi decorrente da configuração adotada e não da proposta de fazer passagens subterrâneas, que não devia excluir o usuário do prédio. Criticou-se também a solução por ser mais onerosa, gerando custos de implementação e de manutenção maiores, cujo resultado positivo seria "apenas" salvar duas das três passarelas originais, em atitude considerada como excessivo "conservacionismo".

Tentar preservar as especificidades e a qualidade da solução espacial da Estação da Luz deveria ser a prioridade. A estação é um dos mais significativos exemplos do patrimônio ferroviário no Brasil, do maior interesse para a arquitetura paulista e brasileira, sendo testemunho relevante do processo de industrialização e dos meios de transportes decorrentes da Revolução Industrial. Dada sua importância histórica e artística, as questões de uso jamais deveriam ser as únicas a prevalecer na solução adotada e o custo, apesar de elevado e penoso num país com gravíssimos problemas, seria justificável para manter em sua integridade um bem desse valor, desde que fosse assegurada a qualidade do projeto e da execução da obra.

A proposta de construir pisos nas duas extremidades do corpo das plataformas – extremamente engenhosa e eficiente do ponto de vista funcional –, mantendo-se o passadiço do centro como testemunho, parece não levar em consideração um fato essencial na leitura do edifício, algo consolidado ao longo de sua secular história, que é a percepção daquele espaço em toda a sua amplidão, que com essa proposta seria praticamente cindido ao meio. Não é por acaso que ambientes dessa natureza, comuns em muitos exemplares da arquitetura do ferro, sobretudo em edifícios para exposições ou estações ferroviárias, são conhecidos como espaços da grande luz. Tal proposta transcurava uma leitura mais sensível das características espaciais, tectônicas e formais da edificação com vistas a uma restauração fundamentada em questões culturais, descuidando de um dado histórico fundamental. Trata-se, com efeito, das passarelas que atravessam aquele espaço, unindo os dois lados do corpo das plataformas e fazendo a ligação com as ruas adjacentes; passarelas com estrutura de treliça metálica que se inserem no espaço com delicadeza, sem criar uma obstrução visual à grande luz (figura 14). Essas passarelas foram decorrentes, com muita probabilidade, das modificações impostas ao projeto pelo rebaixamento das vias, feito pela equipe local[11]. Solução que acabou implicando a construção dos três passadiços que ali estão quase inalterados, gerando uma configuração raríssima e, talvez, única no mundo[12]. Questões apenas de uso e de custos não poderiam justificar a destruição de uma solução tipológica incomum, em bem de tal qualidade, considerando-se, ademais, que há solução alternativa viável.

Imagine-se que fosse feita uma proposta semelhante para o edifício de Vilanova Artigas para a FAU-USP: dada a falta de espaço para o desenvolvimento de determinadas atividades, que se propusesse a construção de um mezanino no salão caramelo. Não haveria um arquiteto sequer que não tivesse uma justificada síncope diante de tal barbárie. No entanto, quando uma proposta semelhante é feita para um edifício de grande relevância, mas do século XIX, são poucas as vozes entre os arquitetos que se levantam para se opor. Uma razão é justamente a falta de coerência de critérios para análise no campo da preservação e a pouca sensibilidade em relação às características formais e importância histórica de construções do século XIX, ou do século XX, mas não modernas, algo ainda muito corrente no Brasil.

O fato de a arquitetura moderna ser mais comumente apreciada pelos arquitetos no país, não justifica a falta de rigor em relação a obras de outros períodos ou de outras tendências. A atuação deve valorizar e revelar as características de edificações de interesse histórico como elas são, sendo esse um ato de consciência e profissionalismo, pautado na "consciência histórica" para atuar com isenção e superar gostos e predileções individuais (ou de um dado setor social) através de uma sólida deontologia profissional.

11. O superintendente da SPR, William Speer, manifestou-se em relatório de 15 de dezembro de 1899: "[nos] projetos primitivos não estava contemplada a escavação da terra nas áreas ocupadas pelos corpos principais da estação. Portanto, julgado mais tarde conveniente e necessário esse desaterro, para a higiene e melhor ventilação, bem como para alargar-se a capacidade do edifício, com a adaptação desses baixos para escritórios, arquivos e depósitos, visto que, situada como é a estação entre duas ruas de grande trânsito, o seu desenvolvimento mais tarde seria impossível". *Apud* CBTU, *Estação da Luz: Restauro*, São Paulo, CBTU, 1993, pp. 12-13.

12. São vários os exemplos de estações ferroviárias em que as linhas passam por baixo da edificação principal, mas as vias estão em geral sob lajes contínuas.

Deve-se enfatizar, porém, que o fato de as obras do movimento moderno serem mais frequentemente apreciadas por arquitetos não significa que tenham sua preservação ou intervenção criteriosa asseguradas, haja vista os casos da Duchen e da Olivetti em São Paulo, a ser retomados mais adiante.

Quanto ao prédio administrativo da Estação da Luz[13], existiam vários problemas resultantes da falta de manutenção e de intervenções, nem sempre planejadas de modo satisfatório, feitas de acordo com necessidades momentâneas. As crises por que passaram as ferrovias, a privatização da concessão de linhas, o estado de incerteza em que permaneceram vários setores das antigas estatais, vieram a se somar ao processo natural de desgaste do edifício, fazendo com que a estação precisasse de obras de envergadura para fazer face aos desgastes causados pelo tempo e para readquirir eficiência. Infelizmente, não foram formuladas propostas para o uso que lhe seria o mais apropriado, tanto por suas características, quanto pela própria estratificação histórica e vocação do local: manter a função administrativa para utilização por parte da CPTM – que na atualidade opera as linhas que funcionam na Estação da Luz a partir de outro edifício alugado nas redondezas – adequando-o de modo consciencioso às necessidades atuais, mantendo os arquivos da antiga RFFSA no prédio e criando salas expositivas, abertas a um público mais amplo, que se vinculassem ao patrimônio das ferrovias.

A proposta da Fundação Roberto Marinho foi a de transformar o edifício administrativo em centro de referência e valorização da língua portuguesa, sem nenhuma relação com o prédio ou com o local onde está. Foram escolhidos para elaborar o projeto os arquitetos Paulo e Pedro Mendes da Rocha, entre os melhores em atividade no país e com merecido reconhecimento internacional.

No entanto, o anteprojeto inicialmente apresentado desconsiderava amplamente os elementos do interior do edifício, eliminando-os em sua quase totalidade, e alterava a volumetria do edifício. Ademais, não foi formulado o conteúdo e o programa de utilização do prédio, ou seja, apresentava-se um projeto que implicava mudanças substanciais, com um uso nominal de centro de referência da língua portuguesa, mas o programa detalhado não existia.

A importância e a qualidade de uma obra de arquitetura não se limita às suas fachadas. Cabe lembrar que um edifício não é um mero contentor, é todo um complexo de elementos que se articulam de modo orgânico na com-

13. As análises aqui apresentadas são resultantes da documentação examinada com vistas à elaboração de parecer sobre o projeto, por requisição do Ministério Público Federal (Beatriz Mugayar Kühl, *Estação da Luz: Parecer sobre a Transformação do Edifício Administrativo em Centro de Referência da Língua Portuguesa,* 2004, referente à Representação 1.34.001.002260/2002-46 do Ministério Público Federal – Procuradoria de República no Estado de São Paulo).

posição do conjunto, que, no caso da Luz, atinge grande qualidade. O fato de desconsiderar ostensivamente o interior do edifício configura-se como repercussão de uma onda de "fachadismo" – intervenções que conservam apenas as fachadas –, algo que esteve em voga num passado não tão distante na Europa, e um pouco por todas as partes, que suscitou duras reações pelas deformações e descaracterizações que provocou, e continua provocando, pois esse tipo de ação nunca foi completamente abolido. A proposta gerou oposição dos órgãos de preservação das instâncias federal, estadual e municipal, que estabeleceram diretrizes, tais como: preservação rigorosa para a ala oeste (a ala não-afetada pelo incêndio); concentrar no interior da ala leste as modificações necessárias; não proceder a alterações da volumetria; definir conteúdo e programa de utilização.

O programa do centro de referência foi formulado mais tarde por equipe multidisciplinar da maior competência, que apresentou uma proposta conceitual de grande interesse, que por sua vez deu origem a um notável projeto museográfico que muito contribui para o sucesso do atual Museu da Língua Portuguesa[14].

A proposta posterior da Fundação Roberto Marinho, que foi executada, previu a demolição total do interior da ala leste e a transformação completa do sistema de circulação vertical do edifício. Antes, a circulação era composta de dois elevadores e duas escadas principais (excluindo-se as escadas que davam acesso às plataformas e a escada da torre do relógio), distribuídos nas duas alas do edifício. Pela proposta existiriam cinco elevadores hidráulicos, um em cada ângulo do perímetro do edifício, e um na torre do relógio, e duas novas escadas (uma na ala leste, e outra na ala oeste, numa sala contígua à torre do relógio, que teria um elevador), mantendo-se apenas a escada original da ala oeste. Essa proposta foi ligeiramente alterada, mantendo-se os quatro elevadores hidráulicos dos ângulos do edifício, mas suprimindo-se o da torre, que passou a abrigar uma escada. A instalação dos elevadores implicou a destruição de pisos e forros originais na ala oeste, havendo ainda o comprometimento das salas, norte e sul, em que foram instalados, nos vários pavimentos. Na parte leste, afetada pelo incêndio, nenhum dos elementos de circulação vertical foi aproveitado, sendo inseridos os elevadores nos ângulos e nova circulação por escadas no centro da ala, e todos os pisos e elementos divisórios foram removidos. Além disso, a proposta promoveu

14. Cabe porém uma ressalva, pois seu funcionamento depende de aparatos tecnológicos, cuja obsolescência se dará num prazo relativamente curto. Outra questão diz respeito aos próprios custos de funcionamento (alto consumo de energia elétrica, num período em que as propostas deveriam ser mais conscientes do ponto de vista ambiental) e de manutenção dos equipamentos ao longo do tempo (como, por exemplo, a numerosa série de *data-shows*, cujas lâmpadas, que tendem a queimar com frequência por causa do uso contínuo, são bastante custosas).

a destruição de paredes originais no segundo pavimento da ala oeste para a criação de uma galeria que atravessa todo o edifício, de leste a oeste, com cerca de 120 metros lineares de comprimento. Previa-se ainda a destruição de trechos de cobertura com configuração original na ala oeste – com a remoção completa da cobertura sobre uma das salas, e, na face voltada para o norte[15], a retirada de um dos panos do telhado, mantendo-se apenas aquele voltado para a fachada norte, utilizando-se a cumeeira como guarda-corpo – para a construção de um grande terraço que se iniciaria com a destruição de um terceiro pavimento anexo (algo justificável pela sua pouca qualidade e pelas alterações pouco coerentes que provoca na parte superior – v. figura 15), alterando a volumetria do edifício. A demolição do pano do telhado não foi feita, mas o projeto como um todo não respeitou as diretrizes estabelecidas pelos próprios órgãos de preservação e ainda assim foi aprovado.

Uma interpretação literal restritiva, seja das leis em vigor, seja dos preceitos de restauro como presentes na Carta de Veneza, por exemplo, tornaria demasiadamente difícil a adequação de muitas obras de arquitetura para um novo uso ou, mesmo, uma transformação para o mesmo uso; ou seja, comprometeria a própria subsistência do bem. Deve ser lembrado que qualquer intervenção implica transformações e, também, alguma destruição (que sempre deve ser mínima e fundamentada). No entanto, fazendo-se uma análise teleológica, pode-se inferir que as formulações da Carta e das leis são voltadas a evitar alterações de porte, descaracterizações e destruições injustificadas, e que a supressão de certas adições para "conservar e revelar os valores estéticos e históricos do monumento", como enunciado no artigo 9 da Carta de Veneza, e promover pequenas adequações funcionais é algo necessário, tendo-se sempre em vista o princípio da mínima intervenção.

Existiam elementos adicionados cuja remoção era justificável, pois foram feitos por questões de uso imediato e sem o devido cuidado para com a obra como imagem figurada, como pisos vinílicos colocados sobre pisos originais de madeira ou de cerâmica, repintes, divisórias seccionando ambientes, alguns dos sanitários acrescentados. Um exemplo mais complexo, mas cuja remoção pode ser admitida (e foi proposta pelo projeto), foi o elevador existente na ala oeste, acréscimo realizado sem zelo, resultando em danos para a percepção das salas que atravessa e resultando em alterações que depreciam a volumetria externa na parte superior do edifício. Desse modo, poderia ser necessária a inserção de outro elevador no edifício e, com isso, gerar algum tipo de destruição – algo que as diretrizes dadas pelos órgãos de preservação autorizaram para a ala leste.

15. A proposta inicial era a demolição completa da cobertura.

Mas instalar quatro elevadores (dois dos quais destruindo pisos e forros da parte não-afetada pelo incêndio), remover escada e elevador da ala leste (e todo o resto que ali estava, pisos, tetos, divisórias) e ali instalar novo sistema de circulação, propor uma galeria que atravessa de leste a oeste o edifício no segundo andar na face voltada para o sul, implicam destruições extensas de elementos de relevância histórica e alterações vultosas na forma de organização do edifício, na articulação de seus espaços, e na sua volumetria.

O projeto realizado é bastante engenhoso como proposta, mas é tão alheio à lógica de composição do edifício que o próprio corpo da fábrica parece rejeitá-lo em certos trechos. Um exemplo pode ser dado pela grande galeria que atravessa de leste a oeste o edifício. O prédio era caracterizado por um corpo central a partir do qual se desenvolviam as duas alas. Ao romper essa lógica e criar a grande galeria – e nas perspectivas de projeto veiculadas pelos meios de comunicação essa galeria era um espaço contínuo, de geometria límpida, que se assemelhava a uma plataforma[16] – não se parece ter verificado com precisão a estrutura da cobertura do hall central, ou seja, não se levaram em consideração suas portentosas vigas, fazendo com que no meio de uma galeria, que deveria ser perfeitamente plana e linear, apareça um montículo no piso (figura 16), justamente sobre o hall central, quebrando a linearidade. E de fato a proposta é tão estranha à tectônica da construção existente que naquele pavimento absolutamente não se percebe estar num edifício com raízes no final do século XIX, pois a solução projetual repudia completamente esse fato – destrói suas paredes, seu sistema ornamental e de composição, oblitera suas janelas, negando qualquer permeabilidade com o exterior etc.

Convém enfatizar que a remoção do anexo do terceiro andar da ala oeste (na face voltada para o sul) e do elevador naquela mesma ala são justificáveis, pela vertente crítico-conservativa, do ponto de vista formal e histórico, pela falta de apuro projetual desses elementos, pelos danos que causaram à volumetria do edifício e, do ponto de vista histórico, por serem mais afeitos à crônica do edifício (e portanto dados que devem ser devidamente registrados e documentados) e pouco à verdadeira "história", como fato relevante do ponto de vista cultural para ser preservado (ver figura 15). Esse fator poderia ser aproveitado em ações que implicariam certamente inovação: ou recompor a cobertura naquele trecho de maneira a se harmonizar com os telhados existentes, seguindo o princípio da distinguibilidade; ou criar, de fato, um terraço, apenas no trecho em que existia o anexo a ser demolido. Deve-se ainda recordar que do ponto de vista da conservação integral essas ações não deveriam ser feitas.

16. Ver, por exemplo, a ilustração divulgada em *O Estado de S. Paulo*, 22.12.2002, p. C5.

Como citado antes, o prédio como um todo precisava ser repensado para ser conservado e revelado da melhor maneira possível. A Estação da Luz é uma coletânea documental da maior importância e as alterações deveriam ser propostas respeitando todas as partes do edifício e sua complexa história, revelando-a e valorizando-a. Isso também se aplica à ala afetada pelo incêndio, considerando a conformação que atingiu, algo assegurado pela própria resolução de tombamento da lei federal (e pela estadual e pela municipal).

Apesar do incêndio, a ala oeste do edifício permaneceu quase intacta preservando elementos que possuem qualidade formal e relevante interesse histórico, e são testemunhos importantes da arte de construir e de compor espaços de um período, final do século XIX e início do século XX. As modificações feitas na outra ala, após o incêndio, com a reconstrução de seu interior, recomposição de sua fachada e ampliação de área, apesar de não terem a mesma antiguidade, nem a mesma laboração da composição original, foram construídas com esmero, configurando espaços de interesse e resultando em composições harmônicas para os fins a que se destinavam. Eram documentos históricos de extrema relevância como testemunhos do modo de construir de um período, de uma fase de importantes transformações do edifício e de seu uso administrativo – justamente da delicada fase pós-incêndio e da encampação da linha pelo Governo Federal – e já haviam completado cinco décadas de existência.

Desse modo, é estranho desconsiderar pura e simplesmente todos os elementos daquela ala, uma vez que o prédio em sua inteireza foi protegido pela instituição do tombamento (federal, estadual e municipal), interior e exterior. Deve ainda ser enfatizada a própria contradição do IPHAN, que embargou uma obra no edifício que previa a remoção de divisórias na ala leste, por considerar que isso descaracterizava e destruía elementos do bem tombado, em 1997, e que aprovou a demolição total do interior daquela ala em 2004[17].

17. Antônio Luiz Dias de Andrade, especialista reconhecido na preservação e um dos mais valorosos membros que o IPHAN e a FAU-USP já tiveram em seus quadros, avaliando uma proposta de alteração para o 3º andar do edifício afirmou: "Tratando-se de projeto de natureza semelhante ao apresentado pela empresa MRS Logística, compreendendo a readequação dos espaços internos do 2º pavimento da 'Estação da Luz', bem cultural colocado pelo tombamento sob a proteção do IPHAN, cremos deva prevalecer o mesmo critério adotado naquela oportunidade para o caso em tela, ora envolvendo a reformulação do 3º andar, ocupado pela Companhia Paulista de Trens Metropolitanos – CPTM. Opinamos, desse modo, pela manutenção das divisórias originais de madeira em toda a extensão dos corredores, 'sem alterações nem na face voltada para o corredor nem naquela voltada para dentro dos escritórios', admitindo-se a reestruturação da compartimentação interna. Julgamos, assim, que o projeto submetido à aprovação desta unidade deva ser revisto de maneira a corresponder às presentes diretrizes". Documento datado de 17 de abril de 1997, encaminhado à então coordenadora da 9ª Coordenadoria Regional do IPHAN. Cabe fazer uma ressalva: a aprovação de 2004 esteve longe de ser unânime, causando muitas polêmicas e transtornos na instituição.

É preciso ainda fazer uma distinção fundamental: o caso da ala leste não se configura do mesmo modo das remoções de adições citadas anteriormente (pisos vinílicos, divisórias leves, alguns sanitários, anexos etc.). Esse caso não é simplesmente um elemento sem maior interesse estético e importância histórica que foi sobreposto e obliterou, por razões utilitárias, elementos originais de grande qualidade. Trata-se de projeto de arquitetura para a recomposição de uma ala destruída por um incêndio (preservaram-se de modo parcial as paredes externas). O autor do projeto não buscou voltar a um passado perdido através da repristinação completa, mas propôs um acréscimo através de um novo projeto, respeitando certos dados formais existentes, com composição que se "enxerta" no corpo original, mas ao mesmo tempo dele se distingue, por técnicas construtivas e por volume, completando e desenvolvendo certas funções no edifício como um todo, resultando numa renovada unidade formal para o conjunto. Desse modo, não foi uma adição como a dos casos anteriores, mas uma nova adaptação, uma obra que se insere em outra existente e mutilada e promove uma nova configuração para o todo. Como tal, é projeto de arquitetura a pleno título, qualquer que seja a opinião a seu respeito, não importando se é considerado "feio" ou não por parte de muitos, pois é fato digno de história (e não simples "crônica"), pela sua conformação exterior e também pela composição de ambientes e articulação de espaços, cuja preservação deveria ser contemplada num restauro de fato.

Brandi analisa as adições e os refazimentos segundo as instâncias histórica e estética. Diferencia as duas ações, afirmando que a adição completa, ou desenvolve, funções diversas das iniciais, enxertando-se na obra. O refazimento, por sua vez, busca replasmar a obra, intervindo no processo criativo. Faz a distinção entre dois casos opostos de refazimento: aquele que quer repristinar a obra originária, fazendo a intervenção parecer antedatada; e aquele que, ao contrário – caso da Estação da Luz –, "quer absorver e transvasar sem resíduos a obra preexistente, *apesar de não entrar no campo da restauração*, pode ser perfeitamente legítimo também do ponto de vista histórico, porque é sempre testemunho autêntico do presente de um fazer humano, e, como tal, monumento não dúbio de história"[18]. No caso da Estação da Luz, com efeito, as obras feitas depois do incêndio não se colocaram como repristinação da ala como era antes do incêndio, nem como restauro, não sendo, naquele momento, reconhecido o significado cultural do edifício; buscou-se transvasar a antiga ala em algo novo. Portanto, do ponto de vista histórico, esse refazimento deveria ser preservado: "deverá ser sempre respeitada a *nova* unidade que, independentemente da veleidade de repristinações, tenha sido alcançada na obra de

18. C. Brandi, *Teoria...*, 2004, p. 74.

arte com uma refusão que, quanto mais concernir à arte, mais será também matéria de história e testemunho não dúbio"[19]. Ademais o refazimento, segundo o autor, deve ser preservado também do ponto de vista estético:

> Também aqui, do ponto de vista estético, é claro que a solução a ser dada ao problema depende, antes de tudo, do juízo que se tem do refazimento: no caso em que indique o alcançar de uma nova unidade artística, o refazimento deverá ser conservado. Mas pode suceder que o refazimento – seja ele uma condenável repristinação ou uma nova adaptação – não possa ser retirado, por ter levado à destruição parcial de alguns aspectos do monumento que teriam permitido ou a sua conservação como ruína, ou a integração na sua unidade potencial. Nesse caso, o refazimento deverá ser conservado, mesmo se prejudicial ao monumento[20].

Invoca-se Brandi para tratar do assunto pois o autor foi mencionado, na apresentação das propostas feita pela Fundação Roberto Marinho, para justificar as vultosas transformações do edifício, algo que de modo algum encontra respaldo em seu pensamento. Ademais, com a escusa de enaltecer a monumentalidade da estação, no texto da Fundação foi citado justamente o trecho do apêndice sobre a restauração arquitetônica, em que o que Brandi de fato afirma é que a espacialidade do monumento é coexistente ao espaço ambiente em que foi construído e que, para realmente salvaguardar uma obra de arquitetura, é essencial proteger não apenas o interior e a fachada, mas também o espaço ambiente[21]. Ou seja, jamais se poderia justificar a demolição total do interior de uma das alas, a alteração da articulação interna dos espaços e a modificação da volumetria do edifício com respaldo em Brandi.

As obras feitas depois do incêndio resultaram em nova realidade figurativa para o edifício como um todo; nova realidade que passou a fazer parte da paisagem paulistana há mais de meio século e como tal incorporada no próprio registro iconográfico da cidade. A Estação da Luz é um dos raros espaços administrativos, com origem em finais do século XIX em São Paulo, de qualidade, que ainda existiam e estavam em estado razoável. Uma restauração digna dessa denominação deveria ter respeitado a configuração das várias fases do conjunto e dos elementos que as compunham, oferecendo ao público, atual e do porvir, espaços evocativos de formas de compor do passado, promovendo um novo (ou renovado) uso, no presente, que seria inserido como um novo estrato da história, sem ferir os documentos existentes.

19. *Idem*, p. 74.
20. *Idem*, p. 88.
21. *Idem*, p. 132.

Ou seja, valorizar o todo e suas partes, respeitando os elementos caracterizadores, que são verdadeiros documentos que interessam à história em suas várias facetas (e às ciências em geral). No que respeita especificamente à arquitetura, pela relevância da solução estrutural, pelos materiais empregados, pela forma de compor, pelos seus ornamentos e pela distribuição dos ambientes. Todos dados que possibilitam o entendimento da arquitetura, das técnicas construtivas, das fases por que passou o prédio até chegar à sua configuração atual, das várias etapas por que passou o sistema administrativo das companhias ferroviárias que se sucederam naqueles espaços, a "hierarquia" das salas – algo que poderia ser suposto a partir da localização, das proporções dos ambientes, dos elementos ornamentais – e por conseguinte, o próprio organograma das empresas e como isso repercutiu no espaço físico. Muitas dessas informações existiam "fisicamente", mas estavam em parte obliteradas e nunca foram exploradas ou experimentadas pelo público em geral, nem por especialistas, em sua totalidade. Mas todos esses dados foram perdidos numa proposta que, invocando o nome da "cultura", destruiu preciosos documentos históricos, não atribuindo a eles nenhuma importância. Mesmo desconsiderando parte dessa produção como tendo valor artístico, o todo possui enorme valor documental e como imagem figurada (mesmo não sendo "obra de arte"). Ademais, esses elementos possuem papel simbólico e são suportes materiais do conhecimento e da memória coletiva e deveriam ter sido preservados do modo mais amplo possível.

As propostas executadas no edifício administrativo da Estação da Luz – amplamente divulgadas pela mídia e com enorme sucesso de público – vão contra o objetivo da preservação de bens culturais, que é transmitir o bem como chegou a um dado presente histórico, da melhor maneira possível, para o futuro, qualquer que seja a linha de pensamento. Isso implica, como explicitado, mudanças, que devem, porém, ser fruto da análise e do entendimento da obra em sua essência, para que seja de fato respeitada. Não foram feitos estudos históricos aprofundados sobre o edifício e as análises estratigráficas, por exemplo, foram realizadas por requisição dos órgãos de preservação, quando o partido de alteração do edifício já havia sido definido; ou seja, não serviram como base para as propostas projetuais e aparecem meramente para cumprir uma determinação legal.

Preservar, por definição do campo disciplinar (e não por opinião pessoal), jamais poderia significar cancelar fatos históricos de interesse para, naquele espaço, escrever uma nova história. Isso é desrespeitar o documento e fazer arquitetura contemporânea a expensas do edifício antigo. Essa ação, do ponto de vista do campo disciplinar do restauro, não se justifica frente a um bem de interesse cultural, que deveria ser respeitado para que pudesse continuar a transmitir seus valores para as gerações futuras.

Por outro lado, a engenhosidade do partido arquitetônico, os êxitos figurativos e da proposta museográfica, transformaram o centro num grande sucesso de público. A questão é que o Museu da Língua Portuguesa tem sido julgado apenas pelos seus resultados. Isso é extremamente inquietante, pois se recai naquele perigoso registro de que "os fins justificam os meios", desconsiderando-se por completo a destruição de documentos significativos que a proposta causou. Essa postura denota visão anistórica, que leva em consideração apenas aquilo que serve no dia de hoje e não considera a sociedade como um todo na longa duração, esquecendo-se de que o fato de não ser "útil" e "belo" hoje (o edifício como existia) para alguns não significa que não o seja para outros, atualmente e no futuro.

Claro está que pode ser uma escolha da sociedade não preservar seus bens culturais e alterá-los ou destruí-los a bel-prazer; mas isso só poderia ser legítimo se fosse uma decisão coletiva devidamente informada das consequências desse tipo de ato. É necessário, no entanto, dar a essas ações os nomes que devem ter – reforma, reciclagem, recuperação –, que não podem ser confundidas com preservação, entendida como ato de cultura.

Com o que se realizou na Estação da Luz, cabe repensar o tema e voltar às raízes da discussão dos motivos por que se preserva. Sem retomar, neste trecho, esse debate de modo aprofundado – mas evidenciando que, apesar dos vários séculos de discussões acumuladas, o tema é mais do que nunca merecedor de análise que reitere as razões por que uma cultura preserva o próprio passado –, é possível seguir uma lógica elementar e lembrar que a estação não foi tutelada porque seria transformada, algum dia, em centro de estudos da língua portuguesa. Ela foi protegida por lei federal, estadual e municipal por seu valor histórico e estético (de seu conjunto, e não apenas das fachadas), por sua relevância e qualidade como representante da arquitetura de variados períodos, independente do seu uso atual e futuro. Portanto, deveriam ser suas características formais e documentais a guiarem a intervenção e jamais as razões de um novo uso serem as preponderantes, ainda mais porque não havia nada que desabonasse a utilização do espaço, como estava, para uso administrativo ou para o fim proposto, desde que o programa fosse repensado para respeitar aquele espaço. Cabe lembrar que mesmo um uso relativo à ferrovia – mais afeito à tradição e composição do edifício, a seu uso consolidado e à própria estruturação da região onde se situa e que deveria ser privilegiado –, dependendo do tipo de programa elaborado, poderia também desnaturar por completo o edifício. Um uso adequado "nominalmente" não resolve a questão, sendo necessário que se desenvolva o programa e o projeto de acordo com as características do bem.

Deveria ter sido o caso de repensar o programa proposto em função das características do edifício. Se o programa (número e tipo de salas, galeria de exposições etc.) não pudesse ser alterado em função da visão que se tinha para esse centro da língua portuguesa, então por que não se fez uma nova construção, que daria muito mais liberdade e imporia menos restrições ao inegável talento dos arquitetos? São Paulo é uma cidade que passou por vultosas transformações, principalmente a partir do último quartel do século XIX, não tendo poupado testemunhos históricos em função do processo acelerado de verticalização, adensamento e expansão; possui, porém, muitos vazios urbanos, e algumas construções de pouco valor, inclusive em áreas próximas à Luz, que poderiam atender a essa demanda[22]. O que São Paulo não tem em demasia são monumentos históricos, elementos de rememoração, e sobretudo edifícios de tal qualidade construídos em um passado que, com a velocidade das mudanças na cidade, passou a ser remoto, possuindo poucos "sobreviventes" seculares (ou mesmo mais recentes).

No caso da Estação da Luz não se seguiu um processo de estudos aprofundados que fundamentasse aquilo que deveria ser transformado. Uma obra não é um continente indistinto que pode ser tratado de modo abstrato, sem levar em consideração sua consistência física, seus aspectos formais e documentais, memoriais e simbólicos. Os estudos multidisciplinares calcados nas humanidades devem identificar as formas de percepção e os significados do bem; as análises que embasam aquilo que é merecedor de preservação não podem ser desvinculadas da restauração, que é dependente e indissociável do processo de reconhecimento e aprofundamento cognitivo. É o conhecimento do edifício e seus significados, a compreensão de seus elementos caracterizadores e de sua essência que fundamentam o respeito pela obra e que deveriam condicionar o projeto para valorizá-la.

A preservação dos elementos caracterizadores essenciais da estação não é o resultado de uma mentalidade empedernida, que vê edifícios históricos como intocáveis. Pelo contrário, esse tipo de decisão, o que preservar, como preservar e aquilo que deve ser alterado para assegurar a própria sobrevivência do bem, deve ser fruto de um juízo consciencioso, e essa é uma obrigação daqueles que lidam com monumentos históricos que devem agir através de sólida deontologia profissional, e não permitir que interesses imediatistas e setoriais prevaleçam. Caso se queira tratar um edifício com liberdade extrema, que desconsidere suas características essenciais, que se tenha então a coragem de admitir, e sobretudo de provar, que o edifício não apresenta valores intrínsecos, que é um remanescente genérico de épocas passadas e que pode ser modificado de modo livre ou até mesmo demolido.

22. Basta recordar o processo de demolições em curso na chamada "Cracolândia".

Enorme contradição, pois, o fato de um monumento histórico da qualidade e importância da Estação da Luz, protegido por lei nas instâncias federal, estadual e municipal, não ter seus aspectos formais e documentais respeitados num projeto que deveria, necessariamente, ser de restauro. Mas não só isso é possível, como de fato aconteceu, justamente por não termos claros os motivos pelos quais se preservam bens culturais, nem os critérios de como fazê-lo, o que resulta em instrumentos deficientes para trabalhar no campo.

Outros edifícios industriais da virada do século XIX para o XX: mais incompreensão

Processos semelhantes, de não reconhecer um edifício vinculado ao processo de industrialização, com feições de finais do século XIX e início do século XX, como bens culturais que de fato são – possuindo relevância estética, histórica, memorial e simbólica, e papel representativo para as comunidades –, mas que não haviam sido oficialmente considerados como tal, podem ser verificados em várias ações recentes, de demolição, deformação, ou transformação inadequadas.

No que se refere a demolições, infelizmente os desastres continuam ocorrendo antes que medidas efetivas possam ser postas em prática. Exemplo é a Fábrica de Louça Santa Catarina, marco da indústria de louças em São Paulo, destruída no final de 2002. A fábrica situava-se na rua Aurélia, tendo iniciado suas atividades em 1912. De propriedade da firma Fagundes & Ranzini, destacou-se pelo pioneirismo na produção de louça de pó de pedra em São Paulo, tendo seu controle passado para as Indústrias Reunidas Francisco Matarazzo em meados da década de 1920. O conjunto arquitetônico era expressivo por variadas razões. Uma delas, a composição do complexo, de grandes dimensões, formado por vários galpões filiados a uma estética industrial – perfis em dente de serra, paredes de alvenaria de tijolos aparentes, grandes áreas envidraçadas, presença de altas chaminés etc. –, implantados de maneira coerente no sítio, tendo-se tornado um marco na região. Possuía ainda importância decorrente da antiguidade das instalações (uma das primeiras fábricas de faiança na cidade), das vicissitudes da empresa e das transformações de seus produtos, e do pioneirismo da introdução do pó de pedra na fabricação da louça[23].

23. Dados do trabalho de José Hermes Martins Pereira, *A Implantação da Indústria de Louça em São Paulo 1912-1937 (Estudo de História na Perspectiva da Cultura Material)*, São Paulo, Museu Paulista USP-Fapesp, Relatório de iniciação científica, 2002. Agradeço à orientadora, Heloísa Barbuy, por ter mencionado a pesquisa e ao autor por ter gentilmente cedido uma cópia do trabalho.

Ainda no que se refere a fábricas de louça, outro edifício significativo descaracterizado foi o antigo Conjunto das Indústrias de Louça Zappi, na Mooca, construído e depois ampliado nos anos 1940, que passou por processo de demolição, iniciado em 2003 para a ampliação do Colégio João XXIII[24]. Na Mooca, os remanescentes da industrialização têm sido vítimas preferenciais da especulação imobiliária – por serem grandes reservatórios de áreas num bairro que se está valorizando e adensando – sendo impiedosamente demolidos ou descaracterizados para dar origem, em especial, a complexos residenciais e condomínios fechados que negam qualquer relação com o espaço público, voltando-se, ao contrário, para o interior do lote. Alegam-se razões de segurança, mas, assim fazendo, as vias públicas tornam-se ainda mais inseguras por não haver um controle social das mesmas, que passam a ser meros interstícios entre vastas áreas muradas.

Grande celeuma, em 2004, foi gerada pelas propostas de transformação do conjunto do Cotonifício Crespi, sempre na Mooca. O complexo foi construído em várias etapas; foi iniciado em 1897, com ampliações posteriores, em especial nos anos 1910 e 1920. Os edifícios ocupavam todo um quarteirão (figura 17). O prédio mais antigo da fábrica, inicialmente denominada Regoli, Crespi & Cia, localiza-se ao longo da rua Visconde de Laguna, e sofreu muitas alterações. É de um pavimento, com pé-direito de cerca de seis metros de altura, sendo feito de alvenaria de tijolos aparente com estrutura, no interior, composta por pilares de ferro fundido que sustentam tesouras de madeira. As edificações da primeira fase de ampliação da fábrica, em meados dos anos 1910, ocupavam parte dos terrenos ao longo da rua Javari[25]. O edifício da fiação, considerado o principal do conjunto, foi projetado e construído por volta de 1920 pelo arquiteto italiano Giovanni Battista Bianchi. Sua planta é retangular (*c.* 77 m por 43 m) tendo ainda dois volumes salientes, retangulares (*c.* 7 m por 9 m), correspondentes às torres. A edificação tem seis pavimentos; era sustentada por ossatura de aço de origem britânica, com vedação de alvenaria de tijolos aparentes (figura 18). No interior, os pilares estavam dispostos em quadrícula regular de *c.* 7 m de lado (figura 19). A fenestração era ampla (algo facilitado pelo fato de a alvenaria ser de vedação) e o interior bastante iluminado.

O Grupo Pão de Açúcar alugou as instalações para transformá-las em hipermercado Extra, comprometendo-se a preservar suas características.

24. O edifício situa-se na rua José Zappi, na altura do n. 400. Os dados provêm da ficha de inventário realizada por Camila Chicchi Cussial e Renata Cristóvão Ferretti para a Disciplina AUH 127 Conservação e Restauração do Patrimônio Arquitetônico da FAU-USP em 2003.

25. Os dados sobre o cotonifício provêm de M. R. Rufinoni, *op. cit.*, 2004, pp. 92-99. Agradeço à autora também por ter gentilmente cedido fotos do complexo.

De início, porém, foi proposta a manutenção de apenas duas das fachadas e a demolição de todo o interior do cotonifício para mais bem adequá-lo às necessidades do novo uso. Entre os argumentos invocados para tal ação, constava que a preservação das fachadas asseguraria a preservação da imagem do conjunto no ambiente em que está inserido e que a modulação da retícula dos pilares de aço não era adequada para o tamanho das gôndolas do supermercado. Caso se tratasse de fato de preservação, a lógica deveria ser inversa: as características do prédio prevalecerem sobre o tamanho das gôndolas. Houve grande polêmica em torno da proposta, com intervenção do Ministério Público e ações por parte do DPH. Conseguiu-se contornar parcialmente o problema, mas ainda assim destruíram-se características de relevo do prédio em algo que deveria ser um projeto de restauração. Foram demolidos vários edifícios do complexo, resultantes de sucessivas ampliações, foram destruídas fachadas do cotonifício, sua estrutura original foi removida em vários andares (figuras 20 a 22), preservando-a apenas no último como testemunho; neste ponto, cabe perguntar por que isso foi feito, uma vez que a ossatura perdeu todo seu significado.

A proposta tratou o edifício como um invólucro, desconsiderando a própria raridade do tipo de estrutura e configuração da fiação entre os edifícios industriais paulistas – a ossatura metálica autônoma, que se desenvolvia em seis pavimentos, com vedação de tijolos. É um tipo de solução em altura, derivada de propostas de fiações inglesas de finais do século XVIII[26], que

26. De início, foram utilizadas na Grã-Bretanha técnicas de construção com colunas de ferro fundido associadas a pisos incombustíveis, utilizadas em várias fiações, nas quais o risco de incêndio era elevado. As colunas metálicas permitiam melhor aproveitamento da área interna, pois ocupavam menos espaço. Esse era um dado importante, pois as novas máquinas exigiam superfícies livres maiores. A Calico Mill, de seis pavimentos, construída em 1792-1793 por William Strutt em Derby, pode ser apontada como marco na origem de construções em altura com esqueleto metálico, apesar de sua estabilidade depender das paredes externas de tijolos. Nessa indústria, de medidas exteriores de 9,45 m por 35 m, Strutt, seu engenheiro e proprietário, utilizou inovações técnicas. Empregou abobadilhas de tijolo, consolidadas por peças metálicas e escoradas por vigas de madeira recobertas por argamassa. As vigas eram sustentadas, no interior do edifício, por suportes de ferro fundido dispostos em duas fileiras. Outra fiação, a Benyon, Bage and Marshall Flax Spinning Mill foi construída em 1796-1797 em Castle Foregate, por Charles Bage. Bage empregou elementos da estrutura utilizada por Strutt, substituindo, porém, as vigas de madeira por vigas de ferro fundido. Considera-se essa construção, de cinco pavimentos, o primeiro edifício "incombustível". O edifício, de 12 m por 54 m, tinha paredes exteriores de alvenaria de tijolos. Os pisos, recobertos de material cerâmico, repousavam sobre abobadilhas de tijolos apoiadas nas vigas de ferro e nas paredes longitudinais de tijolos. As vigas eram sustentadas, no interior, por suportes, de ferro fundido, cruciformes. A caixilharia das janelas também era de ferro fundido. Essas experiências incipientes com ossatura metálica multiplicaram-se ao longo do século XIX e estão na origem dos arranha-céus, que se beneficiaram de outra inovação oitocentista e nova-iorquina, o elevador, apresentado por Elisha Graves Otis em 1853. Sobre essas questões ver B. M. Kühl, *Arquitetura do Ferro...*, 1998, pp. 22-55.

tem raríssimos representantes em São Paulo, sendo escassos nossos edifícios industriais que se desenvolvem em vários pavimentos.

Mais uma vez, evidencia-se a dificuldade de reconhecer edifícios de final do século XIX e início do século XX, filiados a uma estética industrial não-modernista como bens culturais. No caso específico, trata-se de bem cultural da mais alta relevância para São Paulo, para a história em suas variadas facetas, tais como a da arquitetura, da engenharia, da economia, social. O Cotonifício Crespi era representativo, através dos edifícios que compunham o complexo, de várias fases de transformação da arquitetura industrial e de métodos construtivos (paredes portantes de tijolos, ossaturas metálicas associadas a vedação de tijolos, chegando-se a uma edificação de interesse feita com concreto armado, que datava de uma ampliação dos anos 1940 e foi demolida na recente intervenção). Possui ainda enorme importância pelo papel da empresa para a história da industrialização em São Paulo, por ser marco significativo dos movimentos operários, como referencial urbano etc. O fato é que havia propostas anteriores de tutela legal que não se concretizaram devido à morosidade do processo, e até essa polêmica, não se havia dado a devida atenção ao conjunto. Existe apenas uma pequena quantidade de edifícios industriais protegidos por lei. Mas o fato de não ser protegido por lei não justifica proposta de tal natureza, pois proprietários, locatários, arquitetos e comunidade local deveriam ter formação suficiente para reconhecer a significância do complexo como bem cultural de fato, independente ou não de seu reconhecimento oficial, para que fosse preservado efetivamente, ou seja, para que as questões documentais e de composição guiassem o projeto, para que o novo uso – como supermercado – fosse implantado de acordo com as características daquilo que lá existia, assegurando, assim, que continuasse a ser um efetivo e fidedigno suporte da história, de vários estratos do conhecimento e da memória.

Falta de visão histórica e de critérios: tragédia também para edifícios filiados ao modernismo

Infelizmente, uma postura anistórica, a falta de entendimento em relação às raízes culturais da preservação e a ausência de critérios claros para a atuação em bens culturais se verifica também em relação a edifícios do modernismo e a outras construções recentes. No caso das edificações oitocentistas e de início do século XX, sem filiação ao movimento moderno, existe certa relutância, inclusive por parte de arquitetos que trabalham em órgãos de preservação, em reconhecê-las, de fato, como bens culturais. Por outro lado, naquilo que se refere às edificações modernistas, apesar de grande parte dos arquitetos reconhecer sua importância (mas outros setores da sociedade são ainda pouco sensíveis a esse tema), existe enorme dificuldade em se ter uma visão "histórica" em relação a elas e atuar segundo um distanciamento crítico e de modo fundamentado em relação à importância documental e formal dos bens. Isso no que respeita aos bens considerados "icônicos"; mas parte significativa da produção do período, mesmo se de grande qualidade, não é reconhecida como de interesse para a preservação. Esse não é um fenômeno apenas brasileiro e a discussão de suas causas e implicações foram mencionadas anteriormente. No entanto, deve-se chamar atenção para uma dessas causas, que é a proximidade temporal e a falta de distanciamento crítico dela resultante. Essas edificações muitas vezes se relacionam mais fortemente com um dado presente histórico, algo acentuado pelo fato de alguns dos arquitetos responsáveis serem ainda atuantes. Outro dado a ser considerado é o ideário modernista ser muito presente na formação dos arquitetos paulistas, que tendem a considerar esses edifícios como emblemáticos, em especial na sua conformação logo que foram construídos, e não na sua configuração como consolidada ao longo do tempo. Não se justificam, no entanto, ações desprovidas de embasamento, uma vez que existem instrumentos oferecidos pela historiografia e pelas humanidades em geral para se atuar de modo fundamentado.

Caso significativo é o da antiga Fábrica Duchen, situada na rodovia Presidente Dutra, no município de São Paulo (figuras 23 a 26). O edifício de Oscar Niemeyer e Hélio Uchoa datava de 1950. Inicialmente, deveria ser um complexo composto das fábricas Duchen e Peixe, ambas empresas de Carlos de Brito S. A., que incluía, além de setores produtivos e de administração, uma série de instalações complementares como praças de esportes, ambulatórios, creches, restaurante etc. A proposta era de grande interesse no que respeita ao equilíbrio e articulação entre as áreas de trabalho e setores de recreação.

O edifício para a Peixe não foi erigido, mas a Duchen e instalações complementares sim. No projeto, Niemeyer e Uchoa atingem um resultado de grande originalidade, buscando sua expressividade na dinâmica e maleabilidade oferecidas pelo concreto armado. Os edifícios implantam-se de maneira orgânica, aproveitando as irregularidades do terreno. A estrutura do prédio de produção, calculada por Joaquim Cardoso, era constituída por pórticos de concreto armado, situados a cada 10 metros, vencendo vão de 36 metros com apoio central[27]. As nuanças, o dinamismo e organicidade da estrutura, o equilíbrio e rigor dos edifícios, a sua perfeita adaptação ao terreno e às necessidades de produção, a qualidade e originalidade da composição como um todo, fizeram com que esse projeto recebesse prêmio na 1ª Bienal de São Paulo, de 1951, em que foi celebrado do seguinte modo na ata do júri:

27. Alberto Xavier, Carlos Lemos, Eduardo Corona, *Arquitetura Moderna Paulistana*, São Paulo, Pini, 1983, p. 23.

> Conferindo ao arq. Oscar Niemeyer o prêmio para o projeto de uma fábrica em São Paulo, o júri quis destacar o valor desta construção, capaz de criar, com uma fábrica, uma grande obra de arquitetura, em perfeita cooperação com a técnica do engenheiro e criando, ao mesmo tempo, um ambiente digno para o trabalho humano[28].

O complexo foi, depois, frequentemente citado em livros e periódicos de relevo, verdadeiros clássicos da historiografia sobre o modernismo no Brasil[29]. Tornou-se marco da maior relevância da arquitetura moderna e industrial em São Paulo e, como tal, deveria ser preservado por seus valores documentais e formais. Apesar de suas indiscutíveis qualidades plásticas, de sua importância histórica, de ser marco da arquitetura moderna no país e da própria historiografia do movimento moderno, com as ameaças de demolição nos anos 1990 e as consequentes discussões com vistas ao seu tombamento, acabaram por prevalecer as vontades da especulação imobiliária, critério que extrapola por completo o campo da preservação. Não foi possível tomar uma providência concreta a tempo de impedir a demolição do complexo. Ademais, destruiu-se o prédio da Duchen e até finais de 2006 não se havia feito nada no local (ou seja, "demolição preventiva" para contornar o tombamento), permanecendo apenas trechos do antigo pórtico de concreto do edifício fabril em ruínas[30].

Niemeyer foi consultado na ocasião e afirmou que a obra não possuía maior interesse, pois, ademais, segundo ele, perdera sua função. Em que pese a legitimidade de ouvir o arquiteto sobre sua própria obra, sobretudo para se ter um registro relevante com fins historiográficos sobre as transformações por que passa a opinião de um autor sobre sua própria obra, deve-se lembrar que de modo algum esse pode ser um argumento para a preservação, pois o que deve ser ponderado é o significado e a importância daquele edifício para a história e para a sociedade. A obra, a partir do momento que passa a existir no mundo tangível, deixa de pertencer unicamente ao arquiteto. Supostamente, o corpo técnico dos órgãos de preservação – historiadores, sociólogos, antropólogos, advogados e arquitetos qualificados no campo – e os representantes nos respectivos conselhos deveriam ser detentores de conhecimento, devida-

28. *Apud* Dante Paglia, *Arquitetura na Bienal de São Paulo*, s.l., Ediam, s.d.
29. Ver por exemplo: Henrique E. Mindlin, *Arquitetura Moderna no Brasil*, Rio de Janeiro, Aeroplano, 2000, pp. 240-241 (1ª ed. 1956); o sacrossanto número monográfico da *Architecture d'Aujourd'hui* de 1952, n. 42-43, pp. 28-29; "Novas Fábricas Peixe e Duchen em S. Paulo", *Arquitetura e Engenharia*, 1951, n. 15, pp. 16-21; Yves Bruand, *Arquitetura Contemporânea no Brasil*. São Paulo, Perspectiva, 1981, pp. 157-158.
30. Esse fato poderia ter dado origem a propostas projetuais de articulação da ruína no sítio em que está inserida – algo poucas vezes tentado para ruínas modernistas –, aproveitando as sugestões de Brandi, *Teoria...*, 2004, pp. 63-98.

mente fundamentado numa visão histórica, que permitisse reconhecer o valor do conjunto para a coletividade, independente da visão do arquiteto sobre a obra, preconizando sua preservação. Mas isso não ocorreu, e desse modo, perdeu-se um referencial dos mais significativos para a arquitetura moderna e industrial de São Paulo e do país, com significância internacional.

Outro grande exemplo de nossa arquitetura industrial foi também vítima de acontecimentos trágicos: a Fábrica Olivetti, situada na rodovia Presidente Dutra, no município de Guarulhos, projetada pelo arquiteto italiano Marco Zanuso. A fábrica foi erigida em duas etapas, a primeira de 1956 a 1958 – portaria, refeitório, central elétrica, escritórios e produção – executada por Carabelli & Cecchi Eng. e Constr. Ltda., e a segunda, concluída em 1963 – montagem, ampliação dos escritórios, abrigo de carros –, feita pela Edibras Construções Gerais Ltda. O conjunto (figuras 27 a 29) foi assim descrito:

> A empresa multinacional Olivetti dedica especial atenção ao desenho de seus produtos e edificações. No caso da fábrica nacional – uma das muitas que possui pelo mundo – pode-se estranhar o fato de ela não ter sido confiada a um arquiteto brasileiro, mas cabe ressaltar no caso, em compensação, o significado desse trabalho incomum à nossa arquitetura, executado que foi por importante profissional, ligado à escola organicista vigente em certos meios italianos. Destaca-se o conjunto do setor de fabricação, uma construção modulada, com células definidas por triângulos esféricos de cobertura, executados em tijolo armado revestido e situados em alturas diferentes, o que proporciona iluminação e ventilação à maneira dos *sheds* tradicionais. Cada vértice de seis desses triângulos imbrica-se numa coluna oca, também elemento de ventilação que aflora externamente, constituindo-se em elemento plástico importante do conjunto[31].

Zanuso, que foi saudado como um dos mais significativos arquitetos da "segunda geração"[32] italiana do modernismo, filiado a uma linha organicista, possui vasta obra de qualidade. Seu projeto para a Olivetti em São Paulo era excepcional por vários motivos. A começar pela configuração do conjunto e sua implantação, com vigor plástico notável. O complexo tinha como elementos principais voltados à fabricação, o setor de produção e o de montagem, operações com características diversas, que foram tratadas de maneira distinta, sendo perfeitamente adaptadas às suas respectivas funções, além de articuladas entre si. No conjunto existiam ainda: portaria, biblioteca, ambulatório, cozinha, refeitório, átrio, escritórios, central termoelétrica, caixa-d'água, marcenaria, al-

31. A. Xavier, C. Lemos e E. Corona, *op. cit.*, 1983, p. 44.
32. Vittorio Gregotti, "Marco Zanuso, un Architetto della Seconda Generazione", *Casabella Continuità*, 1957, n. 216, pp. 59-60.

moxarifados e garagem. O arquiteto adotou para a área de produção o triângulo equilátero, com doze metros de lado, como módulo gerador. Esses triângulos têm, em cada um de seus vértices, colunas de concreto armado, de secção circular com grande perímetro, mas ocas. Isso oferecia maior resistência estática para as colunas que ainda abrigavam, no interior, dutos de ar condicionado (ligados à central termoelétrica) e controles de distribuição de energia para a maquinaria. A cobertura é formada por triângulos esféricos, abobadilhas de tijolos cerâmicos, correspondentes aos triângulos em planta (figura 30). Tem-se, assim, um espaço dinâmico, pois o módulo possibilita uma partição do volume, sem criar grandes entraves físicos em planta, formando "células" de 72 metros quadrados de projeção com certa autonomia visual, mas que ao mesmo tempo estão unidas às vizinhas, criando um espaço de produção que não é genérico, nem indiferenciado. A articulação dessas células e sua relativa autonomia formal e espacial permitiam que o espaço fosse versátil e atendesse às possíveis (e constantes) transformações da lógica e do ciclo produtivo de maneira satisfatória; ou seja, era um espaço dúctil e versátil. O edifício da montagem, alongado, de dois pavimentos, também tem estrutura de concreto armado sobre módulo triangular de doze metros de lado, facilitando sua articulação com o edifício da produção. As lajes de cobertura são planas, associadas a *sheds* e apoiadas sobre colunas cilíndricas ocas. Os demais edifícios, de formatos variados (alguns hexagonais), se articulavam com os edifícios de fabricação e complementavam de maneira eficiente e harmoniosa o conjunto, inclusive o abrigo de carros, construído na segunda fase, com pórticos triarticulados feitos com estrutura pré-fabricada. A alternância de formas, volumes, o tratamento de cores – coberturas brancas, associadas a colunas com a parte inferior branca e o coroamento, que se projeta para o exterior do edifício, pintado de preto, caixilharia preta – produziam efeito de vigor plástico todo particular e de excepcional qualidade[33].

Devido à iminência da construção do Internacional Shopping Guarulhos, com ameaças de descaracterizar o edifício, vários intelectuais assinaram um manifesto que deu início a processo de tombamento no CONDEPHAAT, em 15 de abril de 1997. No entanto, mesmo com o processo em andamento, o que deveria assegurar sua preservação, o conjunto foi transformado. Existem, no processo, documentos que exigem fiscalização por parte do órgão, porque a fábrica, que antes estava em bom estado de conservação, passou por significativas demolições (fachadas, paredes, vedações do edifício de produção e de montagem, demolição total dos outros edifícios e elementos que compunham

33. Sobre a fábrica ver: Roberto Guiducci, "Appunti sulla Fabbrica di São Paulo, Brasile", *Casabella Continuità*, 1957, n. 216, pp. 66-71; "Fábrica Olivetti em Guarulhos", *Acrópole*, 1960, n. 265, pp. 5-9; "Aumento da Fábrica Olivetti", *Acrópole*, 1964, n. 303, pp. 102-105.

o complexo), restando somente a estrutura de sustentação da cobertura abobadada e a própria cobertura no edifício da produção, e o edifício da montagem, sem suas respectivas fachadas. Em razão das destruições realizadas, foi determinado apenas o tombamento da cobertura e de sua estrutura de sustentação[34]. Desconsiderou-se a relação entre estrutura e configuração completiva da obra, o que resultou numa alteração radical da espacialidade interna e destruição das fachadas, em projeto conduzido essencialmente por razões de uso.

Apesar de se ter conseguido salvar parte do complexo, as obras de transformação executadas deformam o interior e o todo de modo significativo; some-se a isso a construção de novos elementos de qualidade arquitetônica duvidosa, que obliteram por completo esse que foi um exemplar excepcional da arquitetura industrial em São Paulo (figuras 31 e 32).

Ou seja, duas "grandes eminências" da arquitetura industrial paulista e brasileira, significativas em âmbito internacional, filiadas a diferentes expressões do modernismo, tiveram destino trágico: uma, a demolição; a outra, mesmo protegida por lei, uma descaracterização radical. Esses exemplos evidenciam, antes de tudo, a necessidade de realizar inventários abrangentes, para que as decisões, quanto ao que preservar, sejam fruto de processo ponderado, e não de pânico, para uma política de preservação efetiva e que seja respeitada. Mostram também a dificuldade em fazer cumprir resoluções legais e aplicar sanções aos responsáveis por descaracterizações. Existe também, assim como nos outros casos, falta de clareza em relação aos motivos que levam a preservar (de natureza cultural) e aos critérios próprios a esse campo disciplinar. Esses processos resultaram em intervenções que, por não entender as motivações da preservação e por confundir os fins com os meios, destroem e desnaturam bens culturais de enorme relevância.

ALGUNS TEMAS RESULTANTES DOS QUESTIONAMENTOS DAS INTERVENÇÕES E DA ANÁLISE BIBLIOGRÁFICA

O restauro como ação cultural em contraposição à recuperação: o problema do uso

Existe um vasto instrumental teórico que pode fundamentar uma preservação social e culturalmente responsável, baseado em pelo menos dois séculos (ou

34. Dados do processo do CONDEPHAAT, nº 36.035/97: Antiga fábrica Olivetti. Agradeço a Cristiane Ikedo Bardese e Wayne Sousa por terem conferido os dados no órgão.

cinco, se buscarmos as raízes da discussão no Renascimento) de formulações teóricas e experiências sistemáticas na prática que conduziram às atuais vertentes teóricas do restauro de bens culturais e que o consolidaram como campo disciplinar autônomo. As ações em obras de épocas precedentes tornaram-se efetivamente preservação de bens culturais quando se afastaram dos atos ditados por razões pragmáticas – abandono, destruição, reformas, reconstruções, transformações feitas, em geral, por questões de uso, que predominaram para quaisquer obras até a segunda metade do século XVIII – e assumiram conotação fundamentalmente cultural. Passou-se a ter distanciamento crítico em relação ao passado e procurou-se perpetuar os testemunhos reconhecidos como de interesse para a cultura para que servissem de suporte do conhecimento e da memória coletiva, valorizando seus aspectos documentais, formais, memoriais e simbólicos. O uso era e continua a ser essencial, dada a sua importância para a própria manutenção e, portanto, sobrevivência do edifício; mas passa a ser um meio e não a finalidade da intervenção.

Deve-se lembrar que a manifestação considerada, por vários autores que tratam da preservação no Brasil, como a primeira de relevância para a preservação no país, tem como ponto significativo a questão do uso. Trata-se da proposta do Vice-Rei do Estado do Brasil, D. André de Melo e Castro, Conde de Galveias, em 1742, para preservar o Palácio das Duas Torres, erigido em Pernambuco por Maurício de Nassau. O conde de Galveias era contrário à sua utilização como quartel, como propunha o então Governador da Capitania, pelos danos que isso causaria ao Palácio. Evoca também o valor histórico daquele edifício, como elemento de rememoração da restauração do controle português sobre a região:

> Pelo que respeita aos Quartéis que se pretendem mudar para o Palácio das Duas Torres, obra do Conde Maurício de Nassau, em que os Governadores fazem sua assistência, me lastimo muito que se haja de entregar ao uso violento e pouco cuidadoso dos soldados, que em pouco tempo reduzirão aquela fábrica a uma total dissolução, mas ainda me lastima mais que, com ela, se arruinará também uma memória que mudamente estava recomendando à posteridade as ilustres e famosas ações que obraram os Portugueses na Restauração dessa Capitania, de que se seguiu livrar-se do jugo forasteiro todo o mais restante da América Portuguesa: as fábricas em que se incluem as estimáveis circunstâncias [...] são livros que falam, sem que seja necessário lê-los [...]; se se necessitasse, absolutamente, para a defesa dessa Praça que se demolisse o Palácio, e com ele memória tão ilustre, paciência, porque essa mesma desgraça têm experimentado outros edifícios igualmente famosos; mas por pouparmos a despesa de dez ou doze mil cruzados, é cousa indigna que se saiba que, por um preço tão vil, nos exponhamos a que se sepulte, na ruína dessas quatro paredes, a glória de toda uma Nação. Não digo que, por salvar os Quartéis, que

hoje lá se embarace a execução da planta que se tem feito, para a obra que se intenta; o que digo é que me parece mais conveniente fazerem-se de novo, em lugar que se julga mais próprio; porque, se bem se calcular a despesa que se há de fazer para reduzir o Palácio a Quartéis, e para se porem as Casas da Junta em estado de poderem decentemente habitar nelas os Governadores, não custará menos cabedal, daquele que podia empregar-se na obra de um novo Quartel; e quando sucedesse que o custo dela fosse maior, não era tão pouco o que se ganhava, que não se desse de barato esse pequeno excesso, pela utilidade de uma fábrica nova, conservando-se as antigas no estado que até agora estiveram [...][35].

Considera, pois, que, quando o uso é a tal ponto incompatível com as características e com o papel memorial da construção existente, se deva fazer uma nova obra para a utilização desejada e que se preserve o edifício original como estava. Lição de sabedoria que tem sido muito pouco utilizada desde então.

Na prática de atuações recentes, só vez por outra se verifica maior consciência e sensibilidade nas propostas e nas operações, tanto na escala urbana, quanto em edificações isoladas. O que se observa, em geral, é a absoluta prevalência de critérios ditados pelo uso, para obter maiores lucros, para aparecer nos meios de comunicação, e guiados por interesses setoriais e imediatistas. Em relação às intervenções em bens de interesse cultural, tem-se ampliado o emprego de termos como recuperação, revitalização, renovação e, mesmo, reciclagem e reforma, aplicados até para edificações de grande interesse artístico. São termos que refletem posturas conceituais inadequadas, pois se afastam das razões que motivaram a preservação e que procuram distanciar-se do conceito de restauro, encarado erroneamente como ato que tolhe a criatividade, com intuitos apenas restritivos, que inviabilizaria uma transformação para atender de modo adequado às necessidades atuais.

A questão do emprego desses termos, e os bens aos quais se destinam, tem sido tratada em vários textos de Carbonara, que aclara o problema ao afirmar que a diferença entre eles consiste na diversidade dos objetos a que se destinam e, por consequência, dos fins a atingir e dos meios empregados. Compara a manutenção com a medicina preventiva, asseverando que pode evitar a restauração, que é sempre mais traumática. Considera a reutilização a forma mais eficaz para garantir a preservação de um bem – algo já detectado e enfatizado em meados do século XIX por autores com formulações tão díspares quanto Viollet-le-Duc e Ruskin –, pois um monumento sem uso se deteriora de modo rápido, enquanto aquele mantido em funcionamento pode durar séculos[36]. No

35. *Apud* R. M. F. Andrade, *op. cit.*, 1952, pp. 13-14.
36. G. Carbonara, "Beni Culturali...", 1992, pp. 40-41.

entanto, a reutilização é um meio para preservar o bem, mas não a finalidade da intervenção[37]. A recuperação, por sua vez, afirma o autor, impõe a reutilização como premissa e a conservação como eventual consequência, incidindo sobre ela pressões econômicas e políticas. Já o restauro é ato histórico-crítico, conservativo – pois tem por objetivo transmitir o bem a gerações futuras da melhor maneira possível, valendo-se para isso da reutilização – e criativo, pois qualquer intervenção, mesmo a manutenção, implica modificações, que não são figurativamente neutras e devem ser prefiguradas e controladas através do projeto[38]. Ou seja, a ênfase do restauro é nas questões culturais e se volta a edifícios de valor histórico, artístico, memorial, simbólico ou de composição de um dado ambiente. A recuperação, por sua vez, deveria ocupar-se apenas dos resíduos preexistentes, que não possuem os valores supracitados, ou seja, dos remanescentes genéricos de épocas passadas.

De interesse é verificar a posição de outro autor de grande relevância, Paolo Torsello que, analisando o risco, em função de certos desdobramentos recentes no campo da conservação, de que nasça uma noção de restauro que se baseie unicamente em aspectos técnico-funcionais, comenta ainda outro problema:

> Ao mesmo tempo, a teoria da "recuperação tecnológica" privilegia as categorias do conforto, da função, da durabilidade e de um complexo de "vocações / prestações" das quais se move para reinserir o bem no circuito das fruições de mercado. Existe, em outras palavras, uma atenção à obra antiga como mercadoria, numa versão que autoriza, de fato, a sua reutilização e reprojeto. As características artísticas e históricas são entendidas como limites e impedimentos ao completamento da recuperação e a disciplina busca cavar um espaço operacional independente que gostaria de distinguir-se

37. Nesse ponto específico, Carbonara faz menção a Miraelli Mariani, que evidencia a importância do uso como instrumento adequado para garantir a conservação, mas insiste que não se deva confundir os fins com os meios (G. Miarelli Mariani, "Qualche Pensiero Effimero sul Restauro dei Monumenti Architettonici", *Storia Architettura*, 1988, vol. 11, n. 1-2, p. 56).

38. G. Carbonara, "Beni Culturali...", 1992, pp. 40-41. Sobre a recuperação, afirma: "nasce de uma concepção diversa, que coloca a reutilização como premissa e o ato de conservação apenas como eventual consequência. O restauro, ao contrário, é um ato histórico-crítico (no sentido de que se vale de um juízo, como foi dito), conservativo (no sentido de que a sua finalidade primária é tutelar e mandar ao futuro um 'bem' no melhor estado possível, utilizando com tal escopo, se necessária, a prática da reutilização) e também criativo (R. Bonelli), pela clara consciência de que todo ato, até mesmo o de simples manutenção, 'muda' de qualquer forma o objeto e que tal mutação, mesmo se historicamente guiada e tecnicamente irrepreensível, implica uma resposta que não poderá jamais ser figurativamente neutra e que, nesse sentido, é prefigurada e controlada através de um projeto. Na noção de recuperação, ao contrário, está arraigado um apelo de tipo econômico e mesmo político [...]". O autor também retoma o assunto em outros textos, tais como: "Teoria e Metodi del Restauro", em G. Carbonara (org.), *Trattato di Restauro Architettonico*, Torino, Utet, 1996, pp. 3-16; *Avvicinamento...*, 1997, pp. 5-45, 371-383.

daquela da nova edificação, mas também daquela das áreas tradicionais da restauração. A "recuperação" viria, assim, a sustentar uma ideia da intervenção sobre o antigo – mas também uma ideia de projeto – fundamentada prevalentemente na eficiência técnica e funcional[39].

A reutilização é essencial, mas desde que a preservação se tornou ação de caráter cultural, o uso é o meio e não o objetivo da intervenção. Isso já era noto, como explicitado, a Ruskin e Viollet-le-Duc, que preconizavam um uso que assegurasse a boa manutenção e evitasse intervenções mais incisivas. A argumentação dos autores é de caráter estético e histórico (em Viollet-le-Duc, às vezes, também técnico), e as questões funcionais jamais são as únicas a prevalecer. Ruskin já afirmava: "Tome medidas apropriadas para os edifícios, não será necessário restaurá-los"[40], e preconizava que se preservassem as marcas da passagem do tempo, não "ferindo" o documento. Enfatizava, também, a necessidade de usos que assegurassem uma boa manutenção[41]. Viollet-le-Duc, por sua vez, recomendava que se encontrasse um uso que fosse tão adequado ao edifício que não fosse necessário alterar sua disposição para implementá-lo[42].

Sempre em chave estética e histórica, e jamais utilitária, se pronuncia Camillo Boito, como mencionado. Alois Riegl, também já citado, em *O Culto Moderno dos Monumentos* analisa as várias formas de apreensão do monumento histórico pela sociedade. Na classificação que faz, considera o valor de uso e o valor artístico como de contemporaneidade, por variarem com o tempo. Por essa razão fundamenta sua proposta legislativa no "valor de antiguidade", justamente por ser mais inclusivo e por respeitar integralmente a obra. É relevante mencionar que o autor aponta as contradições relacionadas com o uso, pois, se o uso é o valor prevalente, vai gerar conflito direto com o "valor de antigo". A ausência de uso, porém, leva à decadência, por falta de

39. P. Torsello, "Conservare...", 1997, pp. 186-187.
40. J. Ruskin, *op. cit.*, 1889, pp. 196-197.
41. Cf. por exemplo, as observações de Antonio Petrella, *op. cit.*, 1987, p. 76. "No 'pamphlet' sobre a inauguração do Palácio de Cristal, ao descrever as mudanças que se estavam verificando na Europa, ele evidencia que se Rouen é a 'única cidade na França em que é possível ainda ver, em seu conjunto, os efeitos da antiga arquitetura doméstica francesa' isso é devido ao fato de que as casas construídas no século XV e no início do século XVI são 'ainda existentes e habitadas' ".
42. Viollet-le-Duc, *Restauração*, 2000, p. 65. "Ademais, o melhor meio para conservar um edifício é encontrar para ele uma destinação, e satisfazer tão bem todas as necessidades que exige essa destinação, que não haja modo de fazer modificações. É claro, por exemplo, que o arquiteto encarregado de fazer do belo refeitório de Saint-Martin des Champs uma biblioteca para a Escola de Artes e Ofícios, deveria esforçar-se, sempre respeitando o edifício e mesmo restaurando-o, para organizar as estantes de maneira tal que não fosse necessário voltar atrás e alterar as disposições dessa sala."

manutenção. Desse modo, deve-se resolver a questão levando em conta o valor de uso e o "valor de antiguidade", com preponderância deste último.

O tema do uso comparece amiúde nas formulações teóricas e continuou a ser tratado de maneira semelhante no campo da preservação pelos vários autores que se sucederam no tempo. Cesare Brandi, por exemplo, afirmou:

> Mas, quando se tratar, ao contrário, de obra de arte, mesmo se entre as obras de arte haja algumas que possuam estruturalmente um objetivo funcional, como as obras de arquitetura e, em geral, os objetos da chamada arte aplicada, claro estará que o restabelecimento da funcionalidade, se entrar na intervenção de restauro, representará, definitivamente, só um lado secundário ou concomitante, e jamais o primário e fundamental que se refere à obra de arte como obra de arte[43].

Na Carta de Veneza, por sua vez, o tema aparece da seguinte forma:

> Artigo 4º – A conservação dos monumentos exige, antes de tudo, manutenção permanente.
>
> Artigo 5º – A conservação dos monumentos é sempre favorecida por sua destinação a uma função útil à sociedade; tal destinação é, portanto, desejável, mas não pode nem deve alterar a disposição ou a decoração dos edifícios. É somente dentro destes limites que se deve conceber e se pode autorizar as modificações exigidas pela evolução dos usos e costumes.

Já na Carta de Restauração Italiana, de 1972:

> Dado que as obras de manutenção executadas a tempo asseguram longa vida aos monumentos, evitando que os danos se agravem, recomenda-se o maior cuidado possível na vigilância contínua dos imóveis para se tomarem as providências de caráter preventivo, também com a finalidade de evitar intervenções de maior amplitude. Recorde-se, ainda, a necessidade de considerar todas as operações de restauro sob um perfil substancialmente conservativo, respeitando os elementos acrescentados e evitando, de qualquer modo, intervenções inovadoras ou de repristinação. Sempre com o objetivo de assegurar a sobrevivência dos monumentos, deve ser atentamente avaliada a possibilidade de novas utilizações dos antigos edifícios monumentais, caso não resultem incompatíveis com os interesses histórico-artísticos. As obras de adaptação deverão ser limitadas ao mínimo, conservando escrupulosamente as formas externas e evitando alterações sensíveis das características tipológicas, do organismo construtivo e da sequência dos percursos internos[44].

43. C. Brandi, *Teoria...*, 2004, p. 26.
44. *Apud* C. Brandi, *Teoria...*, 2004, p. 242.

Os vários escritos e documentos pertinentes ao campo, desde que preservação é entendida como ato de cultura, enfatizam que o objetivo da intervenção é conservar a obra para transmiti-la da melhor maneira possível, sendo o uso o meio e não o objetivo da intervenção. Para aqueles que não percebem a diferença entre uma coisa e outra, pode-se invocar Severino[45] e seu exemplo, para muitos talvez mais compreensível, que "comer para viver é algo essencialmente diverso de viver para comer". Ninguém em sã consciência nega a importância dos alimentos para a sobrevivência, assim como ninguém no campo da restauração nega o papel do uso para que o bem continue a existir. Mas o fato de confundir os meios com os fins denota uma relação totalmente distinta com a comida, que distingue uma alimentação saudável daquela derivada de distúrbios alimentares. Do mesmo modo, no campo da restauração, é possível encontrar um uso compatível, se o que se quer é de fato preservar como ato de cultura, que vai diferenciar um processo de decadência por "inanição", ou seja, pela falta de uso, ou de deturpação por um uso inadequado (os distúrbios alimentares), de uma "correta alimentação" derivada de um uso compatível.

Deveriam, pois, ser analisadas as características da obra para, depois, definir funções e programas compatíveis com elas, e não o contrário, adaptar um dado edifício a um novo uso preestabelecido ou submetê-lo a transformações massificadas nem sempre de acordo com suas particularidades, cuja implementação será feita em prejuízo do próprio monumento histórico. Ou seja, deve-se respeitar a essência do bem, escolher um uso compatível com seus aspectos documentais e formais, respeitando-se sua configuração, suas várias estratificações ao longo do tempo e desenvolver o programa e o projeto de acordo com suas características. Cabe ainda relembrar que não basta que o novo uso seja apenas "nominalmente" compatível, pois, por exemplo, muitos usos ditos "culturais" têm desnaturado bens culturais. Ou seja, um uso voltado à cultura não assegura que o edifício seja preservado; e, inversamente, um projeto de supermercado, que leve em conta as características do edifício e não confunda os fins com os meios, pode ser adequado. Deve-se recordar, ainda, que não basta que o novo uso leve em conta apenas os aspectos materiais, de distribuição espacial, documentais se não for uso condigno com o próprio significado do bem e pertinente ao local e situação em que se insere e a comunidade a que se volta.

Caso de interesse é a estação de Bananal, cidade da zona pioneira de expansão do café em São Paulo que enriqueceu de forma substancial por conta do produto. Apesar de a produção na região diminuir na segunda metade do século XIX, o café ainda era fundamental e uma empresa foi constituída em 1880

45. E. Severino, *op. cit.*, 2003, p. 31.

para a construção de uma ferrovia para unir Bananal à linha entre São Paulo e Rio de Janeiro. A linha foi inaugurada em janeiro de 1889, mas o edifício da estação só o seria depois. A estação caiu em desuso após a desativação do ramal na década de 1960, sendo protegida por lei estadual em 1974.

A estação de Bananal é exemplar de grande interesse por ser a única estação em São Paulo totalmente metálica e pré-fabricada. É de tipo unilateral, com área de 350 metros quadrados, e caracteriza-se por possuir um corpo central com dois pavimentos – em que se localizavam, no térreo, a bilheteria e o acesso às plataformas e, no primeiro andar, escritórios –, ladeado por dois corpos de um pavimento para o depósito de café e mercadorias. Suas peças foram fabricadas na Bélgica, segundo o engenhoso sistema Danly, de paredes duplas formadas por chapas galvanizadas e estampadas. Os elementos de união são perfurados para permitir a circulação de ar entre os panos, garantindo maior isolamento térmico. Há ainda orifícios, com aberturas que permitem controlar a circulação do ar no interior das paredes e da edificação.

Sua restauração foi iniciada em 1984, com projeto de Samuel Kruchin, então no CONDEPHAAT. Quando o trabalho foi começado, havia problemas de corrosão, os mais graves nas chapas da cobertura, nos perfis inferiores do perímetro do edifício e nos perfis de sustentação do piso. Isso fez com que se optasse por processo de desmonte, identificação das peças, tratamento e remontagem no mesmo local[46].

A proposta foi de ali instalar a estação rodoviária que permitiria uma leitura dos espaços e modo de funcionamento muito semelhantes aos da estação primitiva. Essa utilização gerou controvérsias, pois alguns moradores da cidade almejariam uma destinação mais "nobre" para esse bem tão particular. No

46. Paralelamente à avaliação do estado da estação, fez-se um levantamento pormenorizado de todo o edifício, complementado por análises de laboratório em que se concluiu que o material empregado era o ferro, obtido por pudlagem, galvanizado. Foram propostos como materiais de substituição, quando necessário, aços tipo Corten ou Cos-ar-cor. As chapas das paredes encontravam-se, no geral, em bom estado e a recuperação das peças deterioradas deu-se através de novas partes moldadas que foram soldadas nas chapas originais. As da cobertura, porém, estavam bastante corroídas e foi proposta limpeza e nova zincagem a quente. Com relação às cores empregadas, fez-se o estudo da pintura existente, que permitiu uma definição do colorido original. A opção foi a de não utilizar as cores primitivas, por serem julgadas inadequadas às nuanças plásticas do edifício. Buscou-se uma solução que valorizasse a leitura e facilitasse a compreensão do sistema construtivo. Opção consciente de projeto, na qual se trabalhou com aspectos formais e documentais, segundo uma acepção contemporânea da questão das cores, sendo uma escolha fundamentada e justificada. O edifício teve suas paredes tratadas de ocre, marcação dos perfis estruturais, tanto os da base quanto os verticais, de vermelho, cobertura também dessa cor e manutenção das esquadrias e pisos de madeira natural. Para maiores informações sobre a estação, seu sistema construtivo e obras de restauração, ver B. M. Kühl, *Arquitetura do Ferro...*, 1998, pp. 67-77, 291-294, 339-379.

entanto, o uso escolhido era perfeitamente compatível com as características do edifício e era certamente solução melhor do que o abandono, lembrando-se de que na mesma cidade existem edifícios de grande relevância de início do século XIX que se encontram em total desuso e decadência. Depois de muitas vicissitudes, a estação foi transformada, em 2004, em sede de administração da prefeitura e repintada. Convém enfatizar que, sendo o uso estação rodoviária, edifício administrativo ou museu, deve-se assegurar que o edifício seja utilizado com civilidade e que as pessoas que nele trabalhem sejam conscientes de sua relevância e devidamente instruídas para mantê-lo de maneira adequada. Ou seja, não haveria problemas em utilizá-lo como estação rodoviária, desde que fosse mantido convenientemente.

No presente, aquilo que se verifica com frequência é uma total inconsistência teórica no modo de abordar os monumentos históricos, notando-se a ausência de critérios e de reflexão crítica a respeito dos valores formais e documentais, a inadequação das técnicas empregadas, além da interferência excessiva de questões econômicas, de uso e políticas. Analisando-se algumas dessas intervenções e o debate com elas relacionado, tem-se a impressão de que se volta àquilo que Brandi apresenta como o esquema "pré-conceitual" da restauração, entendida como uma intervenção com o objetivo de dar de novo eficiência a qualquer produto da atividade humana. E parece que não mais se trabalha com o "conceito" de restauro, definido anteriormente, esse, sim, voltado às obras de arte[47], ou, em nossa concepção atual mais alargada da questão, aos bens que adquiriram significado cultural. Muitas propostas se têm voltado a extremos. Em algumas, busca-se um estágio anterior de um dado bem, não se considerando válidas as suas várias fases. Existe uma vontade deliberada, de um modo "leduciano", de retornar a um estado primeiro idealizado, como se apenas esse fosse o mais significativo sem um devido entendimento da obra em si e de seu particular percurso no decorrer do tempo, através de reconstruções ou completamentos, não havendo consideração pela matéria, que caracterizou a relação com os bens culturais na cultura ocidental nos últimos dois séculos. Ou, são feitas transformações incisivas sem o mais remoto respeito pelo documento histórico, tanto inserindo indevidamente novos elementos, quanto esvaziando a edificação daquilo que a caracteriza, tratando-a como mero contentor.

Muitos bens têm sido sistematicamente descaracterizados, invocando-se razões de uso e afirmam se tratar de preservação. Os perpetradores desses atos promovem as questões de ordem prática como únicas e imperiosas e des-

47. C. Brandi, *Teoria...*, 2004, pp. 25-26.

qualificam os conceitos da restauração, considerando-os apenas restritivos, e que inviabilizariam uma apropriação dos monumentos pelo presente. Essa é uma simplificação grosseira, mesmo porque isso é feito e afirmado sem nem ao menos cogitar ou tentar uma solução respeitosa. Ademais, cabe perguntar por que em certos ambientes culturais, mesmo na América Latina, com problemas muito semelhantes aos brasileiros, tem sido possível restaurar de fato bens culturais de maneira sistemática, caso, por exemplo, apesar de todas as dificuldades, do México e do Equador. Será que agindo prevalentemente através de recuperações, como se tem feito, assegura-se uma transmissão eficiente dos monumentos históricos? Os resultados e as experiências na prática mostram exatamente o contrário.

Isso não significa desprezar a questão do uso, como dito. O ponto nodal é que a ênfase deve ser outra; aquilo que norteia, que estabelece os limites da intervenção deve ser buscado nas razões de se preservar, que é aquilo que fundamenta a teoria do restauro – em seus parâmetros documentais, formais e materiais –, que permitem que se manifestem as várias estratificações da obra e a própria intervenção de um dado presente histórico, desde que este último estrato não achate toda a diversidade existente num único registro.

Grande parte das atuações, hoje, desconsidera alegremente a reflexão sobre a preservação de monumentos históricos dos últimos séculos, apesar de terem a pretensão de ser consideradas como tal. Ou seja, despreza-se um campo disciplinar, o restauro, que se afastou do empirismo e de atitudes guiadas prevalentemente por questões de cunho pragmático, para se transformar em ação fundamentada nas ciências.

Em suma, intervenções que levam em conta de modo predominante apenas questões pragmáticas não podem ser consideradas como ações culturais, e nem deveriam ser praticadas em bens culturais, por resultarem em atos que destroem ou alteraram veemente e irresponsavelmente a consistência dos bens. Existem pelo menos cinco séculos de experiências documentadas que demonstram os danos irreparáveis de tais atos. Preservar documentos históricos de modo extenso é ação inclusiva, que beneficia não apenas alguns setores no presente, mas a sociedade de um modo mais abrangente ao longo do tempo. Ou seja, permite que presente e futuro entrem em contato com um universo mais variado, assegurando a diversidade.

O "fachadismo" como intolerância a documentos históricos: os danos para a diversidade

A literatura sobre os problemas gerados pelo fachadismo, pelo desrespeito aos documentos e à memória, que consideram edifícios de interesse histórico como mero contentores, como simples suportes de ações contemporâneas, é bastante vasta. Neste ponto, para evidenciar apenas algumas questões, recorre-se somente a um escrito essencial de Georg Mörsch[48], que analisa intervenções recentes, retomando alguns aspectos do pensamento de Riegl. Aborda o fachadismo – esse ato de desventrar, de estripar e desossar um edifício histórico – em variadas cidades europeias. Invoca os perigos dessa redução arbitrária dos testemunhos históricos, enfatizando que o essencial nesses objetos – e o que é irrecuperável e irreproduzível – é a sua "historicidade", os traços de seu transcurso no tempo. Avalia uma série de razões para a onda fachadista, inclusive certas deformações da legislação em alguns países e a má prática em canteiros de obras. Um interesse escrupuloso e específico pelo projeto de intervenção em si e o respeito por todas as partes características dos bens vai contra a tendência a esquematizar, a estandardizar e, sobretudo, opõe-se à preguiça mental. Evidencia um dado concreto: a perda de substância histórica, que pode ser verificada materialmente, com precisão, que é algo totalmente diverso de conservar apenas o "conhecimento" desses fatos através de registros. Analisa a necessidade humana de recordar e o desejo do homem de se relacionar com o passado através de testemunhos materiais autênticos, uma relação que é ao mesmo tempo material, emotiva e intelectual, que necessita de referenciais fidedignos. Deve-se exigir veracidade do testemunho histórico, e afirma que um ambiente sem mudanças e inovações faria ressentir o declínio, assim como um ambiente apenas com objetos atuais seria fonte de inquietação, pela brusca interrupção da continuidade; isso seria, em última instância, hostil à vida. Existe a sensação de perda de realidade quando se veem monumentos desnaturados, ou "novos em folha"; mostra, porém, que inovações controladas e a dimensão criativa fazem parte da restauração. Ao discorrer sobre as perdas resultantes da estripação, afirma que dizem respeito, de igual modo, ao passado e ao futuro do monumento. Pois, já ao nascer, o edifício representa não apenas a concretização de um projeto arquitetônico, mas também uma soma indivisível de experiências artesanais, culturais, sociais, técnicas e econômicas; e, com o decorrer do tempo, várias transformações e acréscimos oferecem uma imagem viva, que faz parte da riqueza da cultura, e isso não pode ser substituído apenas por documentação e registros. A perda do futuro é tão grave quanto a descaracterização do passado, pois também no futuro deve ser possível a percepção de traços históricos. Evoca o princípio da reversibilidade da ação contemporânea e assevera que o zelo correto pelos monumentos deve oferecer, sempre, a garantia de uma possibilidade de mutação contínua para resolver eventuais

48. G. Mörsch, *op. cit.*, 1995, pp. 443-453.

problemas que possam surgir. Com o "restauro de fachada", isso não ocorre, uma vez que as intervenções são feitas de modo que qualquer ação posterior seja inviável, pois poderia provocar graves danos à construção. Invoca Riegl, afirmando que desde a publicação do *Culto* em 1903, deveria ser claro que é o homem que realiza o reconhecimento do monumento e que sua verdadeira realidade é a capacidade rememorativa diante do objeto material. Considera os monumentos como parte indispensável da vida quotidiana e dos sentimentos através da descrição científica, que, porém, não é capaz por si só de definir o significado da necessidade fundamental de recordar. Valorizar apenas parte do edifício e negar significado às outras compromete violentamente a realidade da obra: além da perda intensa e facilmente demonstrável de substância material, existe a privação de experiências com os monumentos, pois há carência crescente de bens autênticos em função dos desventramentos fachadistas.

As estripações que não levam em conta as motivações e objetivos da preservação e a individualidade da obra resultam na perda de um valor fundamental, que é a multiplicidade; perda de multiplicidade que nega um preceito que deve estar presente na vida em geral: a tolerância. Preservar apenas aquilo que parece importante a alguns num dado momento é a perversão desse preceito; a tolerância é essencial, pois através da preservação os homens "poupam e cuidam também de objetos que naquele momento não são diretamente úteis e interessantes e garantem a possibilidade de escolha para um futuro imprevisível e, desse modo, também um pedaço de liberdade"[49].

O fachadismo é abordado explicitamente em carta aprovada pela 14ª Assembleia Geral do ICOMOS no Zimbábue em 2003, que se refere a princípios de preservação estrutural. A carta retoma princípios da Carta de Veneza e os aplica para a preservação da estrutura dos edifícios; entre seus critérios gerais, tem-se:

> 1.3. O valor da herança arquitetônica não está somente na sua aparência, mas também na integridade de todos os seus componentes como um produto único de uma tecnologia construtiva específica de seu tempo. Em particular, a remoção de estruturas interiores mantendo apenas as fachadas não se coaduna com critérios de conservação[50].

Esses problemas interessam de modo particular às construções industriais, em que os elementos estruturais desempenham papel da mais alta relevância

49. *Idem*, p. 453.
50. Carta – Princípios para a Análise, Conservação e Restauração Estrutural da Herança Arquitetônica, aprovada na mesma Assembleia Geral no Zimbábue em 2003, traduzida da versão em inglês do sítio do ICOMOS (www.international.icomos.org/charters). Acesso em 29.11.2005.

na composição do todo; ou seja, é necessário entender a arquitetura (de qualquer tipo e época) como inter-relação entre estrutura e forma, entre estrutura e conformação do edifício como um todo, em suas várias estratificações.

Preservar um edifício significa revelar e valorizar o todo e suas partes, que são intimamente conexos, respeitando os elementos que o compõem. São documentos que interessam às humanidades e às ciências naturais. No que concerne à arquitetura, o exame dos materiais empregados, da forma de compor, localizar, ornamentar e distribuir os ambientes, sua relação com o conjunto, possibilita a fruição da obra, o entendimento das técnicas construtivas, de suas várias fases até se chegar à configuração atual, entendendo-se os usos que se sucederam nos espaços. Se não se preserva o edifício como um todo, interior e exterior, que não são coisas desconexas, perde-se tudo isso. Destroem-se dados históricos relevantes e deixa-se a obra esvaziada de sua capacidade de funcionar como efetivo suporte material do conhecimento e da memória. Destruir e alterar sem razão denota imediatismo e visão anistórica que considera apenas aquilo que serve a alguns setores no dia de hoje e não leva em conta a sociedade como um todo e o próprio porvir. Os bens culturais devem ser preservados e respeitados, para que possam transmitir seus valores históricos e estéticos, memoriais e simbólicos, para o futuro, garantindo assim que possam ser continuamente atualizados e interpretados, tornando-se fontes inesgotáveis de dados e sensações, além de ser instrumentos de reflexão e adaptação à realidade, para esta e outras gerações.

Relevante é recorrer ainda às análises de Bernhard Furrer e Doris Amacher, da Comissão Federal de Monumentos Históricos da Suíça, ao examinar o problema das construções subterrâneas em sítios de interesse histórico e suas semelhanças com o fachadismo. Mostram tratar-se de questão delicada, por separar o monumento histórico de seu contexto, tendo efeitos nefastos sobre sua autenticidade. Muitas dessas iniciativas são justificadas por serem o único e melhor modo de assegurar a sobrevivência do bem, mas na maioria dos casos isso não corresponde à realidade. Construções subterrâneas não-fundamentadas numa real necessidade, decorrentes de análises superficiais, ocasionam danos enormes à autenticidade e integridade física, uma vez que, entre as características essenciais do monumento, está a sua relação com a topografia; não se respeita um princípio basilar da restauração que é a "retrabalhabilidade", ou seja, esse modo de explorar o subsolo impõe formas de relação que, além de irreversíveis em si, resultam em limites drásticos, ou, mesmo, chegam a impedir qualquer ação posterior e opções de outras formas de uso para as futuras gerações (pois permanece apenas uma fina camada de solo, que limita os projetos paisagísticos e de instalação de novos equipamentos, por exemplo); afetam a integridade material do patrimônio construído, uma vez que essas ações quase sempre acabam por causar danos, lesões, fissuras, recalques nas fundações, problemas que se tornam evidentes, em geral, apenas após décadas. Caso fosse realmente necessário intervir dessa forma, depois de acurados estudos, e não fruto de maldisfarçadas formas de exploração econômica, isso deveria ser feito de modo a não tocar nas fundações. Os autores continuam suas análises fazendo um paralelo com o fachadismo:

> No entanto, desde há alguns decênios, a hipocrisia desse modo de proceder [fachadismo] encontra oposição por parte dos cidadãos. O caráter de decoro de opereta que apresenta a fachada de um monumento histórico desventrado salta aos olhos do observador atento; o mais tardar no momento em que passa a soleira da porta de entrada. Do mesmo modo, a pouca credibilidade das praças ou dos jardins sobre essas áreas escavadas torna-se evidente para qualquer pessoa que, ao utilizar as escadas de acesso à garagem, vê o grande espaço vazio embaixo delas. [...]
>
> A relação dos cidadãos com seus espaços vitais, o seu enraizamento, tem necessidade de se apoiar sobre o solo sólido da realidade histórica, sobre o solo urbano, sobre o solo dos parques e dos jardins. As escavações tiram desses espaços a sua característica tridimensional, reduzindo-os a um estrato sutil, a um decoro teatral. Aos usuários das cidades e vilas, dos parques e jardins, é oferecida uma falsa realidade. As construções subterrâneas tiram toda a credibilidade do binômio entre terreno sólido e construções contíguas.
>
> De todas essas reflexões resulta que as construções enterradas embaixo dos monumentos, os espaços livres, os jardins históricos devam ser, por princípio, recusadas.
>
> Não a aparência externa mas, ao contrário, a concordância efetiva entre o monumento histórico e seus fundamentos intelectuais e materiais serão determinantes, a longo prazo, para a existência concreta do monumento e para a sua credibilidade e, portanto, para a sua capacidade de sobrevivência[51].

51. B. Furrer e D. Amacher, *op. cit.*, 2002, pp. 56-60. Cita-se da p. 60. Ainda sobre esse tema, são de grande interesse as palavras de Miarelli Mariani ("La Città Storica...", *op. cit.*, 1986, p. 264): "O salto quantitativo que diferencia claramente os nossos comportamentos em relação àqueles do passado é relativamente recente. Deriva principalmente dos estudos conduzidos em especial nos últimos trinta anos, dos quais aprendemos a identificar muitas relações – antes desconhecidas – entre o ambiente e a obra do homem; estruturas e sistemas de estruturas próprios, não apenas ao edifício, mas a todo o espaço antrópico. Conhecimentos que nos permitiram definir as estruturas territoriais, urbanas e das edificações como um conjunto orgânico e incindível, em que não é lícito separar conceitualmente as emergências dos episódios mais humildes e – em relação aos singulares edifícios – é arbitrária qualquer cisão entre elementos estruturais e elementos figurados; entre aquilo que se percebe de modo visual e aquilo que não se vê, mas existe, e é igualmente real e importante. Ou, melhor explicando, não é admissível nenhuma operação que se proponha a conservar o aspecto externo dos organismos edificados sem se preocupar com, ou mesmo favorecendo, perturbando, a sua realidade estrutural".

Só o reconhecimento - individual (mas isento de personalismos) e consequentemente coletivo, e seguindo a asserção de Brandi, momento metodológico do reconhecimento[52] - pode ajudar na consolidação de critérios e conduzir ao verdadeiro respeito pelas várias formas de manifestação arquitetônica - de sua configuração como um todo - que existiram ao longo do tempo. A preservação, como entendida hoje, tem essa característica bastante peculiar em relação aos séculos passados de voltar seus interesses para a tutela de um grande número de bens que adquiriram conotação cultural, pertencentes a todas as fases da produção humana. Tem-se (em teoria) maturidade para reconhecer o interesse histórico dos vários momentos por que passou uma mesma obra, independente da maior ou menor afinidade ou apreciação pessoal por eles. É um contrassenso desprezar essa conquista e voltar a valores oitocentistas, ou anteriores, de dirigir a atenção, no trato e na tutela, apenas aos testemunhos de períodos artísticos mais apreciados por uma dada cultura e desrespeitar vasta gama de documentos relevantes[53]. Convém enfatizar que essa aproximação não possui nada de acrítico, algo que repercute mesmo, como dito, na elaboração de inventários. Todos os profissionais ligados à preservação, que participam de estudos e intervenções em bens culturais - das humanidades e das ciências naturais e da arquitetura - devem possuir uma visão "histórica". Claro está que qualquer um deles tem predileções individuais, dado que, como expôs Scarrocchia, não é um "idiota útil"[54], mas deve superá-la na prática em função de uma deontologia apropriada para não recair no arbítrio. Ou seja, os profissionais

52. C. Brandi, *Teoria...*, 2004, p. 31.

53. Já Camillo Boito, no final do século XIX, reconhecia a capacidade e o fato inédito de sua época em reconhecer o valor de várias épocas da produção cultural. Exemplo é dado no texto *Os Restauradores* (*op. cit.*, 2002, pp. 31-34) publicado originalmente em 1884. Dvořák também abordou a questão em 1916, salientando os perigos de uma visão da preservação calcada unicamente na preferência artística de um momento que considera apenas alguns tipos de expressões como válidas; essa unilateralidade de críticos e de artistas foi duplamente negativa para os bens legados pelo passado pois não apenas se tinha predileção por um dado momento histórico, mas também se reprovavam (e destruíam) os testemunhos de outras épocas, por considerá-los equivocados o que resultou em danos irreparáveis (M. Dvořák, *op. cit.*, 2008, pp. 87-90). Gaetano Miarelli Mariani expôs de forma clara questão (*Centri Storici...*, 1993, p. 42): "[...] a cultura contemporânea é caracterizada exatamente pela recusa de qualquer barreira e está constantemente empenhada numa elaboração crítica voltada a constituir juízos históricos sobre tudo aquilo legado pelo passado, independentemente da época que os produziu. Deve-se enfatizar de modo explícito que essa posição constitui, no campo da tutela, uma das contribuições mais originais da cultura moderna que consiste em não fazer coincidir - como fora a regra geral no passado - o interesse pela salvaguarda de um objeto com o interesse pelo próprio objeto. Isso equivale a dizer que o juízo sobre a necessidade de proteger um objeto um produto qualquer do passado não depende de modo algum da sua congenialidade com a nossa cultura".

54. S. Scarrocchia, *op. cit.*, 1995, p. 61.

não são obrigados a suprimir o seu gosto, mas devem superá-lo, através de uma deontologia apropriada sem tentar jamais impô-lo. Ou como queria Riegl, não buscar nas obras antigas apenas aquilo que satisfaz ao gosto contemporâneo, mas buscar entender a *Kunstwollen* que as originou.

No que se refere à arquitetura industrial, o fato de ainda não ser apreciada de forma devida por um contingente significativo de pessoas não justifica a falta de rigor em relação aos seus exemplares. São, em geral, esses bens, cujo "reconhecimento" é ainda recente, restrito e pouco consolidado, os mais ameaçados. Tentar respeitar o documento histórico e preservar as especificidades e a qualidade da solução formal, material, estrutural e espacial desses complexos industriais deveria ser a prioridade. Daí a importância de consistentes estudos multidisciplinares que informem a importância desses bens e fundamentem critérios de intervenção, que busquem maior objetividade nos princípios e evitem arbitrariedades. As intervenções em bens culturais devem, de modo imprescindível, seguir a metodologia da restauração, que não pode ser fundamentada numa interpretação e gosto pessoal, mas, sim, num juízo fundamentado em vários campos disciplinares e, em especial, nas humanidades.

Em suma, negligência, abandono, destruições, transformações imponderadas de monumentos e sítios históricos (documentos históricos, elementos de rememoração, instrumentos da memória) afetam sua integridade material e sua autenticidade, resultam em "decoro de opereta", implicam intolerância, que leva ao aniquilamento da multiplicidade, que resulta num instrumental deficiente para compreender a realidade atual e a ela se adaptar – e por conseguinte, impõe limitações à própria liberdade –, gerando perturbações tanto para o indivíduo quanto para a coletividade[55].

Criatividade, inovação e projeto de restauro[56]

É possível verificar, em intervenções ou propostas de atuação em bens de interesse histórico e artístico, a falta de fundamentos culturais. Enorme contradição,

55. Cf. F. Choay, "Riegl, Freud...", 1995, p. 461: "A memória de pedra, e tijolo, transmitida pelos monumentos representaria assim a prova de uma competência edilícia. Poderia ter, pois, para a economia dos afetos e o equilíbrio das entidades sociais o mesmo papel que a memória neuronal possui para a conservação da pessoa humana".

56. O debate sobre projeto de restauração de obras arquitetônicas e sua pertinência inequívoca também ao campo do projeto arquitetônico tem sido pouco explorado por arquitetos. Neste texto, pretende-se apenas chamar a atenção para certos aspectos. Como algumas referências bibliográficas, com abordagens distintas, podem-se citar os textos: G. Miarelli Mariani, "Aspetti della Conservazione fra Restauro e Progettazione", *Restauro*, 1977, n. 33-34, pp. 61-71; Salvatore Boscarino *et alii*. *Il Progetto di Restauro: Interpretazione Critica del Testo Architettonico*, Trento, Comitato Giuseppe Gerola, 1988; Salvatore Boscarino, "La Progettazione nel Restauro Archi-

pois, por um lado, esses edifícios são escolhidos por serem "bens culturais", como forma também de valorizar a imagem de uma instituição ou de legitimar uma dada iniciativa; por outro lado, são os aspectos histórico-artísticos, memoriais e simbólicos da edificação que passam ao largo das questões projetuais. Ou seja, esses exemplares são eleitos por terem interesse histórico, mas as intervenções desprezam os valores culturais que motivaram sua tutela. Prevalecem questões funcionais – com uma destinação predeterminada que orienta a intervenção –, ou ainda políticas, midiáticas e de exploração visando lucros. Esses fatores resultam em graves problemas, pois os edifícios passam a ser tratados como meros objetos de consumo, vítimas de modismo, em que seu valor histórico e estético servem apenas como forma nominal e superficial de valorização, sendo abordado à maneira de um qualquer bem de consumo pouco durável.

A utilização é essencial para a preservação, como visto, mas devem ser analisadas as características a serem respeitadas e conservadas, para, depois, definir uma função e um programa compatíveis com elas. É importante reiterar que qualquer projeto de restauração implica modificações, em maior ou menor escala, e essas transformações devem ser controladas e prefiguradas através de um projeto.

Ponto nodal, e correlato ao que foi exposto acima, diz respeito à visão preconceituosa, desprovida de fundamentos e infelizmente bastante comum entre arquitetos, em relação ao restauro, que muitas vezes é visto apenas como intervenção "congeladora", conservadora, retrógrada e, ademais, acéfala. Ou é encarado, de modo simplório, como mera ação técnica em que não se postula o uso da razão ou da criatividade. A respeito de intervenções conservativas, que não apregoam nenhuma mudança radical da configuração de um edifício, é frequente ouvir que, se fosse o caso de não se alterar nada, teria sido dispensável a participação de um arquiteto.

É um engano pensar que se possa definir *a priori* que se deva, de modo forçoso, alterar a configuração espacial de um edifício, pois o objetivo da intervenção não é alterar como fundamento e preservar apenas por descuido. Esses fatos demonstram desconhecimento do verdadeiro conceito de restauro que é hoje entendido fundamentalmente como ato crítico, alicerçado em análises formais e históricas, com o intuito de conservar, revelar e transmitir ao futuro da melhor forma possível o bem cultural. A alteração, ou não, de qualquer elemento de uma construção só poderia ser baseada numa consciênciosa análise multidisciplinar. Isso não significa que o monumento não deva ser de forma alguma mudado ou tocado, mas as decisões devem decorrer de

tettonico tra Analisi, Invenzione e Conservazione", *Palladio*, 1994 (vol. 7), n. 14, pp. 299-310; Francesco La Regina, *Come un Ferro Rovente, Cultura e Prassi del Restauro Architettonico*, Napoli, Clean, 1992; N. Detry e P. Prunet, *op. cit.*, 2000.

consistentes juízos histórico-críticos. Esse tipo de análise deve ser entendido como "condicionante de partido" para o projeto de restauro, condicionantes que existem em qualquer projeto arquitetônico, mas que têm uma natureza diversa quando se trata de restauro, dados os seus objetivos.

Lúcio Costa, no texto "Interessa ao Estudante", afirma:

> Interessa ao estudante, antes de mais nada, conhecer como, em condições idênticas ou diferenciadas de época, de meio, de material e de técnica ou de programa, os problemas da construção foram *arquitetonicamente* resolvidos no passado[57].

Um dos objetivos da restauração é, com efeito, preservar a solução *arquitetônica* para os problemas, como resolvidos em outras épocas. Isso implica saber analisar e ler os edifícios e o local em que estão implantados e, também, saber inserir novos elementos, alterando, sem no entanto ferir, a concepção original. Não se trata apenas de respeitar os aspectos materiais, mas também saber entender as questões formais, a composição do espaço, sua solução de distribuição e articulação, para, através da proposta, preservá-los e valorizá-los, respeitando escrupulosamente os aspectos documentais.

Algo que se verifica na prática das intervenções, com frequência, é o fato de não se procurar entender e respeitar aquilo que distingue e caracteriza o edifício ou o conjunto arquitetônico: no caso de vastos espaços abertos, inserem-se de modo indevido usos que resultam na implementação de elementos que fragmentam, atravancam ou obstruem a conformação, perdendo-se a noção de amplitude; quando, ao contrário, são espaços fragmentados, por sua destinação originária, a exemplo de edifícios ou alas de edifícios com funções administrativas, procede-se à estripação para se obter uma configuração espacial livre. Impressiona o fato de várias iniciativas se voltarem para o extremo oposto daquilo que sugere a configuração espacial do edifício ou conjunto que se quer preservar.

O projeto de restauro, que é um tipo particular de projeto arquitetônico, deve ser fruto de compreensão aprofundada da obra, ou conjunto de obras, e do ambiente em que estão. Deve ser consequência de esforços multidisciplinares, envolvendo acurada pesquisa histórico-documental, iconográfica e bibliográfica, sensíveis estudos vinculados às humanidades e de viabilidade econômica, pormenorizado levantamento métrico-arquitetônico e fotográfico do(s) edifício(s), estudos urbanísticos, arqueológicos, exame de materiais e técnicas construtivas, de sua estrutura, de suas patologias, e análise tipológica e formal. Atualmente, podem-se articular esses estudos à utilização de *scan-*

57. Em Lúcio Costa, *Lúcio Costa, Registro de uma Vivência*, São Paulo, Empresa das Artes, 1995, p. 117.

ners a laser em três dimensões, levantamentos multiespectrais, que fornecem importantes dados quanto ao dimensionamento do edifício e auxiliam no exame dos materiais e de problemas técnico-estruturais. Essas análises levam ao entendimento das várias fases por que passou a obra no decorrer do tempo e de sua configuração e problemas atuais. Estratificações que devem ser respeitadas e, no que concerne à arquitetura industrial, muita atenção deve ser voltada também aos remanescentes do processo produtivo, à memória do trabalho e ao maquinário. A aproximação histórico-crítica – através da análise pormenorizada da obra e do uso dos instrumentos oferecidos pelas ciências humanas – vai oferecer os parâmetros para a intervenção e vai guiar as escolhas e decisões projetuais.

A restauração deve calcar-se em muitos campos disciplinares distintos (cada um com a devida autonomia – algo diverso de isolamento como dito), tais como engenharia, química, física, biologia, geologia, arquitetura, urbanismo e depende sobremaneira das humanidades, em especial da história, podendo, por sua vez, através desses estudos conscienciosos dos bens, fornecer importantes dados para esclarecimentos historiográficos. A restauração envolve, pois, vários campos disciplinares, que devem trabalhar de forma integrada.

Mas a intervenção se resolve também através do desenho, do projeto de restauração, que é um projeto de arquitetura, nada simples, estando sempre presente a dilacerante relação entre conservação e inovação. Projeto que se deve ligar de modo indissolúvel ao processo de aquisição de dados e análise, que articule as distintas contribuições dos vários campos disciplinares envolvidos. Ou seja, pesquisas históricas e os estudos ligados às humanidades – assim como as análises da conformação, materiais, patologias etc. –, não são elementos secundários, acessórios; são absolutamente fundamentais para a percepção de valores e significados dos monumentos, e devem servir como condicionantes para a proposta projetual. O campo arquitetônico não pode ser hegemônico, mas pode ter um importante papel na coordenação.

Ademais, para o arquiteto ou equipe responsável pelo projeto, não se trata simplesmente de pegar dados e produzir um desenho; é necessário o acompanhamento de perto (melhor, inclusive, a participação direta) por parte dos variados responsáveis – nas diversas fases de produção do conhecimento (e do projeto) –, e que haja um contato direto e frequente com a(s) obra(s) para uma efetiva compreensão. Vivenciar um monumento leva a um grau de entendimento, e de respeito, que dificilmente se obtém "à distância". Esse processo leva tempo, e tem que levar o tempo condizente com o amadurecimento necessário das pesquisas, não admitindo soluções "expressas" – nem na fase de estudos, nem na fase de projeto, muito menos durante a execução das obras –, às vezes ditadas por prazos políticos, que de modo algum se coadunam às necessidades da restauração e podem levar a danos irremediáveis[58].

A restauração requer, ademais, grande maestria no que se refere à qualidade do projeto, do próprio desenho. É importante reiterar que, ao contrário da criação do novo, o projeto de restauração parte de premissas diversas, fundamentadas numa judiciosa análise histórica e no respeito pelo bem em suas várias estratificações. Pois seu objetivo é respeitar e valorizar a obra que se quer transmitir ao futuro da melhor maneira possível, e, portanto, as decisões de projeto, e inclusive o uso de recursos criativos, devem estar subordinados a esse objetivo. A criatividade é encarada por muitos como conflituosa e oposta à restauração, vista como ato que é alheio aos processos criativos. Isso reflete uma inversão de valores, que considera a criatividade como alicerce e a preservação como ocasional resultado. No entanto, a criatividade é parte intrínseca do projeto de restauração, mas deve ser entendida dentro dos parâmetros e "condicionantes" específicos ligados aos monumentos históricos.

Pois, afinal, em qualquer projeto de criação do novo existem "condicionantes" de partido, tais como: programa; limitações do meio em que o projeto vai ser implantado (dimensão, condições físicas do terreno, orientação etc.); o sistema e técnicas construtivas escolhidos; o orçamento disponível; a legislação[59]. São fatores que condicionam o ato criador, mas não o anulam.

58. Já Viollet-le-Duc em seu verbete "Restauração" chamava atenção para esse fato, evidenciando a necessidade de realizar estudos bem-feitos e de antever o máximo de problemas passíveis de surgir em uma restauração. Essa preocupante questão do tempo de realização do projeto e execução da obra ressurge em numerosos autores, a exemplo de Papini (*op. cit.*, p. 40): "Começa a terceira fase do restauro, a da execução. Faz-se a licitação das obras, escolhem-se os materiais, preparam-se os meios, tomam-se as precauções para que tudo proceda com ordem e com perícia, contratam-se os trabalhadores selecionados. Existe antes de mais nada um colaborador que não pode ser deixado de lado: o tempo. A sua inimiga mortal, que é a pressa, deve ser banida de todas as fases do restauro e especialmente desta última. Na época que se acaba de concluir, a mania de inaugurar tudo, restaurações compreendidas, com data fixa estabelecida por autoridades incompetentes por superficialidade, ignorância e presunção, muitos restauros foram executados, infelizmente, com tempo insuficiente e, portanto, com danos muitas vezes irremediáveis".

59. Sobre a proposta de Lúcio Costa de análise da arquitetura através dos condicionantes de partido, ver, de Costa, "Arquitetura dos Jesuítas no Brasil", em *Arquitetura Religiosa*, São Paulo, FAU-USP, 1978, p. 17 (texto publicado na *Revista do SPHAN* em 1941, n. 5, pp. 9-100): "Quando se estuda qualquer obra de arquitetura, importa ter primeiro em vista, além das imposições do meio físico e social, consideradas no seu sentido mais amplo, o 'programa', isto é, quais as finalidades dela e as necessidades de natureza funcional a satisfazer; em seguida, a 'técnica', quer dizer, os materiais e o sistema de construção adotados; depois, o 'partido', ou seja, de que maneira, com a utilização dessa técnica foram traduzidas, em termos de arquitetura, as determinações daquele programa; finalmente a 'comodulação' e a 'modenatura', entendendo-se por isto as qualidades plásticas do monumento". Ou, como apresentado por Carlos Lemos, *Arquitetura Brasileira*, São Paulo, Melhoramentos, 1979, p. 9, os principais condicionantes de partido são: "a. A técnica construtiva, segundo os recursos locais, tanto humanos, como materiais, que inclui aquela in-

Assim como na criação do novo, no projeto de restauração, devem-se utilizar as limitações como estímulo a soluções criativas.

A criatividade é importante fator na restauração, e tem sido detectada como tal há muito tempo. Roberto Pane, por exemplo, apontou que apenas a sensibilidade e a crítica não são suficientes aos restauradores e que, para atingir aquilo que Brandi chama de "unidade potencial" da obra de arte[60], chegará um momento em que será necessário fazer a articulação entre o juízo histórico-crítico e a configuração final, que só pode ser obtida através do ato criativo. Pane afirmara:

> Mas é possível que baste ao restaurador ter apenas sensibilidade e cultura de crítico? Se pensarmos que apenas a superfície de uma argamassa e a aparente neutralidade de um tom de ligação podem empenhar o gosto criativo e que o mais escrupuloso respeito das melhores experiências pode levar, apesar de tudo, a um resultado negativo, devemos concluir que não bastam. Por mais que se possa proceder apenas sobre o caminho traçado pelos elementos mais controlados e seguros, chegará sempre o momento em que será necessário lançar uma ponte, operar uma conjunção, e isso apenas poderá ser feito graças a um ato criativo em que aquele que opera encontrará ajuda apenas em si mesmo, e não poderá, como acontecia antes, ter a ilusão de que esteja ao seu lado, a guiá-lo, o fantasma do primitivo criador[61].

Bonelli também tratou do tema, afirmando que, quando a figuração do monumento está fragmentada, seja por destruições ou por acréscimos deformadores, é necessário que se faça uso da criatividade para reencontrar a unidade da obra como obra de arte (ou como obra que possui uma figuração), sendo necessária a integração do ato crítico com a criação artística, que deve, pois, ser condicionada pelo juízo crítico[62].

tenção plástica, às vezes subordinada aos estilos arquitetônicos; b. O clima; c. As condições físicas e topográficas do sítio onde se intervém; d. O programa das necessidades, segundo os usos, costumes populares ou conveniências do empreendedor; e. As condições financeiras do empreendedor dentro do quadro econômico da sociedade; f. A legislação regulamentadora e/ou as normas sociais e/ou as regras da funcionalidade".

60. C. Brandi, *Teoria...*, 2004, pp. 41-62.

61. R. Pane, *Architettura e Arti Figurativi*, Venezia, Neri Pozza, 1948, p. 12.

62. A questão da criatividade no restauro tem sido tratada por vários autores há bastante tempo, podendo ser retraçada de forma embrionária, por exemplo, no texto de Charles Buls (*La Restauration...*, 1903), em que o autor chama a atenção para o problema projetual de intervir em obras de que não restam documentos e apenas poucos fragmentos. A questão é retomada de forma mais consistente a partir dos anos 1940, a exemplo do citado texto de Pane ou do verbete restauro arquitetônico, de 1963, escrito por Renato Bonelli (em R. Bonelli, *Scritti...*, 1995, pp. 27-34). Para uma análise comparativa das formas de encarar a criação no restauro e da polêmica envolvida na questão, em especial a oposição entre Pane e Bonelli, ver G. Carbonara, *La Reintegrazione...*, 1976,

No caso de obras de arquitetura, pelo fato de o restauro ser projeto arquitetônico, as soluções vão variar de indivíduo para indivíduo. Ou seja, a proposta projetual é dada por um arquiteto, ou por uma equipe de arquitetos. Mas não se deve confundir este último ato, que será individual ou de equipe, com um ato arbitrário, pois, em se tratando de restauração, de uma proposta cultural de fato, a ação criativa deverá ser guiada pelos "condicionantes" da restauração, para que seja uma resposta individual pertinente ao campo, e não uma proposta arbitrária que exorbita dos objetivos da preservação.

No caso dos grandes complexos industriais, por exemplo, seria impossível inserir novos elementos necessários para a utilização do conjunto, desde instalações sanitárias e elétricas até, por vezes, novas construções, sem fazer uso da criatividade e da capacidade de projetar. Uma capacidade de projetar que exige harmonização do projeto como um todo, desde a proposta geral que tudo articula, até todos os problemas específicos, envolvendo aspectos como o tratamento dos vários materiais, das patologias, das superfícies, da composição de pisos, da iluminação até chegar aos parafusos das maçanetas e à signalética. São questões que exigem sensibilidade. É preciso, portanto, projetar considerando ao mesmo tempo os "condicionantes de partido" históricos, formais e materiais[63], pois a restauração deve preservar e facilitar a leitura dos aspectos estéticos e históricos do monumento, sem prejudicar o seu valor como documento e sem eliminar de forma indistinta as marcas da passagem do tempo na obra[64].

pp. 55-80. Esse é um ponto central na restauração, que foi tratado também em textos recentes, como, por exemplo, o de N. Detry e P. Prunet, *op. cit.*, 2000, pp. 159-223.

63. Ou, como colocou Michele Cordaro, "Metodologia del Restauro e Progetto Architettonico", *Bollettino d'Arte*, 1986, supplemento al n. 35-36, pp. 67-68: "[...] o projeto de restauração arquitetônica nasce e se articula no momento em que, adquirido o conhecimento específico das determinações históricas e estéticas, avaliadas as condições dos materiais constitutivos, as alterações e os danos sofridos, identificadas as condições ambientais que ameaçam a sobrevivência da obra, acolhe em si os dados completivos reconhecidos como ocasião e fundamento vinculador para exprimir a própria 'criatividade'. [...] O projeto, pois, não é nem separado nem autônomo em relação ao conhecimento histórico e material, estético e conservativo, em relação ao qual deve saber subordinar-se e dar as respostas adequadas. Não se quer mortificar a cultura e o papel do arquiteto restaurador; simplesmente se quer chamar a atenção sobre a natureza inevitavelmente interdisciplinar que o projeto no campo do restauro impõe".

64. A esse respeito, ver, por exemplo, o texto de Wolfgang Wolters, "Cosa Chiede lo Storico ad un Restauro", *Bollettino d'Arte*, 1988, n. 47, pp. 123-124. Logo no início do artigo, o autor coloca a seguinte questão: "O que peço, como historiador da arte, a quem, como arquiteto ou técnico do órgão de preservação, restaura um edifício? A resposta é fácil: que o edifício, ou seja, o documento, seja estudado com atenção e competência e transmitido de tal maneira que não comprometa o seu valor como documento. A resposta é fácil, muito conhecida, mas os fatos demonstram todos os dias que entre teoria e prática quotidiana se abre um abismo". Analisando a situação, o autor afirma que é necessária a elaboração, por pessoas competentes, de um estudo acurado do edifício, insistindo no quesito competência, pois apenas um estudo não garante por si a seriedade da intervenção. Esse

Ou seja, alterações, inovações, criatividade como consequências da análise histórico-crítica – do reconhecimento da obra "na sua consistência física e na sua dúplice polaridade estética e histórica" –, e não como premissas.

O conhecimento aprofundado deveria conduzir à compreensão e, por conseguinte, ao respeito pela(s) obra(s), requisito essencial quando se trata de bens culturais, que leva a posturas verdadeiramente conservativas. Se um arquiteto que se ocupa de um projeto de restauração é incapaz de ler, compreender e respeitar o bem cultural, tanto em sua configuração, quanto em seus aspectos documentais e simbólicos, jamais deveria assumir tal função. Pois, como explicitado, intervir num bem de interesse cultural, que possui papel memorial e interesse artístico e histórico, é ato de extrema responsabilidade, pois se trata, sempre, de documentos únicos e não-reproduzíveis.

Camillo Boito já alertava, há mais de um século, que para "bem restaurar é necessário amar e entender o monumento" e que a "vaidade e a ambição do restaurador tornam-se ainda mais funestas para o monumento do que podem ser a avidez e a avareza"[65]. Deve-se também ouvir Pane, que critica a postura de muitos arquitetos face à sociedade contemporânea, evidenciando a importância de formas de colaboração e a subordinação dos projetos a um objetivo comum – no que tange aos monumentos históricos, transmiti-los da melhor maneira possível ao futuro, considerando a sociedade de maneira ampla (e não apenas setores) e o tempo na longa duração. Afirma que falta apenas fazer com que os arquitetos entendam isso, pois "com muita frequência asserem o culto da personalidade e a irresponsabilidade social"[66].

A atitude, perante o monumento, dos arquitetos responsáveis pelo projeto de restauração é essencial. Mais do que louváveis e necessárias modéstia e humildade, um tanto improváveis de obter por parte de arquitetos, conforme assevera Pierre Prunet, talvez se devesse ser realista e falar sobretudo, como ensina o mesmo Prunet, em ter disciplina[67] – ou seja, seguir uma sólida

estudo deveria consistir de uma pesquisa histórica e em arquivos, um levantamento acurado do próprio monumento e na divulgação e/ou disponibilização da documentação resultante, do material surgido antes e durante a intervenção. Chama a atenção para a importância de se ter uma formação especializada na área e de que o estudo seja feito por equipes multidisciplinares. Insiste para que, na intervenção, os sinais deixados pela história em uma edificação não sejam eliminados de modo indiscriminado. Informa ainda que pesquisas feitas na Alemanha indicam que os custos de detalhados estudos multidisciplinares antes e durante toda a intervenção acabam por reduzir o custo da intervenção em si, aumentando de maneira sensível a qualidade. Sobre a importância da realização de estudos e levantamentos aprofundados, ver também: W. Wolters, "Indagine Conoscitiva Finalizzata all'Intervento di Restauro nel Campo dell'Architettura", *Restauro & Città*, 1987, n. 8-9, pp. 40-44.

65. Citação que provêm respectivamente de C. Boito, *Os Restauradores*, 2002, p. 31, e C. Boito, *Questioni...*, 1893, p. 22.

66. R. Pane, *Attualità e Dialettica...*, 1987, p. 199.

67. Palavras do Architecte en Chef des Monuments Historiques francês Pierre Prunet, proferidas

deontologia profissional –, e jamais perder de vista o princípio da mínima intervenção, por mais que sua aplicação em arquitetura seja complexa.

Uma vez que não se pode contar com a modéstia e que bom senso é algo que não se encontra na prática, é essencial que arquitetos que trabalham na área atuem com rigor, disciplina e prudência, e que as ações se fundamentem em estudos realizados por equipes multidisciplinares, baseadas em conhecimentos oferecidos pelas humanidades e pelas ciências naturais e na consciência da responsabilidade social envolvida. Deve-se ter em vista que não se trata de puras e simples vontades individuais e setoriais, mas é o interesse da coletividade a longo prazo que deve ser levado em conta, tendo o cuidado de se afastar de noções imediatistas. Daí a importância de uma verdadeira visão histórica, que leve em conta passado, presente e futuro.

É relevante enfatizar que o estudo do monumento, conhecê-lo de forma aprofundada, leva ao amor e ao respeito e a uma boa restauração, como colocara Boito. Mas é ainda mais imprescindível recordar que não se trata apenas de conhecer para conservar, mas também, e sobretudo – como mostram os ensinamentos de Riegl e como professara Paul Clemen e como evidencia Scarrocchia – , de "conservar para conhecer"[68].

Respeitar e tutelar a herança do passado responde à nossa necessidade de memória e de conhecimento para ter instrumentos os mais amplos possíveis para entender e, por conseguinte, para se adaptar à realidade; isso deve ser assegurado através da conservação mais extensa possível da documentação.

Desse modo, projetos de restauração e projetos de inserção de novos elementos em contextos históricos, não são simplesmente exercícios projetuais em edifícios ou contextos históricos; trata-se, como nota Carbonara e mencionado anteriormente, de projetar para edifícios e contextos históricos[69].

Monumentos são sempre únicos, não-repetíveis e devem portar consigo para o futuro seus elementos caracterizadores e as marcas de sua translação na história; todo cuidado é pouco, pois esses monumentos-documentos, instrumentos da memória, individual e coletiva, permitem infinitas possibilidades

durante o Colóquio "La Charte de Venise, 30 ans plus tard", organizado pelo ICOMOS Wallonie, Les Amis de l'UNESCO, Les Facultés Universitaires Notre-Dame de la Paix à Namur (Namur, 10 de junho de 1995).

68. S. Scarrocchia (ed.), *op. cit.*, 1995, pp. 55-73, 575-578. Essa noção também possui larga genealogia. Já Bartolomeo Cavaceppi, na segunda metade do século XVIII (apesar de nas suas ações práticas nem sempre ser consciencioso e respeitoso em relação ao documento histórico), afirmava: "Não por outra razão se restaura, a não ser aprender" (*apud* Licia Vlad Borrelli, *Restauro Archeologico: Storia e Materiali*, Roma, Viella, 2003, p. 83). Originalmente em V. B. Cavaceppi, *Raccolta di Antiche Statue, Busti, Bassirilievi ed Altre Sculture Restaurate da Bartolomeo Cavaceppi, Scultore Romano*, Roma, 1768-1772.

69. G. Carbonara, *Avvicinamento...*, 1997, p. 394.

de atualização ao longo do tempo, por um grupo social ou por uma consciência individual, oferecendo, sempre, renovadas leituras e interpretações, fornecendo informações que serão a cada vez percebidas e apreendidas de modo diverso, que podem oferecer instrumentos importantes de reflexão para uma adaptação harmoniosa à realidade, atual e futura, e, por conseguinte, não podem e não devem ser desnaturadas.

Considerações sobre o tratamento de superfícies arquitetônicas[70]

Uma questão de primordial importância a ser levada em conta em intervenções em edifícios de interesse histórico é o tratamento das superfícies. A abordagem desse problema depende da proposta de restauração como um todo, resultante de análises pormenorizadas do edifício ou conjunto de edifícios e do ambiente em que estão inseridos. Todas as decisões relativas às ações a serem desenvolvidas, incluindo-se o tratamento de superfícies, deveriam, de forma articulada, derivar dessa análise, seguindo os princípios basilares que regem a restauração. O tratamento de superfícies deve ser encarado dentro desse processo e deve ser reconhecido com o *status* de um verdadeiro problema da restauração, ou seja, problema também histórico-crítico, e não decisão baseada unicamente em critérios técnicos e, muito menos, como simples questão de gosto ou de moda.

A restauração, como explicitado, não é mero processo técnico, apesar da relevância fundamental do emprego de técnicas adequadas. Há pelo menos um século o restauro afirmou-se como campo disciplinar autônomo, afastando-se do empirismo, que caracterizara muitos dos procedimentos até então e vinculando-se às ciências e ao pensamento crítico. O tratamento das superfícies dos monumentos deve, pois, fazer parte desse contexto.

No entanto, em muitas intervenções, o tratamento das superfícies não tem sido encarado dessa forma, predominando repintes aleatórios, substituições e refazimentos *ex officio*, sem nenhum tipo de reflexão sobre o estado em que estão as superfícies nem sobre seu papel como testemunho privilegiado do transcurso de uma obra no tempo, ou seja, como documento histórico e como palco de transformações figurativas. Na maioria das vezes, nem mesmo se cogita a utilização de técnicas para consolidar e tratar o já existente e o que transparece é apenas a preocupação com a imagem, a aparência[71].

70. Esses argumentos foram tratados anteriormente em artigo publicado nos *Anais do Museu Paulista* (2004, vol. 12, pp. 309-330) e aqui são retomados em versão modificada.
71. Sobre o tratamento das superfícies e a cor nos edifícios históricos existe uma abundante literatura a respeito. Para questões de análises de princípios e o consequente tratamento ver: Paolo e Laura Mora, "Le Superfici Architettoniche, Materiale e Colore", *Bollettino d'Arte*, 1984, supplemento al n. 6, pp. 17-24; Paul Philippot, Laura Mora e Paolo Mora, "Il Restauro degli In-

Esse "rejuvenescimento" forçado dos bens culturais faz parte, na verdade, de um fenômeno mais amplo, que se acentuou em tempos recentes: a busca de juventude a qualquer preço, que também acaba por repercutir no trato dos monumentos históricos, que passam a ter a obrigação de parecer novos. Riegl já chamava a atenção para esse problema. Ao analisar as várias maneiras que uma dada sociedade se apropria de seus monumentos históricos, comenta os "valores de contemporaneidade", ou seja, aqueles valores derivados do fato de os bens culturais corresponderem a expectativas dos sentidos (valor de uso) ou do espírito (valor artístico), podendo satisfazê-las tão bem quanto as criações modernas. Quando avalia o "valor artístico", uma das categorias que evidencia é o "valor como novidade" (a outra é o "valor artístico relativo"), em que se equipara um monumento histórico a uma criação recente, exigindo dele uma integridade perfeita de formas e cores. O autor afirma que essa ação pode ser apreciada de maneira mais fácil até por pessoas desprovidas de cultura, sendo o "valor como novidade" o mais prezado pelos menos cultivados. Ao abordar esse aspecto, pondera também sobre a repercussão desse fenômeno no trato dos monumentos, afirmando que, aos olhos das massas, apenas aquilo que é novo e intacto é belo, sendo o velho, feio. Foi necessário percorrer um longo caminho desde as restaurações estilísticas que predominaram no século XIX, em que a busca anti-histórica do estado original era uma constante, até uma situação culturalmente mais diversificada e rica se consolidar, com uma crescente apreciação do "valor de antiguidade", cuja eficácia estética e interesse reside, justamente, nos sinais da passagem do tempo e, inclusive, da degradação[72].

Talvez seja o caso também de indagar qual o papel da televisão nesse fenômeno, pois a atual sociedade visiva, e também televisiva, vem se habituando

tonaci Colorati in Architettura: L'Esempio di Roma e la Questione di Metodo", *Bollettino d'Arte*, 1986, supplemento al n. 35-36, pp. 139-141; Daniella Fiorani (ed.), *Il Colore dell'Edilizia Storica*, Roma, Gangemi, 2000. Para uma visão pragmática do problema, ver John e Nicola Ashurst, *Practical Building Conservation*, Hants, Gower, 1989, 2.ed., vol. 3: "Mortars, Plasters & Renders". Sobre aspectos técnicos, cf. também Mário Mendonça de Oliveira, *Tecnologia da Conservação e da Restauração*, Salvador, UFBA, 1995. Para a discussão de princípios gerais, ver por exemplo: C. Brandi, "Intonaci, Colori e Coloriture nell'Edilizia Storica", em C. Brandi, *Il Restauro: Teoria e Pratica* (a cura di Michele Cordaro), Roma, Editori Riuniti, 1994, pp. 54-60; G. Carbonara, *Avvicinamento...*, 1997, pp. 511-560; Michele Cordaro, "Il Colore dell'Architettura: Stato della Questione e Problema di Metodo", em *Il Colore nell'Edilizia del Borgo Pio di Terracina*, Roma, Ministero per i Beni Culturali e Ambientali, 1986, pp. 17-25; de Paolo Marconi, com uma visão bastante distinta do problema, *Dal Piccolo al Grande Restauro*, Venezia, Marsilio, 1988; G. Miarelli Mariani, "Un Aspetto Nuovo, un Antico Splendore. La Facciata di S. Pietro in Vaticano", *Studi Romani*, 1998 (vol. 36), n. 1-2, pp. 53-66; do mesmo autor ver ainda "Città e Colore: Le Esigenze del Linguaggio Architettonico", em *Coloriture e Trattamenti degli Edifici Storici a Roma*, Roma, Editrice IN ASA, 1990, pp. 64-71 e "Coloriture Urbane: Omologazioni fra Uniformità e Dissonanze", *Ananke*, 1995, n. 10, pp. 10-23.

72. A. Riegl, *Le Culte...*, 1984, pp. 89-109.

há décadas às cores "antinaturais" da televisão. "Antinaturais" no sentido de mais vivas e brilhantes, diferentes das cores que são vistas ao natural (e na fotografia e no cinema), em que a cor é resultante da luz que incide sobre um objeto (e é projetada num papel ou numa tela); na televisão, a cor é projetada diretamente para o espectador, resultando, mais viva, mais "antinatural". Há a tendência hoje em dia de equiparar o trato das cores no patrimônio histórico a esse gosto gerado pelo costume televisivo, que acabou por alterar também de forma consistente o projeto de embalagens, as cores de automóveis etc.

Os sinais de transcurso do tempo são cada vez menos apreciados na atualidade[73]. Com essa tendência à renovação e à pasteurização de superfícies, muito se perde da riqueza e da vibração resultantes dos próprios métodos de execução tradicionais de argamassas e de pinturas e dos "acidentes" da vida de uma obra. Deve-se lembrar que o objetivo de uma restauração não é oferecer uma imagem do passado facilmente consumível, simplificada de forma grosseira, para se tornar mais palatável ao gosto massificado. É, ao contrário, respeitar e valorizar toda a riqueza das diversas estratificações da história, também com o objetivo de educar. Isso pode ser alcançado através de uma aproximação historicamente fundamentada, antídoto para a tendência atual de se voltar ou para cores frívolas - que no Brasil muitas vezes se está traduzindo em cores berrantes que chegam a impedir a própria apreciação do bem, tal a cacofonia que impõem - ou em cores amorfas, que não se relacionam com as características tectônicas e de composição da obra.

O interesse em preservar as marcas do transcorrer do tempo não é mero "ruinismo" ou necrolatria, mas é, sim, uma apreciação estética, crítica, histórica, que não considera o tempo como reversível. Deve-se, porém, de modo semelhante ao que se passa com a análise da edificação como um todo, reconhecer aquilo que pode ser considerado como incidência positiva do tempo sobre a obra, como a pátina e o próprio envelhecimento natural, e aquilo que, ao contrário, deve ser visto como incidência negativa, a exemplo de sujeiras e patologias. São coisas distintas, que devem ser encaradas e tratadas de modo diverso.

Existe uma enorme variedade de situações possíveis no que tange ao estado das superfícies. Pode-se, no entanto, especificar como a questão é encarada pelas vertentes teóricas da restauração: uma vez que se reconhece como vá-

73. Pane, em *Attualità dell'Ambiente Antico* (Firenze, La Nuova Italia, 1967, p. 310) já chamava a atenção para o assunto: "Existe ainda um outro gênero de destruição, devido à pura e simples ignorância ativa, que tem sua origem na absoluta incompreensão do interesse por aquilo que é antigo e que, como tal, porta, em diferentes graus, os sinais da consumpção e do perecimento. A ignorância e a insensibilidade que normalmente a acompanham desprezam aqueles aspectos acidentais e gratuitos que definem a estratificação histórica e dá preferência à evidente eficiência e 'limpeza' dos materiais novos".

lidas e merecedoras de preservação as várias fases por que passou a obra de arte no decorrer do tempo (como já era preconizado no Congresso de Engenheiros e Arquitetos Italianos de 1883, na Carta de Restauração de Atenas de 1931 e na de Veneza, de 1964, entre outras), esse raciocínio também deveria ser aplicado à sua superfície.

No entanto, nos últimos anos se tem acentuando a cisão entre teoria e prática, algo que também se verifica no tratamento de superfícies: de um lado, existem as vertentes teóricas da restauração que preconizam o respeito pelas várias estratificações de uma dada obra; do outro, quando se trata de superfícies, as renovações totais tornaram-se preponderantes, como se fosse o único caminho plausível, quase uma solução automática. Na linha da hipermanutenção o tratamento de superfícies é, em geral, tratado como processo de manutenção; ou seja, as superfícies (argamassas e pinturas) são consideradas camadas de "sacrifício"; para a proteção do bem, pinturas devem ser feitas periodicamente, com materiais e técnicas adequadas e compatíveis. Isso é diverso, porém, de refazer argamassas e não consolidar as que existem e pintar aleatoriamente com tintas inadequadas. Cabe ainda lembrar que essa não é a única vertente teórica e que as outras linhas obtiveram sólidos e numerosos êxitos, baseados em experimentações conscienciosas na prática. Deve-se ainda enfatizar que todas as vertentes se fundamentam em formulações teóricas consistentes, empregando técnicas experimentadas, algo diverso de simplesmente repintar e renovar tudo, sem nem mesmo refletir sobre o assunto.

É importante ainda recordar que se, por um lado, a superfície é a "pele" do edifício (e não simples vestimenta) e, por isso, o "órgão de choque" por excelência em relação ao ambiente, que é sempre hostil (sol, chuva, mudanças de temperatura, poluição etc.) e portanto sujeita a várias formas de degradação que devem ser enfrentadas, por outro, é também testemunho privilegiado do decorrer da história, adquirindo valores figurativos, muitas vezes positivos, que não podem ser pura e simplesmente desprezados na busca da fonte da eterna juventude.

Os valores plásticos e simbólicos das marcas da passagem do tempo sobre os objetos têm sido apreciados por autores variados e distanciados no tempo, que evidenciam que as modificações impostas pelo tempo nem sempre são danosas; comportam-se, ao contrário, como valor que se agrega à obra, conferindo uma diferenciada beleza que se reconhece na superfície dos monumentos naquilo que é denominado pátina. Um exemplo pode ser dado por Quatremère de Quincy:

> A ideia de antiguidade imprime nos monumentos, assim como nos homens, um caráter de respeito e de veneração. Admiramos neles essa predileção da sorte que os salvou da mão do tempo; eles nos parecem privilegiados; apenas o fato de se conservarem os torna para nós objetos maravilhosos. A imaginação congrega facilmente neles

um número infinito de relações que nos transportam quase que realmente para a época recuada que os viu nascer. Não é absolutamente apenas uma ilusão do espírito; existe uma verdade nessa aproximação. Meus olhos veem aquilo que foi visto por Péricles, por Platão, por César. Horácio e Virgílio passaram defronte a essas colunas que admiro. Admiramos, portanto, os mesmos objetos, tocamos as mesmas belezas. [...]

O encanto da vetustez deve-se, pois, à certeza, mas também à aparência da vetustez. Eis por que é tão precioso aos olhos do amador esse verniz do tempo, que se busca frequentemente desfazer. Dar de novo a esses restos mutilados uma integridade mentirosa, apagar e fazer desaparecer das obras antigas a marca da antiguidade e dar-lhes um falso ar de juventude, é delas tirar, em parte, seu valor e sua beleza, e essa espécie de inviolabilidade que as protegia dos ataques do espírito de crítica. Pois a antiguidade tem de, algum modo, a vantagem de subtrair os monumentos à censura [...][74].

Pode-se ainda retomar um texto de Marguerite Yourcenar, frequentemente evocado:

Esses duros objetos, talhados à feição de formas da vida orgânica, sofreram, à sua maneira, o equivalente da fadiga, do envelhecimento, do infortúnio. Eles se modificaram como o tempo nos modifica. [...]

Algumas dessas modificações são sublimes. À beleza como a quis um cérebro humano, uma época, uma forma particular de sociedade, é acrescentada uma beleza involuntária, associada aos acasos da história, devidas aos efeitos de causas naturais e do tempo [...][75].

No contexto das numerosas situações possíveis quanto ao estado das superfícies, é necessário, antes de tudo, diferenciar os aspectos positivos das patologias. Estas últimas devem ser tratadas. Devem ser suprimidas as causas de degradação, a exemplo da umidade ascendente e descendente e da sujeira, que deve ser removida. No entanto, é preciso ter cuidado ao realizar a limpeza, pois ela deve respeitar a incidência positiva do tempo sobre a obra, ou seja, preservar a pátina – não sendo esse um mero problema técnico como enfatiza Philippot, mas também crítico –, e jamais buscar estratos intocados. Como bem expôs Brandi, em trecho dedicado à pintura e escultura, mas plenamente aplicável a obras arquitetônicas:

Mas nem sequer se poderia considerar a pátina como um conceito da era barroca. Já Vasari, no *Trattato della Scultura,* transmite até mesmo as receitas das *pátinas arti-*

74. Quatremère de Quincy, *Considérations Morales sur la Destination des Ouvrages d'Art*, s.l., Fayard, 1989, pp. 66-67. Texto publicado originalmente em 1815.
75. Marguerite Yourcenar, *Le Temps: Ce Grand Sculpteur*, Paris, Gallimard, 1983, pp. 61-62.

> *ficiais* que em seu tempo se aplicavam ao bronze. Também isso convida à reflexão. Se a sensibilidade dos artistas do Renascimento se afastava, para o bronze, do brilho do novo, daquela prepotente jactância da matéria nova, seria possível que não se buscasse igualmente atenuar a virulência descarada da cor, o fausto demasiado evidente das terras, lacas, ultramarinos? A prevalência da matéria sobre a forma se dá toda em prejuízo da forma: a matéria, na obra de arte, deve ser trâmite para a imagem, não é jamais a própria imagem. [...] O ofício da pátina nos revela então isso: atenuar a *presença* da matéria na obra de arte; reconduzi-la ao seu ofício de trâmite, detê-la no limiar da imagem de modo a que não o ultrapasse com uma inadmissível prevaricação sobre a forma[76].

A limpeza deve ainda ser feita de modo a respeitar os vários materiais que compõem a fachada e seus valores cromáticos, pois pode desequilibrar a relação entre eles, dado que os distintos materiais se alteram com intensidade diversa e alguns, de forma irreversível. Se o objetivo da restauração é facilitar e valorizar a leitura de um monumento, é um dever fazer a análise conscienciosa dos materiais e do equilíbrio cromático da composição da fachada, para que, através de ato crítico fundamentado, ele seja respeitado e não se criem dissonâncias indesejáveis[77].

A cor, ou as várias composições de cores que recebeu um dado edifício no decorrer de sua história, é problema a ser analisado caso a caso, procurando distinguir aquilo que é estratificação histórica válida e coerente daquilo que é simples "crônica". Os estudos estratigráficos revelam-se, assim, da maior importância para entender as várias fases colorísticas por que passou o bem, para estudar as transformações do "gosto histórico" e a forma como o edifício foi percebido e tratado no decorrer do tempo.

Deve-se, de modo geral, preservar o que existe, sem procurar regularizar e "embelezar". Numa feliz colocação de Paul Philippot, o que se deve buscar numa restauração é revelar o estado atual das matérias originais e jamais pretender restabelecer seu estado original numa tentativa de abolir o tempo atravessado pela obra[78]. É necessário respeitar as argamassas e cores existentes,

76. C. Brandi, *Teoria...*, 2004, p. 155.
77. No que se refere ao equilíbrio cromático, ver, por exemplo, U. Baldini, *op. cit.*, 1997.
78. As análises de Philippot referem-se à pátina em relação às pinturas. P. Philippot, "La Notion de Patine et le Nettoyage des Peintures", *Bulletin de l'Institut Royale du Patrimoine Historique*, 1966, vol. 9, pp 139: "Ademais, na medida em que essas modificações são irreversíveis e escapam a uma determinação rigorosa, deve-se admitir que o estado original da obra, isto é, aquele em que o artista a deixou quando concluiu seu processo de criação, é, de todo modo, impossível de ser restabelecido e mesmo de ser determinado objetivamente. Nenhuma restauração poderá jamais pretender restabelecer o estado original de uma pintura. Poderá somente revelar *o estado atual das matérias originais*. Supondo que assim o queira, a restauração não pode, portanto, em nenhum caso, abolir a historicidade da obra, o tempo que ela atravessou para se apresentar a nós".

em suas várias estratificações, mantendo e consolidando, tratando lacunas, protegendo as superfícies sem que isso implique um refazimento total da argamassa e de sua cor.

Nos casos mais frequentes, pois, a restauração deve respeitar as transformações do edifício no decorrer do tempo, através de intervenção que permita e facilite a leitura de sua complexa história, conservando visíveis as várias fases cromáticas do edifício, sem que isso comprometa sua apreciação como obra que possui uma configuração.

Em alguns exemplos, mais raros, em que o estrato original seja de grande valor e na maior parte existente e em que as estratificações posteriores possuam todas pouco interesse, podem-se propor cuidadosos trabalhos de remoção das camadas mais recentes, seguidos de limitadas integrações – e isso não significa repintar com as supostas cores originais. Podem ainda ocorrer casos de edifícios que receberam diversas camadas de argamassas no decorrer do tempo, que estão desagregadas, deterioradas e não possuem maior interesse histórico, além de muitas vezes comprometerem as camadas originais (a exemplo de recobrimentos recentes de cimento sobre argamassas à base de cal). Nesses casos é possível propor a remoção dessas adições posteriores, a consolidação do existente e o tratamento das lacunas. Mas, qualquer que seja a situação, a resposta só deve ser dada em função de uma análise fundamentada.

Esses procedimentos estão explicitados na Carta de Veneza (grifos da autora):

> Artigo 11 – As contribuições válidas de todas as épocas para a edificação do monumento devem ser respeitadas, visto que a unidade de estilo não é a finalidade a alcançar no curso de uma restauração, *a exibição de uma etapa subjacente só se justifica em circunstâncias excepcionais e quando o que se elimina é de pouco interesse e o material que é revelado é de grande valor histórico*, arqueológico, ou estético, e seu estado de conservação é considerado satisfatório. O julgamento do valor dos elementos em causa e a decisão quanto ao que pode ser eliminado não podem depender somente do autor do projeto.

Existem também situações em que, por uma série de razões, a serem ponderadas com extrema cautela, possa ser necessário renovar a cor[79]. Situações

79. Sobre essa discussão, ver G. Carbonara, *Avvicinamento...*, 1997. Cf. em especial o capítulo "Il Trattamento delle Superfici come Problema di Restauro", pp. 511-519. Ao comentar casos em que, por razões culturais, ou não, é necessária a renovação cromática das fachadas, assevera (p. 517): "nesses casos a intervenção não deveria, porém, assumir um caráter competitivo ou prevaricador em relação à figuração na qual se insere, nem ser imitativo ou mimético no que respeita à imagem arquitetônica, pois assim fazendo se incorreria numa grave alteração dos valores históricos e artísticos do monumento. Portanto, a nova cor não deveria repetir aquela originária,

essas que deveriam ser exceções, e não a regra. Pode ser o caso de superfícies que receberam intervenções tecnicamente inadequadas, destruindo por completo pinturas e argamassas preexistentes, cujo refazimento é uma necessidade para a própria sobrevivência do bem. Dado que nas formulações teóricas da restauração se recomenda respeitar as diversas fases da história de um edifício, suas várias estratificações, e também se afirma que a busca do estado original não é um objetivo a ser perseguido – pois significaria uma vontade deliberada de apagar o transcorrer do tempo, considerando-o como reversível, o que jamais é o objetivo da restauração[80] – cabe especular sobre o que se deve fazer, segundo esses preceitos teóricos.

As situações também podem ser as mais variadas. Se a composição de cor que o edifício apresenta na atualidade for respeitosa em relação à composição do monumento e se tiver consolidado na sua própria imagem, deverá ser preservada. Caso contrário, deve-se, através do ato crítico, propor novas cores baseadas numa reinterpretação da obra, hoje (respeitando as suas características), que, raríssimas vezes, pode ser coincidente com a composição primitiva (na verdade, isso seria quase uma impossibilidade teórica, pois a leitura de um dado presente histórico dificilmente coincidiria com a da época de construção). Esse tipo de raciocínio está presente na Carta de Veneza (grifos da autora):

> Artigo 9º – A restauração é uma operação que deve ter caráter excepcional. Tem por objetivo conservar e revelar os valores estéticos e históricos do monumento e fundamenta-se no respeito ao material original e aos documentos autênticos. Termina onde começa a hipótese; no plano das reconstituições conjeturais, *todo trabalho complementar reconhecido como indispensável por razões estéticas ou técnicas destacar-se-á da composição arquitetônica e deverá ostentar a marca do nosso tempo.* A restauração será sempre precedida e acompanhada de um estudo arqueológico e histórico do monumento.

nem alguma entre aquelas que se seguiram, dado que não se coloca como substituição de uma ou outra tinta; a sua inserção não é voltada a preencher um vazio cromático da argamassa, mas a constituir um acréscimo 'crítico', isto é, a única contribuição que a atual cultura histórico-artística pode legitimamente oferecer para a solução do problema. Trata-se, por isso, de uma intervenção que não é fundamentada numa escolha de gosto ou 'filológica'; é, ao contrário, o resultado de análise e de juízo críticos, exatamente porque o restauro é uma hipótese crítica e não uma criação sobreposta ou integradora em relação à obra arquitetônica".

80. A esse respeito, ver C. Brandi, *Il Restauro...*, 1994, pp. 54-60. No texto, elaborado para uma conferência em 1984, o autor exalta a importância do tema e o considera não menos importante do que a questão da pátina ou dos vernizes no restauro de pinturas. Comentando as transformações no palácio de Montecitorio em Roma, afirma (p. 56): "Portanto, não se deve propor a meta historicamente absurda de remontar ao tempo da intervenção de Fontana para restabelecer um *colorido* que de modo algum pode ser recuperado ou reconstituído no presente. Assim, não apenas não se poderia voltar atrás, até a primeira ideação de Bernini, como tampouco regredir a um estado ideal alcançado por Fontana, descartando aquela que é a *passagem do tempo* na obra de arte".

Artigo 13 – *Os acréscimos só poderão ser tolerados na medida em que respeitarem todas as partes interessantes do edifício, seu esquema tradicional, o equilíbrio de sua composição e suas relações com o meio ambiente.*

Em muitas intervenções recentes, porém, volta-se de modo imponderado ao uso das cores originais e o mais das vezes mal-executadas, ademais com materiais inapropriados. Converte-se essa volta num álibi cômodo, como se cores (supostamente) originais tivessem por si só uma autoridade irrefutável e subtraíssem a intervenção de qualquer julgamento crítico, deixando-se de assumir a responsabilidade por uma proposta fundamentada. Essa questão das cores supostamente originais comporta também uma série de outros problemas, como a própria dificuldade de interpretar um estudo estratigráfico, pois a primeira camada de cor pode não ser aquela que o edifício tinha ao ser completado (pode ser um substrato de regularização, por exemplo). Outro problema grave, que em geral não é levado em consideração, é o fato de a suposta cor original, que aparece na estratigrafia, ser a cor de uma camada de pintura que atravessou vários anos exposta, e depois um período recoberta por outros extratos: ou seja, é uma cor modificada pelo tempo, não é a cor "original"[81], cujo estado primitivo é algo impossível de demonstrar pois não se pode conhecer com exatidão todas as vicissitudes por que passou a superfície depois de pronta. E ninguém parece perceber esse fato.

Mas cabe chamar a atenção para outro problema essencial: fazer nova proposta de cores para um edifício implica saber ler a obra como imagem figurada e para isso é necessário um sólido conhecimento da história da arquitetura. A cor é tema da maior relevância, importante para entender e valorizar a articulação dos elementos, o ritmo, das fachadas e dos espaços internos, e fundamental na percepção que se tem da volumetria do edifício, sendo determinada segundo uma lógica compositiva que não pode ser tratada de modo aleatório. Se o objetivo da restauração é facilitar e valorizar a leitura de um dado monumento, trata-se de fazer uma nova composição que cumpra essa função, através do ato criativo fundamentado. Não é livre e arbitrária sobreposição de tinta[82].

81. No que respeita às pinturas de quadros antigos, é de interesse ver as colocações de Brandi (*Teoria*..., 2004, pp. 139-152), em que esse problema se coloca (e é semelhante na arquitetura). Ver, por exemplo, na p. 144: "Não se trata de dar novo frescor às suas cores, nem de levá-las a um hipotético e indemonstrável estado primitivo, mas de assegurar a transmissão ao futuro da matéria de que resulta a concretização da imagem. Não se trata de regenerar, de reproduzir o processo técnico pelo qual as pinturas foram executadas".

82. É, como lembra Carbonara (*Avvicinamento*..., 1997, p. 517), "uma hipótese crítica, não uma criação sobreposta ou integrativa da obra arquitetônica".

É um engano grosseiro pensar que se possa fazer uma pintura aleatória, usando como justificativa o fato de que a pintura poderá ser refeita e mudada num futuro próximo. Não se trata de vestimenta que pode ser trocada quando bem aprouver. Por menos que dure, uma pintura permanece num monumento, no mínimo, por vários meses, e, em geral, por anos e pode causar danos significativos para sua percepção.

Além do mais, as técnicas empregadas e o tipo de tinta devem possuir permeabilidade, textura, tonalidade, luminosidade, consistência e transparência compatíveis com os substratos existentes (que precisam ser respeitados), devem ser adequadas aos materiais que lá estão (lembrando que materiais distintos requerem tipos de tintas diferentes), e com a própria composição arquitetônica do edifício. As atuais tintas à base de polímeros (como as acrílicas ou PVA), produzidas industrialmente, que em si podem ser de excelente qualidade, e têm sido empregadas de modo indistinto em intervenções em bens culturais, não preenchem esses quesitos quando se trata de pinturas tradicionais sobre argamassas à base de cal. Resulta em imagem rejuvenescida de modo artificioso, uniforme, fazendo com que se perca toda a vibração das argamassas e pinturas tradicionais, com tonalidades inadequadas e com aparência "plastificada". Além disso, esse tipo de tinta não é conveniente para as próprias argamassas históricas à base de cal, documentos importantes do modo de construir de épocas passadas, pois não permitem que a argamassa "respire"; pela diferença de permeabilidade entre os estratos antigos e a nova pintura, ocorrerá a desagregação dos componentes, deterioração e desprendimento da massa antiga (podendo, inclusive, comprometer a argamassa de assentamento e, portanto, a própria estabilidade da construção), condenando um documento histórico relevante a um processo acelerado de degradação, aquilo que uma restauração deveria evitar. Na preservação sempre se deve, de modo imperativo, recorrer às competências técnicas adequadas.

Existem alternativas viáveis, tais como[83]: tintas à base de cal, que são perfeitamente compatíveis com as argamassas antigas de mesma base, mas possuem o inconveniente de ter duração efêmera em atmosferas poluídas sujeitas a chuvas ácidas, como é o caso da cidade de São Paulo, e são de difícil fixação; tintas à base de silicato de potássio, compatíveis com substratos à base de cal ricos em sílica, que são duráveis, permeáveis ao vapor d'água e compatíveis com argamassas históricas, mas provocam reações superficiais de monta, devendo, pois, ser usadas com muito cuidado e aplicadas preferencialmente com pincel, além de ser empregadas apenas sobre argamassas pintadas anteriormente com

83. Para um breve relato sobre os tipos de pinturas, de onde provêm os dados apresentados, e para referências bibliográficas complementares, ver G. Carbonara, *Avvicinamento...*, 1997, pp. 551-560.

tintas à base de cal – caso contrário, é necessário refazer a argamassa; podem ainda ser feitas veladuras sobre a superfície, aplicando-se um tipo de pintura pelicular à base de resina acrílica (que não deve de modo algum ser confundida com tintas acrílicas industrializadas) diluída, misturada com corantes naturais, pouco espessa e não recobrindo de todo o existente, com transparência e permeabilidade compatíveis com as argamassas e tintas tradicionais – deve ser aplicada sobre uma demão muito fina de reboco como fundo, em camadas sutis, como veladura, justamente.

No que se refere às tintas à base de silicato de potássio, é muito importante estar atento para as tonalidades a serem empregadas e para o fato de se tratar de tinta durável e estável. Mesmo quando se "apela" para a cômoda e imponderada volta às supostas "cores originais", é necessário lembrar que as pinturas tradicionais eram menos duradouras, "lavavam-se" e suas tonalidades, feitas com corantes naturais, que por si só eram mais suaves do que aquelas obtidas com colorantes artificiais, atenuavam-se com maior rapidez. É preciso ter enorme cuidado na escolha dos tons, relembrando ainda uma vez Brandi sobre a importância de atenuar a "jactância" da matéria para que esta última não se torne preponderante sobre a forma, pois, mesmo que essas pinturas não causem danos físicos ao edifício, dependendo da escolha de cores e tonalidades, podem resultar em danos figurativos da maior gravidade.

Para conjuntos arquitetônicos ou centros históricos o tema das superfícies também deve ser encarado, de modo completivo, através de aproximação histórico-crítica. Em tempos recentes tem havido uma alternância entre intervenções que buscam voltar às cores originais – esquecendo-se, além das questões evocadas acima de que, com frequência, em conjuntos urbanos as edificações podem não ter convivido nunca, na mesma época, com suas cores originais, pelo fato de terem sido construídas em momentos diferentes e, quando da conclusão dos edifícios posteriores, os mais antigos, com muita probabilidade, não mais apresentavam sua coloração de origem –, e outras intervenções livres com cores fortes, preponderantes, que não valorizam os aspectos históricos nem as características formais dos edifícios, não possuem relação com a conformação arquitetônica, dificultando a leitura e a própria apreciação das obras. O ideal seria trabalhar através de planos de cor, entendendo-se com isso, segundo Bonelli, limitar a intervenção ao mínimo e mudar o menos possível a imagem que se consolidou com o tempo[84].

Importante é ainda lembrar, retomando o problema das cores originais, que, tanto para obras isoladas quanto para conjuntos arquitetônicos, a confi-

84. "Intervista a Renato Bonelli" [a cura di G. Carbonara e Spiridione A. Curuni], *Tema*, 1998, pp. 38-47.

guração da área envoltória pode ter se alterado de tal modo que a utilização dessas cores pode ser até mesmo prejudicial para a apreciação das obras ou conjuntos. Pois uma coisa é um edifício na sua situação primitiva, isolado num quarteirão ou inserido com largueza num grande terreno, ou rodeado por edificações de pequena altura, ou ainda um conjunto arquitetônico circundado por edificações de pequeno porte; outra coisa totalmente diversa é uma obra ou conjunto de obras que, na atualidade, estão encerrados entre edificações de alto porte construídas no decorrer do tempo ao seu redor. A percepção das obras, nesses casos, altera-se completamente e a proposta de composição de cores deve ser feita em função dessa nova realidade, sempre enfatizando que não se trata de aleatória sobreposição de tinta, nem de um elemento secundário, que pode ser mudado de acordo com as circunstâncias e vontades, mas, sim, de interpretação responsável e fundamentada.

Também no que se refere às intervenções em superfícies feitas com a chamada "massa raspada", ou seja, uma argamassa concebida para ser aparente, sem pintura, e fazendo as vezes de revestimento de pedra, a situação é delicada. Em geral, essas superfícies não têm sido de fato restauradas. São apenas limpas, reparadas e depois pintadas, ademais com tintas à base de polímeros, resultando em excessiva homogeneização do conjunto, desprezando-se a conservação das marcas deixadas pelo tempo e a própria superfície e suas técnicas de execução, que são também documento histórico da maior importância. Ademais, arrisca-se a comprometer a sobrevida desses documentos com essas pinturas, pois, por não serem permeáveis, resultam em deterioração acelerada da matéria original dos substratos, caso as argamassas originais sejam à base de cal. Deve-se ainda lembrar que muitas dessas massas eram executadas inserindo-se também partes de pó de granito, mármore, mica ou quartzo, entre outros, resultando em massas que possuíam uma particular coloração e um peculiar modo de se comportar sob a luz, às vezes com discreta cintilação; o fato de pintá-las pode, pois, resultar em graves problemas técnicos e estéticos. Até mesmo o tratamento de superfícies aparentes de tijolos tem deixado a desejar, tanto nos aspectos histórico-críticos quanto nos aspectos técnicos de execução. Recorre-se muito frequentemente a limpezas profundas, a substituições maciças e a pinturas, sem considerar processos de limpeza sutis que preservem a pátina e métodos que consolidem o existente.

Exemplos de problemas em relação à cor são dados por algumas estações ferroviárias no interior de São Paulo, que sofreram intervenções através de acordos de entidades particulares com as prefeituras ou com o Governo do Estado.

A estação de Vinhedo, construída no final do século XIX, sofreu transformações nos anos 1930, com a aplicação de elementos *art déco* em três de suas faces. A fachada voltada para as plataformas permaneceu com suas características originais, apresentando a ela adossada uma marquise com estrutura de madeira; as plataformas possuem abrigos com elementos de sustentação de ferro fundido. O edifício, que foi ocupado por certo tempo pela polícia, passou a ser utilizado por um grupo de escoteiros. Foram eles próprios que executaram as obras de transformação concluídas em 1996, em especial a pintura, em que foram empregados o marrom-escuro e o bege para o edifício e o azul e o vermelho nas estruturas de ferro dos abrigos das plataformas (figuras 33 a 36).

Na estação de Valinhos, inaugurada em 1872, mas cujo edifício principal data de 1913, as transformações foram de maior porte. Um acordo, também datado de 1996, permitiu sua conversão em museu com obras executadas pela prefeitura. Os critérios seguidos são discutíveis, em particular no que se refere à escolha das cores e às modificações na estrutura de origem, como a substituição sistemática de todas as chapas da cobertura e as desnecessárias alterações dos acessos laterais. No que se refere às cores, a estrutura metálica sobre as vias foi pintada de verde-limão, o edifício de rosa-salmão, com alguns de seus detalhes de verde-limão, roxo ou abóbora e a estrutura da marquise de entrada, de marrom. A escolha de cores nas estações, de modo algum historicamente fundamentadas ou em acordo com as características de composição dos edifícios, chega a impedir a apreciação de sua arquitetura, levando a uma infantilização da imagem (figuras 37 a 40)[85].

É uma situação incômoda formular críticas sobre essas intervenções, feitas com empenho por pessoas que assumiram a responsabilidade por um trabalho que não foi feito por seu proprietário estatal, impotente ou mesmo deliberadamente indiferente. A escolha desses bens como sede das iniciativas não foi ditada apenas por razões pragmáticas, a viabilidade de um acordo com o proprietário, mas o foi também por razões culturais, incluindo-se o valor estético e histórico e também o valor simbólico e afetivo vinculado à ferrovia, que em muitas cidades do interior significava o principal meio de contato com o "mundo exterior". A questão que se coloca é a ausência de formação para trabalhar com bens culturais, resultado, nesses casos, não de má-fé, mas da falta de um debate mais amplo na sociedade, que tem raízes profundas também no sistema educacional, para que o reconhecimento do monumento histórico como tal seja efetivo e as formas de tratá-lo, adequadas. No que se refere aos responsáveis pela atuação em si, esse fato é um efeito da ausência de estudos multidisciplinares prévios e de discussões aprofundadas nos cursos de graduação em nossas faculdades (de arquitetura, de história, de

85. Sobre essas estações e as intervenções por que passaram, ver B. M. Kühl, *Arquitetura do Ferro....*, 1998, pp. 155-164, 314-317.

engenharia etc.), que deveriam promover a consciência de que são questões complexas que para a sua solução exige atuação de variadas competências e de que o restauro arquitetônico exige alta formação, necessariamente de pós-graduação. Dessa forma, essas intervenções que demandaram um grande esforço por parte de seus protagonistas, que assumiram a responsabilidade pela preservação de bens que não eram protegidos por lei (portanto, em senso estrito, não houve irregularidade), acabam por ser inadequadas para que as edificações continuem a transmitir seus valores estéticos e históricos.

No que respeita às intervenções de superfícies de massa raspada a situação é difícil, como mencionado. Haja vista a Estação Júlio Prestes, em que a massa raspada original da fachada – que tinha mica em sua composição e, portanto, possuía leve cintilação – em vez de ser tratada, foi reparada e depois pintada, resultando em graves problemas estéticos que num futuro próximo serão também técnicos.

Também com tijolos aparentes se verificam problemas. Voltando a exemplos citados anteriormente, uma exceção é a Pinacoteca, em que se optou por suprimir as causas de degradação (umidade ascendente e descendente), preservando-se a pátina (figura 41). Por outro lado, na vizinha Estação da Luz, os tijolos da fachada que estavam degradados, foram recuperados em várias ocasiões. Em intervenção dos anos 1970, com o uso de argamassa para regularização e de pintura "cor tijolo", a execução foi tão funesta que resultou em textura e tonalidade destoantes da superfície original (figura 42). Na fase de obras recém-concluída, na área das plataformas, os tijolos foram limpos; quando estavam muito danificados, foram substituídos por tijolos de recuperação ou retirados e virados para que a face interna, mais bem conservada, ficasse à vista. Mas no que respeita à qualidade da execução, faltou maior apuro e respeito pela pátina. Por outro lado, o tratamento da fachada do edifício administrativo e do perímetro do complexo é uma verdadeira aberração no que respeita aos princípios do restauro: de modo algum se procurou limpar e consolidar o existente, promovendo as pontuais e necessárias integrações. Optou-se por um repinte total da superfície revestida de massa e limpeza a fundo dos tijolos. Desse modo, impingiram-se tonalidades vibrantes sem relação com a tectônica do edifício e de sua estratificação ao longo da história, sem respaldo conclusivo por parte de estudos estratigráficos (pois a intenção era oferecer a imagem "inicial" da estação), reinserindo, de forma inadequada e brutal, uma nova imagem da estação na cidade (figuras 43 a 46).

Se, por um lado, as marcas da passagem do tempo parecem ser muito mal aceitas hoje em dia, com menos e menos pessoas dispostas a apreciá-las numa obra, por outro lado, há também alguns grupos minoritários que prezam o estado arruinado de certos edifícios, algo que se tem verificado no aproveitamento de construções industriais abandonadas em eventos como "Arte / Cidade" em São Paulo[86]. É uma postura pertinente em variados casos; mas, nos exemplos paulistanos, trata-se em geral de usos temporários, em que o edifício é ocupado por um certo período e depois deixado à própria sorte. Isso demonstra uma diversidade de postura (e formas de aproveitamento dos bens culturais) saudável e enriquecedora. Mas, na maioria das atuações, chama a atenção a ausência de um empenho projetual conservativo, que de fato se fundamente nas vertentes teóricas da restauração e que faça uma proposta projetual para que o edifício seja preservado e continue a ser utilizado.

Deve-se lembrar que através de repintes, substituições e refazimentos maciços, insere-se *ex novo* uma dada obra em seu ambiente; ou seja, opera-se através de rupturas, quando o que mais interessa, do ponto de vista da preservação, é trabalhar através de permanências e continuidades. O tratamento das superfícies deve ser encarado como legítimo problema de restauração, ou seja, como ato histórico-crítico que deve estar sempre associado às competências técnicas adequadas. Não se trata apenas de "pele", de um órgão de primordial importância, mas também de local-testemunho da passagem da história, que não pode ser dissociado do restauro arquitetônico como um todo, não se resumindo a uma simples roupagem, nem a projeto de embalagens e, portanto, passível de ser mudado ao bel-prazer. Corre-se o risco de, ao não se levar em conta a consistência física e a estrutura formal do organismo arquitetônico em sua inteireza e de seu transcorrer na história, comprometer irremediavelmente sua leitura e sua sobrevivência.

86. Na quarta edição do Arte / Cidade (2001-2002), por exemplo, foram utilizados vários edifícios industriais e pátios ferroviários que passaram por longos períodos de abandono – a exemplo de partes do SESC Belenzinho – nos bairros do Belenzinho, Pari, Brás e Mooca.

1. Estação Júlio Prestes no período de completamento das obras.

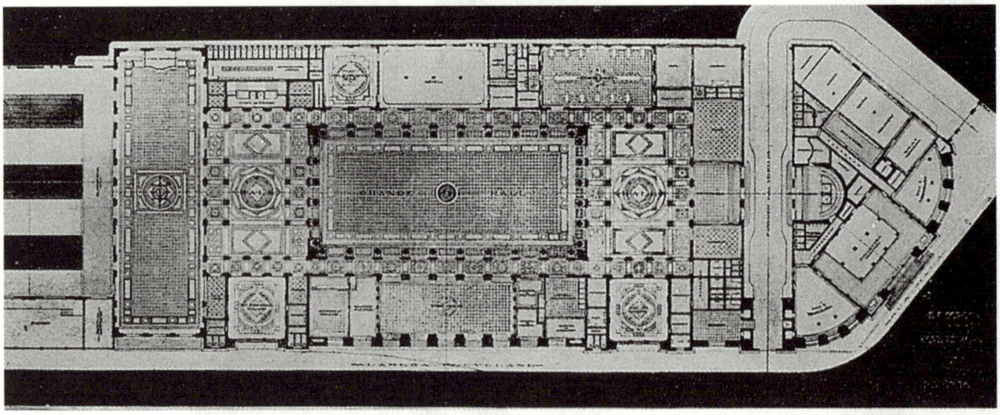

2. Estação Júlio Prestes. Planta do edifício administrativo, publicada na época da construção. Note-se a importância do grande hall central como elemento de estruturação e distribuição do espaço interno.

3. Estação Júlio Prestes. Vista do grande átrio antes das obras de transformação em sala de concerto.

4. Estação Júlio Prestes. Interior da sala de concertos (2008). Autorização: Fundação Osesp.

5. Estação Júlio Prestes. Vista da parte posterior do edifício administrativo em que se nota a cobertura da sala de concertos instalada no grande hall (2004).

6. Estação Júlio Prestes. Vista das plataformas.

7. Antigo armazém da Companhia Sorocabana. Vista da fachada posterior do edifício, já transformado em museu (2004).

8. Antigo armazém da Companhia Sorocabana. Pormenor da fachada posterior (2004).

9. Antigo armazém da Companhia Sorocabana. Entrada para o Memorial da Resistência (2008).

10. Antigo armazém da Companhia Sorocabana. Interior de antiga cela no atual Memorial da Resistência (2008).

11. Perspectiva da Estação da Luz por seu autor, Charles H. Driver (*c.* 1900).

12. Fachada da Estação da Luz com os acréscimos de pavimentos posteriores ao incêndio (2001).

13. Estação da Luz. Obras nas plataformas para articulação com metrô (2004).

14. Estação da Luz. Vista das plataformas recém-concluídas (*c.* 1900).

15. Estação da Luz. Vista aérea em 1977 em que se nota, na ala leste, o acréscimo de um corpo na parte voltada para as vias (elemento mais claro).

16. Estação da Luz. Museu da Língua Portuguesa (Secretaria de Estado da Cultura do Governo do Estado de São Paulo) instalado no antigo edifício administrativo (2006).

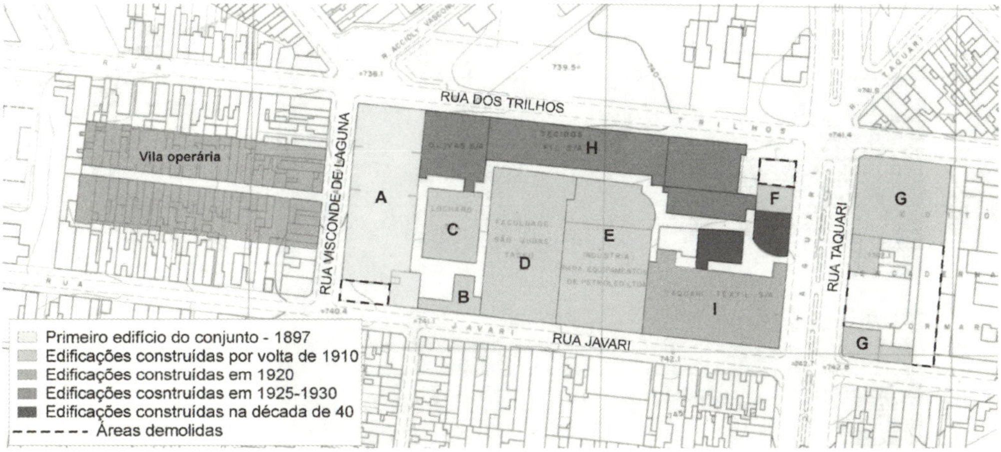

17. Complexo das indústrias Crespi. Fases de construção (até 2004).

18. Indústrias Crespi. Fachada do cotonifício em 2003.

19. Indústrias Crespi. Interior do cotonifício (2003).

20. Indústrias Crespi. Cotonifício em obras para conversão em supermercado (2005).

21. Indústrias Crespi. Lateral do cotonifício após demolição de parte do complexo industrial (2004).

22. Indústrias Crespi. Supermercado Extra, instalado no antigo cotonifício (2005).

23. Complexo das indústrias Duchen e Peixe. Maquete.

24. Duchen. Fachada lateral da fábrica recém-concluída (*c.* 1950).

25. Duchen. Interior da fábrica em obras (*c.* 1950).

26. Duchen. Interior da fábrica em obras (*c.* 1950).

27. Olivetti. Vista do complexo em 1964.

28. Olivetti. Vista do edifício da produção (*c.* 1960).

29. Olivetti. Pormenor da fachada do edifício da produção (*c.* 1960).

30. Olivetti. Interior do edifício da produção (*c.* 1960).

31. Antiga fábrica da Olivetti, atual Shopping Guarulhos. Antigo edifício da produção (2005).

32. Antiga fábrica da Olivetti, atual Shopping Guarulhos. Trecho da fachada (2005).

33. Estação de Vinhedo. Fachada principal em 1994.

34. Estação de Vinhedo. Fachada principal em 1999.

35. Estação de Vinhedo. Vista das plataformas em 1999.

36. Estação de Vinhedo. Vista das colunas de sustentação de abrigo das plataformas em 1999.

37. Estação de Valinhos. Fachada principal em 1994.

38. Estação de Valinhos. Fachada principal em 1996.

39. Estação de Valinhos. Vista do acesso lateral em 1994.

40. Estação de Valinhos. Vista do acesso lateral em 1996.

41. Pinacoteca do Estado. Aspecto dos tijolos aparentes na fachada lateral (2004).

42. Estação da Luz. Trecho de fachada com tijolos pintados (2002).

43. Estação da Luz. Fachada antes da última intervenção (2001).

44. Estação da Luz. Fachada após intervenção (2004).

45. Estação da Luz. Torre do relógio antes da última intervenção (2001).

46. Estação da Luz. Torre do relógio após intervenção (2004).

Observações à Guisa de Conclusão

As intervenções em bens culturais têm de ser feitas com discernimento, pois a responsabilidade cultural e, portanto, social, envolvida em projetos de transformação de áreas urbanas, conjuntos arquitetônicos e edifícios de interesse histórico é enorme. São sempre testemunhos únicos, não-repetíveis, que têm de ser analisados com a máxima diligência, fundamentando as propostas em rigorosos critérios. Ao identificar um bem como de interesse cultural, devem-se levar em consideração os valores documentais, formais, memoriais e simbólicos de interesse para a coletividade como um todo – e não simples aspirações imediatistas ou setoriais – para transmiti-los para as gerações futuras, através de intervenções pautadas nos aspectos documentais, formais e materiais, respeitando-os da maneira mais ampla possível. Riegl já enfatizava, há um século, que não se trata de negar a existência ou a exigência de outras aspirações, mas de valorizar de modo devido as características que são verdadeiramente culturais e de interesse para a sociedade da maneira mais abrangente, para evitar a destruição de monumentos históricos insubstituíveis por "uma condescendência irrefletida, equivocada, inútil e por vezes de má-fé, nos valores contemporâneos"[1].

Muitas das iniciativas recentes em bens de interesse histórico se revestem de uma aura de ação cultural quando, na verdade, o fato de desnaturar um documento – semelhante ao ato de se apossar de um manuscrito, único, arrancar trechos ou páginas para inserir uma nova obra, por melhor que seja – é, em essência, um ato contra a cultura. São ações autodenominadas revitalização, recuperação, reabilitação, reciclagem e muitos outros "re", mas que se colocam, antes de tudo,

1. A. Riegl, "Disposizioni...", em S. Scarrocchia (ed.), *op. cit.*, 1995, p. 236.

como atos de deturpação de documentos históricos. Isso tem sim um nome, e é vandalismo. Transformar ou destruir de forma indiscriminada e ilegítima testemunhos expressivos da operosidade humana é um ato de barbárie.

Um problema que se coloca com muita gravidade hoje em dia é que muitas vezes essas intervenções desrespeitosas são julgadas somente pelo resultado final. O fato de se apreciarem apenas os êxitos da obra concluída (de seu novo uso, de sua nova configuração), desconsiderando que no processo, de maneira injustificável, houve desrespeito à composição e aos aspectos documentais e materiais da obra, é equivalente a afirmar que "os fins justificam os meios". É um sintoma extremamente preocupante que uma dada sociedade avalize, ou seja indiferente, à destruição de documentos – que leva à deturpação da história e da memória –, pois é algo similar a ser conivente com a queima de manuscritos e livros em praça pública; e isso já foi visto na história da humanidade, com consequências que todos deveriam conhecer.

Claro está que pode ser opção de uma dada cultura destruir e desnaturar de modo deliberado seus bens culturais. Ou, como expôs André Chastel[2], pode-se também renunciar à memória, mas isso será legítimo se for escolha consciente e fundamentada de toda a sociedade e, sobretudo, tendo-se ciência plena dos efeitos de tal atitude. Mas não pode ser admitido que se pratique tais atos contra os bens culturais, travestindo-os de "ação cultural", assim transformando a preservação e a cultura em paródias.

Agravante é ainda o fato desse tipo de iniciativa adquirir, cada vez mais, conotações políticas – no sentido de certas práticas político-partidárias atuais, carregadas de demagogia e populismo e não no seu sentido primeiro de administração em prol do bem público – e de exploração econômica, em detrimento dos verdadeiros valores que deveriam ser tutelados[3]. Esse problema se tem ampliado hoje em dia, e as intervenções em bens culturais se têm transformado em acontecimentos midiáticos. Muitas atuações são promovidas como "preservação" e se tornam, pela visibilidade que querem obter na mídia, "restaurações espetáculo", que em geral têm muito de espetáculo, mas nada de restauração, que deveria ser entendida, como insiste Bonelli[4], como ato de cultura.

2. As considerações de Chastel foram invocadas por Pane em notas críticas sobre um Congresso realizado em Paris sobre a Carta de Veneza (*apud* R. Pane, "Il Convegno di Parigi sulla Carta di Venezia", *Restauro*, 1976, n. 27, pp. 105-108).

3. Durante as discussões do congresso que resultou na Carta de Veneza, Roberto Pane evidenciava a repercussão maléfica da sociedade de consumo na qualidade das restaurações. Aborda em especial a questão através do turismo, em que a relação conservação/turismo é positiva apenas em aparência, pois o monumento histórico deixa de ser uma individualidade histórica e passa a ser objeto de consumo (em ICOMOS, *Il Monumento...*, 1971, p. 11). Isso repercute de maneira negativa nos critérios empregados, pois as questões históricas e formais deixam de ser prevalentes.

4. R. Bonelli, *Architettura...*, 1959.

A encampação das questões ligadas à preservação pelos meios de comunicação de massa não é, por si só, fato negativo. Verifica-se, porém, em variadas intervenções, que o que importa é sobretudo "aparecer"; os critérios de intervenção, que deveriam garantir o respeito pelos aspectos materiais, documentais e formais da obra, as discussões sobre técnicas adequadas, as posturas projetuais, são todos temas relegados a último plano – isso quando estão presentes –, tendo por resultado o total esvaziamento do conteúdo semântico dos bens culturais. É crescente, ademais, a mundanidade e a frivolidade que circundam vários eventos, quando, ao contrário, trata-se de assunto seríssimo: as formas de intervenção em bens culturais do passado para que possam continuar a transmitir seus valores essenciais para as gerações futuras.

Henri-Pierre Jeudy é um dos autores a apontar um conflito intrínseco na abordagem do problema, dado que os bens culturais não podem ser tratados meramente como produtos de comércio e de *marketing* – porque, se os monumentos são encarados apenas pelo seu valor comercial, de modo semelhante a outros objetos quaisquer, perdem seu valor simbólico –, sendo necessário que fiquem à margem de uma lógica estritamente de mercado; por outro lado, afirma que não há desenvolvimento cultural sem comercialização[5]. Mas não é negando qualquer valor cultural aos monumentos históricos, como acontece no presente – em que se desconsideram sumariamente os aspectos documentais e formais das obras –, que se vai enfrentar o problema de forma responsável. A relação entre conservação e desenvolvimento tem sido debatida há décadas. Como se mostrou neste estudo, qualquer solução no campo da preservação terá sempre uma pertinência relativa e não será jamais consensual. Mas isso não significa que uma solução pertinente ao campo cultural e viável do ponto de vista econômico[6] seja impraticável, algo diverso de obter os maiores lucros possíveis; ademais, na realidade brasileira nunca se saberá se não forem feitas, de fato, tentativas sérias.

Restaurações e conservações bem-feitas, em muitos casos, não se salientam, não por serem miméticas (o que não deve ocorrer), mas porque se articulam de maneira sóbria e coerente com o preexistente. O mesmo pode ser dito em

5. Henri-Pierre Jeudy, *La Machinerie Patrimoniale*, Paris, Sens & Tonka, 2001, p. 19.
6. Existem casos comprovados a esse respeito, inclusive para a arquitetura moderna, a exemplo da restauração do arranha-céu da Pirelli em Milão. Os custos do restauro criterioso da fachada foi cerca de 80% da despesa estimada para seu refazimento (foram feitas propostas nesse sentido). Sobre esse assunto e para referências complementares ver de Simona Salvo: "Arranha-céu Pirelli: Crônica de uma Restauração", *Desígnio*, 2006 (2007), n. 6, pp. 69-86; "A Restauração do Arranha-céu Pirelli: A Resposta Italiana a uma Questão Internacional", *Pós*, 2006, n. 19, pp. 201-210; "Restauro e 'Restauros' das Obras Arquitetônicas do Século XX: Intervenções em Arranha-céus em Confronto", *Revista CPC*, n. 4, 2007, pp. 139-157.

relação aos trabalhos de manutenção e conservação, que são essenciais para a sobrevivência do bem e devem ser frequentes. É necessário, como mencionado, dar mais atenção ao salutar processo de conservação programada, que deveria sempre fazer parte da vida dos monumentos, conjuntos arquitetônicos e áreas urbanas de interesse histórico e das próprias propostas dos projetos de restauração, que em seus memoriais deveriam prever ciclos (e a frequência) de manutenção e conservação, que visam a sanar a construção e evitar a intervenção mais invasiva do restauro, que seria aplicada apenas excepcionalmente. Todos esses procedimentos têm de ser guiados por critérios, e não apenas de modo empírico, nem mesmo no caso de manutenções ordinárias. É necessário também muito cuidado para não enquadrar, por questão de comodidade, pressa ou indolência intelectual, casos que são de restauro como processos de manutenção extraordinária, conduzindo a refazimentos indiscriminados. Manutenções, conservações e restauros bem conduzidos não sobressaem em relação ao bem que se quer preservar e não se prestam ao "espetáculo" massificado, mas são primordiais para a verdadeira preservação; no entanto, têm sido transcurados hoje em dia.

Isso não significa que o projeto seja dispensável ou que deva ser "invisível", ao contrário. A importância do projeto foi mencionada antes; é necessário salientar que o projeto deve ser feito com sensibilidade, fundamentado numa visão histórica (e isso não deve ser confundido com uma proposta historicizante), em criteriosa análise do bem em seus aspectos materiais, documentais e de conformação, e consciente de suas responsabilidades em relação ao que se quer tutelar. É preciso lembrar que a função da intervenção não é aparecer em meios de comunicação, mas transmitir a obra da melhor maneira possível para o futuro, respeitando-a, revelando-a. Alterações, remoções de adições, inserções de novos elementos e uso da criatividade devem ser, todos, consequência de abordagem fundamentada e não premissas.

Existe, ademais, uma grande dificuldade, por parte de muitos arquitetos, em apreender o monumento histórico como documento histórico e formal de relevância e que, como tal, deveria ser tratado. Essa percepção deveria levar à tomada de consciência, pelo fato de qualquer intervenção, de modo forçoso, alterar o bem, que uma mudança não-controlada gera perdas irreparáveis, lembrando-se de que organismos históricos são delicados. Como apontam vários autores e enfatiza Francesco La Regina, mudanças podem resultar em destruição que, contudo, não devem "alterar ilicitamente" a consistência física e formal dos bens e, portanto, precisam ser decorrentes de judicioso processo histórico-crítico, encontrando a sua justificativa nas finalidades culturais, científicas, éticas[7].

7. Francesco La Regina, *Come un Ferro Rovente: Cultura e Prassi del Restauro Architettonico*, Napoli, Clean, 1992, p. 15. O autor deixa sua posição clara, já ao escolher como epígrafe versos

O restauro implica sempre transformações, por mais restritas que sejam. A limpeza, o tratamento de superfícies, de lacunas e de espaços vazios, a remoção de adições, a inserção de novos elementos, a escolha de função compatível, são temas sempre presentes, na maioria das vezes ao mesmo tempo, que resultam em mudanças que devem preservar as características essenciais dos bens, como meio de assegurar sua salvaguarda e real inserção na vida das comunidades. Isso leva sempre a escolhas difíceis, que devem, porém, ser fundamentadas nos instrumentos cognitivos oferecidos pelas ciências humanas e naturais e devem ser culturalmente "lícitas"; o processo é penoso, e, por que não admitir? por vezes verdadeiro martírio, dada a dificuldade que certos problemas impõem e o peso da responsabilidade envolvida.

A relação entre restauro e as necessárias mudanças que resultam em inovação é sempre complexa. A inserção de novos elementos, por exemplo, quando necessária, deve respeitar o princípio da distinguibilidade e não pode ser dissimulada ou mimética, o que acabaria por transformar a obra numa caricatura de si mesma. Isso gera um inevitável confronto entre manifestações de épocas distintas. Confronto que pode ser abordado de variadas maneiras, do ponto de vista da conformação, como num processo dialético, por oposições que se resolvem numa síntese, ou estando de fato em campos contrários.

De qualquer modo, as questões supracitadas não podem ser evitadas e, assim como tudo aquilo que se refere à restauração, devem ser enfrentadas em toda a sua complexidade, não admitindo simplificações. Não se deve fugir dos problemas que se relacionam com um projeto de restauro, e as soluções estão longe de ser óbvias. Uma resposta pertinente exige grande capacidade de leitura – fundamentada em análises criteriosas e multidisciplinares – da obra ou do conjunto de obras. As análises, formulações teóricas e o método de trabalho para a restauração formam um quadro de referência geral importantíssimo e incontornável, que oferece as bases para o processo projetual. São condições necessárias, mas não suficientes para se traduzirem num projeto de restauração de qualidade. O projeto exige, ainda, maestria e capacidade de interpretação das formas, devendo ser sensível e respeitoso, concomitantemente, aos aspectos formais, documentais e materiais da obra.

Um fator que pesa nessa crise de falta de critérios culturais nas intervenções em edifícios de interesse histórico, com raras e louváveis exceções, é a

de Goethe, que dão origem ao nome do livro, *Come un Ferro Rovente*. A epígrafe vem de Zahme Xenien: *Nichts ist zarter als die Vergangenheit: / Rühre sie an wie ein glühend Eisen:/ Denn sie wird dir sogleich beweisen,/ Du lebest auch in heißer Zeit. [Nada é mais delicado do que o passado;/ Toque-o como a um ferro candente,/ Que então ele te mostrará prontamente,/ Que também tu vives em ardentes tempos.]*

ausência de verdadeiras, sólidas e atuantes cultura e crítica arquitetônicas, que vêm desempenhando papéis cada vez mais limitados no âmbito das atividades construtivas. O Brasil pode orgulhar-se de ter sempre tido bons arquitetos, e continua a tê-los, apesar das infâmias que têm sido vistas no presente numa cidade tão martirizada como São Paulo. Que se trate de alguma nova construção na cidade, ou de um projeto de restauração, só a prática da verdadeira arquitetura – uma arquitetura indagadora, perscrutadora, inquisidora, respeitadora do ambiente (natural e construído) e criativa, de que o Brasil sempre ofereceu e oferece bons exemplos (apesar de serem em pequeno número na atual massa de construções, mais por falta de oportunidade do que de profissionais) –, poderia fazer face ao que ocorre hoje em dia: a aviltante demonstração de ignorância e insensibilidade que está infestando a cidade.

A restauração arquitetônica esteve em determinados períodos vinculada de modo mais estreito com a cultura arquitetônica; hoje em dia, há certa tendência a tratá-la fora desse âmbito, o que é maléfico. O verdadeiro restauro arquitetônico afasta-se cada vez mais da produção arquitetônica como um todo – algo que se vem acentuando desde o modernismo (o Brasil era uma das exceções), lembrando-se de que durante o século XIX foi comum a participação de arquitetos de vanguarda no trato de bens culturais –, que, por sua vez, também se ressente da falta de uma reflexão aprofundada, de uma crítica arquitetônica, que a consolide com a importância que lhe cabe em meio à produção cultural de uma dada sociedade. Esse afastamento resulta numa relação esquizofrênica, em que as partes se isolam, também como uma forma cômoda de se esquivar de certas responsabilidades, deixando de assumir o papel de intervir de modo fundamentado numa realidade demasiado complexa. Deve-se, pois, reinserir o debate da preservação arquitetônica no contexto do debate sobre arquitetura (e urbanismo) e também da preservação de bens culturais como um todo, para que a questão do projeto de restauro de edifícios e conjuntos de interesse histórico (e do restauro urbano) seja aprofundada e ganhe em consistência e coerência.

A restauração de bens culturais vem se consolidando como campo disciplinar autônomo há pelo menos um século. Convém reiterar que campo disciplinar autônomo não significa campo disciplinar isolado: pois a preservação exige um tratamento multidisciplinar, depende da participação, da interação e do diálogo – processo sempre difícil e conflituoso – de vários campos do saber; áreas isoladas jamais seriam capazes de exaurir a questão. A restauração, além de necessitar do suporte das ciências naturais para intervir na matéria de modo adequado (química, física, biologia, geologia etc.), é enraizada nas humanidades – história, filosofia, antropologia, sociologia etc. – e, no caso da restauração arquitetônica, também no campo da arquitetura, devendo ser tratada dentro desse complexo universo a que pertence.

Uma intervenção num bem cultural não é jamais ato que se encerra em si mesmo, autônomo e desvinculado da realidade, pois se relaciona com o ambiente cultural, sociopolítico e econômico em que se insere. A restauração, apesar de suas muitas especificidades, deve repudiar o autismo de disciplina excessivamente especializada e destacada da realidade. Caso contrário, corre o risco, ao alijar-se de sua real complexidade, de perder o contato com os próprios objetos de seu interesse, com a sociedade à qual pertencem e para a qual devem ser tutelados, incorrendo em reduções grosseiras que resultarão em atos contra sua própria essência e objetivos[8].

Trata-se de conservar e reintroduzir um dado bem na vida contemporânea através de um novo estrato que se entremeia na obra. Esses atos se tornam problemáticos ao desrespeitarem o documento histórico, seus aspectos materiais e formais, e quando se tornam de tal modo onipresentes que obliteram, destroem o cerne do bem, achatam num único registro toda sua complexa estratificação ao longo do tempo. Essas ações, ao contrário, deveriam assegurar a permanência e a legibilidade da riqueza dos variados tipos de expressões.

Neste texto, procurou-se enfatizar um dos pontos de vista da questão, o cultural, que deveria ser o movente de toda a problemática, pelo fato de, em tempos recentes, ter sido frequentemente desconsiderado no tratamento do tema. Não é simplesmente ignorando um dos fatores – e seus métodos e referenciais – que se conseguirá elaborar propostas pertinentes e responsáveis para tratar a complexa relação entre passado, presente e futuro, preservação e inovação, preservação e desenvolvimento.

Para abordar a problemática, é necessário retomar de modo crítico o muito que já se percorreu no campo do restauro nos últimos séculos, em especial nas últimas décadas, discutindo os resultados obtidos para reinterpretá-los para as circunstâncias atuais. Deve-se incentivar e ampliar o debate para que se atinja a consciência de que a questão da preservação é cultural e, em essência, uma questão social, ligada de forma indissolúvel ao conhecimento, à história e à memória e identidade coletivas. Isso pode ser alcançado de forma consistente tão só através da educação, no sentido amplo da palavra. Esse pode ser um modo para fazer com que a preservação não seja apartada dos processos socioecônô-

8. Como chama atenção F. La Regina (*op. cit.*, 1992, p. 25), a preservação de bens culturais e ambientais na era moderna não é uma finalidade encerrada em si própria, mas responde a um imperativo ético que deriva da convicção na ascese do conhecimento e na sua capacidade para servir de instrumento de uma constante readaptação do *ethos* às exigências da vida. Sobre esse tema ver também F. Choay, "Riegl, Freud...", 1995.

micos e das próprias formulações conceituais do restauro. É necessário voltar a entender por que e para quem se preserva – e, por conseguinte, também o que se preserva –, qual a vinculação da preservação com a cultura, retomando os princípios fundamentais que regem o campo, para alcançar uma necessária coerência conceitual que guie o modo de preservar. Dessa forma, pode-se, de maneira consciente, retomar o caminho e consolidar vias abrangentes para a preservação, também como meio de refrear a ignorância e o consumismo que ameaçam, mais do que nunca, o tratamento dos bens culturais. Deve-se lembrar, ainda uma vez, que é necessário pensar na sociedade de maneira abrangente e na longa duração, afastando-se de interesses imediatistas e setoriais.

As observações de Max Dvořák, na segunda década do século XX, a respeito dos graves perigos que ameaçavam o patrimônio artístico austríaco são ainda bastante atuais. Segundo o autor, os perigos têm sua origem: "1. na ignorância e na negligência; 2. na cobiça e na fraude; 3. nas ideias equivocadas a respeito do progresso e das demandas do presente; 4. na busca descabida de embelezamento e renovação, na falta de uma educação estética ou numa educação estética equivocada"[9].

O que se verifica, infelizmente, é que os monumentos históricos, sobretudo os mais recentes, incluindo-se nesse grupo o patrimônio industrial, tendem cada vez mais a ser tratados fora do âmbito cultural e dos princípios da restauração. Nota-se uma "involução", ademais rápida, das formas de atuar, em que se desprezam pelo menos duzentos anos de experiências sistemáticas na área, que conduziram a uma série de preceitos teóricos, retornando-se ao esquema "pré-conceitual" da restauração, encarada como ação ditada, em sua essência, por questões de ordem prática. Uma parte significativa das intervenções em monumentos históricos no presente faz refletir sobre o sentido dado por Ruskin à restauração como "destruição acompanhada de uma falsa descrição da coisa destruída"[10].

Em face de certos resultados recentes, não há modo de evitar um sentimento de concordância com as posturas do autor inglês e de outros intelectuais avessos às intervenções que se praticavam no século XIX. Ruskin, apesar de ser favorável às manutenções constantes para prolongar a vida de um edifício, admite que toda vida tem um fim. Não se pode negar que, defronte a certas intervenções, a conclusão a que se chega é que teria sido melhor deixar ruir, perder o bem, admitir a própria inépcia, mas ao menos manter um pouco de dignidade e decoro.

Intervenções em bens culturais não têm, no entanto, de ser necessariamente um mal, e, sendo guiadas por critérios culturais, não são, por isso, descone-

9. M. Dvořák , *op. cit.*, 2008, pp. 65-66.
10. J. Ruskin, *op. cit.*, 1889, p. 194.

xas da realidade. Existem consistentes contribuições e formulações teóricas, técnicas experimentadas e eficientes e várias e bem-sucedidas experiências práticas que, porém, se estão tornando cada vez mais raras. A reflexão teórica no campo da restauração oferece vasto instrumental que deve ser meditado, de maneira responsável, para ser utilizado na forma de se relacionar com o preexistente, assegurando a salvaguarda e a transmissão dos bens culturais e do conhecimento de que são portadores, da melhor maneira, para o futuro.

Muito do que tem sido feito mostra o desconhecimento do debate sobre preservação e dos preceitos teóricos do restauro. Ou, ainda, ocorre não apenas a desinformação sobre a discussão e a teoria, mas existe o não-saber da própria existência de formulações teóricas e de uma prática consolidadas ao longo de séculos.

Bonelli aponta como causa dessa cisão entre a teoria do restauro e a prática da intervenção – além do já mencionado afastamento da preservação do âmbito cultural e sua aproximação a áreas vinculadas a interesses econômicos e políticos, e sua encampação pelos meios de comunicação de massa –, a responsabilidade dos próprios profissionais que operam nesse campo disciplinar: a falta de preparo dos restauradores, sua dificuldade em perceber as raízes conceituais e histórico-críticas da restauração, a inconsistência de sua preparação humanística, histórica e, mesmo, a ausência de sensibilidade estética[11].

Ao ignorar o debate, ou a existência dele, ignora-se que existem conceitos e procedimentos técnicos adequados, fundamentados num necessário intercâmbio, plurissecular, entre teoria e prática. Ao transcurar esse contexto, afasta-se de uma abordagem histórico-crítica – fundamento do restauro crítico-conservativo, que está ligado à cultura de um determinado tempo e é balizado pelas ciências humanas – para recair no empirismo, na opinião, no gosto e na interpretação pessoal e, portanto, no arbítrio. A questão é: é possível arcar com as consequências de ser arbitrário em relação ao passado, aos

11. R. Bonelli, "Restauro: l'Immagine Architettonica fra Teoria e Prassi", *Storia Architettura*, 1988, vol. 11, n. 1-2, pp. 5-14. Chega a afirmar que o patrimônio italiano está ameaçado não pela escassez de meios financeiros, mas pelo excesso de más restaurações. O trecho encontra-se na p. 12: "[...] essa é a primeira vez em duzentos anos que a cultura do restauro deve meditar sobre a falta de correspondência entre posição teórica e doutrina, de um lado, e atividade operacional, do outro. Devemos, pois, responder à pergunta: quais são os motivos que interromperam o vínculo que lógica e coerentemente liga a práxis à teoria do restauro arquitetônico? Além dos usuais argumentos veiculados pelos correntes publicistas – separação da política da verdadeira cultura, prevalência da cultura-espetáculo, predomínio de interesses econômicos, natureza negocista da ação pública – as verdadeiras razões residem no campo específico e dizem respeito à reduzida capacidade dos restauradores em perceber as raízes conceituais e as motivações estético-críticas do restauro, pela falta de uma preparação humanística, por defeito de formação histórica e também, às vezes, por falta de sensibilidade pelos valores figurativos".

monumentos e documentos históricos? A história, o próprio transformar do campo do restauro e vertentes da psicossociologia mostram que não.

As atuais posturas ligadas à restauração de monumentos históricos não são inatas, nem simples, nem unívocas. São adquiridas, construídas, de modo gradual, através de séculos de experiências práticas e de formulações teóricas sistematizadas. Esse processo não foi linear, mas, através da reflexão crítica, resultou numa série de preceitos de grande consistência, que foram arduamente elaborados e que são uma verdadeira conquista cultural. Asseguram a permanência de uma necessária diversidade, por intermédio de ações fundamentadas, enriquecedoras e prospectivas e circunscrevem o campo de maneira adequada. Assim atuando, é possível através dos monumentos históricos aprender e apreender o próprio presente histórico, e transmitir valores essenciais de uma dada cultura para esta e outras gerações do porvir.

O fato é que os instrumentos da restauração, através de suas vertentes teóricas, como se procurou mostrar ao longo deste livro, oferecem meios adequados – ligados às razões por que se preserva – para atuar em monumentos históricos da maneira mais fundamentada e responsável possível, sem deformar e deturpar o documento, o conhecimento, a memória, os bens legados pelo passado, que são parte integrante da atualidade. O restauro é ato crítico do presente alicerçado no reconhecimento da obra e de sua transformação no decorrer do tempo, e em criteriosa fundamentação histórica, com vistas à sua apreensão pelo tempo atual e à sua transmissão para as próximas gerações; ou seja, o futuro está sempre no horizonte de suas preocupações. Não se trata de imobilismo, congelamento, muito menos de necrolatria, mas de um legítimo ato de respeito pelo passado, interpretado no presente e voltado ao futuro, em que se propõe, de maneira social e culturalmente responsável, uma renovada forma de se relacionar com os bens legados pelo passado.

As formulações teóricas do restauro, sobretudo as que se têm acumulado nas últimas seis décadas, contêm conceitos consistentes, mas também flexíveis o suficiente para possibilitar renovadas interpretações e continuar servindo de baliza para as intervenções em monumentos históricos. O contínuo alargamento daquilo que é considerado bem de interesse cultural exige, porém, renovados esforços de análise e interpretação.

Esse tipo de raciocínio, fundamentado nos princípios essenciais que regem as formulações teóricas do restauro, tem sido desenvolvido por alguns profissionais, em especial na conservação de variadas expressões da arte contemporânea, e algumas notáveis exceções no que se refere à preservação da arquitetura moderna. São temas que exigem enorme esforço interpretativo para discutir a preservação dentro de suas raízes conceituais, levando as reflexões a limites antes não experimentados, dada a dificuldade e a novidade que a preservação de certas manifestações culturais impõem[12].

Os instrumentos oferecidos pela reflexão sobre a metodologia e sobre os preceitos teóricos que deveriam reger as ações de restauro são válidos e consistentes e devem ser reinterpretados, não apenas naquilo que se refere a certos problemas específicos do patrimônio industrial, mas para a preservação dos bens culturais como um todo. Encerrar-se num tema isolado – como permanecer vinculado de modo exclusivo ao patrimônio industrial–, leva a um processo de distorção do olhar, pois não incita uma reflexão mais ampla e não leva a repensar o problema a partir de seu cerne conceitual, recaindo-se num empirismo cego que parte unicamente do objeto e acaba por justificar qualquer postura, pois tudo se torna exceção. O confronto com manifestações artísticas de outra natureza é essencial para fazer com que preceitos, métodos e procedimentos sejam questionados e reavaliados sistematicamente. Apesar das especificidades que comportam os variados tipos de bens culturais – que exigem meios e técnicas distintos quando se passa à parte operacional –, existe uma unidade de preceitos teóricos, fundamentada nas ciências humanas, e objetivos comuns. Como bem admoestava Brandi, a ação prática de restauro está para os princípios teóricos da restauração, assim como a pena está para a norma jurídica[13]. Não se deveria aplicar uma "pena" ao monumento histórico sem uma "norma", para não recair em arbitrariedades, e todos os indivíduos deveriam ser iguais perante a lei.

É necessário, pois, fazer esforços para voltar aos fundamentos da restauração, retomar seus princípios basilares, fazer uma releitura crítica para poder aplicá-los no momento presente, visando à unidade conceitual e coerência de critérios para os bens culturais como um todo. Isso é essencial para abor-

12. Cf., por exemplo, Heinz Althöfer (restaurador e historiador, foi diretor do Restaurierungszentrum de Düsseldorf), *Il Restauro delle Opere d'Arte Moderne e Contemporanee*, Firenze, Nardini, 1991; ou ainda, os escritos de Michele Cordaro (que foi diretor do Instituto Central de Restauração na Itália), reportados nas referências bibliográficas. Agradeço a Giovanni Carbonara por ter chamado a atenção para os escritos desses autores e apontar a profundidade com que o tema estava sendo tratado em outras áreas que não o restauro arquitetônico. No campo da arquitetura alguns poucos autores procuram explorar os limites da teoria de restauro face a uma nova realidade, a exemplo, entre outros, do próprio Carbonara, de Claudio Varagnoli e de Simona Salvo.

13. C. Brandi, *Teoria...*, 2004, p. 94: "Acontece que, se a restauração é restauração pelo fato de reconstituir o texto crítico da obra e não pela intervenção prática em si e por si, deveremos, nesse ponto, começar a considerar a restauração semelhante à norma jurídica, cuja validade não pode depender da pena prevista, mas da atualização do querer com que se determina como imperativo da consciência. Ou seja, a operação prática de restauro estará, em relação ao restauro, assim como a pena em relação à norma, necessária para a eficiência, mas não indispensável para a validade universal da própria norma".

dar as especificidades de cada caso com referência a um sólido conjunto de preceitos, e não apenas como exceções que tornariam qualquer postura justificável, recaindo no empirismo e no arbítrio. Nesse sentido, a teoria de Brandi consolidou, também na prática, uma via para o restauro deduzida de princípios éticos e científicos, ou seja, não é resultado unicamente da observação das coisas. Não é mais, como se acreditava antes, o objeto que por si só dá todas as respostas, unívocas e atemporalmente válidas. As respostas e os modos de atuar dependem das questões que um dado presente histórico formula em relação a esses bens e como são apreendidos, e relacionam-se aos significados assumidos por eles. Terão, como reiterado à exaustão neste texto, pertinência relativa, algo diverso de impertinência absoluta. Daí a necessidade de agir de modo fundamentado a partir de uma via deduzida de princípios éticos e científicos e não se pautar em ações primordialmente derivadas, de modo empírico, a partir do objeto.

É preciso, no entanto, tornar esses critérios operacionais nas atuais circunstâncias, ao fazer, de modo gradativo, experimentações conscienciosas e fundamentadas, num contínuo confrontar entre teoria e prática, pautando-se no rigor metodológico para chegar a princípios amadurecidos e atualizados, capazes de enfrentar os problemas em toda a sua complexidade. Devem-se levar em conta as questões sociais e econômicas envolvidas – ou seja, considerar todos os fatores envolvidos e não simplesmente desprezar um dos termos, o cultural, como acontece hoje – mas com plena consciência de que a matriz que motiva, e em que deve ser tratada a questão, é a cultural, não se confundindo os fins com os meios.

Para tanto, deve-se voltar a entender as raízes que conduziram à preservação de bens culturais, que no decorrer dos séculos se afastou das ações ditadas por razões prevalentemente pragmáticas, para assumir conotação cultural. Ademais, é preciso analisar os motivos que levaram o restauro a um distanciamento do empirismo para se integrar à reflexão crítica e às ciências, fundamentando-se em análises dos aspectos materiais, históricos e formais das obras. É necessário, pois, mais do que nunca, retornar às raízes que primeiro motivaram a preservação dos monumentos históricos, para voltar a entender por que, para quem, o que e como preservá-los, respeitando escrupulosamente seus aspectos documentais, sua configuração, sua materialidade, seu transcorrer ao longo do tempo, para que, desse modo, continuem a ser documentos fidedignos, podendo assim ser examinados de maneira idônea pelas humanidades e pelas ciências naturais, e sirvam como efetivos elementos de rememoração e suportes do conhecimento e da memória coletiva.

É necessário, assim, aprender a ouvir esses bens em sua quietude e, muitas vezes, em seu abandono. Pois só o verdadeiro conhecimento leva à compreensão, que por sua vez conduz à apreciação e ao respeito[14]. Caso contrário, corre-se o risco de perceber, entender e produzir apenas sons tonitruantes, e a verdadeira melodia pode permanecer submersa, obliterada ou ser simplesmente aniquilada em meio à poluição sonora circunstante, imposta pelo próprio projeto de intervenção, que não soube nem ouvir, nem escutar, nem auscultar seus objetos de estudo.

Preservar monumentos históricos significa assegurar a diversidade e combater a intolerância – um dos maiores males que aflige a humanidade no presente – que aniquila outras formas de expressão. É preciso impedir que o fundamentalismo de algumas expressões hegemônicas de hoje nulifiquem outras (do passado e atuais), também como um meio de se opor à excessiva "presentificação" da existência, que leva a uma crescente alienação. Significa ainda contrapor-se à indiferença gerada por um excesso de informação que resulta num processo de esquecimento fortuito e generalizado. É prudente retomar as admoestações de Tzvetan Todorov que, ao analisar a "guerra contra a memória" travada num passado recente por governos totalitários (na Alemanha, URSS e China), compara-a com as atuais democracias liberais da Europa Ocidental e da América do Norte:

> Precipitados num consumo cada vez mais rápido de informações, nós estaríamos destinados à sua eliminação igualmente acelerada; desligados de nossas tradições e embotados pelas exigências de uma sociedade dos lazeres, desprovidos de curiosidade espiritual assim como de familiaridade com as grandes obras do passado, estaríamos condenados a celebrar alegremente o esquecimento e a nos contentar com as vãs delícias do momento. A memória estaria aqui ameaçada não pelo apagamento das informações, mas pela sua superabundância. Assim, de maneira menos brutal mas finalmente mais eficaz, por não suscitar nossa resistência, fazendo de nós, ao contrário, os agentes anuentes desse caminhar para o esquecimento, os Estados democráticos conduziriam suas populações ao mesmo fim dos regimes totalitários, ou seja, ao reino da barbárie[15].

Nesse sentido, a preservação se coloca também como uma forma – como evidenciava Adorno sobre as considerações de Valéry sobre os Museus – de combate. Combate que tem "aspectos quixotescos, não apenas porque o protesto da cultura contra a barbárie resta sem eco"[16], mas pelo fato de o protesto

14. Como afirmara Camillo Boito há mais de um século (*Os Restauradores*, 2002, p. 31): "Para bem restaurar é necessário amar e entender o monumento". O texto provém de uma conferência apresentada em 1884.
15. Tzvetan Todorov, *Les Abus de la Mémoire*, Paris, Arléa, 2004, p. 13.
16. Theodor Adorno, *Prismes*, Paris, Payot, 1986, p. 161.

ser necessário. Preservar também como forma de protesto contra a situação atual que ameaça relevantes formas de expressão da operosidade humana.

É preciso assegurar o direito à história e à memória – e seu extraordinário poder como propulsora de transformações – como uma necessidade humana e social, que implica o "imperativo moral"[17] pela preservação. Preservar significa permitir, incentivar e assegurar que vários tipos de testemunhos do fazer humano, atuais e pretéritos, existam e convivam, oferecendo um amplo instrumental – que pode ser percebido e atualizado, por uma consciência individual ou coletivamente, de infinitas maneiras, no presente e no futuro – para a compreensão e apreensão da realidade, proporcionando, portanto, meios abrangentes para a ela se adaptar e construir o futuro.

17. C. Brandi, *Teoria...*, 2004, p. 31.

Bibliografia

TEORIA DA RESTAURAÇÃO E PROBLEMAS DE PRESERVAÇÃO

ADORNO, Theodor. *Prismes*. Paris, Payot, 1986.

ALTHÖFER, Heinz. "Historical and Ethical Principles of Restoration". In: *ICOM Committee for Conservation - 6th Triennial Meeting, Ottawa, 1981*. S. l., ICOM, 1981.

______. *Il Restauro delle Opere d'Arte Moderne e Contemporanee*. Firenze, Nardini, 1991.

______. "La Teoría de la Restauración de Arte Contemporáneo". In: *Comunicaciones de la 3a Reunión de Trabajo. Vitoria, 21 y 22 de Noviembre, 1991*. S. l., Grupo Español de Trabajo sobre Conservación y Restauración de Arte Contemporáneo, 1991, pp. 98–104.

ANDRIEUX, Jean-Yves. *Patrimoine & Histoire*. Paris, Belin, 1997.

ANNONI, Ambrogio. *Scienza ed Arte del Restauro Architettonico: Idee ed Esempi*. Milano, FRAMAR, 1946.

ARGAN, Giulio Carlo. "Il Governo dei Beni Culturali", *Storia dell'Arte*, 1973, n. 19, pp. 189-191.

______. *História da Arte como História da Cidade*. São Paulo, Martins Fontes, 1998 (4. ed.).

Atti del Quarto Congresso degli Ingegneri ed Architetti Italiani Radunato in Roma nel Gennaio del 1883. Roma, Tipografia Fratelli Centenari, 1884.

AUGÉ, Marc. *Les Formes de l'Oubli*. Paris, Payot, 2001 (2. ed.).

BABELON, J. P.; CHASTEL, A. "La Notion de Patrimoine", *Revue de l'Art*, 1980, n. 49, pp. 5-32.

BALDINI, Umberto. *Teoria del Restauro e Unità di Metodologia*, 2 vols. Firenze, Nardini; vol. 1, 1997, 8. ed. (1. ed. 1978); vol. 2, 1997, 6. ed. (1. ed. 1981)

BARBACCI, Alfredo. *Il Restauro dei Monumenti in Italia*. Roma, Istituto Poligrafico dello Stato, 1956.

BASILE, Giuseppe. "A Atualidade da Teoria da Restauração de Cesare Brandi: Alguns Exemplos", *Pós: Revista do Programa de Pós-Graduação em Arquitetura e Urbanismo da FAU-USP*, 2004, n. 16, pp. 143-146.

______. *Che cos'è il Restauro*. Roma, Editori Riuniti, 1989.

______. *Per un Museo Didattico della Conservazione e del Restauro*. S. l., Le Monnier, 1989.

______. "Patrimonio Culturale Aperto al Pubblico: Gestione delle Folle e Prevenzione degli Atti Illeciti", *I Beni Culturali: Tutela e Valorizzazione*, 1996, vol. 4, n. 6., pp. 59-60

______. "Responsabilité Commune du Restaurateur, du Scientifique et du Muséologue". In: *Fifth International Restorer Seminar*. Budapest, UNESCO, 1985.

______. "A Restauração sob a Luz da Teoria de Cesare Brandi: O Caso das Pinturas Murais da Basílica de São Francisco, em Assis", *Pós: Revista do Programa de Pós-Graduação em Arquitetura e Urbanismo da FAU-USP*, 2004, n. 16, pp. 134-142.

BASILE, Giuseppe (ed.). *Il restauro della Basilica Superiore di San Francesco in Assisi*. Roma, Libreria dello Stato, 2003.

______. *Il Restauro della Cappella degli Scrovegni: Indagini, Progetto, Risultati*. Milano, Skira, 2003.

BARTHÉLEMY, Jean. "Autenticità e Patrimonio Monumentale", *Restauro*, 1994, n. 130, pp. 28-32.

______. "Nosso Patrimônio no Ano 2000", *Revista do Patrimônio Histórico e Artístico Nacional*, 1984, n. 20, pp. 108-111.

BELLINI, Amedeo. "Brevi Note per una Discussione su Alcuni Aspetti di un Testo di Gustavo Giovannoni", *Palladio*, 1994, vol. 7, n. 14, pp. 291-194.

______. "Restauro Architettonico", *Quaderni di Italia Nostra*, 1978, n. 21.

______. *Tecniche della Conservazione*. Milano, Franco Angeli, 2003.

BELMONT, Yves. "Sur la Modernité de la Conservation des Monuments", *Journal Scientifique de l'ICOMOS*, 1995, n. 6, pp. 19-22.

BENEDETTI, Sandro; MIARELLI MARIANI, Gaetano. "Territorio, Città, Monumenti – 'Roma Capitale': Un'Occasione per un Generale Riassetto", *Studi Romani*, 1987, vol. 35, n. 1-2, pp. 191-202.

BENEVOLO, Leonardo. "L'Esigenza di Conservare gli Ambienti Antichi non Significa Bloccare Ogni Iniziativa: Per Conservare Bisogna Modificare la Realtà", *L'Architettura: Cronache e Storia*, 1957, n. 21, pp. 182-184.

BERGEON, Ségolène. "Éthique et Conservation-Restauration: La Valeur d'Usage d'un Bien Culturel", *La Conservation: Une Science en Évolution – Bilan et Perspectives*. Paris, ARSAG, 1997.

BERGSON, Henri. *Matéria e Memória*. São Paulo, Martins Fontes, 1990.

BLOCH, Marc. *Apologie pour l'Histoire ou Métier d'Historien*. Paris, Armand Colin, 2002.

BOITO, Camillo. "I Nostri Vecchi Monumenti", *Nuova Antologia*; 1885, vol. 81, pp. 640-662; vol. 82, pp. 58-73; 1886, vol. 87, pp. 480-506.

______. *Questioni Pratiche di Belle Arti: Restauri, Concorsi, Legislazione, Professione, Insegnamento*. Milano, Hoepli, 1893.

______. *Os Restauradores*. Ateliê Editorial, Cotia, 2002.

______. *I Restauratori: Conferenza Tenuta all Esposizione di Torino il 7 Giugno 1884*. Firenze, Barbèra, 1884.

BONELLI, Renato. *Architettura e Restauro*. Venezia, Neri Pozza, 1959.

______. "Danni di Guerra, Ricostruzione dei Monumenti e Revisione della Teoria del Restauro Architettonico". In: PEROGALLI, Carlo (ed.). *Architettura e Restauro: Esempi di Restauro Eseguiti nel Dopoguerra*. Milano, Görlich, s. d., pp. 26-35.

______. "Intervista a Renato Bonelli" [a cura di G. Carbonara e Spiridione A. Curuni], *Tema*, 1998, pp. 38-47.

______. "Preparazione Culturale, Capacità Critica e Metodologica nelle Soprintendenze ai Monumenti". In: *Atti del VII Congresso Nazionale di Storia dell'Architettura. Palermo 24-30 Settembre 1950*. Palermo, Comitato presso la Soprintendenza ai Monumenti, 1956, pp. 19-22.

______. Verbete: "Il Restauro Architettonico". In: *Enciclopedia Universale dell'Arte*, Novara, Istituto Geografico de Agostini, 1983, 4. ed. (1. ed. 1963).

______. "Restauro: l'Immagine Architettonica fra Teoria e Prassi", *Storia Architettura*, 1988, vol. 11, n. 1-2, pp. 5-14.

______. *Scritti sul Restauro e sulla Critica Architettonica*. Roma, Bonsignori, 1995.

BORIANI, Maurizio. "Restauro e 'Moderno': Conservazione, Ripristino, Copia", *Recuperare*, 1989, n. 43, pp. 530-537.

BOSCARINO, Salvatore. "La Progettazione nel Restauro Architettonico tra Analisi, Invenzione e Conservazione", *Palladio*, 1994, vol. 7, n. 14, pp. 299-310.

______. "Il Restauro Architettonico ed il Tema della Rifunzionalizzazione degli Edifici", *Storia Architettura*, 1988, vol. 11, n. 1-2, pp. 23-34.

______. *Sul Restauro dei Monumenti*. Milano, Franco Angeli, 1987 (2. ed.).

BOSCARINO, Salvatore; CARBONARA, Giovanni; PASTORE, Valeriano; PIRAZZOLI, Nullo. *Il Progetto di Restauro: Interpretazione Critica del Testo Architettonico*. Trento, Comitato Giuseppe Gerola, 1988.

BOSCARINO, S.; PRESCIA, Renata (eds.). *Il Restauro di Necessità*. Milano, 1992.

BRANDI, Cesare. *Arcadio o della Scultura. Eliante o della Architettura*. Torino, Einaudi, 1956.

______. *Carmine o della Pittura*. Firenze, Vallecchi, 1947.

______. *Celso o della Poesia*. Torino, Einaudi, 1956.

______. "Cosa Debba Intendersi per Restauro Preventivo". In: *Bollettino dell'Istituto Centrale del Restauro*, 1956, n. 27-28, pp. 87-92.

______. *Le Due Vie*. Bari, Laterza, 1966.

______. "Il Fondamento Teorico del Restauro". In: *Bollettino dell'Istituto Centrale del Restauro*, 1950, n. 1, pp. 5-12.

______. "L'Institut Central pour la Restauration d'Œuvres d'Art a Rome", *Gazette des Beaux-Arts*, 1954, vol. 43, pp. 42-52.

______. *Il Patrimonio Insidiato* [a cura di Massimiliano Capati]. Roma, Editori Riuniti, 2001.

______. "Processo all'Architettura Moderna", *L'Architettura. Cronache e Storia*, 1956, n. 11, pp. 356-360.

______. *Il Restauro: Teoria e Pratica* [a cura di Michele Cordaro]. Roma, Editori Riuniti, 1994.

______. *Segno e Immagine*. Palermo, Estetica, 1996.

______. *In situ. La Tuscia 1946-1979: Restauri, Interventi, Ricordi*. Viterbo, Sette Città, 1996.

______. *Struttura e Architettura*. Torino, Einaudi, 1975.

______. *Teoria Generale della Critica*. Torino, Einaudi, 1977.

______. *Teoria da Restauração*. Cotia, Ateliê Editorial, 2004.

______. *Teoria del Restauro*. Torino, Einaudi, 1977.

______. Verbete: "Concetto del Restauro". In: *Enciclopedia Universale dell'Arte*, Novara, Istituto Geografico de Agostini, 1983, 4. ed. (1. ed. 1958).

BRANDINELLI, Paolo; CONTORNI, Gabriella; LAMBERINI, Daniela. *Contributi alla Cultura e alla Teoria del Restauro dei Monumenti*. Firenze, Cusl, 1983.

BREITLING, Peter. "The Origins and Development of a Conservation Philosophy in Austria". In: KAIN, Roger (ed.). *Planning for Conservation*. London, Mansell, 1981, pp. 49-61.

BRIGGS, Martin S. *Goths and Vandals: A Study of the Destruction, Neglect and Preservation of Historical Buildings in England*. London, Constable, 1952.

BULS, Charles. *La Restauration des Monuments Anciens*. Bruxelles, Weissenbruch, 1903.

CAGIANO DE AZEVEDO, Michelangelo. "Ancora delle Integrazioni delle Lacune", *Bollettino dell'Istituto Centrale del Restauro*, 1952, n. 9-10, pp. 53-60.

______. "Conservazione e Restauro presso i Greci e i Romani", *Bollettino dell'Istituto Centrale del Restauro*, 1952, n. 9-10, pp. 101-105

______. *Il Gusto nel Restauro delle Opere d'Arte Antiche*. Roma, Olimpus, 1948.

CARBONARA, Giovanni. "Alcuni temi di restauro per il nuovo secolo". In: CARBONARA, G. (ed.) *Trattato di Restauro Architettonico: Primo aggiornamento*. Torino, Utet, 2007, pp. 1-50.

______. "Architettura e Restauro Oggi a Confronto", *Palladio*, 2005, n. 35, pp. 99-128.

______. "Autenticità e Patrimonio Monumentale: Riflessioni sul Saggio di R. Lemaire", *Restauro*, Napoli, 1994, n. 129, pp. 80- 88.

______. *Avvicinamento al Restauro: Teoria, Storia, Monumenti*. Napoli, Liguori, 1997.

______. "Beni Culturali, Restauro, e Recupero: Un Contributo al Chiarimento dei Termini". In: *Il Recupero del Patrimonio Architettonico: Seminario Aosta. Chiesa di S. Lorenzo 5.5.1990*. Aosta, s. e., 1992, pp. 33-44.

______. "Brandi e il Restauro Architettonico Oggi". In: ANDALORO, Maria (ed.). *La Teoria del Restauro nel Novecento: da Riegl a Brandi*. Firenze, Nardini, 2006, pp. 225-238.

______. "Brandi e a Restauração Arquitetônica Hoje", *Desígnio*, 2006 (2007), n. 6, pp. 35-47.

______. "Guglielmo de Angelis d'Ossat Restauratore", *Palladio*, 1994, vol. 7, n. 14, pp. 311-318.

______. "Lacune, Filologia e Restauro", *Materiali e Strutture*, 1992, vol. 2, n. 1, pp. 23-32.

______. "Il Pensiero di Paul Philippot: Un Singolare Contributo Europeo", *Tema*, 1995, n. 1, pp. 66-70.

______. "La Philosophie de la Restauration en Italie", *Monuments Historiques*, 1987, n. 149, pp. 17-23.

______. "Progettare i Restauri: l'Apporto Diagnostico", *Tema*, 1998, n. 2, pp. 2-5.

______. "Questioni di Principio e di Metodo nel Restauro dell'Architettura", *Restauro*, 1978, n. 36, pp. 5-51.

______. *La Reintegrazione dell'Immagine: Problemi di Restauro dei Monumenti*. Roma, Bulzoni, 1976.

______. "Restauro e Colore della Città: Un Problema da Rivedere", *Storia Architettura*, 1998, n. 1-2, pp. 32-52.

______. "Restauro fra Conservazione e Ripristino: Note sui più Attuali Orientamenti di Método", *Palladio*, 1990, n. 6, pp. 43-76.

______.Verbete: "Le Tendenze Attuali del Restauro in Architettura". In: *Nuove Conoscenze e Prospettive del Mondo dell'Arte: Secondo Supplemento dell'Enciclopedia Universale dell'Arte*. Novara, Istituto Geografico de Agostini, 2000, pp. 533-541.

______. "Teoria e metodi del restauro". In: CARBONARA, Giovanni (ed.). *Trattato di Restauro Architettonico*. Torino, Utet, 1996, pp. 3-107.

______. "Il Trattamento delle Superfici come Problema Generale di Restauro". In: *Superfici dell'Architettura: le Finiture. Atti del Convegno di Studi, Bressanone, 26-29 giugno 1990*. Padova, Progetto, 1990, pp. 667-678.

______. "I Trent'anni di una Buona Carta del Restauro", *Restauro*, 1995, vol. 24, n. 131-132, pp. 57-60.

CARBONARA, Giovanni; GASPAROLI, Paolo. "Superfici Intonacate e Colore: Un Programma di Ricerca", *Tema*, 1993, n. 3., pp. 35-45.

CARBONI, Massimo. *Cesare Brandi: Teoria e Esperienza dell'Arte*. Roma, Editori Riuniti, 1992.

CARTA DE VENEZA, *Revista do Patrimônio Histórico e Artístico Nacional*, 1987, n. 22, pp. 106-107.

CARUNCHIO, Tancredi. "La Lacuna fra 'Intero' e Totale". In: *Lacune in Architettura: Aspetti teorici ed Operativi. Atti del Convegno di Studi, Bressanone, 1-4 luglio 1997*. Marghera, Arcadia, 1997, pp. 1-10

______. "Tecniche e Metodi di Ricerca per la Storia ed il Restauro dei Monumenti", *Ricerche di Storia dell'Arte*, 1987, n. 31, pp. 5-10.

CASIELLO, Stella (ed.). *La Cultura del Restauro*. Venezia, Marsilio, 1996.

______. *Restauro. Criteri, Metodi, Esperienze*. (Quaderni di Restauro). Napoli, Electa, 1990.

CASTILLO RUIZ, José. "El Nacimiento de la Tutela como Disciplina Autónoma: Alois Riegl", *Boletín del Instituto Andaluz del Patrimonio Histórico: PH*, 1998, n. 22, pp. 72-76.

CELLINI, Francesco. "Restauro, Conservazione, Innovazione". In: *Manutenzione e Recupero nella Città Storica: L'Inserzione del Nuovo nel Vecchio a Trenta Anni da Cesare Brandi*. Roma, Gangemi, 2004, pp. 75-80.

CERRI, Maria Grazia. "Aspetti Storico-critici del Restauro". In: *Il Restauro Architettonico per le Grandi Fabbriche*. Torino, 1989, pp. 39-48.

CERVELLATI, Pier Luigi. *L'Arte di Curare la Città*. Bologna, Mulino, 2000.

______. *La Città Bella: Il Recupero dell'Ambiente Urbano*. Bologna, Mulino, 1991.

______. *Metodologie di Intervento per la Salvaguarda dei Centri Storici*. Milano, Mondadori, 1976.

______. *La Nouvelle Culture Urbaine: l'Expérience de Bologne*. Paris, Seuil, 1981.

CERVELLATI, P. L.; MILANI, M. *Centri Storici*. Firenze, Guaraldi, 1977.

CERVELLATI, P. L.; SCANNAVINI, R. (eds.). *Bologna: Politica e Metodologia del Restauro*. Bologna, Mulino, 1973.

Cesare Brandi. Teoria ed Esperienza dell'Arte. Atti del Convegno di Siena, 12-14 Novembre 1998. Milano, Silvana / Centro Europeo di Ricerca sulla Conservazione e sul Restauro di Siena, 2001.

CESCHI, C. *Teoria e Storia del Restauro*. Roma, Bulzoni, 1970.

CHASTEL, André. *Architecture et Patrimoine: Choix de Chroniques du Journal "Le Monde"*. Paris, Imprimerie Nationale, 1994.

CHIERICI, Gino. "L'Opera di Gustavo Giovannoni". In: PEROGALLI, Carlo (ed.). *Architettura e Restauro: Esempi di Restauro Eseguiti nel Dopoguerra*. Milano, Goerlich, 1955, p. 51.

CHIRICI, Cesare. *Critica e Restauro dal Secondo Ottocento ai Nostri Giorni*. Roma, Carte Segrete, 1994.

______. *Il Problema del Restauro*. Milano, Ceschina, 1971.

CHOAY, Françoise. *A Alegoria do Patrimônio*. São Paulo, Unesp, 2001.

______. "A Propos de Culte et de Monuments". In: RIEGL, Alois. *Le Culte Moderne des Monuments: Son Essence et sa Genèse*. Paris, Seuil, 1984.

______. "Riegl, Freud e i Monumenti". In: SCARROCCHIA, Sandro (ed.). *Alois Riegl: Teoria e Prassi della Conservazione dei Monumenti*. Bologna, Accademia Clementina di Bologna, 1995, pp. 455-465.

______. "Sept Propositions sur le Concept d'Authenticité et son Usage dans les Pratiques du Patrimoine Historique". In: *Nara Conference on Authenticity*. Paris, UNESCO, 1995, pp. 101-120.

CIRIBINI, Angelo L. C. *Conservazione, Recupero, Restauro: Precisazioni sullo Stato Attuale delle Discipline del Costruito*. Firenze, Alinea, 1991.

CLEERE, Henry. "The Expanding Concept of World Heritage", *Restauro*, 1995, n. 131-132, pp. 177-188.

CLOQUET, Louis. "La Restauration des Monuments Anciens", *Revue de l'Art Chrétien*, 1901, pp. 498-503; 1902, pp. 41-45.

COLQUHOUN, Alan. "Thoughts on Riegl", *Oppositions*, 1982, n. 25, pp. 79-83.

La Confusion des Monuments (Les Cahiers de Médialogie, 1999, n. 7). Paris, Gallimard, 1999.

La Conservation des Monuments d'Art et d'Histoire. Paris, Office International des Musées, 1933.

CORDARO, Michele. "Alcuni Problemi di Metodo per la Conservazione dell'Arte Contemporanea". In: *Arte Contemporanea, Conservazione e Restauro*. Fiesole, Nardini, 1994, pp. 71-78.

______. "Il Colore dell'Architettura: Stato della Questione e Problema di Método". In: *Il Colore nell'Edilizia del Borgo Pio di Terracina*. Roma, Ministero per i Beni Culturali e Ambientali / Istituto Centrale per il Restauro, 1986, pp. 17-25.

______. "Il Concetto di Originale nella Cultura del Restauro Storico e Artístico". In: *Il Cinema Ritrovato: Teoria e Metodologia del Restauro Cinematografico*. Bologna, Grafis, 1990, pp. 11-16.

______. "Sull'Inutilità di una Nuova Carta del Restauro", *Restauro & Città*, 1989, n. 11-12, pp. 97-101.

______. "Materiali Costitutivi e Materiali di Restauro Vecchi e Nuovi", *Ricerche di Storia dell'Arte*, 1987, n. 32, pp. 79-84.

______. "Metodologia del Restauro e Progetto Architettonico", *Bollettino d'Arte*, 1986, supplemento al n. 35-36, pp. 65-68.

______. *Restauro e Tutela: Scritti Scelti (1969-1999)*. Roma, Annali dell'Associazione Istituto Bandinelli, 2000.

CREMA, Luigi. *Monumenti e Restauro*. Milano, Ceschina, 1959.

CRESPI, G. "Casistica del Restauro". In: *Il Restauro Architettonico*. Milano, Tamburini, 1961, pp. 117-126.

CROCE, Benedetto. *Breviário de Estética. Aesthetica in Nuce*. São Paulo, Atica, 1997.

______. *Estetica come Scienza dell'Espressione Linguistica Generale*. Bari, 1945.

______. *Logica come Scienza del Concetto Puro*. Bari, 1971.

CROSTA, Pier Luigi. "Ricerca e Azione Pubblica: È la Connessione Incerta, Ovvero è Dubbio il Paradigma del Trattamento Politico della Domanda Sociale?", *Urbanistica*, 1985, n. 78, pp. 101-105.

DALY, César. "L'Archéologie aux Prises avec l'Architecture", *Revue Générale de l'Architecture et des Travaux Publics*, 1845/1846, vol. 6, cols. 70-76; 273-275.

D'ANGELO, Paolo. *Cesare Brandi. Critica d'Arte e Filosofia*. Macerata, Quod Libet, 2006.

DE ANGELIS D'OSSAT, Guglielmo. "Danni di Guerra e Restauro dei Monumenti". In: PEROGALLI, Carlo (ed.). *Architettura e Restauro: Esempi di Restauro Eseguiti nel Dopoguerra*. Milano, Goerlich, 1955, pp. 5-12.

______. *Sul Restauro dei Monumenti Architettonici: Concetti, Operatività, Didattica*. Roma, Bonsignori, 1995.

DEBRAY, Régis. "Trace, Forme ou Message?". In: *La Confusion des Monuments*. Paris, Payard, 1999, pp. 27-44.

DE FUSCO, Renato. *Dov'Era ma Non com'Era*. Firenze, Alinea, 1999.

DEL BUFALO, Alessandro. *Gustavo Giovannoni*. Roma, Kappa, 1982.

DELLA TORRE, Stefano. "Il Ciclo Produttivo della Conservazione Programmata", *TeMa*, 2001, n. 3, pp. 49-57.

DETRY, Nicolas; PRUNET, Pierre. *Architecture et Restauration: Sens et Évolution d'une Recherche*. Paris, Les Éditions de la Passion, 2000.

DE VARINE-BOHAN, Hughes. *La Culture des Autres*. Paris, Seuil, 1976.

______. *A Experiência Internacional. Notas de Aula, 12-8-74*, São Paulo, FAU-USP/ IPHAN, s.d.

DE VITA, Maurizio (ed.). *Restauro e Conservazione dell'Architettura Moderna*. Firenze, Alinea, 1996.

DEZZI BARDESCHI, Marco. *Il Monumento e il suo Doppio*. Firenze, Alinari, 1981.

______. *Restauro: Due Punti e da Capo*. Milano, FrancoAngeli, 2004.

DIDRON, Adolphe. "Réponse des Annales Archéologiques", *Revue Générale de l'Architecture et des Travaux Publics*, 1845/46, vol. 6, cols. 275-278.

DI STEFANO, Roberto. "L'Authenticité des valeurs". In: *Nara Conference on Authenticity*. Paris, UNESCO, 1995, pp. 137-147.

______. "Politica Culturale e Tutela del Patrimonio Architettonico". In: SPAGNESI, Gianfranco (ed.). *Storia e Restauro dell'Architettura: Proposte di Metodo*. Roma, Istituto della Enciclopedia Italiana, 1984, pp. 91-105.

DVOŘÁK, Max. *Catecismo da Preservação de Monumentos*. Cotia, Ateliê Editorial, 2008.

FANCELLI, Paolo. *Il Restauro dei Monumenti*. Fiesole, Nardini, 1998.

______. "Il Ripristino tra Buone Intenzioni e Lieto Fine", *Bollettino Ingegneri*, 1988, n. 3, pp. 9-18.

FIENGO, Giuseppe; GUERRIERO, Luigi. *Monumenti e Ambienti: Protagonisti del Restauro del Dopoguerra*. Napoli, Arte Tipografica, 2004.

FIORANI, Donatella (ed.). *Il Colore dell'Edilizia Storica*. Roma, Gangemi, 2000.

FORSTER, Kurt W. "Monument, Memory and the Mortality of Architecture", *Oppositions*, 1982, n.25, pp.2-19.

FURRER, Bernard; AMACHER, Doris. "Costruzioni Interrate in Siti Storici: Documento di Base", *Arkos*, 2002, n. 2, pp. 56-60.

GAVINELLI, Corrado. "Restaurare il Moderno", *Recuperare*, 1984, n. 11, pp. 264-273.

GENOVESE, Rosa Anna. "Sopra Alcuni Contributi Metodologici e Tecnici Offerti in Occasione della Conferenza di Atene (1931)", *Restauro*, 1979, n. 43, pp. 77-134.

GIOVANETTI, Francesco. "Il Manuale del Recupero del Comune di Roma: Storia e Motivi di una Ricerca Applicata", *Ricerche di Storia dell'Arte*, 1986, n. 27, pp. 17-22.

GIOVANNONI, Gustavo. "Les Edifices Anciens et les Exigences de la Muséographie Moderne", *Museion*, 1934, vol. 25-26, n. 1-2, pp. 17-23.

______. "Les Moyens Modernes de Construction Appliqués à la Restauration des Monuments". In: *La Conservation des Monuments d'Art et d'Histoire*. Paris, Institut de Coopération Intellectuelle, 1933, pp. 179-184.

______. *Questioni di Architettura nella Storia e nella Vita*. Roma, Società d'Arte Ilustrata, 1925.

______. "La Restauration des Monuments en Italie". In: *La Conservation des Monuments d'Art et d'Histoire*. Paris, Institut de Cooperation Intellectuelle, 1933, pp. 60-66.

______. Verbete: "Restauro dei Monumenti". In: *Enciclopedia Italiana di Scienze, Lettere ed Arti*. Roma, Istituto della Enciclopedia Italiana (Treccani), 1936, vol. 18, pp. 127-130.

______. *Il Restauro dei Monumenti*. Roma, Cremonese, s.d.

______. "Restauro dei Monumenti e Urbanística", *Le Arti*, 1942, pp. 33-39.

______. *L'Urbanisme face aux Villes Anciennes*. Paris, Seuil, 1998.

______. *Vecchie Città ed Edilizia Nuova*. Torino, Utet, 1931.

______. "Vecchie Città, Edilizia Nuova", *La Nuova Antologia*, 1913 (giugno), pp. 449-472.

GOMBRICH, Ernst. "Warum Denkmalpflege?". In: *Historic Buildings, Their Significance and Their Role in Today's Cultural Setting*. London, Heritage Trust, 1983, pp. 21-26.

GRASSI, Liliana. "Monumenti e Problemi di Storia del Restauro". In: *Il Restauro Architettonico*. Milano, s. e., 1961, pp. 3-28.

______. "Problemi Metodologici in Relazione alla Teoria del Restauro". In: *Il Restauro delle Costruzioni in Muratura: Problemi Metodologici e Tecniche di Consolidamento. Atti del 2. Corso di Informazione ASSIRCCO, Venezia, 21-22-23 maggio, 1980*. Roma, Kappa, 1981, pp. 9-11.

GRIMOLDI, Alberto. "Note sul Restauro in Architettura", *Lotus International*, 1985, n. 46, pp. 116-127.

HALBWACHS, Maurice. *A Memória Coletiva*. São Paulo, Vértice, 1990.

HALL, Stuart. *A Identidade Cultural na Pós-Modernidade*. Rio de Janeiro, DP&A, 2005.

______. *A Questão da Identidade Cultural*. Campinas, IFICH, 2003.

HEIDEGGER, Martin. *Chemins qui ne Mènent nulle Part*. Paris, Gallimard, 1986.

HERNÁNDEZ MARTÍNEZ, Ascensión. *La Clonación Arquitectónica.* Madrid, Siruela, 2007.

______. *Documentos para la Historia de la Restauración.* Zaragoza, Universidad de Zaragoza, 1999.

HOBSBAWM, Eric; RANGER, Terence. *A Invenção das Tradições.* São Paulo, Paz e Terra, 2002.

HUGO, Victor. "Guerre aux Démolisseurs". In: HUGO, Victor. *Oeuvres Complètes. Critique.* Paris, Laffont, 1985, pp. 177-189.

ICOMOS. *Carta de Washington.* (www.IPHAN.gov.br/legislação)

ICOMOS. *Il Monumento per l'Uomo. Atti del II Congresso Internazionale del Restauro. Venezia 25-31 maggio 1964.* Padova, ICOMOS – Marsilio, 1971.

INSOLERA, Italo *et alli.* "Roma Capitale d'Italia: Demolizione e 'Abbellimenti'". In: *Forma. La Città Antica e il suo Avvenire.* Roma, De Luca, 1985, pp. 78-85.

JANNIARD, H. "Lettre à Propos de l'Archéologie aux prises avec l'Architecture", *Revue Générale de l'Architecture et des Travaux Publics*, 1845/46, vol. 6, cols. 278-285.

______. "Trois Jours à Rouen", *Revue Générale de l'Architecture et des Travaux Publics*, 1844, vol. 5, cols. 419-431; 538-556.

JEUDY, Henri-Pierre. *La Machinerie Patrimoniale.* Paris, Sens & Tonka, 2001.

______. *Memórias do Social.* Rio de Janeiro, Forense, 1990.

JOKILEHTO, Jukka Ilmari. "Authenticity: A General Framework for the Concept". In: *Nara Conference on Authenticity.* Paris, UNESCO, 1995, pp. 17-34.

______. *A History of Architectural Conservation.* Oxford, Butterworth-Heinemann, 1999.

______. "Painted Surfaces in European Architecture". In: *International Symposium on the Conservation and Restoration of Cultural Property.* Tokyo, Tokyo National Research Institute of Cultural Properties, 1985, pp. 1-8.

______. "Questions about 'Authenticity'". In: *Conference on Authenticity in Relation to the World Heritage Convention. Preparatory Workshop, Bergen, Norway, 31 January. 2 February 1994.* S.l., Riksantikvaren Norway, 1994, pp. 9-33.

KEMP, Wolfgang. "Alois Riegl". In: DILLY, H. (ed.). *Altmeister Moderner Kunstgeschichte.* Berlin, 1990, pp. 37-60.

KIESOW, Gottfried. "Identität – Authentizität – Originalität", *Deutsche Kunst und Denkmalpflege*, 1988, n. 46, pp. 113-118.

KLARK, Keneth. *The Gothic Revival.* London, Murray, 1995 (1. ed. 1962).

KÜHL, Beatriz Mugayar. "História e Ética na Conservação e na Restauração de Monumentos Históricos", *Revista CPC*, 2005, vol. 1., n. 1. (www.usp/cpc/v1)

______. "Observações sobre as Propostas de Alois Riegl e Max Dvořák para a Preservação de Monumentos Históricos". In: Dvořák, Max. *Catecismo da Preservação de Monumentos.* Cotia, Ateliê Editorial, 2008, pp. 33-62.

______. "Quatremère de Quincy e os Verbetes Restauração, Restaurar, Restituição e Ruínas da sua *Encyclopédie Méthodique: Architecture*", *Rotunda*, 2003, n. 2, pp. 100-106. (www.iar.unicamp.br/rotunda/rotunda02.pdf)

______. "A Restauração de Monumentos Históricos na França após a Revolução Francesa e Durante o Século XIX: Um Período Crucial para o Amadurecimento Teórico", *Revista CPC*, 2006, vol. 1, n. 3, pp. 110-144. (www.usp/cpc/v1)

______. "Os Restauradores e o Pensamento de Camillo Boito sobre a Restauração". In: BOITO, Camillo. *Os Restauradores.* Cotia, Ateliê Editorial, 2002, pp. 9-28.

______. "As Transformações na Maneira de se Intervir na Arquitetura do Passado entre os Séculos 15 e 18: O Período de Formação da Restauração", *Sinopses*, 2001, n. 36, pp. 24-36.

______. "Viollet-le-Duc e o Verbete Restauração". In: VIOLLET-LE-DUC, Eugène Emmanuel. *Restauração.* Cotia, Ateliê Editorial, 2000, pp. 9-25.

LA MONICA, Giuseppe. *Ideologie e Prassi del Restauro*. Palermo, Nuova Presenza, 1974.

LA REGINA, Adriano. *Preservação e Revitalização do Patrimônio Cultural na Itália*. São Paulo, FAU-USP, 1982.

LA REGINA, Francesco. *Come un Ferro Rovente: Cultura e Prassi del Restauro Architettonico*. Napoli, Clean, 1992.

______. "L'Opera, l'Attività, le Istruzioni: Appunti su una Definizione del Restauro Architettonico", *Palladio*, 1999, n. 24, pp. 81-88.

LARSEN, Kurt Einar. "Preface". In: *Nara Conference on Authenticity*. Paris, UNESCO, 1995, pp. xi-xiii.

LAVENGWOOD, Patricia. "Loss Compensation Theory and Practice: A Brief History". In: *Loss Compensation Symposium Postprints*. Seattle, Western Association for Art Conservation, 1994, pp. 1-5.

LE CORBUSIER. *A Carta de Atenas*. São Paulo, Hucitec / Edusp, 1993.

LE GOFF, Jacques. *História e Memória*. Campinas, Unicamp, 1996.

LEMAIRE, Raymond. "Authenticité et Patrimoine Monumental", *Restauro*, Napoli, 1994, n. 129, pp. 7-24.

______. *Les Communautés Européennes et la Sauvegarde du Patrimoine Architectural, Analyse et Propositions*. S. l., s. e., 1980.

______. *ICOMOS. Un Regard en Arrière, un Coup d'Œil en Avant*. Liège, Commission Royale des Monuments et Sites, 1999.

LÉON, Paul. *Les Monuments Historiques, Conservation, Restauration*. Paris, Renouard, 1917.

______. *La Vie des Monuments Français*. Paris, Picard, 1951.

LOWENTHAL, David. *The Past is a Foreign Country*. Cambridge, Cambridge University Press, 2005.

LUCIANI, Roberto. *Il Restauro: Storia, Teoria, Tecniche, Protagonisti*. Roma, Palombi, 1988.

LUMIA, Chiara. *A Proposito del Restauro e della Conservazione: Colloquio con Amedeo Bellini, Salvatore Boscarino, Giovanni Carbonara e B. Paolo Torsello*. Roma, Gangemi, 2003.

MACDONALD, Susan. "Authenticity is more than Skin Deep: Conserving Britain's Postwar Concrete Architecture", *APT Bulletin*, 1997, vol. 28, n. 4, pp. 37-44.

______. "Reconciling Authenticity and Repair in the Conservation of Modern Architecture", *Journal of Architectural Conservation*, 1996, n. 1, pp. 36-54.

MACDONALD, Susan (ed.). *Modern Matters: Principles & Practice in Conserving Recent Architecture*. Donhead, English Heritage / Donhead Publishing, 1996.

MANNONI, Tiziano. "Archeologia Globale a Genova", *Restauro & Città*, 1985, n. 2, pp. 33-47.

Manutenzione e Recupero nella Città Storica. L'Inserzione del Nuovo nel Vecchio a Trent'anni da Cesare Brandi. Roma, Gangemi, 2004.

MARCONI, Paolo. "Architettura 'Povera' e Nuovi Problemi di Restauro", *Ricerche di Storia dell'Arte*, 1980, n. 11, pp. 9-16.

______. "L'Architettura Restaurata", *Ricerche di Storia dell'Arte*, 1994, n. 52, pp. 7-11.

______. "Autenticità Formale o Autenticità Materiale", *Restauro*, Napoli, 1994, n. 129, pp. 95-107.

______. "Il Conoscitore di Architettura 'Moderna': quale Storia per il Restauro", *Ricerche di Storia dell'Arte*, 1983, n. 20, pp. 5-10.

______. *Materia e Significato*. Roma, Laterza, 1999.

______. *Dal Piccolo al Grande Restauro*. Venezia, Marsilio, 1988.

______. "La Questione del Linguaggio Moderno: La Bellezza come Luogo Comune". In: *Manutenzione e Recupero nella Città Storica: L'Inserzione del Nuovo nel Vecchio a Trenta Anni da Cesare Brandi*. Roma, Gangemi, 2004, pp. 65-74.

______. "Recenti Polemiche sul Restauro Architettonico: Ripristino Filologico o Conservazionismo Decadente?", *Ricerche di Storia dell'Arte*, 1984, n. 24, pp. 5-14.

______. *Il Restauro e l'Architetto*. Venezia, Marsilio, 1993.

______. "Rilievi, Disegni, Indagini per la Conoscenza dell'Architettura e per il Recupero della Città Storica", *Ricerche di Storia dell'Arte*, 1986, n. 27, pp. 5-15.

______. "Roma 1806-1829: Un Momento Critico per la Formazione della Metodologia del Restauro Architettonico", *Ricerche di Storia dell'Arte*, 1978-79, n. 8, pp. 63-72.

______. "Storiografia Artistica, Tecniche Storiche e Creatività nel Restauro Architettonico: l'Esperienza del Cantiere", *Ricerche di Storia dell'Arte*, 1982, n. 17, pp. 37-53.

MARAMOTTI POLITI, Anna Lucia. *La Materia del Restauro*. Milano, Franco Angeli, 1993.

______. *Passato, Memoria, Futuro: La Conservazione dell'Architettura*. Milano, Guerini, 1996.

______. "Rapporto fra le Teorie del Restauro Critico e le Estetiche Neo-idealiste", *Restauro*, 1985, n. 80, pp. 36-64.

MASON, David; SHACKLOCK, Vincent. "Restoration to Conservation. The Study and Treatment of Historic Buildings and Monuments in Britain", *Journal of Architectural Conservation*, 1995, vol. 1, n. 1, pp. 8-26.

MASSA, Sandro; PARIBENI, Marcello. "Il Deperimento Delle Opere D'arte: Cause, Evoluzione, Possibilità di Valutazioni Quantitative", *Ricerche di Storia dell'Arte*, 1982, n. 17, pp. 11-18.

MIARELLI MARIANI, Gaetano. "Aspetti della Conservazione fra Restauro e Progettazione", *Restauro*, 1977, n. 33-34, pp. 61-71.

______. "Un Aspetto Nuovo, un Antico Splendore: La Facciata di S. Pietro in Vaticano", *Studi Romani*, 1998, vol. 36, n. 1-2, pp. 53-66.

______. "Brevi Considerazioni sul Restauro dei Monumenti Architettonici in Margine all'Attività di Affonso Rubbiani", *Storia Architettura*, 1983, vol. 6, n. 2, pp. 67-76.

______. *Centri Storici: Note sul Tema*. Roma, Bonsignori, 1993.

______. "Città e Colore. Le Esigenze del Linguaggio Architettonico". In: *Coloriture e Trattamenti degli Edifici Storici a Roma. Atti del Convegno Roma, 27-28 maggio 1987*, (Quaderni AU). Roma, Editrice IN ASA, 1990, pp. 64-71.

______. "La Città Storica: Alcuni Nodi del Recupero". In: PEREGO, Francesco. *Anastilosi. L'Antico, il Restauro, la Città*. Roma – Bari, Laterza, 1986, pp. 264-269.

______. "Coloriture Urbane: Omologazioni fra Uniformità e Dissonanze", *Ananke*, 1995, n. 10, pp. 10-23.

______. "Sul Concetto di Recupero ed i suoi Possibili Strumenti". In: GIMMA, Maria Giuseppina (ed.). *I Piani di Recupero nei Centri Storici: Atti del Convegno e Mostra, Roma 12, 13,14 novembre 1987*. Milano, Bema, 1988, pp. 53-60.

______. "Esiste il Restauro?" *Storia Architettura*, 1975, vol. 2, n. 2, pp. 4-13.

______. "Qualche Pensiero Effimero sul Restauro dei Monumenti Architettonici", *Storia Architettura*, 1988, vol. 11, n. 1-2, pp. 15-22.

______. "I Restauri di Pierre Prunet: Un Pretesto per Parlare di Architettura", *Palladio*, 2000, n. 27, pp. 65-92.

______. "Restauro Architettonico Oggi: Alcune Considerazioni", *I Beni Culturali*, 1996, vol. 4, n. 1, pp. 40-47.

______. "Il Restauro Architettonico Oggi: Alcune Considerazioni". In: *Cerimonia Inaugurale dell'Anno Accademico 1995-96*. Roma, Scuola di Specializzazione in Restauro dei Monumenti. Università degli Studi di Roma "La Sapienza", 1996, pp.13-24.

______. "Riflessioni su un Vecchio Tema: Il Nuovo nella Città Storica", *Restauro*, 2003, vol. XXXII, n. 164, pp. 11-48.

______. "Territorio, Città, Monumenti: Roma, una 'Città di Città'", *Studi Romani*, 1986, vol. 34, n. 1-2, pp. 152-162.

MONNIER, Gérard. *L'Architecture du XXe Siècle, un Patrimoine*. Créteil, Editions du SCEREN, 2005.

______. "O Edifício-evento e a História Contemporânea", *Desígnio*, 2006 (2007), n. 6, pp. 11-18.

______. "Fazer a História da Arquitetura Recente", *Revista* CPC, 2006, n. 3, pp. 54-68.

MONTORSI, Paolo. "Materiali Industriali / Materiali Neo-Antichi: Boccioni, Severini, de Chirico", *Kermes*, 1988, n. 2, pp. 8-14.

______. "Restauro del Contemporaneo: Il Fregio dell'Agricoltura di Gino Severini (1953)", *Kermes*, 1992, n. 15, pp. 11-19.

MORA, Paolo; MORA, Laura. "Le Superfici Architettoniche, Materiale e Colore", *Bollettino d'Arte*, 1984, supplemento al n. 6, pp. 17-24.

MORA, Susanna. "L'Influenza dei Teorici Italiani nel Restauro dei Monumenti del XX Secolo", *Restauro & Città*, 1987, n. 5-6, pp. 17-26.

MÖRSCH, Georg. "La Realtà dei Monumenti: Riflessioni sulla Prassi di Conservazione Attuale". In: SCARROCCHIA, Sandro (ed.). *Alois Riegl: Teoria e Prassi della Conservazione dei Monumenti*. Bologna, Accademia Clementina di Bologna, 1995, pp. 443-453.

Nara Conference on Authenticity. Paris, UNESCO, 1995.

NORA, Pierre (ed.). *Les Lieux de Mémoire*. Paris, Gallimard, 1997.

NULL, Janet A. "Restorers, Villains and Vandals", *The Association for Preservation Technology Bulletin*, 1985, vol. 17, n. 3-4, pp. 27-41.

OBERHAIDACHER, Jörg. "Riegls Idee", *Wiener Jahrbuch für Kunstgeschichte*, 1985, vol. 28, pp. 199-218.

OLIN, Margaret. "Forms of Respect: Alois Riegl's Concept of Attentiveness", *The Art Bulletin*, 1989, vol. 71, n. 2, pp. 285-299.

OLIVEIRA, Mario Mendonça. *Teoria da Conservação e da Restauração*. Salvador, Mestrado em Arquitetura e Urbanismo da UFBA/Pnud/UNESCO, 1985.

PÄCHT, Otto. "Art Historians and Art Critics – VI: Alois Riegl", *The Burlington Magazine*, 1963, vol. CV, n. 722, pp. 188-193.

PALMIERI, Antonella (ed.). *Restauro e Progetto* (Quaderni di Restauro). Napoli, Electa, 1991.

PANE, Roberto. "Antico e Nuovo", *Casabella*, 1965, n. 297, pp. 92-93.

______. *Architettura e Arti Figurative*. Venezia, Pozza, 1948.

______. *Attualità dell'Ambiente Antico*. Firenze, La Nuova Italia, 1967.

______. *Attualità e Dialettica del Restauro*. Chieti, s. e., 1987.

______. *Città Antiche Edilizia Nuova*. Napoli, Edizioni Scientifiche Italiane, 1959.

______. "Il Convegno di Parigi sulla Carta di Venezia: Interventi e Note Critiche di Roberto Pane", *Restauro*, 1976, n. 27, pp. 105-108.

PAPINI, Roberto. *14 Lezioni sul Restauro dei Monumenti, Tenute nella Facoltà di Architettura Durante l'Anno Accademico 1945-1946*. Firenze, Duplic, s.d.

PARENT, Michel. "O Futuro do Patrimônio Arquitetônico", *Revista do Patrimônio Histórico e Artístico Nacional*, 1984, n. 18, pp. 112-123.

______. "Invention, Théorie et Équivoque de la Restauration", *Monuments Historiques*, 1980, n. 112, pp.2-11.

______. *Promenade Parmi les Trésors de la France. Lutte pour leur Sauvegarde*. Paris, L'Epargne, 1989.

PAREYSON, L. *Estetica. Teoria della Formatività*. Milano, Bompiani, 2002.

PEREGO, Francesco (ed.). *Anastilosi. L'Antico, il Restauro, la Città*. Roma, Laterza, 1987.

PEROGALLI, Carlo. "Casistica e Metodologia del Restauro Architettonico". In: *Il Restauro Architettonico*. Milano, s. e., 1961, pp. 29-64.

______. *Monumenti e Metodi di Valorizzazione*. Milano, Guerini, 1991.

______. *La Progettazione del Restauro Monumentale*. Milano, Tamburini, 1955.

PETRELLA, Antonio. "John Ruskin e l'Economia Politica dell'Arte", *Restauro*, 1987, n. 91-92, pp. 7-88.

PHILIPPOT, Albert; PHILIPPOT, Paul. "Le Problème de l'Intégration des Lacunes dans la Restauration des Peintures", *Bulletin de l'Institut Royale du Patrimoine Artistique*, 1959, vol. 2, pp. 5-19.

______. "Réflexions sur Quelques Problèmes Esthétiques et Techniques de la Retouche", *Bulletin de l'Institut Royale du Patrimoine Artistique*, 1960, vol. 3, pp. 163-172.

PHILIPPOT, Paul. "La Conservation des Œuvres d'Art. Problème de Politique Culturelle", *Annales d'Historie de l'Art e d'Archéologie*, 1985, n. 7, pp. 7-14.

______. "La Conservation comme Problème International et le 'Centre de Rome'", *Bulletin de l'Institut Royal du Patrimoine Historique et Artistique*, 1967-68, vol. 10, pp. 141-148.

______. "Conservation and Tradition of Craft". In: *International Symposium on the Conservation and Restoration of Cultural Property. Conservation of Eastern Art Objects, November 26-29, 1979, Tokyo, Japan*. Tokyo, Tokyo National Research Institute of Cultural Properties, 1980, pp. xvii-xx.

______. "Historic Preservation: Philosophy, Criteria, Guidelines". In: *Preservation and Conservation: Principles and Practices. Proceedings of the North American International Regional Conference, Williamsburg, Virginia and Philadelphia, Pennsylvania, September 10-16, 1972*. Washington, The Preservation Press, 1976, pp. 367-382.

______. "La Notion de Patine et le Nettoyage des Peintures", *Bulletin de l'Institut Royale du Patrimoine Artistique*, 1966, vol. 9, pp. 138-143.

______. "The Pehenomenology of Artistic Creation According to Cesare Brandi". In: BRANDI, Cesare. *Theory of Restoration*. Firenze, Nardini, 2005, pp. 27-41.

______. "La Teoria del Restauro nell'Epoca della Mondializzazione", *Arkos*, 2002, n. 1, pp. 14-17.

PHILIPPOT, Paul; MORA, Paolo; MORA, Laura. "Il Restauro degli Intonaci Colorati in Architettura: L'Esempio di Roma e la Questione di Método", *Bollettino d'Arte*, 1986, supplemento n. 35-36, pp. 139-141.

PINHEIRO, Maria Lucia Bressan. "William Morris e a SPAB", *Rotunda*, 2004, n. 3, pp. 22-35. (www.iar.unicamp.br/rotunda/rotunda03.pdf)

PIRANESI, Giovan Battista. *Opere Varie di Architettura*. Madrid, ETSAM, 1999.

______. *Scritti di Storia e Teoria dell'Arte* [a cura di Pierluigi Panza]. Carnago, Sugarco, 1993.

PIRAZZOLI, Nullo. *Le Diverse Idee di Restauro*. Ravenna, Essegi, 1988.

______. *Introduzione al Restauro*. Venezia, Cluva Università, 1986.

______. *Il Restauro dell'Architettura Moderna*. Ravenna, Essegi, 1999.

PLATÃO. *O Banquete*. Tradução de J. Cavalcante de Souza. Rio de Janeiro, Difel, 2003.

PRESSOUYRE, Léon. "Restauration ou Dérestauration: Un Débat d'Actualité sur la Conservation des Monuments Historiques", *Monuments Historiques*, 1980, n. 112, pp.13-21.

PONSOT, Patrick. "Leçons Américaines", *La Tribune de l'Art*, 2006 (www.latribunedelart.com/Debats/ Debats_2006/Lecons_americaines)

PUTZU, Maria Giovanna. "Progetto Archeologico, Progetto Architettonico", *Arkos*, 2003, n. 1, pp. 18-25.

QUATREMÈRE DE QUINCY. *Considérations Morales sur la Destination des Ouvrages d'Art*, s. l., Fayard, 1989.

______. *Lettres à Miranda sur le Déplacement des Monuments de l'Art de l'Italie (1796)*. Paris, Macula, 1989.

______. Verbetes: "Restauração, Restaurar, Restituição, Ruína" [In: Quatremère de Quincy, *Encyclopédie Méthodique. Architecture*, 3 vols., Paris, Vve. Agasse, t. III, 1825, pp. 286-288; 312-314], *Rotunda*, 2003, n. 2, pp. 107-117. (www.iar.unicamp.br/rotunda/rotunda02.pdf)

Il Restauro Architettonico. Milano, Tamburini, 1961.

Il Restauro fra Identità e Autenticità. Venezia, Marsilio, 2000.

RICŒUR, Paul. *La Mémoire, l'Histoire, l'Oubli*. Paris, Seuil, 2000.

RIEGL, Alois. *Le Culte Moderne des Monuments: Son Essence et sa Genèse*. Paris, Seuil, 1984.

RIGO, Andrea. "Alois Riegl in Trentino (1903,1904): Viaggio nella Prassi Der Moderne Denkmalkultus", *Ananke*, 1998, n. 21, pp. 4-30.

ROCCHI, Giuseppe. "Metodi e Tecniche di Restauro Edilizio e Monumentale: Le Esperienze Universitarie". In: SPAGNESI, Gianfranco (ed.). *Storia e Restauro dell'Architettura. Proposte di Metodo*. Roma, Istituto della Enciclopedia Italiana, 1984, pp. 81-89.

ROMÁN, András. "Changements dans la Protection des Monuments Historiques dans le Monde depuis la Charte de Venise", *Restauro*, 1995, n. 131-132, pp. 167-176.

RUSKIN, John. *The Seven Lamps of Architecture*. Sunnyside, Kent, George Allen, 1889, 6. ed.

SALVO, Simona. "Arranha-céu Pirelli: Crônica de uma Restauração", *Desígnio*, 2006 (2007), n. 6, pp. 69-86.

______. "Post-war Urban Expansion in Italy: Examples and Approaches". In: *Dangerous Liaisons: Preserving Post-war Modernism in City Centers*. Helsinki, ICOMOS, 2001, pp. 17-33.

______. "A Restauração do Arranha-céu Pirelli: A Resposta Italiana a uma Questão Internacional", *Pós: Revista do Programa de Pós-Graduação em Arquitetura e Urbanismo da FAU-USP*, 2006, n. 19, pp. 201-210.

______. "Il Restauro dell'Architettura Contemporanea come Tema Emergente". In: CARBONARA, Giovanni (ed.). *Trattato di Restauro Architettonico. Primo Aggiornamento*. Torino, Utet, 2007, pp. 265-335.

______. "Restauro e 'Restauros' das Obras Arquitetônicas do Século XX: Intervenções em Arranha-céus em Confronto", *Revista CPC*, n. 4, 2007, pp. 139-157.

SANPAOLESI, Piero. *Discorso sulla Metodologia Generale del Restauro dei Monumenti*. Firenze, Edam, 1990.

SANTORO, Lucio. *Restauro dei Monumenti e Tutela Ambientale dei Centri Antichi*. Cava dei Tirreni, Di Mauro, 1970.

SCARROCCHIA, Sandro. "Alois Riegl (1834-1905), Archivista del Tempo", *Ananke*, 1994, n. 5, pp. 9-15.

SCARROCCHIA, Sandro (ed.). *Alois Riegl: Teoria e Prassi della Conservazione dei Monumenti*. Bologna, Accademia Clementina di Bologna, 1995.

Le Scienze, le Istituzioni, gli Operatori alla Soglia degli Anni 90. Atti del Convegno di Studi Bressanone 21-24 giugno 1988. Padova, Libreria Progetto, 1988.

SERCHIA, Luciano. "Il Colore nei Centri Storici: Un Problema di Restauro", *Rassegna dei Beni Culturali*, n. 3, 1991, pp.36-45.

SEVERINO, Emanuele. *Tecnica e Architettura*. Milano, Raffaello Cortina, 2003.

SETTE, Maria Piera. "Profilo Storico". In: CARBONARA, Giovanni (ed.). *Trattato di Restauro Architettonico* (4 vols.). Torino, Utet, 1996, vol 1. pp. 111-299.

______. *Il Restauro in Architettura: Quadro Storico*. Torino, Utet, 2001.

SETTIS, Salvatore. *Italia S.p.A. L'Assalto al Patrimonio Culturale*. Torino, Einaudi, 2002.

______. *Battaglie Senza Eroi*. Milano, Mondadori, 2005.

SHAARON LATINI, Eva. "Al Tempio d'Ercole: Il Prologo di un Lungo Restauro", *Rassegna dei Beni Culturali*, 1991, n. 3, pp. 29-32.

SIMEONE, Gian Giuseppe. "1964-1994: 30 Ans de Questionnements", *Les Nouvelles du Patrimoine*, Bruxelles, 1995, n. 61, pp. 11-13.

SITTE, Camillo. *A Construção das Cidades Segundo seus Princípios Artísticos*. São Paulo, Ática, 1992.

SMETS, Marcel. *Charles Buls. Les Principes de l'Art Urbain*. Bruxelles, Mardaga, 1995.

SOLÀ-MORALES, Ignasi de. "Toward a Modern Museum: From Riegl to Giedion", *Oppositions*, 1982, n. 25, pp. 69-77.

SPAGNESI, Gianfranco (ed.). *Storia e Restauro dell'Architettura, Proposte di Metodo*. Roma, Istituto della Enciclopedia italiana, 1984.

Storia e Restauro dell'Architettura. Aggiornamenti e Prospettive. Atti del XXI Congresso di Storia dell'Architettura Roma 12-14 ottobre 1983. Roma, Centro di Studi per la Storia dell'Architettura Casa dei Crescenzi, 1983.

TODOROV, Tzvetan. *Les Abus de la Mémoire*. Paris, Arléa, 2004.

TORSELLO, B. Paolo. "Conservare e Comprendere". In: PEDRETTI, Bruno (ed.). *Il Progetto del Passato*. Milano, Mondadori, 1997, pp. 179-200.

______. *La Materia del Restauro*. Venezia, Marsilio, 1988.

______. *Restauro Architettonico: Padri, Teorie, Immagini*. Milano, Angeli, 1984.

TORSELLO, B. Paolo (ed.). *Che Cos'è il Restauro: Nove Studiosi a Confronto*. Venezia, Marsilio, 2005.

URBANI, Giovanni. *Intorno al Restauro*. Milano, Skira, 2000.

______. "La Scienza e l'Arte della Conservazione dei Beni Culturali", *Ricerche di Storia dell'Arte*, 1982, n. 17, pp. 7-10.

______. "Scienza e Teoria del Restauro", *Ricerche di Storia dell'Arte*, 1984, n. 24, pp. 15-17.

VARAGNOLI, Claudio. "Edifici da Edifici: La Ricezione del Passato nell'Architettura Italiana, 1990-2000", *L'Industria delle Costruzioni*, 2002, n. 368, pp. 4-15.

______. "Un Restauro a Parte?", *Palladio*, 1998, vol. 12, n. 22, pp. 111-115.

VINARDI, Maria Grazia. "Alcuni Consolidamenti di Primo Novecento con Strutture in Cemento Armato in Piemonte". In: *Calcestruzzi Antichi e Moderni: Storia, Cultura e Tecnologia*. Padova, Libreria Progetto, 1993, pp. 31-40.

VIOLLET-LE-DUC, Eugène Emmanuel. *Dictionnaire Raisonné de l'Architecture Française du XIe au XVIe Siècle*, 10 vols. Paris, Libreries-Imprimeries Réunies, s.d.

______. "Entretiens et Restauration des Cathédrales de France. Notre-Dame de Paris", *Revue Générale de l'Architecture et des Travaux Publics*, 1851, vol. 9, cols. 3-17; 113-120; 209-217.

______. *Entretiens sur l'Architecture*, 2 vols. Paris, Morel, 1863 – 1872.

______. *Restauração*. Cotia, Ateliê Editorial, 2000.

VLAD BORRELLI, Licia. *Restauro Archeologico: Storia e Materiali*. Roma, Viella, 2003.

WINCKELMANN, Johann Joachim. *Reflexões Sobre a Arte Antiga*. Porto Alegre, Universidade Federal do Rio Grande do Sul, 1975.

______. *Storia dell'Arte nell'Antichità*. Milano, Abscondita, 2000.

WOLTERS, Wolfgang. "Cosa Chiede lo Storico ad un Restauro", *Bollettino d'arte*, 1988, n. 47, pp. 123-124.

______. "Indagine Conoscitiva Finalizzata all'Intervento di Restauro nel Campo dell'Architettura", *Restauro & Città*, 1987, n. 8-9, pp. 40-44.

YATES, Frances. *The Art of Memory*. Chicago, The University of Chicago Press, 1984.

YOURCENAR, Marguerite. *Le Temps: Ce Grand Sculpteur*. Paris, Gallimard, 1983.

ZANARDI, Bruno (ed.). *Conservazione, Restauro e Tutela: 24 Dialoghi*. Milano, Skira, 1999.

ZANARDI, Bruno. "Il Restauro tra Teoria, Scienza e Prassi", *Ricerche di Storia dell'Arte*, 1982, n. 17, pp. 19-21.

ZANDER, Giuseppe. *Scritti sul Restauro dei Monumenti Architettonici*. Roma, Bonsignori, 1993.

ZEVI, Bruno. "Contro Ogni Teoria dell'Ambientamento", *L'Architettura: Cronache e Storia*, 1965, n. 118, pp. 212-213.

______. *Editoriali di Architettura*. Torino, Einaudi, 1979.

______. "Unità Prospettica e Spazio-Temporalità nell'Architettura Moderna", *L'Architettura: Cronache e Storia*, 1956, n. 11, pp. 322-323.

Preservação de Monumentos no Brasil

ANDRADE, Antonio Luiz Dias de. *Um Estado Completo que Pode Jamais Ter Existido*. São Paulo, Faculdade de Arquitetura e Urbanismo da Universidade de São Paulo, Tese de Doutorado, 1993.

ANDRADE, Mario de. *Cartas de Trabalho: Correspondência com Rodrigo Mello Franco de Andrade* (1936-1945). Rio de Janeiro, MINC/SPHAN/ Pró-Memória, 1981.

ANDRADE, Rodrigo Melo Franco de. *Brasil: Monumentos Históricos e Arqueológicos*. México D.F., Instituto Panamericano de Geografia e História, 1952.

______. *Rodrigo e o SPHAN*. Rio de Janeiro, MINC/SPHAN/ Pró-Memória, 1987.

______. *Rodrigo e seus Tempos*. Rio de Janeiro, MINC/SPHAN/ Pró-Memória, 1986.

ARANTES, Antonio Augusto (org.). *Produzindo o Passado: Estratégias de Construção do Patrimônio Cultural*. São Paulo, Brasiliense, 1984.

Bibliografia sobre Conservação e Restauração de Bens Culturais. São Paulo, CPC-USP, 1996.

BOSI, Ecléa. *Memória e Sociedade: Lembranças de Velhos*. São Paulo, Companhia das Letras, 1995.

______. *O Tempo Vivo da Memória: Ensaios de Psicologia Social*. Cotia, Ateliê Editorial, 2003.

CARVALHO, Claudia S. Rodrigues de. *Preservação da Arquitetura Moderna: Edifícios de Escritórios no Rio de Janeiro Construídos entre 1930-1960*. São Paulo, FAU-USP, Tese de Doutorado, 2006.

CARTAS PATRIMONIAIS. Rio de Janeiro, IPHAN, 1999.

CASTRIOTA, Leonardo Barci (org.). *Urbanização Brasileira: Redescobertas*. Belo Horizonte, C/Arte, 2003.

CASTRO, Sonia Rabelo. *O Estado na Preservação de Bens Culturais: O Tombamento*. Rio de Janeiro, Renovar, 1991.

CONDEPHAAT. *Bens Tombados 1969-1998*. São Paulo, IMESP, 1998.

COSTA, Lúcio. "A Arquitetura Jesuítica no Brasil", *Revista do Serviço do Patrimônio Histórico e Artístico Nacional*, 1941, n. 5, pp. 9-100.

______. "Documentação Necessária", *Revista do Serviço do Patrimônio Histórico e Artístico Nacional*, 1937, n. 1, pp. 31-39.

______. *Lúcio Costa: Registro de uma Vivência*. São Paulo, Empresa das Artes, 1995.

CUNHA, Maria Clementina Pereira (org.). *O Direito à Memória – Patrimônio Histórico e Cidadania*. São Paulo, Departamento do Patrimônio Histórico, 1992.

FONSECA, Maria Cecília Londres. *O Patrimônio em Processo. Trajetória Política Federal de Preservação no Brasil*. Rio de Janeiro, UFRJ/MINC/IPHAN, 1997.

GONÇALVES, Cristiane Souza. *Metodologia para a Restauração Arquitetônica: a Experiência do Serviço do Patrimônio Histórico e Artístico Nacional em São Paulo, 1937-1975*. São Paulo, FAU-USP, Dissertação de Mestrado, 2004.

______. *Restauração Arquitetônica. A Experiência do SPHAN em São Paulo, 1937-1975*. São Paulo, Anna Blume/Fapesp, 2007.

LEMOS, Carlos A. C. *Arquitetura Brasileira*. São Paulo, Melhoramentos, 1979.

______. *O que É Patrimônio Histórico*. São Paulo, Brasiliense, 1981.

LEVY, Hanna. "Valor Artístico e Valor Histórico: Importante Problema da História da Arte", *Revista do Serviço do Patrimônio Histórico e Artístico Nacional*, 1940, n. 4, pp. 181-192.

LOPES, Raimundo. "A Natureza e os Monumentos Culturais", *Revista do Serviço do Patrimônio Histórico e Artístico Nacional*, 1937, n. 1, pp. 77-96.

LOURENÇO, Maria Cecília França. *Museus Acolhem Moderno*. São Paulo, Edusp, 1999.

MALHANO, Clara Emília Sanches Monteiro de Barros. *Da Materialização à Legitimação do Passado: A Monumentalidade como Metáfora do Estado: 1920-1945*. Rio de Janeiro, Lucerna/FAPERJ, 2002.

MATOS, Olgária. "Memória e História", *A Terceira Idade*, 1992, vol. 4, n. 6, pp. 5-15.

______. "A Cidade e o Tempo: Algumas Reflexões sobre a Função Social das Lembranças", *Espaço & Debate*, 1982, n. 7.

MAYUMI, Lia. *Taipa, Canela Preta e Concreto: Um Estudo sobre a Restauração de Casas Bandeiristas em São Paulo*. São Paulo, FAU-USP, Tese de Doutorado, 2005.

MEC/SPHAN/PRÓ-MEMÓRIA. *Proteção e Revitalização do Patrimônio Cultural no Brasil: Uma Trajetória*. Brasília, MEC/SPHAN/Pró-Memória, 1980.

______. *Restauração e Revitalização de Núcleos Históricos*. Brasília, MEC/SPHAN/Pró-Memória, 1980.

MENESES, Ulpiano Bezerra de. "A História, Cativa da Memória?", *Revista do Instituto de Estudos Brasileiros*, 1992, vol. 34, pp. 9-23.

______. "Identidade Cultural e Arqueologia", *Revista do Patrimônio Histórico e Artístico Nacional*, Rio de Janeiro, 1984, n. 20, pp. 33-36.

______. "Patrimônio Ambiental Urbano: Do Lugar Comum ao Lugar de Todos", *CJ Arquitetura*, 1978, n. 19, pp. 45-46.

MEURS, Paul. "Modernismo e Tradição: Preservação no Brasil", *Oculum Ensaios*, Campinas, 1995, n. 5/6, pp. 74-81.

MICELI, Sérgio; GOUVEIA, Maria Alice. *Política Cultural Comparada*. Rio de Janeiro, FUNARTE/Instituto de Estudos Econômicos, Sociais e Políticos de São Paulo/FINEP, 1985.

MILET, Vera. *A Teimosia das Pedras: Um Estudo sobre a Preservação do Patrimônio Ambiental do Brasil*. Olinda, Prefeitura de Olinda, 1988.

MOTTA, Lia; SILVA, Maria Beatriz de Resende (org.). *Inventários de Identificação: Um Programa da Experiência Brasileira*. Rio de Janeiro, IPHAN, 1998.

NAKAMUTA, Adriana S. *O Historiador da Arte no IPHAN e as Contribuições para a Historiografia da Arte no Brasil*. Rio de Janeiro, PEP-IPHAN-UNESCO, Trabalho de Conclusão de Curso, 2006.

NOBRE, Ana Luiza *et al*. *Um Modo de Ser Moderno: Lucio Costa e a Crítica Contemporânea*. São Paulo, Cosac & Naify, 2004.

OROSCO, E. "As Avarias nas Esculturas do Período Colonial em Minas Gerais", *Revista do Serviço do Patrimônio Histórico e Artístico Nacional*, 1941, n. 5, pp. 179-206.

PESSOA, José (org.). Lúcio Costa: *Documentos de Trabalho*. Rio de Janeiro, IPHAN, 1999.

PINHEIRO, Maria Lucia Bressan; D'AGOSTINO, Mário Henrique Simão. "A Noção de Pitoresco em Arquitetura", *Desígnio*, 2004, n. 1, pp. 119-128.

PINHEIRO, Maria Lucia Bressan. "Dilemas na Preservação da Arquitetura Moderna: O Caso da FAU-USP". In: *Anais do 5º Seminário DOCOMOMO Brasil* [CD-ROM]. São Carlos, Departamento de Arquitetura e Urbanismo da Escola de Engenharia de São Carlos – USP, 2003.

______. "O Neocolonial e o Edifício da Faculdade de Direito de São Paulo". In: *Atas do 3º ENCORE – Encontro sobre Conservação e Restauração de Edifícios*. Lisboa, LNEC, 2003.

______. *O Neocolonial e suas Relações com o Modernismo e com a Preservação do Patrimônio no Brasil*. São Paulo, Relatório Final de Auxílio à Pesquisa Fapesp, 2004.

PIRES, Maria Coeli Simões. *Da Proteção ao Patrimônio Cultural*. Belo Horizonte, Del Rey, 1994.

PRADO, Maria Lígia Coelho. *América Latina no Século XIX: Tramas, Telas e Textos*. São Paulo, Edusp, 2004.

REIS, José de Souza. "Evidência dos Monumentos Históricos", *Revista do Patrimônio Histórico e Artístico Nacional*, 1968, n. 16, pp. 305-315.

ROCHA FILHO, Gustavo Neves da. *Bibliografia Comentada dos Artigos Publicados na Revista do Patrimônio Histórico e Artístico Nacional*. São Paulo, FAU-USP, 1974.

RODRIGUES, Marly. *Imagens do Passado: A Instituição do Patrimônio em São Paulo, 1969-1987*. São Paulo, Unesp/Imprensa Oficial do Estado/CONDEPHAAT/Fapesp, 2000.

RUBINO, Silvana. *As Fachadas da História*. Campinas, IFICH-Unicamp, Dissertação de Mestrado, 1991.

SANT'ANNA, Márcia. *Da Cidade-monumento à Cidade-documento. A Trajetória da Norma de Preservação de Áreas Urbanas no Brasil (1937-1990)*. Salvador, Faculdade de Arquitetura UFBA, Dissertação de Mestrado, 1995.

SANTOS, Cecília H. G. Rodrigues dos. *Mapeando os Lugares do Esquecimento: Ideias e Práticas na Origem da Preservação do Patrimônio no Brasil*. São Paulo, FAU-USP, Tese de Doutorado, 2007.

SANTOS, Mariza Veloso Motta. *O Tecido do Tempo: A Ideia de Patrimônio Cultural no Brasil, 1920-1970*. Brasília, UnB, Tese de Doutorado, 1992.

SCHIFFER, Sueli Ramos. *Parâmetros para o Desenho de Políticas Públicas Voltadas à Preservação do Desenvolvimento Histórico de Cidades Modernas*. São Paulo, FAU-USP, Relatório Científico de Pós-Doutorado no ICRROM, 2002.

SELIGMANN-SILVA, Márcio. *O Local da Diferença*. São Paulo, Editora 34, 2005.

SILVA, Maria Angélica da. *As Formas e as Palavras na Obra de Lucio Costa*. Rio de Janeiro, PUC-RJ, Dissertação de Mestrado, 1991.

TELLES, Augusto C. da Silva. "Centros Históricos: Notas sobre a Política Brasileira de Preservação", *Revista do Patrimônio Histórico e Artístico Nacional*, Rio de Janeiro, 1984, n. 19, pp. 29-32.

TOLEDO, Benedito Lima de. "Bem Cultural e Identidade Cultural", *Revista do Patrimônio Histórico e Artístico Nacional*, Rio de Janeiro, 1984, n. 20, pp. 29-32.

TORRES, Heloísa Alberto. "Contribuição para o Estudo da Proteção do Material Arqueológico e Etnográfico no Brasil", *Revista do Serviço do Patrimônio Histórico e Artístico Nacional*, 1937, n. 1, pp. 9-30.

VELHO, Gilberto. "Antropologia e Patrimônio Cultural", *Revista do Patrimônio Histórico e Artístico Nacional*, Rio de Janeiro, 1984, n. 20, pp. 37-39.

ZANCHETI, Silvio M. "Conservação Integrada e Planejamento Urbano na Atualidade", *Espaço & Debates*, 2004, vol. 23, n. 43-44, pp. 92-105.

ZANCHETI, Silvio M. (org.). *Conservation and Urban Sustainable Development*. Recife, CECI-UFPE, 1999.

PRESERVAÇÃO DO PATRIMÔNIO INDUSTRIAL E PATRIMÔNIO FERROVIÁRIO

Arquitetura, ferrovias e indústria e sua preservação: séculos XIX e XX no Brasil e em São Paulo

Anais do Seminário Nacional de História e Energia. São Paulo, Eletropaulo, 1987.

Anais do Seminário: Território, Patrimônio e Memória. Santa Maria, setembro de 2001. Santa Maria, ICOMOS/UFSM, 2002.

ANDRADE, Maria Margarida de. *Bairros Além Tamanduateí: O Imigrante e a Fábrica no Brás, Mooca e Belenzinho*. São Paulo, FFLCH-USP, Tese de Doutorado, 1991.

ANDREATTA, Margarida. "Arqueologia Histórica Industrial", *Diário Oficial do Estado de São Paulo* (Suplemento), 2003, vol. 113, n. 18.

______. *Pesquisa Arqueológica Industrial.* Relatório apresentado à Diretoria do Museu Paulista-USP. São Paulo, Museu Paulista, 1997.

"Aumento da Fábrica Olivetti", *Acrópole*, 1964, n. 303, pp. 102-105.

BANDEIRA JUNIOR. *A Indústria no Estado de São Paulo em 1901.* São Paulo, Diário Oficial, 1901.

BARBUY, Heloísa. *A Cidade em Expansão: Comércio e Cosmopolitismo em São Paulo, 1860-1914.* São Paulo, FAU-USP, Tese de Doutorado, 2001.

______. "A Conformação dos Ecomuseus: Elementos para Compreensão e Análise", *Anais do Museu Paulista*, São Paulo, 1995, vol. 3, pp. 209-236.

BENFATTI, Dênio Munia. "Patrimônio Ferroviário e Política Pública", *Oculum Ensaios*, 2002, n. 2, pp. 141-147.

BRUAND, Yves. *Arquitetura Contemporânea no Brasil.* São Paulo, Perspectiva, 1981.

BRUNA, Paulo J. V. *Arquitetura, Industrialização e Desenvolvimento.* São Paulo, Perspectiva, 1976.

BRUNO, Ernani Silva. *Histórias e Tradições da Cidade de São Paulo* (3 vols.). São Paulo, Hucitec, 1984. ed. fac-similar a partir da 2. ed. de 1954.

CANO, Wilson. *Raízes da Concentração Industrial em São Paulo.* São Paulo, Difel, 1977.

CARONE, Edgar. *A Evolução Industrial de São Paulo.* São Paulo, Senac, 2001.

CARRILHO, Marcos. "A Modernização da Estação da Luz" (www.vitruvius.com.br/minhacidade/mc012, março de 2001; acesso em 28.05.2001).

CASTRO, José Liberal de. "Arquitetura do Ferro no Ceará". In: DERENJI, Jussara da Silveira (org.). *Arquitetura do Ferro. Memória e Questionamento.* Belém, Cejup, 1993, pp. 113-137.

CBTU. *Estação da Luz. Restauro.* São Paulo, CBTU, 1993.

CONTADORIA GERAL DE TRANSPORTES. *Guia Geral das Estradas de Ferro e Empresas de Transportes com Elas Articuladas*, São Paulo, CGT, 1960.

COSTA, Cacilda Teixeira da. *O Sonho e a Técnica: A Arquitetura do Ferro no Brasil.* São Paulo, Edusp, 1994.

CUNHA, Cláudia dos Reis. *O Patrimônio Cultural da Cidade de Sorocaba: Análise de uma Trajetória.* São Paulo, FAU-USP, Dissertação de Mestrado, 2005.

CUNHA, Ernesto Antonio Lassance. *Estudo Descritivo da Viação Férrea do Brasil.* Rio de Janeiro, Imprensa Nacional, 1909.

CYRINO, Fábio R. Pedro. *Ferro e Argila. A História da Implantação e Consolidação da Empresa The San Paulo Railway Company Ltd. Através da Análise de sua Arquitetura.* São Paulo, Landmark, 2004.

DEAN, Warren. *A Industrialização de São Paulo (1880-1945).* São Paulo, Difel, s. d.

DE DECCA, Edgar. *O Nascimento das Fábricas.* São Paulo, Brasiliense, 1991, 8. ed.

DE DECCA, Maria Auxiliadora Guzzo. *Indústria, Trabalho e Quotidiano 1889-1930.* São Paulo, Atual, 1992.

DEL BRENNA, Giovanna Rosso. "Ecletismo no Rio de Janeiro (séc. XIX-XX)". In: FABRIS, Annateresa (org.). *Ecletismo na Arquitetura Brasileira.* São Paulo, Nobel/Edusp, 1987, pp. 28-66.

DERENJI, Jussara da Silveira. "Arquitetura Residencial do Ferro no Pará". In: DERENJI, Jussara da Silveira (org.). *Arquitetura do Ferro. Memória e Questionamento.* Belém, Cejup, 1993, pp. 159-174.

______. "Arquitetura Eclética no Pará". In: FABRIS, Annateresa (org.). *Ecletismo na Arquitetura Brasileira.* São Paulo, Nobel/Edusp, 1987, pp. 146-175.

DIEGUES JR. *Imigração, Urbanização, Industrialização*. Rio de Janeiro, MEC, 1964.

DUCLOS, Adail Jarbas. "A Estação de Santos e suas Reminiscências", *Ferrovia*, 1962, n. 324, pp. 52-62.

EMURB. *Galpões Industriais Significativos*. São Paulo, Emurb, s.d.

Estação Júlio Prestes. São Paulo, Prêmio, 1997.

"Uma Estação Modelo", *Revista Polytechnica*, São Paulo, 1908, vol. 4, n. 22, pp. 186-192.

As Estradas de Ferro do Brazil em 1879. Rio de Janeiro, Tipografia Nacional, 1880.

Estrada de Ferro D. Pedro II. Rio de Janeiro, Litografia do Imperial Instituto Artístico, s. d.

A Estrada de Ferro Inglesa: A Estação da Luz e a Influência Inglesa no Brasil dos Barões do Café. Rio de Janeiro, IPHAN, 1995.

Estrada de Ferro Noroeste do Brazil: Álbum Fotográfico. S. l., s. e., s. d.

"Exposição dos Caminhos de Ferro Brasileiros", *Revista do Club de Engenharia*, Rio de Janeiro, 1887, vol. 1, pp. 5-26

"Fábrica Olivetti em Guarulhos", *Acrópole*, 1960, n. 265, pp. 5-9.

FAGGIN, Carlos Augusto Mattei. *Cotonifício Rodolfo Crespi*. São Paulo, FAU-USP, 1978.

FARIA, Maria Beatriz. "Resgate de uma Tecnologia do Século XIX". In: DERENJI, Jussara da Silveira (org.). *Arquitetura do Ferro: Memória e Questionamento*. Belém, Cejup, 1993, pp. 175-182.

"Fazenda Ipanema: Um Projeto Harmoniza o Novo e o Antigo", CJ *Arquitetura*, 1978, n. 19, pp. 68-72.

FERRAZ, Marcelo Carvalho (org.). *Lina Bo Bardi*. São Paulo, Instituto Lina Bo e P. M. Bardi, 1996.

FRANCISCO, Rita de Cássia. *As Oficinas da Companhia Mogiana de Estradas de Ferro: Arquitetura de um Complexo Produtivo*. São Paulo, FAU-USP, Dissertação de Mestrado, 2007.

GALVÃO, Manoel da Cunha. *Notícias sobre as Estradas de Ferro do Brasil*. Rio de Janeiro, Diário do Rio de Janeiro, 1869.

GAMA, Ruy. *Engenho e Tecnologia*. São Paulo, Duas Cidades, 1983.

______. *História da Técnica e da Tecnologia*. São Paulo, Edusp, 1985.

GASPAR, Antônio Francisco. *Histórico do Início, Fundação, Construção e Inauguração da Estrada de Ferro Sorocabana 1870-1875*. São Paulo, Eugênio Cupolo, 1930.

GREGOTTI, Vittorio. "Marco Zanuso, un Architetto della Seconda Generazione", *Casabella Continuità*, 1957, n. 216, pp. 59-60.

GUEDES, Manuel Vaz. "Arqueologia Industrial", *Revista Eletricidade*, 1999, n. 372, pp. 293-299.

GUIDUCCI, Roberto. "Appunti sulla Fabbrica di São Paulo, Brasile", *Casabella Continuità*, 1957, n. 216, pp. 66-71.

HARDMAN, Francisco Foot; LEONARDI, Victor. *História da Indústria e do Trabalho no Brasil*. São Paulo, Global, 1982.

Impressões do Brazil no Século Vinte. London, Lloyd's Greater Britain Publishing Company, 1913.

KRUCHIN, Samuel. "Estação Ferroviária de Bananal: O Restauro de uma Edificação Industrializada do Século XIX". In: DERENJI, Jussara da Silveira (org.). *Arquitetura do Ferro. Memória e Questionamento*. Belém, Cejup, 1993, pp. 139-154.

KÜHL, Beatriz Mugayar. *Arquitetura do Ferro e Arquitetura Ferroviária em São Paulo: Reflexões sobre a sua Preservação*. São Paulo, Ateliê Editorial / Fapesp / Secretaria de Estado da Cultura, 1998.

______. *Preservação do Patrimônio Arquitetônico da Industrialização: Problemas Teóricos de Restauro*. São Paulo, FAU-USP, Tese de Livre-docência, 2006.

______. "Questões Teóricas Relativas à Preservação da Arquitetura Industrial", *Desígnio*, 2004, n.1, pp. 101-117.

LANGENBUCH, Jürgen Richard. *A Estruturação da Grande São Paulo*. Rio de Janeiro, IBGE, 1971.

LEMOS, Carlos A. C. *Alvenaria Burguesa*. São Paulo, Nobel, 1985.

______. "Ecletismo em São Paulo". In: FABRIS, Annateresa (org.). *Ecletismo na Arquitetura Brasileira*. São Paulo, Nobel/Edusp, 1987, pp. 60-103.

______. *Ramos de Azevedo e seu Escritório*. São Paulo, Pini, 1993.

LIMA, Heitor Ferreira. *Evolução Industrial de São Paulo*. São Paulo, Martins Fontes, 1954.

MACIEL, Arthur. "Notas Técnicas sobre a Companhia Paulista", *Revista Polytechnica*, 1907, n. 18, pp. 370-372.

MAGRO, Bruno Simões. "A Estação Inicial da E. F. Sorocabana", *Boletim do Instituto de Engenharia*, 1930, vol. 12, n. 60, pp. 284-290.

MANUEL, F. *Construção do Viaduto Santa Ifigênia*. São Paulo, s. e., 1911.

MARTINS, Antonio Egydio. *São Paulo Antigo*. São Paulo, Diário Oficial, 1912.

MATOS, Odilon Nogueira. *Café e Ferrovias: A Evolução Ferroviária de São Paulo e o Desenvolvimento da Cultura Cafeeira*. São Paulo, Alfa-Omega, 1974.

MAZZOCO, Maria Inês Dias; SANTOS, Cecília Rodrigues dos. "São Paulo Railway Company: a 'Inglesa'". In: *Os Britânicos no Brasil*. São Paulo, Cultura Inglesa, 2001, pp. 24-29.

______. *De Santos a Jundiaí: Nos Trilhos do Café com a São Paulo Railway*. São Paulo, Magma, 2005.

MENESES, Ulpiano Bezerra de. "Patrimônio Industrial e Política Cultural". In: *Anais do I Seminário Nacional de História e Energia*. São Paulo, Departamento do Patrimônio Histórico, Secretaria Municipal de Cultura, 1988.

MINDLIN, Henrique E. *Arquitetura Moderna no Brasil*. Rio de Janeiro, Aeroplano, 2000.

MORSE, Richard. *Formação Histórica de São Paulo*. São Paulo, Difel, 1970.

NAGAMINI, Marilda. "Engenharia e Técnicas de Construções Ferroviárias e Portuárias no Império". In: VARGAS, Milton (org.). *História da Técnica e da Tecnologia no Brasil*. São Paulo, Unesp, 1994, pp. 131-161.

NÍTOLO, Miguel. "Ainda Fora dos Trilhos", *Problemas Brasileiros*, 1999, n. 33, pp. 4 -11.

"A Nova Estação Inicial da E. F. Sorocabana", *Architectura e Construcções*, São Paulo, 1929, n. 5, pp. 25-30; 1930, n. 11, pp. 30-34.

"Novas Fábricas Peixe e Duchen em S. Paulo", *Arquitetura e Engenharia*, 1951, n. 15, pp. 16-21.

"Obituary, Mr. C. H. Driver", *The Builder*, 1900, Nov. 10, pp. 423-424.

PAGLIA, Dante. *Arquitetura na Bienal de São Paulo*. S. l., Ediam, s.d.

PEDROSO, Marialice. "O Desenho da Ferrovia na Rota do Café", *Oculum Ensaios*, 2002, n.2, pp. 78-89.

PETRONE, Pasquale. "As Indústrias Paulistanas e os Fatores de Expansão", *Boletim Paulista de Geografia*, 1953, pp. 26-37.

PEREIRA, José Hermes Martins. *As Fábricas Paulistas de Louça Doméstica: Estudo de Tipologias Arquitetônicas na Área de Patrimônio Industrial*. São Paulo, FAU-USP, Dissertação de Mestrado, 2007.

______. *A Implantação da Indústria de Louça em São Paulo 1912-1937 (Estudo de História na Perspectiva da Cultura Material)*. São Paulo, Museu Paulista USP / Fapesp, Relatório de Iniciação Científica, 2002.

PÉREZ, Filemón. *Álbum Ilustrado da Companhia Paulista de Estradas de Ferro*. São Paulo, s. e., 1918.

PINTO, Adolpho Augusto. *História da Viação Pública de S. Paulo*. São Paulo, Vanorden, 1903.

PINTO, Alfredo Moreira. *A Cidade de São Paulo em 1900. Impressões de Viagem*. Rio de Janeiro, Imprensa Nacional, 1900.

______. *S. Paulo em 1899*. Rio de Janeiro, Francisco Alves, 1899.

POZZER, Guilherme Pinheiro. *A Antiga Estação da Companhia Paulista em Campinas: Estrutura Simbólica Transformadora da Cidade (1872-2002)*. Campinas, Unicamp, Dissertação de Mestrado, 2007.

"Railway Station at São Paulo, Brazil", *The Building News*, 1901, vol. 80, p. 5.

REIS FILHO, Nestor Goulart. *Aspectos da História da Construção Civil em São Paulo 1860--1960*. São Paulo, Kosmos, 1989.

______. *Estação Cultura. Patrimônio Ferroviário do Povo de Campinas*. São Paulo, Via das Artes, 2004.

______. "Início da Industrialização na Província de São Paulo", *Jornal da Tarde*, 06.07.1990, Caderno de Sábado, p.6.

______. *Quadro da Arquitetura no Brasil*. São Paulo, Perspectiva, 1970.

RUFINONI, Manoela Rossinetti. *A Preservação do Patrimônio Industrial na Cidade de São Paulo. O Bairro da Mooca*. São Paulo, FAU-USP, Dissertação de Mestrado, 2004.

SAIA, Helena. *Arquitetura e Indústria: Fábricas de Tecidos de Algodão em São Paulo*. São Paulo, FAU-USP, Dissertação de Mestrado, 1989.

SAES, Flávio Azevedo Marques de. *As Ferrovias de São Paulo 1870-1940*. São Paulo, Hucitec, 1981.

SANTOS, Cecília Rodrigues dos. *SESC-Fábrica da Pompeia*. Blau, Lisboa, 1996.

São Paulo Antigo e São Paulo Moderno. São Paulo, Vanorden, 1905.

SILVA, Geraldo Gomes da. *Arquitetura do Ferro no Brasil*. São Paulo, Nobel, 1988, 2.ed.

______. "Arquitetura Eclética em Pernambuco". In: FABRIS, Annateresa (org.). *Ecletismo na Arquitetura Brasileira*. São Paulo, Nobel/Edusp, 1987, pp. 176-207.

______. "Desventuras de um Mercado de Ferro". In: DERENJI, Jussara da Silveira (org.). *Arquitetura do Ferro. Memória e Questionamento*. Belém, Cejup, 1993, pp. 89-96.

______. "O Novo Teatro José de Alencar", *Projeto*, 1991, n. 141, p. 86.

______. "Remontagem de um Chalé de Ferro", *Projeto*, 1992, n. 158, pp. 46-51

______. "Restauro do Teatro do Parque", *Projeto*, 1992, n. 158, pp. 42-45.

SOLÉ, Ismael Geraldo Acunha; CASTRO, Antônio Carlos. "Recuperação do Patrimônio Brasileiro: Teatro José de Alencar", *Projeto*, 1991, n. 141, p. 41.

Sorocabana. Uma Saga Ferroviária. São Paulo, Dialeto, 2001.

SOUKEF JR., Antonio. "Ferrovias Britânicas no Brasil". In: *Os Britânicos no Brasil*. São Paulo, Cultura Inglesa, 2001, pp. 20-23.

______. "Ferrovias de São Paulo", *Horizonte Geográfico*, 1998, n. 57, pp. 51-66.

SOUSA, A. F. de Paula. *Estradas de Ferro na Província de São Paulo*, São Paulo, Correio Paulistano, 1875.

TARGINO, Itapuan Bôtto. *Preservação do Patrimônio Ferroviário: As Estações de Trem da Paraíba*. João Pessoa, Ideia, 2001.

TELLES, Pedro Carlos da Silva. *História da Engenharia no Brasil*, 2 vols. Rio de Janeiro, Clavero, 1984-1993.

TOLEDO, Benedito Lima de. *Anhangabahú*. São Paulo, FIESP, 1989.

TURCO, Ivanise Lo; RIGHI, Roberto. "Exemplo de Reconversão Arquitetônica: Da Estação Sorocabana ao Museu do Imaginário do Povo Brasileiro", *Pós – Revista do Programa de Pós-graduação em Arquitetura e Urbanismo da FAU-USP*, 2004, n. 16, pp. 114-130.

Usina do Gasômetro. Porto Alegre, Prefeitura de Porto Alegre, 2001.

"Usines Peixe et Duchene", *Architecture d'Aujourd'Hui*, 1952, nn. 42-43, pp. 28-29.

"Viaduto de Sta. Ifigênia", *Revista de Engenharia*, 1911, vol. 1, n. 7, pp. 189-194.

VALLE, Ataliba. "Estradas de Ferro", *Revista Polytechnica*, 1929, n. 95-95, pp. 397-412.

VARGAS, Milton (org.). *História da Técnica e da Tecnologia no Brasil*. São Paulo, Unesp, 1994.

VASCONCELLOS, Max. *Vias Brasileiras de Comunicação. Estrada de Ferro Central do Brasil. Linha do Centro e Ramais*. Rio de Janeiro, Imprensa Nacional, 1933, 4. ed.

Vistas da Estrada de Ferro de São Paulo em 1865. São Paulo, Cardozo Filho & Comp., 1865.

VICHNEWSKI, Henrique Telles. *As Indústrias Matarazzo no Interior Paulista: Arquitetura Fabril e Patrimônio Industrial (1920-1960)*. Campinas, IFICH-Unicamp, Dissertação de Mestrado, 2004.

XAVIER, Alberto; LEMOS, Carlos; CORONA, Eduardo. *Arquitetura Moderna Paulistana*. São Paulo, Pini, 1983.

ZEQUINI, Anicleide. *Papel de Salto: 110 Anos de Evolução Tecnológica*. Salto, Papel de Salto, 1999.

Relatórios técnicos

PLANART (Coordenação de Nestor Goulart Reis Filho)

- *Relatório Técnico para as Obras de Recuperação da Estação de Valinhos*. São Paulo, 1978.
- *Relatório Técnico para as Obras de Recuperação da Estação de Vinhedo*. São Paulo, 1978.

CONDEPHAAT. Processos de Tombamento

nº 20316/77: Cachoeira Paulista. Edifício da Estrada de Ferro Central do Brasil
nº 21273/80: Cajamar. Acervo da Estrada de Ferro Perus-Pirapora
nº 20682/78: Campinas. Estação Ferroviária
nº 23320/85: Descalvado. Estação Ferroviária.
nº 22090/82: Guaratinguetá. Estação da Estrada de Ferro de Guaratinguetá
nº 24383/86: Mairinque. Estação Ferroviária da FEPASA
nº 21364/80: Ribeirão Preto. Estação de Barracão
nº 22295/82: Rio Claro. Estação Ferroviária da FEPASA
nº 00467/74: Santa Rita do Passa Quatro. Estação Ferroviária
nº 20699/78: São Paulo. Estação de Brás
nº 20097/76: São Paulo. Estação da Luz
nº 22209/82: Santo André. Núcleo Urbano de Paranapiacaba (parte da vila ferroviária)
nº 36.035/97: Antiga Fábrica Olivetti, Guarulhos

Referências sobre preservação do patrimônio industrial no contexto internacional

Essas referências são fruto de um trabalho cumulativo de buscas sistemáticas de referências bibliográficas, feitas desde o doutoramento. Em especial, destacam-se as obtidas, ao longo de todo o processo, através do *Canadian Heritage Information Network* (CHIN), endereço de muita valia, pois seu catálogo é atualizado periodicamente e tem, entre as instituições colaboradoras, algumas das principais bibliotecas ligadas à preservação de bens culturais, a saber: Canadian Information Institute (CII); Smithsonian Center for Materials Research and Education (SCMRE); Getty Conservation Institute (GCI & AATA); International Centre for the Study of the Preservation and Restoration of Cultural Property (ICCROM); International Council of Museums (ICOM); International Council on Monuments and Sites (ICOMOS)

Nesse endereço foram pesquisados os temas:	nº de referências obtidas inicialmente:
Industrial and Heritage // and preservation	521 // 143
rail* and heritage // and preservation	48 // 10
rail* and architecture // and preservation	93 // 12
rail* and preservation	66
rail* and station* // and preservation	191 // 34

Foram pesquisadas as referências em que de fato aparecia também, nos instrumentos de busca, a palavra preservação (ou conservação, ou restauração), para ver, justamente, dos textos que tratam de preservação vinculada à arqueologia industrial (as outras referências eram de natureza essencialmente histórica, ou técnica etc.), como o tema é abordado. O intuito foi verificar quais os textos que fazem menção explícita a critérios de preservação e como (e se) desenvolviam esse tema. A partir das pesquisas desses escritos, surgiram outras referências que foram ulteriormente pesquisadas.

ACAMPA, Giovanna; BARTOLINI, Pietro; DI BLASI, Francesco; GALLI, Leonardo. "Il Mercato di Sant'Ambrogio a Firenze: Storia della Realizzazione", *Bollettino Ingegneri*, 1982, n. 1/2, pp. 17-26.

AGRIANTONI, Christina. "Valorisation du Patrimoine Industriel de Hermoupolis, Projets et Premières Réalisations", *Patrimoine de l'Industrie*, 2000, n. 4, pp. 55-62.

AGUILAR, Inmaculada. *Estaciones y Ferrocarriles Valencianos*. Valencia, Generalitat Valenciana, 1995.

_______. "Restauración del Patrimonio Arquitectónico Industrial". In: *Preservación de la Arquitectura Industrial en Iberoamérica y España*. S. l., Instituto andaluz del patrimonio histórico, 2001, pp. 160-203.

ALFREY, Judith; PUTNAM, Tom. *The Industrial Heritage. Managing Resources and Uses*. London, Routledge, 1992.

Alte Städte Formen die Wirtschaft. Bonn, Deutsche UNESCO-Kommission, 1995.

ALMAAS, Ingerid Helsing. "Regenerating the Ruhr", *The Architectural Review*, 1991, n. 1224, pp. 13-14

ANDRIEUX, Jean-Yves. *Le Patrimoine Industriel*, (Que Sais-je?). Paris, PUF, 1992.

De Antwerpse Spoorwegkathedral: En Honderdjarige Maakt zich op Voor de Vongende Eew. Brussel, NMBS, 1990.

APPODIA, Silvio. *L'Area Industriale degli Opifici a Subiaco*. Roma, Kappa, 1996.

Archeologia Industriale. Atti del Convegno Internazionale di Milano 24/26.06.1977. Milano, Clup, 1978.

L'Archeologia Industriale nel Lazio: Storia e Recupero. Roma, Palombi, 1999.

Archeologia Industriale: Metodologie di Recupero e Fruizione del Bene Industriale. Firenze, Edifir, 2001.

Archeologia Industriale a Roma. Roma, Sugarco, 1989.

L'Archeologia Industriale a Roma e Provincia. Roma, Millenium, 2003.

L'Archéologie Industrielle en France: Patrimoine, Technique, Mémoire. Le Patrimoine Industriel pour quoi Faire? Colloque National de Trégastel 5,6,7, Octobre 1994. Montrouge, CILAC, 1996.

"L'Architecture Industrielle ou la Crise du Monument Historique", *Monuments Historiques*, 1977, n. 3.

"Architettura Industriale e Modernità", DOCOMOMO *Italia – Giornale*, 1998, n. 4, pp. 1-6.

Arqueología Industrial: Patrimonio y Turismo Cultural. Gijón, Incuna Asociación de Arqueología Industrial, 2001.

ASPERGES, Michel; BERTEN, Robert. "De Storten van de Steen Koolmijnen en Hun Vegetatie", *Monumenten en Landschappen*, 1990, n. 6, pp. 12-24.

Aufgaben und Perspektiven der Hafendenkmalpflege. Bonn, Deutsches Nationalkomitee für Denkmalschutz, s.d.

AYMERICH, Carlo; MINGONE RETIG, Jaime; STOCHINO, Monica. *Archeologia Industriale. Esperienze per la Valorizzazione in Cile e in Sardegna*. Roma, Gangemi, 2003.

BABALIS, Dimitra. "Conservation and Development of Industrial Sites in Lucca, the Full

Integration of the Roya Tobacco Manufacture within the Planning Process; L'Ecomuseu della Carta a Pescia,valorizzazione del Sistema Produttivo e Riassetto Ambientale nella Valle", *Patrimoine de l'Industrie*, 2000, n. 3, pp. 37-45.

BAERTSCHI, Hans-Peter. "Industriearchaeology in der Schwiz", *Werk, Bauen + Wonen*, 1988, n. 10, pp. 12-15.

BAERTSCHI, Pierre; MOUCHET, Daniel Mouchet. "La Conservation mise au Défit; à Genève, la Façade de l'Uniprix Promue à Patrimoine Historique", tiré à part de *Ingénieurs et Architectes Suisses*, 1985, n. 14, pp. 4-7.

BAILEY, Brian. *The Industrial Heritage of Britain. A Traveller's Guide*. London, Ebury, 1982.

BARBIERI, Franco. "Archeologia Industriale nel Veneto: dall'Opificio di Nicolò Tron (1726 ca.) alla 'Fabbrica Alta' di Alessandro Rossi (1862)", *Ricerche di Storia dell'Arte*, 1978-79, n. 7, pp. 8-28.

BARONI, Federica. "Il Recupero dei Gasometri alla Bovisa", *Arkos*, 2001, n. 4, p. 12.

BARTOCCI, Fazio; COVINO, Renato; FIORITI, Maria Grazia. *Lo Zuccherificio di Foligno*. [Catalogo regionale dei beni culturali dell'Umbria]. Perugia, Editori Umbri Associati / Electa, 1988.

BATTISTI, Eugenio. *Archeologia Industriale*. Milano, Jaca Book, 2001.

BAUMANN, Angelika. "The Viennese Gasometer-City", *TICCIH Bulletin*, 2002, n. 16, pp. 1, 7.

BELAVILAS, Nikos. "The Port of Piraeus from 1835 to 2004", *Patrimoine de l'Industrie*, 2002, n. 7, pp. 75-82.

La Belgique Industrielle en 1850. Deux Cents Images d'un Monde Nouveau. Bruxelles, Crédit Communal, 1995.

BENÍTEZ SUÁREZ, Carlos Eduardo. "Estaciones y Ferrocarriles, una Dualidad Indissoluble", *México en el Tiempo*, 1998, n. 26, pp. 24-31.

BENOÎT, Serge. "Les Forges de Buffon", *Monuments Historiques*, 1980, n. 107, pp. 53-63.

BERGDAHL, Ewa. "Industrial Heritage Preservation in Riga and Norrköping", *Patrimoine de l'Industrie*, 2003, n. 9, pp. 41-46

______. "Re-using Industrial Plants in Sweden, Some Examples", *Patrimoine de l'Industrie*, 2001, n. 5, pp. 65-74.

BERGERON, Louis. "TICCIH et L'Ecomusée du Creusot-Montceau les Mines: Les Cheminements d'une Convergence", *Patrimoine de l'Industrie*, 1999, n. 1, pp. 7-13.

______. "Prospettive Internazionali per l'Archeologia Industriale". In: *Archeologia Industriale. Metodologie di Recupero e Fruizione del Bene Industriale*. Firenze, Edifir, 2001, pp. 9-20.

BETJEMAN, John. *London's Historic Railway Stations*. London, Murray, 1978.

BETTUM, Ola. "The Aker River Environmental Park, Oslo. Re-use of Industrial and Riverside Built Heritage as Part of a Comprehensive Conservation plan". In: *Heritage and Successful Town Regeneration*. Strasbourg, Council of Europe, 1989, pp.46-51.

BIANCHETTI, Daniela. "Aree Industriali Dismesse: Primi Percorsi di Ricerca", *Urbanistica*, 1985, n. 81, pp. 82-85.

BIDDLE, Gordon. "Historic Railway Structures in Britain: A Continuing Appraisal". In: BURMAN, Peter; STRATTON, Michael (ed.). *Conserving the Railway Heritage*. London, Spon, 1997, pp. 61-74.

BIDWELL, T. G. "The Restoration and Protection of Structural and Decorative Cast Iron at Covent Garden Market", *Transactions of the Association for Studies in the Conservation of Historic Buildings*, 1980, vol. 5, pp. 28-29.

BIEL IBAÑEZ, Maria Pilar. "Arquitectura Industrial en la Comarca de Borja: La Azucarera del Ebro en Luceni", *Cuadernos de Estudios Borjanos*, vol. XXIX-XXX, pp. 57-107.

______. "El Barrio de la Azucarera de Épila: Arquitectura y Urbanismo", *Actas*. S.l., Jaca, 1991, pp. 211-226.

______. *Zaragoza y la Industrialización: La Arquitectura Industrial en la Capital Aragonesa entre 1875-1936*. Zaragoza, Gobierno de Aragón, 2004.

BIGNANI, Sandra. "La Normativa Italiana per l'Archeologia Industriale", *Recupero e Conservazione*, 2000, n. 36, pp. 12-13.

BINNEY, Marcus. "The Railway Heritage Trust". In: *Eisenbahn und Denkmalpflege*. S. l., ICOMOS/De, 1997, pp. 48-53; 84.

BINNEY, Marcus; MACHIN, Francis; POWELL, Ken. *Bright Future: The Re-use of Industrial Buildings*. London, Save Britain's Heritage, 1990.

BINNEY, Marcus; PEARCE, David (ed.). *Railway Architecture*. London, Orbis, 1979.

BLASI, Carlo. "Il Mercato di Sant'Ambrogio a Firenze: Consolidamento di una Struttura Metallica", *Bollettino Ingegneri*, 1982, n. 1/2, pp. 27-34.

BONSON, Tony. "The First Iron-framed Building?", *Industrial Archaeology Review*, 2000, vol. 22, n.1, pp. 62-66.

BORDINI, Silvia. "Villaggi OPERAI a Terni", *Ricerche di Storia dell'Arte*, 1978-79, n. 7, pp. 29-36.

BORSI, Franco. *Firenze: la Cultura dell'Utile*. Firenze, Alinea, 1984.

____________. *Introduzione all'Archeologia Industriale*. Roma, Officina, 1978.

BOVINI, Gianni; COVINO, Renato; FIORITI, Maria Grazia; GALLO, Giampaolo; GIORGINI, Michele (ed.). *Un Modello Catalografico per l'Archeologia Industriale*. Perugia, Editori Umbri Associati / Electa, 1987.

______. *Le Officine Bosco di Terni*. [Catalogo regionale dei beni culturali dell'Umbria]. Perugia, Editori Umbri Associati / Electa, s. d.

BOVINI, Gianni; COVINO, Renato; GIORGINI, Michele (ed.). *Archeologia Industriale e Territorio a Narni*. [Catalogo regionale dei beni culturali dell'Umbria]. Perugia, Editori Umbri Associati / Electa, 1992.

______. *Archeologia Industriale e Territorio a Terni*. [Catalogo regionale dei beni culturali dell'Umbria]. Perugia, Editori Umbri Associati / Electa, 1991.

BOWIE, Karen. "A Note on the Paris Rive-Gauche Development Project: Opportunities and Challenges for Industrial Heritage", *Patrimoine de l'Industrie*, 2003, n. 10, pp. 97-102.

BOX, John. "Nature Conservation and Post-industrial Landscapes", *Industrial Archaeology Review*, 1999, vol. 21, pp. 137-146.

BRENDERS, Francis. "Antwerp Central Railway Station", *A Future for Our Past*, 1986, n. 28, pp. 6-8.

BROGIONI, Leonardo; NENCIONI, Silvia. "Charlston Navy Yard: Riqualificazione dell'Area Industriale della Marina degli Stati Uniti", *Patrimoine de l'Industrie*, 2003, n. 9, pp. 73-77.

BRONER, Kaisa. *New York Face à son Patrimoine: Le Secteur Historique de Soho*. Bruxelles, Mardaga, s. d.

BRÖNNER, Wolfgang. "Industriedenkmäler – Eine Eigenständige Denkmalgattung", *Deutsche Kunst und Denkmalpflege*, 1990, n.2, pp. 139-143.

BRUTTOMESSO, Rinio (ed.). *Water and Industrial Heritage. The Reuse of Industrial and Port Structures in Cities on Water*. Venezia, Marsilio, 1999.

BUCHANAN, Peter. "Reviving Lingotto", *Architectural Review*, 1996, n. 1197, pp. 62-67.

BUCHANAN, R. Angus. "The Definition of Industrial Archaeology". In: *L'Etude et la Mise en Valeur du Patrimoine Industriel, 4ème Conférence Internationale, Lyon-Grenoble, Septembre 1981*. Paris, CNRS, 1985, pp. 104-108.

_____. *Industrial Archaeology in Britain*. Harmondsworth, Penguin, 1974, 2. ed.

BUCHHEIT, Chip. "Le Patrimoine du Bassin Houiller Lorrain: Une Valorisation Marquée par des Logiques Contradictoires", *Patrimoine de l'Industrie*, 2003, n. 10, pp. 89-96.

BUNKER, Kevin V. "Mere Beetles and Caterpillars. Conserving a Legend: Arizona's Grand Canyon Railway", *Locomotive & Railway Preservation*, 1995, n. 54, pp. 24-53.

BURMAN, Peter; STRATTON, Michael (eds.). *Conserving the Railway Heritage*. London, Spon, 1997.

BUSCHMANN, Walter. "Industrial Heritage of the Iron and Steel Industry in the Lower Rhineland", *Industrial Archaeology Review*, 1994, vol. 17, n. 1, pp. 22-43.

______. "Industriekultur und Industriedenkmalpflege", *Denkmalpflege im Rheinland*, 2000, vol. 17, n. 3, pp. 95-103.

BUTT, John; DONNACHIE, Jan. *Industrial Archaeology in the British Isle*. London, Paul Elek, 1979.

CALZOLAIO, Francesco. "Argentiera: Per un Piano di Sviluppo Controllato", *Patrimoine de l'Industrie*, 1999, n. 1, pp. 55-60.

______. "Venezia e Marghera: Città e Porto", *Patrimoine de l'Industrie*, 2002, n. 7, pp. 53-60.

Canto en la Tierra e Imagen ante el Tiempo: El Distrito Minero de Real del Monte y Pachuca. Pachuca, Archivo Histórico y Museo de Minería, 1997.

CARANDINI, Andrea. "Archeologia Industriale", *Ricerche di Storia dell'Arte*, 1978-79, n. 7, pp. 5-7.

CARCASIO, Maria; AMOROSO, Salvatore (eds.). *Le Stazioni Ferroviarie di Palermo*. Palermo, Centro Regionale per la Progettazione e il Restauro, 2000.

CAROZZI, Gigliola. *La Arqueología Industrial*. México D.F., Universidad Iberoamericana, 1991.

CASTELLANO, Aldo (ed.). *La Macchina Arrugginita: Materiali per un'Archeologia dell'Industria*. Milano, Feltrinelli, 1982.

CASTRO MORALES, Federico. "Memoria, Ocio y Cultura: Nuevos usos en España para el Patrimonio Industrial". In: *Preservación de la Arquitectura Industrial en Iberoamérica y España*. S. l., Instituto Andaluz del Patrimonio Histórico, 2001, pp. 204-211.

CATTELL, John. "Swindon Railway Village". In: BURMAN, Peter; STRATTON, Michael (eds.). *Conserving the Railway Heritage*. London, Spon, 1997, pp. 106-117.

CHAIGNEAU-NORMAND, Maogan. "L'Industrie de la Parfumerie à Grasse: Paysage et Patrimoine", *Patrimoine de l'Industrie*, 2003, n. 9, pp. 79-83.

CHURIN, Thierry; LECHERBONNIER, Yannick. "La Réhabilitation du Patrimoine Industriel", *Monuments Historiques*, 1988, n. 159, pp.62-64.

Claybank Brick Plant. Conservation Presentation Plan. S. l., Heritage Office. Western Canada Service Centre, 1998.

4e Conférence Internationale pour l'Étude et la Mise en Valeur du Patrimoine Industriel. Paris, Cilac / TICCIH, 1981.

Conservación del Patrimonio Industrial. Guanajuato, ICOMOS – Universidad de Guanajuato, 1999.

Conservation of Industrial Collections: 22nd International Symposium on the Conservation and Restoration of Cultural Properties. Tokyo, Tokyo National Research Institute of Cultural Properties, 1998.

La Conservation du Patrimoine Technique et Industriel: Actes du Colloque National Organisé par le Centre Historique Minier de Lewarde les 6, 7 et 8 mars 2002. Lewarde, Centre Historique Minier de Lewarde, 2002.

CORDEIRO, José Lopes. "Arqueologia Industrial: Um Mundo a Descobrir, um Mundo a Defender". In: *Anais I Encontro em Patrimônio Industrial* (versão eletrônica), Campinas, Unicamp, 2004.

COSSONS, Neil. *The BP Book of Industrial Archaeology*. London, David&Charles, 1978, 3. ed.

COVINO, Renato; PAPULI, Gino (ed.). *Le Acciaierie di Terni*. Perugia, Editori Umbri Associati / Electa, 1998.

COX, Margaret. "Does the Industrialist Want to Conserve our Industrial Heritage?", *Industrial Archaeology Review*, 1985, vol. 7, n. 2, pp. 190-197.

CRENN, Bernard. "Les Fours à Chaux: Vestiges Technologiques et Lieux de Mémoire", *Monuments Historiques*, 1993, n. 186, pp.87-88.

CUFFINI, Bruno. "Restauration, Déontologie, Citoyenneté". In: *Metal 98: Proceedings of the International Conference on Metals Conservation*. London, James & James, 1998, pp. 3-4.

CUMMING, Denis A. "Industrial and Engineering Heritage". In: WARBURTON, Jim (ed.). *Our Built Heritage*. Adelaide, University of Adelaide, 1981, pp. 109-113.

CUPELLONI, Luciano (ed.). *Il Mattatoio di Testaccio a Roma*. Roma, Gangemi, 2001.

DALIBARD, Jacques. "Getting on the Right Track. A Two-pronged Solution for Redundant Stations", *Canadian Heritage*, Toronto, 1984, n. 10, pp. 1-4.

DAL PIAZ, Vittorio. "Il Restauro del Mercato Centrale di San Lorenzo a Firenze", *L'Industria delle Costruzioni*, 1978, n. 81-82, pp. 33-40.

DAUMAS, Maurice. *L'Archéologie Industrielle en France*. Paris, Laffont, 1980.

DAUMAS, Maurice; GILLE, Paul. "Les Chemins de Fer". In: DAUMAS, Maurice (ed.). *Histoire Générale des Techniques*. Paris, PUF, 1968, vol. 3, pp. 371-412.

DELONY, Eric. "Préservation des Ponts: Un Défi à la Conservation", *Monuments Historiques*, 1991, n. 173, pp. 57-60.

DE HAAN, David. Ironbridge: "Priorité au Visiteur". In: *De l'Utilité du Patrimoine* (Entretiens du patrimoine. Actes du Colloque de la Direction du Patrimoine). S.l., Direction du Patrimoine, 1992, pp. 126-131.

______. "The Iron Bridge. New Research in the Ironbridge Gore", *Industrial Archaeology Review*, 2004, vol. 26, n. 1, pp. 3-19.

DELAHOUSSE, Anne. "Tour et Taxis: Sur des Nouveaux Rails"? *Les Nouvelles du Patrimoine*, Bruxelles, 1994, n. 57, pp. 14-15.

DE MAYNARD, Diane. "Les Forges. Des Témoins d'Archéologie Industrielle", *Monuments Historiques*, 1993, n. 186, pp.78-80.

DEMEY, Thierry. *Les Gares Bruxelloises: Un Patrimoine Méconnu*. Bruxelles, Région de Bruxelles, 1994.

Denkmalpflege in Strukturschwachen Regionen: Probleme und Chancen. München, Bayerisches Landesamt für Denkmalpflege, 2003.

DERCSÉNYI, Deszö. "The Restoration of the Western Station in Budapest". In: *Symposium on the Role of Iron in the Historical Architecture in the Second Half of the Nineteenth Century*. Mainz, ICOMOS, 1982, pp. 223-224.

DHÔTEL, François. "Aperçu sur les Principaux Aspects de la Préservation de la Tour Eiffel", *Bulletin* (ICOMOS / France), 1995, n. 36-37, p. 41.

DE ROUX, Emmanuel. *Patrimoine Industriel*. Paris, Scala, 2000.

DE SMET, Gustaf; CALUWE, R. "Central Station te Antwerpen". In: *Antwerpen 1984: Thema Monumentale Baudenkmale: von der Burg zum Bannhof*. Bamberg, Arbeitkreis Theorie und Lehre der Denkmalpflege, 1990, pp. 121-128.

DEZZI BARDESCHI, Marco; TARTAGLIA, Filippo. *Architetture Lombarde Dimenticate*. Firenze, Alinea, 1991.

DIVALL, Colin. "Transports of Delight? Making and Consuming Histories at the National Railway Museum, York". In: ARNOLD, John; DAVIES, Kate; DITCHFIELD, Simon (eds.). *History & Heritage. Consuming the Past in Contemporary Culture*. Donhead, Dorset, Donhead Publishing, 1998, pp. 197-211.

DONNACHIE, Ian. "Industrial Archaeology in Austrália", *Industrial Archaeology Review*, 1981, v.5, n.2, pp. 96-113.

DOORSLAER, Bert van. "Zwarte Monumenten in Groen Limburg. Naar een Verdiende

Toekomst voor het Mijnpatrimonium", *Monumenten en Landschappen*, 1990, n. 4, pp. 29-52.

DUFRESNE, Geneviève. "Akerselva, une Réhabilitation Exemplaire de la Vallée de la Rivière Aker, Berceau de l'Industrie à Oslo", *Patrimoine de l'Industrie*, 2001, n. 5, pp. 55-64.

DUTHILLEUL, J. M. "Les Bâtiments à la SNCF". In: *Quelles Politiques pour le Patrimoine Industriel? Rapport du Colloque de Lyon, 22-25 octobre 1985*. Strasbourg, Conseil de l'Europe, 1987, pp. 143-145.

DYEN, Doris; MULLER, Edward K. "Conserving the Heritage of Industrial Communities", *Historic Preservation Forum*, vol. 8, n. 4, pp. 37-43.

Eisenbahn und Denkmalpflege. Erstes Symposium. Eine Tagung des Deutschen National Komitees von ICOMOS, Frankfurt am Main, 2-4 April 1990. München, ICOMOS, s. d.

Eisenbahn und Denkmalpflege. Drittes Internationales Eisenbahnsymposium des Deutschen National Komitees von ICOMOS, Frankfurt am Main, 14-16 April 1997. München, ICOMOS, s. d.

ELEY, Peter; WORTHINGTON, John. *Industrial Rehabilitation. The Use of Redundant Buildings for Small Enterprises*. London, The Architectural Press, 1984.

ESTRADA, Rosalina; GAMBOA, Leticia. *Alternativas de Reutilización del Patrimonio Industrial*. Puebla, Gobierno del Estado de Puebla, 1997.

FALCONER, Keith A. "Swindon's Head of Steam, the Regeneration of the GWR's Works", *Patrimoine de l'Industrie*, 2000, n. 3, pp. 21-28.

FELIÚ, Pablo Moraga. *Estaciones Ferroviarias de Chile: Imágenes y Recuerdos*. Santiago, Consejo de Monumentos Nacionales, 2001.

FERNANDEZ ORDOÑEZ, José A. "Les Ouvrages d'Art et de Génie Civil", *Un Avenir pour Notre Passé*. Strasbourg, Conseil de l'Europe, 1985, n. 26, pp. 26-27.

FERRIOT, Dominique. "Le Port de Marseille: un Patrimoine à Réinventer", *Patrimoine de l'Industrie*, 2002, n. 7, pp. 47-52.

"El ferrocarril, Sueño de Prosperidad", *México en el Tiempo*, 1998, n. 26.

"La Ferrovia: Speranze e Problemi", *Il nostro Paese*, Bellinzona, 1989, n. 190, pp. 144-153.

FÖHL, Axel. *Bauten der Industrie und Technik*. Bonn, Deutschen Nationalkomitees für Denkmalschutz, s. d.

FONTANA, Giovanni Luigi. "Le Patrimoine Industriel, une Ressource pour le Développement: Le Musée Territorial de l'Industrie du Vicentino", *Patrimoine de l'Industrie*, 1999, n. 2, pp. 21-26.

FONTANA, Vincenzo (ed.). *Proposte per un Censimento degli Edifici di Interesse Archeologico Industriale a Venezia e nel Veneto*. Padova, Francisci, 1983.

FORNER MUÑOZ, S. "Degradazione del Patrimonio Industriale della Città di Alcoy: Alternative per il Recupero e per la sua Utilizzazione per fini Culturali ed Educativi". In: *Science, Technology and European Cultural Heritage. Proceedings of the European Symposium, Bologna, Italy, 13-16 June 1989*. Oxford, Butterworth, 1991, pp. 916-919.

FRANCE-LANORD, Albert. "Gustave Eiffel et son Œuvre". In: *Symposium on the Role of Iron in the Historical Architecture in the Second Half of the Nineteenth Century*. Mainz, ICOMOS, 1982, pp. 212-215.

FRANCO, Cristina. "Luoghi di Riconversione: Il Lingotto come Esempio", *Patrimoine de l'Industrie*, 2001, n. 6, pp. 99-106.

FREEMAN, Allen. "Ellis Island Revisited", *Historic Preservation*, 1990, n. 5, pp. 32-37.

GALL, Laurence. "Lowell, Massachusetts: Une Ville Industrielle Ayant Perdu sa Vocation", *Monuments Historiques*, 1991, n. 173, pp. 61-62.

GANTES, Rolando. "La Fabbrica del Vapore", *Recupero & Conservazione*, 2001, n. 40, pp. 16-21.

GARCIA D'ÁVILA, Carlos. "Ferrocarril Mexicano, una Ruta Vital para el País", *México en el Tiempo*, 1998, n. 26, pp. 10-17.

GAYLE, Margot. "Cast-iron Survivor in Manhattan's Financial District", *Newsletter. Preservation League of New York State*, 1987, vol. 13, n. 1, p. 5.

GAZANEO, Jorge. "Verso il Recupero del Patrimonio Archeologico Industriale". In: GENOVESE, Rosa Anna (ed.). *Archeologia Industriale in Campania alla fine del XIX Secolo*. S.l., s. e., 1983.

GERHARDS, Karl. "Die Sanierung der Bahnsteighalle Köln Hbf", *Denkmalpflege im Rheinland*, 1987, vol. 4, n. 3, pp. 34-40.

GIANNI, Gianfranco. "Restauro della Galleria Vittorio Emanuele II a Milano". In: *I Materiali Metallici negli Interventi di Restauro e Recupero Edilizio, Atti del Convegno e Mostra, Roma 18-19-20 Maggio 1989*. Roma, BetaGamma, 1989, pp. 197-203.

GOULD, Michael H. "The Development of All-metal Water Towers", *Industrial Archaeology Review*, 2001, vol. 23, n. 2, pp. 113-123.

La Grande forge de Buffon, s.l., Association pour la sauvegarde et l'animation des Forges de Buffon, s.d.

La Grande galerie du Museum d'Histoire Naturelle. Paris, Moniteur, 1994.

GRENIER, Lise; WIESER-BENEDETTI, Hans. *Les Châteaux de l'industrie. Recherches sur l'Architecture de la Région Lilloise de 1830 à 1930*. Paris / Bruxelles, Archives d'Architecture Moderne, 1979.

GRIMWADE, Gordon; CARTER, Bill. "Managing Small Heritage Sites with Interpretation and Community Involvement", *International Journal of Heritage Studies*, 2000, vol. 6, n. 1, pp. 33-48.

Guía General del Archivo Histórico de la Compañía de Minas de Real del Monte y Pachuca. México D.F., Archivo General de la Nación, 1993.

Guida del Turismo Industriale. Lombardia. Milano, Electa, 1999.

GYMPEL, Jan. *Schrittmacher des Fortschritts – Opfer des Fortschritts? Bauten und Anlagen des Verkehrs*. Bonn, Deutschen Nationalkomitees für Denkmalschutz, 1999.

HAMM, Bernd; NABER, Wolfgang. *Wähnverhältnisse von Industriearbeitern*. Bonn, Deutsche UNESCO-Kommission, 1989.

HAYMAN, Richard; HORTON, Wendy; WHITE, Shelley. *Archaeology and Conservation in Ironbridge*. York, Council for British Archaeology, 1999.

A Heritage Study of Eveleigh Railway Workshops. Canberra, Heritage Council, 1986.

"Historic Railroads. A Living Legacy", *Cultural Resource Management*, 1999, vol. 22, n. 10.

HITCHCOCK, Henry-Russel. "Brunel and Paddington", *The Architectural Review*, 1951, vol. 109, n. 652, pp. 240-246.

HÖHMANN, Rolf. "Werte und Verluste. Zur Situation Technischer Denkmäler in Hessen", *Denkmalpflege in Hessen*, 1992, n.1, pp. 33-38.

HOLDEN, Roger N. "The End of an Era: Elk Mill 1926-1999", *Industrial Archaeology Review*, 2004, vol. 26, n. 2, pp. 113-127.

HUDSON, Kenneth. *Industrial Archaeology. A New Introduction*. London, Baker, 1976, 3.ed. (1. ed. 1963)

HUGHES, Stephen. "The International Collieries Study: Part of the Global Strategy for a Balanced World Heritage List", *Industrial Archaeology Review*, 2004, vol. 26, n. 2, pp. 95-111.

IBAÑEZ GOMEZ, Maite; ZAMBALA LLANOS, Marta; SANTANA EZKERRA, Alberto. "El Patrimonio Industrial en Bizkaia". In: *Actas de las Primeras Jornadas Franco-españolas sobre el Patrimonio Toulouse/Blagnac 3-5 Noviembre 1988*. Toulouse, ADDOCC, 1990, pp. 207-212.

Industrial Archaeology 1969. The Journal of the History of Industry and Technology. Newton Abbot, David & Charles, 1970.

Industrial Heritage. Austria 1987. Transactions 2. Wien, TICCIH, 1990.

The Industrial Heritage. Transactions of the Third International Conference on the Conservation of Industrial Monuments, Sweden 30 May – 5 June 1978. Stockholm, Nordiska Musset, 1981.

The Industrial Heritage. Fourth International Conference on the Conservation of the Industrial Heritage, 1981, 2 vols. Paris, TICCIH, s.d.

Industrial Heritage '84. Proceedings. The Fifth International Conference on the Conservation of the Industrial Heritage. Washington DC, Society for Industrial Archaeology, s.d.

Industrial Heritage, Austria 1987: TICCIH 1987. The Sixth Conference on the Conservation of the Industrial Heritage Austria 6th-12th September 1987, 2 vols. Wien, TICCIH, s.d

The Industrial Heritage. What Policies? Strasbourg, Conseil de l'Europe, 1987.

From Industrial Revolution to Consumer Revolution: International Perspective on the Archaeology of Industrialization. TICCIH 2000 Transactions. S. l., The Association for Industrial Archaeology, 2001.

"Industriedenkmäler. Denkmäler der Industrie, Technik, Wirtschafts- und Sozialgeschichte", *Denkmalpflege in Niederösterreich*, n. 4, s.d.

Industriedenkmalpflege-Umnutzung, Wiedernutzung und Weiternutzung von Industriedenkmalen. Erfurt, Thüringisches Landesamt für Denkmalpflege, 2003.

Industry, Man and Landscape. Brussels, TICCIH, 1992.

Inglis Grain Elevators. National Historic Site. Conservation and Preservation Plan. S. l. Susan Algie Parks Canada, 1998.

Les Inventaires du Patrimoine Industriel. Paris, Ministère de la Culture et de la Communication, 1986.

Invito all'Ostiense. Un Quartiere tra Passato e Futuro. Roma, Palombi, 1999.

JANKA, Katherine. "An Old-west Mining Town Copes with Growth", *Historic Preservation*, 1983, vol. 35, n. 6, pp. 24-29.

JASKIEWICZ, Jacek. "Toward a Polish Strategy of Industrial Heritage Conservation", *Patrimoine de l'Industrie*, 2001, n. 5, pp. 9-16.

JONAS, Stephan. "Archéologie Industrielle et Sauvegarde du Patrimoine Industriel du XIXe Siècle: Le Cas de la Cité Ouvrière de Mulhouse", *Cahiers de l'Institut d'Urbanisme et d'Aménagement Régional*, 1981-82, n. 3-4, pp. 109-121.

JONES, C. R.. "The Restoration of the Palm House, Kew". In: BREBBIA, C. A. (ed.). *Structural Repair and Maintenance of Historical Buildings*. Southampton, Computational Mechanics Publications, 1989, p. 482.

KÄHLER, Gert. "Zum Alten Eisen: Vom Umgang mit dem Denkmälern und Landschaften der Industriekultur", *Deutsche Kunst und Denkmalpflege*, 1990, n.2, pp. 98-105.

KANIA, Hans. "Zollverein XII, Zollverein Colliery and a 13 km^2 Neighboring Area Preserving a Large Scale Area Inside the Ruhrgebiet", *Patrimoine de l'Industrie*, 1999, n. 1, pp. 25-30.

KEMP, Emory. "The Artifact as Evidence: the Case for Industrial Archaeology", *Patrimoine de l'Industrie*, 2002, n. 7, pp. 103-110.

KEMP, Emory L.; SANDE, Theodore Anton (eds.). *Historic Preservation of Engineering Works*. New York, American Society of Civil Engineers, 1981.

KEROUANTON, Jean-Louis. "Les Ardoisières: De l'exploitation à la conservation", *Monuments Historiques*, 1993, n. 186, pp. 81-86.

KINDER, Sebastian. "Brandenburg an der Havel: Der Industriestandort Kirchmörser von der Pulverfabrik bis zum Ausbesserungswerk der Reichsbahn", *Brandenburgische Denkmalpflege*, 2000, vol. 9, n.1, pp. 5-16.

KIRK, F. A. "Twentieth Century Industry: Obsolescence and Change. A Case Study: The ICI Coal to Oil Plant and its Varied Use", *Industrial Archaeology Review*, 1998, vol. 20, pp. 83-90.

KIROVA, Tatiana K. (ed.). *L'Uomo e le Miniere in Sardegna*. Cagliari, Edizioni della Torre, 1993.

KJELLEBERT, Pierre. "Sauvons nos Usines", *Connaissance des Arts*, 1984, n. 384, pp. 84-91.

KOLLMANN, Virginie; VALIÈRE, Michel. *Le Patrimoine Industriel*. Poitiers, Agence de Coopération ABCD, 1992.

KOURCHID, Olivier. "Déterminants et Paradoxes de la Conservation des Grands Ensembles Techniques et Industriels", *Patrimoine de l'Industrie*, 1999, n. 1, pp. 15-17.

KRIES, Elizabeth. "Preservación de Bienes Culturales Derivados de la Industria y Artesanía del Equipamiento y la Ambientación Interior", *ICOMOS information*, 1990, n. 1, pp. 11-17.

KRINGS, U. *Bahnhofsarchitektur. Deutsche GroßStadtbahnhöfe des Historismus*. München, Prestel, 1985.

KRINS, Hubert. "Haben Denkmäler der Industrie – und Technikgeschichte eine Zukunft?", *Denkmalpflege in Baden-Württenberg*, 1991, vol. 20, n.1, pp.69-79.

KUBINSKY, Mihály. "La Reconstruction d'une Œuvre d'Eiffel: Le Hall de la Gare de l'Ouest à Budapest", *Monumentum*, 1983, vol. 26, n. 3, pp. 216-218.

KÜHL, Beatriz Mugayar. *Les Constructions Métalliques du XIXe siècle et leur Restauration: Cas d'Étude: Old England, Arch. P. Saitenoy*. Leuven, Katholieke Universiteit Leuven, Dissertação de Mestrado, 1992.

KUZNIK, Frank. "Union Station: Colossal Comeback", *Historic Preservation*, 1988, n. 5, pp. 64-69.

LABADI, Sophia. "Importance, Conservation and Management of Chile's Industrial Heritage. Issues and Perspectives", *Patrimoine de l'Industrie*, 2003, n. 9, pp. 65-72.

LAUMON, Annette. "Tribulations d'une Expression en France". In: *L'Etude et la Mise en Valeur du Patrimoine Industriel, 4ème Conférence Internationale, Lyon-Grenoble, Sptembre 1981*. Paris, CNRS, 1985, pp. 109-111.

LEFÈVRE, Daniel. "Noisiel, Moulin Menier: Restauration", *Bulletin* (ICOMOS / France), 1995, n. 36-37, pp. 48-52.

LEHNE, Andreas Lehne. "Zur Restaurierung des Schönbrunnen Palmenhaus", *Österreichische Zeitschrift für Kunst und Denkmalpflege*, Wien, 1990, vol. 44, pp. 80-83.

LEJON, Hugo. "Een Industrieel-archeologisch Site Langs de Rupel", *Monumenten en Landschappen*, 1990, n. 4, pp. 21-28.

LERCH, Pierre. "La Réhabilitation des Halles de Dijon", *Bulletin* (ICOMOS / France), 1995, n. 36-37, pp. 57-58.

LINTERS, Adriaan. "De Nieuwe Molens te Brugge. Leven en verden leven". Brugge, Karel Vandenhove, 1991.

LIVRE BLANC. "Patrimoine Industriel et Technique Ancien de la Belgique". Tiré à part de *Technologia*, Bruxelles, 1985.

LOEWENSTEIN, Louis K. "The Transformation of Railroad Stations", *Research Journal of American Railways*, 1991, vol. 20, n. 1, pp. 1-18.

LÜBBEKE, Wolfram. "Die Eisenbahn. Denkmale eines Betriebssystems Betrachtungen aus Bayern", *Deutsche Kunst und Denkmalpflege*, 1987, vol. 45, n. 1, pp. 37-47.

MACIOCCO, Gabriella. "Le Parc-musée d'Abbadia San Salvatore: Récupération du Patrimoine Industriel et Revitalisation de la Ville", *Patrimoine de l'Industrie*, 1999, n. 1, pp. 61-64.

MAININI, Giancarlo; ROSA, Giancarlo; SAJEVA, Adolfo. *Archeologia industriale*. Firenze, Nuova Italia, 1981.

MALAWS, Brian. "Process Recording at Industrial Sites", *Industrial Archaeology Review*, 1997, vol. 19, pp. 75-98.

MALÉCOT, Yves; FERRIOT, Dominique. "Industrie et Patrimoine", *Monuments Historiques*, 1980, n. 107, pp. 49-52.

MAMÌ, Antonella; VERGA, Roberto. "Progetto Preliminare di Riqualificazione: Ipotesi Metodologica Applicata al Sistema di Stazioni Ferroviarie", *Recuperare l'Edilizia*, 2001, n. 21, pp. 68-75.

MALPICA URIBE, Samuel. *Metepec, la Máquina Urbana*. Puebla, Universidad Autónoma de Puebla, 2002.

MARCIANO, Antonella. "Architettura e Dibattito Critico sulla Stazione Centrale di Napoli (1861-67)", *Patrimoine de l'Industrie*, 2003, n. 10, pp. 55-74.

______. "Sauvegarde du Patrimoine Industriel et Organisations à But non Lucratif en Italie: Trois Exemples de Synergie", *Patrimoine de l'Industrie*, 2000, n. 4, pp. 63-71.

MÁRQUEZ MARTÍNEZ, María Teresa; VARILLAS, Carlos. "El Museo Nacional de los Ferrocarriles Mexicanos", *México en el Tiempo*, 1998, n. 26, pp. 44-55.

MARTINICO, Francesco. *Il Territorio dell'Industria. Nuove Strategie di Pianificazione delle Aree Industriali in Europa*. Roma, Gangemi, 2001.

MATTHEWS, Anne. "End of an Error", *Preservation*, 1999, n. 2, pp. 42-51.

MAZZOTTA, Daniela. "An Intervention for Rehabilitation, the Venetian Conterie", *Patrimoine de l'Industrie*, 2000, n. 4, pp. 51-54.

MCDOUGALL, Terry. "Making Tracks", *Canadian Heritage*, 1989, vol. 15, n. 2, pp. 35-36.

MCGUIRE, Penny. "Ruhr Revival", *The Architectural Review*, 1997, n. 1206, pp. 72-76.

MEEKS, Carroll L. V. "The Life of a Form: A History of the Train Shed, *The Architectural Review*, 1951, vol. 110, n. 657, pp. 163-173.

______. *The Railroad Station: An Architectural History*. New Haven, Yale University Press, 1964.

MENDE, Michael. "Silent Spaces Waiting for new Functions: The Bremen City Ports and Their Architecture", *Patrimoine de l'Industrie*, 2001, n. 5, pp. 75-82.

MICHEL, Florence. "Quel Avenir pour les Bâtiments Industriels", *Monuments Historiques*, 1983, n. 128, pp. 89-91.

MIGUET, Danièle. "Patrimoine Industriel Rouannais", *Monuments Historiques*, 1988, n. 157, pp. 51-56.

The Mill Works Handbook. Washington, National Trust for Historical Preservation, 1983.

MURATORE, Giorgio. "Il Territorio dell'Archeologia Industriale come Luogo del Progetto". In: *De Vulgari Architectura: Indagine sui Luoghi Urbani Irrisolti*. Roma, Officina, 2000, pp. 167-173.

Musée d'Orsay, Paris, *Architecture d'Aujourd'Hui*, 1986, n. 248, pp. 1-25.

Il Museo del Tessuto di Prato nell'ex Fabbrica Campolmi: Il Recupero di un Importante Complesso d'Archeologia Industriale per il Più Grande Museo Tessile in Italia. Firenze, Edizioni Polistampa, 2003.

MUSICA, Giovanni. "I Luoghi dell'Industria Abbandonata", *Recupero + Conservazione*, 1995, n. 6, pp. 74-80.

NEGRI, Antonello *et alli*. *Archeologia Industriale, Monumenti del Lavoro fra XVIII e XX Secolo*. S. l., Touring Club Italiano, 1983.

NEGRI, Antonello; NEGRI, Massimo. *L'Archeologia Industriale*. Messina. D'Anna, 1978.

NEWELL, Diane C. *The Failure to Preserve the Queen City Hotel*. Washington, Preservation Press, 1979.

NEWEY, Hazel. "Conservation and the Preservation of Scientific and Industrial Collections". In: *Tradition and Innovation: Advances in Conservation. Contributions to the Melbourne Congress 10-14 October 2000*. London, The International Institute for Conservation of Historic and Artistic Works, 2000, pp. 137-139.

NEYRET, Régis. "La Halle de Tony Garnier", *Monuments Historiques*, 1988, n. 157, pp. 62-64.

NICOLIN, Pierluigi. "Parigi: Museo d'Orsay", *Lotus International*, 1982, n. 35, pp. 15-31.

NIEUWMEIJER, George G. "Conservation Problems Arising from the Lack of Structural Understanding in the 19th Century". In: *Iron Works and Iron Monuments*. Rome, ICCROM, 1985, pp. 325.

NIJHOF, Peter. "Industrial Archaeology in the Nederland's", *Industrial Archaeological Review*, 1991, vol. 13, n. 2, pp.103-113

NISSER, Marie. "L'Etude et la Mise en Valeur du Patrimoine Industriel en Suède". In: *Les Monuments Historiques Demain*. Paris, Ministère de la Culture et de la Communication, pp. 58-60.

"Old Oldham Mills", *The Architect's Journal*, 1997, vol. 165, n. 15, pp. 668-671.

OSTENECK, Volker. "Fragen zum Denkmalwert technischer Anlagen", *Denkmalpflege in Baden-Würtenberg*, 1987, vol. 16, n.1, pp. 24-36.

OSTINO, Carla; RE, Luciano; SAMPÒ, Mario; SERAFINO, Franco. "Le Architetture Industriali del Lanificio 'V. E. F.lli Bona' in Carignano: Una Storicizzazione per il Riuso", *Ricerche di Storia dell'Arte*, 1978-79, n. 7, pp. 40-60.

"From the Orsay Railway Station to the Musée d'Orsay. Form and Space Worth of Preservation", *European Cultural Heritage Newsletter on Research*, vol. 1, n. 4, pp. 35-38.

PALMER, Marilyn; NEAVERSON, Peter. *Industrial Archaeology: Principles and Practice*. London, Routledge, 2000.

______. *Managing the Industrial Heritage*. [Leicester Archaeology Monographs, n. 2]. Leicester, School of Archeological Studies, University of Leicester, 1995.

PANNEL, J. P. M. *The Techniques of Industrial Archaeology*. Shopwyke Hall, Chichester, Phillimore & Co., 1981, 2. ed.

PAPULI, Gino. "Da Strumento a Monumento, il Salvataggio della Grande Pressa delle Acciaierie di Terni", *Patrimoine de l'Industrie*, 2001, n. 5, pp. 47-54.

PARISSIEN, Steven. *Station to Station*. London, Phaidon, 1997

Patrimoine Industriel et Reconversion. Bègles, Editions Confluences, 2002.

Le Patrimoine Industriel et sa Reconversion: Wallonie – Bruxelles. S.l., Crédit Communal, 1986.

El Patrimonio Industrial en Andalucía: Jornadas Europeas del Patrimonio. Junta de Andalucía, 2001.

Le Paysage de l'Industrie. Bruxelles, Archives d'Architecture Moderne, 1975.

PEARCE, David (ed.). *Conservation Today*. London, Routledge, 1989.

PEARCE, David; BINNEY, Marcus (eds.). *Off the Rails: Saving Railway Architecture*. London, SAVE, 1977.

PÉLISSIER, Alain. *Reichen et Robert: Architectures Contextuelles*. Paris, Moniteur, 1993.

PENNEC, Stéphane L. "La Conservation-restauration du Patrimoine Métallique: Quelques Réflexions". In: *Metal 95: Proceedings of the International Conference on Metals Conservation*. London, James, 1997, pp. 3-5.

PÉREZ MARTÍNEZ, Juan; MONTORO GUILLÉN, José. "Proyecto para la Recuperación de las Norias en las Comunidades Autónomas de Valencia y Murcia". In: *VIII Congrés de Conservació de béns Culturals: València 20-23 setembre 1990*, pp. 637-648.

PERRIN, Gilbert. *Chemins de Traverses: Nos Anciennes Lignes Ferroviaires, un Patrimoine a Préserver*. Charleroi, RTBF, 1993.

PETERS, Dirk. J. "Industrial Heritage in the Harbour of Hamburg", *Patrimoine de l'Industrie*, 2002, n. 7, pp. 33-38.

PINARD, Jacques. *L'Archéologie industrielle*. Paris, Presses Universitaires de France, 1985.

PONTOIS, Maria Teresa. "Quoi de Neuf à l'Ecomusée du Creusot-Monceau?", *Patrimoine de l'Industrie*, 2003, n. 10, pp. 103-107.

PRADAYROL, Jacques. "Les 'Chemins de fer Touristiques', Pionniers de l'Archéologie Industrielle en France". In: *L'Etude et la Mise en Valeur du Patrimoine Industriel. 4eme Conférence Internationale Lyon-Grenoble. Septembre 1981*. Paris, CNRS, 1985, pp. 69-79.

PREITE, Massimo. "Estimation Économique des Projets de Récupération du Patrimoine Minier en Toscane", *Patrimoine de l'Industrie*, 1999, n. 1, pp. 65-69.

______. "Il Recupero dell'Archeologia Industriale a Firenze, il Nuovo Centro di Arte Contemporanea nell'ex Meccanotessile di Rifredi", *Patrimoine de l'Industrie*, 2000, n. 4, pp. 43-50.

Preservación de la Arquitectura Industrial en Iberoamérica y España. S. l., Instituto Andaluz del Patrimonio Histórico, 2001, pp. 91-97.

Preservation of the Engineering Heritage: Gdansk Outlook 2000. International Conference. Proceedings. Gdansk, Technical University of Gdansk, 2000.

Preservation of the Industrial Heritage: International Seminar Gdansk Outlook, May 11-14, 1993. Gdansk, Technical University of Gdansk, 1993.

Preservation of the Industrial Heritage: International Seminar Gdansk Outlook II. October 4-7, 1995. 2 vols. Gdansk, Technical University of Gdansk, 1995, pp. 11-14.

Programa Reciclaje de las Estaciones del Ferrocarril. S. l., Instituto Colombiano de Cultura / OEA, s. d. (c. 1994)

RACHELI, Alberto M. "L'Opificio Birra Peroni nel Quartiere Salario in Roma", *Ricerche di Storia dell'Arte*, 1978-79, n. 7, pp. 61-78.

______. *Recupero Edilizio e Archeologia Industriale: La Fabbrica della Birra Peroni a Roma (1901-1992)*. Venezia, Marsilio, 1993.

RAGON, Michel. *L'Architecture des Gares: Naissance, Apogée et Déclin des Gares de Chemin de Fer*. Paris, Danoël. 1984.

RAISTRICK, Arthur. *Industrial Archaeology. An Historic Survey*. Frogmore, St. Albans, Paladin, 1973 (2.ed.).

Recommendations of the Large Industrial Artifact Advisory Panel. America's Industrial Heritage Project, Pennsylvania. S. l., United States Department of the Interior / National Park Service, 1987.

"La Reconstruction du Pont des Arts", *Paris Project*, Paris, 1983, n. 23-24, pp. 312-315.

Recycling Industrial Buildings for Residential Use: Proceedings of the Heritage Canada Symposium held October 18, 19, 1976. S. l., s. d.

Regeneration Through Heritage. Guidance note 1. How to Write a Conservation Plan for a Heritage Industrial Building. London, The Prince's Foundation, 2002.

RENNISON, R. W. "The Influence of William Fairbairn on Robert Stephenson's Bridge Designs: Four Bridges in North-east England", *Industrial Archaeology Review*, 1990, vol. 20, pp. 37-48.

Rescate, Preservación y Uso del Patrimonio Industrial: II Coloquio Latino-americano, La Habana, Cuba, 8-10 Septiembre 1998. Barcelona, Museo de la Ciencia i de la Técnica de Catalunya, 1998.

"La Restauration de la Tour Eiffel", *Paris Project*, 1983, n. 23-24, p. 335.

Reusing Railroad Stations. Wasington DC, Educational Facilities Laboratories, 1974

Reusing Railroad Stations: Book Two. Wasington DC, Educational Facilities Laboratories, 1975.

RICHARDS, J. M. (ed.). "The Functional Tradition as Shown in early Industrial Buildings", *The Architectural Review*, 1957, n. 726.

RICOSSA, Sergio (ed.). *Archeologia Industriale e Dintorni*. Torino, Allemandi, 1993.

RIGAUD, Jacques; JENGER, Jean. "Le Musée D'Orsay", *Paris Project*, Paris, 1983, n. 23-24, pp. 322-330.

RINI, Cesare. "Il restauro del Mercato Centrale di Livorno". In: *Atti del II Congresso Nazionale ASSIRCCO: La Città Difficile, Ferrara 30 maggio. 2 giugno 1984*. Bologna, ASSIRCCO, 1984, pp. 569-579.

RODRÍGUEZ ÁLVAREZ, María de los Ángeles. "La Arqueología Industrial en el Mundo y su Desarrollo en México", *Investigación Hoy*, 1999, n. 86, pp. 34-40; n. 87, pp. 50-55.

ROLLAND-VILLEMOND, Bénédicte. "Une Méthodologie pour la Conservation et la Restauration du Patrimoine Industriel Scientifique et Technique". In: *13th Meeting, Rio de Janeiro 22-27 September 2002, ICOMCC*. London, ICOMCC, 2002.

ROMEO, Ippolita. "La Centrale Termoelettrica Montemartini", *Patrimoine de l'Industrie*, 2001, n. 6, pp. 89-98.

ROSELLI, Piero; FORTI, Alfredo; RAGONI, Brunella. *Cartiere ed Opifici Andanti ad Acqua*. Firenze, Alinea, 1984.

RUUSMA, Arthur. "The Development of Oil Shale Mines and Industrial Settlements in Eastern Virumaa, Estonia", *Patrimoine de l'Industrie*, 2003, n. 9, pp. 53-58.

SANDE, Theodore Anton. *Industrial Archeology. A New Look at the American Heritage*. Brattleboro, Vermont, Stephen Greene, 1979.

______. "Site Industriel et Conservation Historique", *Monuments Historiques*, 1980, n. 107, pp. 44-48.

SANTOS, Margarida Ruas dos. "Preservation of an Historic Heritage. Epal Water Museum as a Cultural Environmental and Educational Communication Aid", *Patrimoine de l'Industrie*, 2000, n. 4, pp. 33-38.

SCELLES, Christiane. *Gares. Ateliers du Voyage 1837-1937*. Paris, REMPART, 1993.

SCHERRER, Guy. "La Conservation des Machines Anciennes en Fonctionnement comme Vecteur pour la Transmission des Savoir-faire: l'Exemple de la Création Textile", *Patrimoine de l'Industrie*, 2003, n. 10, pp. 47-53.

SCOTT, Andrew. "Chemins de fer du Patrimoine Mondial", *Patrimoine Mondial*, 2001, n. 22, pp. 4-19.

SIMMONS, Jack; BIDDLE, Gordon (eds.). *The Oxford Companion to British Railway History*. Oxford, Oxford University Press, 1997.

SLOTTA, Rainer. *Einführung in die Industriearchäologie*. Darmstadt, Wissenschaftliche Buchgesellschaft, 1982.

______. "Zur Situation der Pflege Technischer Denkmäler und der Industriearchäologie in der Bundesrepublik Deutschland", *Deutsche Kunst und Denkmalpflege*, 1984, vol. 42, n. 2, pp. 127-135.

SOMPAIRAC, Arnaud. "Le Monde d'Orsay. L'Urbain de l'Intérieur", *Monuments Historiques*, 1986, n. 148, pp. 101-108.

SØRENSEN, Einar. "Protecting the Industrial Heritage". In: *Norvège: Un Patrimoine Culturel*. Riksantikvaren / Universitetsforlaget, 1987, pp. 337-344.

SOSA LUGO, Ramiro. "El Nuevo Sistema Ferroviário", *México en el Tiempo*, 1998, n. 26, pp. 32-43.

SOWA, Axel. "Zollverein ou l'Espoir d'une Renaissance", *L'Architecture d'Aujourd'Hui*, 2003, n. 348, pp. 82-89

STANGHERLIN, Bernardino. "L'ex Area Industriale di Bagnoli", *Recuperare l'Edilizia*, 2000, n. 13, pp.22-29.

STEWART, William Benning. "Two Cities, Two Stations", *Locomotive & Railway Preservation*; 1986, v.1, n.5, pp.28-34; 1987, n. 6, pp. 36-43.

STIEGLITZ, Margarita S.; SÉMENTSOV, Serguei V. "Le Patrimoine Industriel de Saint-Pétersbourg et les Problèmes Posés par sa Réutilisation: l'Exemple de la Nouvelle Hollande". In: *De l'Utilité du Patrimoine* (Entretiens du Patrimoine. Actes du Colloque de la Direction du Patrimoine). S.l., Direction du Patrimoine, 1992, pp. 214-217.

STORELLI, Grazia. "Museo in Doppia Esposizione, l'ex-centrale Elettrica di Montemartini", *Recupero e Conservazione*, 2001, n. 38, pp. 55-66.

STRATTON, Michael. "Industrial Monuments: A Protection Programme", *Industrial Archaeological Review*, 1990, vol. 13, n. 1, pp. 35-49.

______. "London's Termini: Finding a Balance between Conservation and Redevelopment". *Eisenbahn und Denkmalpflege*, s.l., ICOMOS/De, 1997, pp. 43-47.

______. "The Rolt Memorial Lecture 1997. New Materials for a New Age: Steel and Concrete Construction in the North of England, 1860-1939", *Industrial Archaeology Review*, 1999, vol. 21, n. 1, pp. 5-24.

STRATTON, Michael (ed.). *Industrial Buildings. Conservation and Regeneration*. London, Spon, 2000.

STRATTON, Michael; TRINDER, Barrie. *Twentieth Century Industrial Archaeology*. London, Spon, 2000.

Study on Derelict Industrial Sites of the Coal and Steel Industry. Roma, Gangemi, 1995.

SUNER, Bruno. "La Halle Tony Garnier. L'Espace Avant la Fonction", 1987, extrait *Urbanisme*, n. 222.

SWITTALEK, Peter Swittalek. "Problems and Success in the Preservation and Restoration of Nineteenth-Century iron Architecture in Austria". In: *Symposium on the Role of Iron in the Historical Architecture in the First Half of the Twentieth Century*. Mainz, ICOMOS, 1985, pp. 153-156.

______. "150 Jahre Eisenbahn in Österreich", *Österreichische Zeitschrift für Kunst und Denkmalpflege*, 1987, vol. 41, n.1-2, pp. 57-60.

TALIXA, Jorge. "Recuperação do Património. Vila Franca de Xira: Silos Reutilizados para Escritórios", *Património Industrial*, 2003, n. 1., pp. 10-11.

TAMPONE, Gennaro. "The Pavilion of the Palazzina 'La Meridiana' in Boboli Gardens, Florence". In: *Iron Works and iron Monuments*. Roma, ICCROM, 1985, pp. 377-407.

TARTARINI, Jorge. "Las Estaciones de Ferrocarril en Europa y América: Aproximaciones para su Estúdio". In: DERENJI, Jussara Silveira (org.). *Arquitetura do Ferro: Memória e Questionamento*. Belém, Cejup, 1993, pp. 49-69.

Le Temps des gares. Paris, Centre Pompidou, 1978.

THOMNSON, Ian. *El Autofinanciamiento del Patrimonio Ferroviario: Dos Estudios* [Cuadernos del Consejo de Monumentos Nacionales, Segunda Serie, n. 32]. Santiago, Consejo de Monumentos Nacionales, 2000.

THORNTON, Geoffrey G. *New Zealand's Industrial Heritage*. French Forest, Reed, 1982.

TOGNARINI, Ivan. "Archeologia Industriale, Storia della Siderurgia e Parchi in Toscana: Successi, Disfatti e Rischi Incombenti", *Patrimoine de l'Industrie*, 1999, n. 2, pp. 39-44.

TORRES, Mariano. "La Kulturbrauerei de Prenzlauenberg, Berlin: Un Exitoso Caso de Reutilización e Integración a su Nuevo Contexto Urbano", *Patrimoine de l'Industrie*, 2003, n. 10, pp. 81-85.

TREIJS, Normunds. "Verst-post Conservation and Reuse Project in Lituânia", *Patrimoine de l'Industrie*, 2003, n. 9, pp. 47-52.

TRINDER, Barrie. *The Making of the Industrial Landscape*. London, Dent, 1982.

TRINON, Fabienne. "Le Patrimoine Industriel", *Les Cahiers de la Fonderie*, Bruxelles, 1990, n. 8, pp. 75-80.

TRUSCOT, Timothy; FINNEGAN, Thomas. "Albany Union Station", *Locomotive and Railway Preservation*, 1988, n. 12, pp. 19-31.

"Urbanização Ameaça Fábrica de Cerâmica das Devesas", *Património Industrial*, 2003, n. 1, pp. 1, 14-16.

VANDERHULS, Guido. "'La Fonderie' c'Est une Autre Historie", *Patrimoine de l'Industrie*, 1999, n. 2., pp. 45-48.

VAN DER WEEL, Thonis. "De Restauratie van Tramweg 307", *CR Interdisciplinair Vakblad voor Conservering en Restauratie*, 2002, vol. 3, n. 1, pp. 16-24.

VASSTRÖM, Annette. "Preservation of Industrial Heritage: What Purpose?". In: *Industrial Heritage – Austria 1987. Transactions 2*. Wien, TICCIH, 1990, pp. 180-188.

VAUGHAN, Adrian. "Brunel as a Creator of Environment". In: BURMAN, Peter; STRATTON, Michael (eds.). *Conserving the Railway Heritage*. London, Spon, 1997, pp. 75-88.

VERA TREJO, Heladio. "Ferrocarril Fotografía, caminos Paralelos en México", *México en el Tiempo*, 1998, n. 26, pp. 56-61.

VIAENE, Patrick. "Ré-affectation du Patrimoine Industriel et Nouvelles Formes de Muséologie: Les Tentatives de Sauvegarde du Patrimoine Industriel de Grande Taille en Belgique", *Patrimoine de l'Industrie*, 1999, n. 1, pp. 89-94.

VIO, Ivana. "Dal Tabacco alle Combustioni: A Città Castello Nuova Sede Espositiva per le Opere del Grande Artista Alberto Burri", *Recuperare l'Edilizia*, 2001, n. 21, pp. 76-82.

WARBURTON, Jim (ed.). *Our Built Heritage*. Adelaide, University of Adelaide, 1981.

WATELET, Marcel. "Patrimoine Industriel Européen: Les Ascenseurs Hydrauliques du Canal du Centre", *Les Nouvelles du Patrimoine*, 1994, n. 57, pp. 16-21.

The Works of Isambard Kingdom Brunel: An Engineering Appreciation. Cambridge, Cambridge University Press, 1980.

YANES RIZO, Emma Yanes. *Los Días del Vapor*, s.l. Ferrocarriles Nacionales de México, 1994.

______. "Dos Personajes al Servicio de la Tecnologia", *México en el Tiempo*, 1998, n. 26, pp. 18-23.

YARGER, Bob. "National Park Services Releases its Study of Alternatives for the Development of the East Broad Top Railroad", *Locomotive and Railway Preservation*, 1991, n, 31, pp. 5-9; 58-63.

ZAGARI, Franco (ed.). *Archeologia Industriale: Quattro Temi*. S.l., Casa del Libro, 1980.

Referências obtidas através de busca sistemática por temas em revistas de janeiro de 1997 a dezembro de 2004

Foram pesquisados artigos sobre transformações de edifícios industriais publicados em revistas voltadas à produção arquitetônica contemporânea. Em âmbito nacional, pesquisaram-se as revistas AU e *Projeto*. Em âmbito internacional, a *Architectural Review*, *Architecture d'aujourd'hui*, *Architektur Innenarchitektur technischer Ausbau*, *Arquitectura Viva*, e *Domus*. O período abrangido foi de janeiro de 1997 a dezembro de 2004. Essa pesquisa foi feita na biblioteca da FAU-USP e os periódicos foram escolhidos por sua qualidade, por serem significativos de seus ambientes culturais e pelo fato de a FAU-USP ter assinatura dessas revistas sem solução de continuidade. Essa busca não teve como objetivo traçar um panorama sistemático e completo dos debates sobre intervenções em edifícios industriais, mas apenas ter uma visão geral, mas ainda assim representativa, de como a questão vem sendo tratada. O levantamento nas revistas foi feito em conjunto com os então alunos da FAU-USP Cristiane Ikedo Bardese e Wayne Almeida de Sousa.

ARQUITETURA E URBANISMO

47, outubro / novembro 1997

Marcos de Souza: Distrito Comercial Navegantes, Porto Alegre – RS, pp. 78-80.

75, dezembro / janeiro 1998

Arte Cidade, São Paulo, p. 21.

79, agosto / setembro 1998

Estação Júlio Prestes, São Paulo, p. 25. Projeto arquitetônico: Dupré Arq.

80, outubro / novembro 1998
Roberto Segre: Estação Central de Santiago, Santiago - Cuba, pp. 34-38.
Projeto: José Antonio Choy

84, junho / julho 1999
Sede administrativa da CTBC Telecom, Uberlândia - MG, pp. 72-76.
Projeto arquitetônico: Roberto Andrade e Maria Eliza Guerra.

86, outubro / novembro 1999
Haifa Sabbag: Puerto Madero - armazéns 14 e 15, Buenos Aires - Argentina, pp. 51-57.
Projeto arquitetônico: Dujovne-Hirsch e Associados.

86, outubro / novembro 1999
Valentina Figuerola: Sala São Paulo, São Paulo, pp. 78-85.
Projeto arquitetônico: Dupré Arq.

87, dezembro / janeiro 1999-2000
SESC Pompeia, São Paulo, pg. 59.
Projeto arquitetônico: Lima Bo Bardi, Marcelo Ferraz, Marcelo Suzuki e André Vainer.

90, junho / julho 2000
Geraldo Gomes: Arquitetura do ferro: América Latina, Caribe e Antilhas. pp 82-85.

90, junho / julho 2000
A consagração de Nelson Dupré: Sala São Paulo.

91, agosto / setembro 2000
Marisa Barda: Centro Industrial Bicocca - Pirelli, pp. 36-39.
Projeto: Vittorio Gregotti.

91, agosto / setembro 2000
Vânia Silva: Museu Tate Modern, London, pp. 32-33.
Projeto arquitetônico: Herzog & de Meuron.

92, outubro / novembro 2000
Propostas de projetos, p. 130.
SESC Navegantes - RS, Larissa Rodrigues Gransotto.

92, outubro / novembro 2000
Concurso Paviflex
SESC Moinho, Pelotas - RS, pp. 120-121.
Projeto: Francine de Azevedo Ramil, Sérgio Moacir Marques (orientador).

98, outubro / novembro 2001
Haifa Sabbag: Puerto Madero, Buenos Aires - Argentina, pp. 66-69.

101, abril / maio 2001
Vânia Silva: Armazéns Culturais, Porto Alegre - RS, p. 101.
Projeto arquitetônico: Roberto Pujol.

Janeiro 2003
Depósito das Artes, New Orleans, p. 20.
Projeto arquitetônico: Mathes Brierre Architects

Abril 2003
Carine Portela: Bar da Ponta, Salvador - BA, pp. 66-69.
Projeto: David Bastos.

s.d.
João Roberto Leme Simões: O cobre na restauração da Estação Ferroviária de Valongo, Santos, SP.
Projeto arquitetônico: Ney Caldato Barbosa - Sec. de Planejamento de Santos.

Setembro 2003
Porto Cultural, Porto Alegre, p. 18.
Projeto arquitetônico: Tangram Arquitetura e Design.

Novembro 2004
Valenutina Figuerola: Tradição Recuperada. Requalificação do Mercado de São Paulo, pp. 42-51
Projeto arquitetônico: Pedro Paulo de Melo Saraiva

PROJETO & DESIGN

209, junho 1997
American Chamber of Commerce, São Paulo, pp. 30-35.
Projeto arquitetônico: Intarco Projetos e Consultoria.

210, julho 1997
Propostas para reciclagem de galpões industriais para a implantação do SESC - Tatuapé, São Paulo, pp. 64-67. Projeto escolhido para ser executado: Ricardo Chahin.

210, julho 1997
Revitalização da área central, Boston, pp. 56-63.
Projeto: Chan Krieger & Associates.

210, julho 1997
Centro comercial Nova Olaria, Porto Alegre – RS, pp. 48-55. Projeto arquitetônico: Mojen e Marques Arquitetos Associados.
210, julho 1997
Teatro Polytheama, Jundiaí, pp. 32-39. Projeto arquitetônico: Brasil Arquitetura.
213, outubro 1997
Projeto para a faixa portuária, Porto Alegre, pp. 82 e 83. Projeto arquitetônico: Daniela Corbellini, Eduardo Neves, Felipe Pacheco e Patrícia Moura (da Tecto Arquitetura) e Alberto Adomilli.
213, outubro 1997
Distrito Comercial Navegantes, Porto Alegre – RS, pp. 86-87. Projeto arquitetônico: Adriana Hofmeister, Rosane Bauer e João Carlos Gaiger Ferreira.
225, outubro 1998
Biblioteca Cassiano Ricardo, S. J. dos Campos – SP, pp. 46-49. Projeto arquitetônico: Guilherme Motta, A. L. D. de Andrade.
227, dezembro 1998
Centro de Educação em Moda, São Paulo – SP, pp. 46-49. Projeto arquitetônico: Ricardo Chahin.
233, julho 1999
Sala São Paulo, São Paulo – SP, pp. 40-47. Projeto Arquitetônico: Nelson Dupré.
233, julho 1999
Praça das Artes, Cultura e Memória, Salvador – BA, pp. 48-53. Projeto arquitetônico: Vivian Lene Costa e Etelvina Fernandes.
237, novembro 1999
São Paulo Tower, pp. 24-25. Entrevista: Cândido Malta Campos Filho.
238, dezembro 1999
São Paulo Tower, São Paulo – SP, pp. 20-23.
238, dezembro 1999
Centro Gastronômico, São Paulo – SP, pp. 93-97. Projeto: arq. Vicente Giffoni
241, março 2000
Fábrica de tecidos vira supermercado, Rio de Janeiro – RJ, pp. 93-95. Projeto arquitetônico: Luiz Humberto Carvalho.
245, julho 2000
Tate Modern, London, pp. 72-79. Projeto arquitetônico: Herzog & de Meuron.
248, outubro 2000
Centro comercial e cultural, Belém, pp. 66-70. Projeto arquitetônico: Paulo Chaves Fernandes e Rosário Lima.
248, outubro 2000
Intervenção Urbana, Recife, pp. 60-65. Projeto: Reginaldo Luiz Esteves e Fernando Borba.
256, junho 2001
Centro Cultural e de Convenções, Ouro Preto – MG, pp. 66-71. Projeto arquitetônico: Cândido Malta Campos Filho.
258, agosto 2001
Estação da Luz, São Paulo – SP, p. 16.
259, julho 2001
Escola Vera Cruz, São Paulo – SP, pp. 74-77. Projeto arquitetônico: Cândido Malta Campos Filho.
262, dezembro 2001
Estações de trem paulistanas, p. 13.
265, março 2002
Centro Cultural, Registro – SP, pp. 40-46. Projeto arquitetônico: Marcelo Ferraz e Francisco Fanucci.
290, abril 2004
Centro Municipal de Educação Adamastor, Guarulhos – SP, pp. 50-56. Projeto arquitetônico: Ruy Othake.
297, novembro de 2004
Revitalização de Mercado Público, São Paulo; pp. 46-57. Projeto arquitetônico: Pedro Paulo de Melo Saraiva e Maria Luíza Dutra

THE ARCHITECTURAL REVIEW

1206, agosto 1997
Penny McGuire: Ruhr Revival / Design

Centre, Essen, Germany / Arquiteto: Foster and Partners/ pp.72-76

1218, agosto 1998
Henry Miles: Outrage / In an attempt to recall the glorious past of a once powerful shipyard in Gothenburg, a new hotel has acquired an atmosphere redolent of the traditional penitentiary. /p.33

1219, setembro 1998
Peter Blundell Jones: Baltic exchange (Seção Interior Design) / Apartment Hotel, Barth Germany / Arquiteto: Volker Gienke / pp. 88-90.

1221, novembro 1998
Edith Ericsson : Nordic Lantern / Art Museum, Estocolmo / Arquiteto: Rafael Moneo, pp. 36-41

1224, fevereiro 1999
Ingrid Helsing Almaas: Regenerating the Ruhr (seção View), pp.13-14.

1227, maio 1999
p. 98 – Delight – Following Magnificent Rejuvenation, Grand Central Station (The Premier American Railway Terminal) Again lives up to its mythic reputation as the most important space in Manhattan

1228, junho 1999
Vários artigos de projetos de transformação de edifícios de interesse histórico:
Catherine Slessor – Industrial Icon / Art Museum Duisburg, Germany / Arquiteto: Herzog & de Meuron / pp. 66-69; Verity Love: Manhattan transfer / Flat Manhattan / Arquiteto: Dean, Wolf / pp. 83-84

1230, agosto 1999
Penny McGuire – Material Values / Flat, Battersea, London / Arq: Patel Taylor / pp. 68-71
Catherine Slessor – Soho Studio / Offices, N.York, USA / Arq: Helfand Myerbergg Guggenheimer / pp. 75-78

1231, setembro 1999
Ben Azulay – Brought to life (Interior Design) / Public Library, Landau, Germany / Arq: Lamott Architekten / pp. 82-85.

1233, novembro 1999
Claudia Kugel – Soap Opera / Urban Housing, Zurich / Arq: Kaufmann, Van der Meer & Partner / pp. 66-68

1238, abril 2000
South Bank Show / Tate Modern, Bankside, London / Arq: Herzog & De Meuron, pp. 48-51

1242, agosto 2000
Catherine Slessor: Art and Industry / Art Museum, London / Arq: Herzog & de Meuron / pp. 44-49

1243, setembro 2000
p. 34 – Seção View: Escreve o leitor Bobby Open – criticando espaços da Tate Gallery

1250, abril 2001
Peter Davey: Royal Regeneration / Urban Square Docklands, London / Arq.: Patel Taylor , pp. 68-69

1259, janeiro 2002
Layla Dawson: Hanseatic Regeneration / Mixed Development, Hamburg, Germany / Arq.: Jan Störmer / pp. 34-38.

1260, fevereiro 2002
Michael Webb: Concrete Couture / Couture House, Milan Italy / Architect: Tadao Ando / pp.74-78

Número monográfico especial publicado anexo ao 1261, março 2002: Tradition and Innovation John McAslan + Partners
King's Cross Station, London, pp. 24-27
The Roundhouse, London

1268, outubro 2002
James Partington: Piano Concerto / Concert Hall, Parma. Arq.: Renzo Piano Building Workshop, pp 54-58.
Penny McGuire: Moderna Movement / Temporary Museum Premises, Stockholm, Sweden; Arq.: Fråne Hederus Malmström, pp. 72-75.

1281, novembro 2003
Carla Bertolucci: Special Brew / Arq.: Mansilla & Tuñón, Madri, pp. 38-42

1288, junho 2004
Peter Blundell Jones: Theatre comes home, Stuttgart / Arq.: Plus+Bauplanung, pp. 60-64

L'ARCHITECTURE D'AUJOURD'HUI

310, abril 1997
AL. Eric Owen Moss. Samitaur building, Los Angeles, pp. 34-36.
314, dezembro 1997
Dossier: Le Fesnoy, pp. 35-51
Dossier, histoire: Prora, La Joie par la force, pp. 58-67.
327, abril de 2000
Friche ferroviaire, Munich, Allemagne
331, novembro-dezembro 2000
Mark Lamster: L'effet Berkshire. Mass MoCA, North Adams, Massachusetts, pp. 78-83
332, janeiro-fevereiro 2001
Ariane Wilson: Villes-ports. Quand L'urbain prend le large, pp. 28-35
Claude Chaline: Les Docklands de Londres, pp. 36-43;
Luc Nadal: Osaka: le port, l'aéroport et la ville globale, pp. 44-47; Sophie Trelcat: Hafencity, Hambourg, pp. 48-53;
Graciela Schneier-Madanes: Buenos Aires aborde son estuaire, pp. 54-59;
René Borruey: Paris sur Marseille, pp. 60-65;
Stefano Boeri: Cités portuaires de l'Europe du Sud, une dialectique du métissage, pp. 66-71.
334, maio-junho 2001
Couleurs Constructives. Matthias Sauerbruch et Louisa Hutton, pp. 72-75
Actualités: Taratantara. Installation d'Anish Kapoor, centre d'art Baltic, Gateshead, Royaume-Uni
337, novembro-dezembro 2001
Jean Nouvel. D'Austerlitz-Salpêtrière à Seine-Rive gauche. Paris. XIIIe arrondissement, pp 60-67
348, setembro-outubro 2003
Alex Sowa: Zollverein ou l'espoir d'une renaissance; pp. 82-89
353, julho-agosto 2004
Maruine Fitau: Une belle mine pour l'art contemporain, pp. 33-34

ARCHITEKTUR INNENARCHITEKTUR TECHNISCHER AUSBAU

7/8, 1997
Zur Orientierung, pp. 86-87
3, 1998
Pilotprojekt, pp. 56-63
5, 1998
Movie Dick, pp. 68-69.
6, 2000
Bar-Mobil, pp. 81-86.

ARQUITECTURA VIVA

54, maio-junho 1997
Weil Arts: Atalaya Habitada, pp. 50-54. / Torre de habitação em KNSM, Amsterdã; Projeto: Wiel Arets.
55, julho-agosto 1997
Tschumi: Una Bauhaus para el siglo XXI, p. 13
57, novembro-dezembro 1997.
La región intermedia. Centro de Artes Contemporâneas Le Fresnoy, Tourcoing, pp. 46-53 / Arquiteto: Bernard Tschumi
57, novembro-dezembro 1997
Adela García-Herrera: Vísperas de feria. Lisboa y los retos de la Expo 98, pp. 24-27.
60, maio-julho 1998.
Holl. IngenhoveChipperfield: El trío del RiOficinas y estudios, Düsseldorf, pp. 92-95. / Arquitetos: Steven Holl, Ingenhoven Overdiek & Kahlen, David Chipperfield.
61, julho-agosto 1998
Herzog y de Meuron en el puerto de Tenerife, p.11
66, maio-junho 1999
Patrimonio industrial y contemporáneo, p. 9. Projeto de Lluís Clotet, Ignácio Paricio e Jordi Julián Gene.
67, julho-agosto 1999
Herzog e De Meuron, densidad rasgada. Museo Küppersmühle em Duisburg, Alemanha, pp. 78-85.

71, março-abril 2000
Herzog e de Meuron, Energía contenida. Tate Modern, Bankside, pp. 50-57.
n.81, novembro-dezembro 2001
Bolles e Wilson, Giro escénico. Teatro Luxor, Rotterdam, pp. 98-101.

DOMUS

799, dezembro 1997
Siemens a Progetto Bicocca, Milano, pp. I-XXVIII
801, fevereiro 1998
Yehuda Safran: Centro Nazionale per le arti contemporanee Le Fresnoy, Tourcoing, Francia / Projeto: Bernard Tschumi Architects, pp. 10-17
802, março 1998
Stefan Leppert. Landschaftspark Duisburg-Nord, Germania. Progetto Peter Latz. pp. 32-37.
extra, janeiro 1999
Ristrutturazione e ampliamento del Molino Mosca, Milano. Malara Associati, pp. 44-45.
828, julho-agosto 2000
Intervista di Dietmar Steiner (com Jacques Herzog). Tate Modern, Londra, pp. 32-43
831, dezembro 2000
Una Università alla conquista della caserma, pp. 92-103 / Caserma Bligny, Savona Projeto: Studio 5+1 e Chaix Morel
833, janeiro 2001
Le grandi stazioni rimesse a nuovo, p. 28
841, outubro 2001
Genova, UN Studio / p. 90; Turim, Mario Bellini / p. 95. Novo centro cultural na área das ex-oficinas Nebbiolo; Roma, Odile Decq, p. 93. Galeria Comunal de Arte Moderna; Verona, David Chipperfield / p. 96 Restauro do Arsenal como sede do Museu de História Natural, do Museu da Ópera e do Centro de Estudos de Arte e Arqueologia
845, fevereiro 2002
Cecilia Bolognesi: La città fantasma dell'acciaio / pp. 60-71
846, março de 2002
The New Hamburg, pp. 79-91 / Stadlagerhaus; Projeto de Störmer (publicado também na Architectural Review n.1259, Janeiro de 2002)

INSTITUIÇÕES CONSULTADAS

Em São Paulo

Biblioteca do CONDEPHHAT
Arquivos do DPH
Biblioteca Central da Escola Politécnica da Universidade de São Paulo
Biblioteca da Faculdade de Arquitetura e Urbanismo da Universidade de São Paulo
Biblioteca da Faculdade de Economia e Administração da USP
Biblioteca da Faculdade de Filosofia Letras e Ciências Humanas da Universidade de São Paulo
Biblioteca Municipal Mário de Andrade

Em Roma

Biblioteca do ICCROM
Biblioteca da Facoltà di Architettura Valle Giulia da Università degli Studi di Roma "La Sapienza"

CRÉDITO DAS ILUSTRAÇÕES

Reproduções de Publicações

Aumento da fábrica Olivetti, *Acrópole*, 1964, n. 303, pp. 102-105. Figura 27 (foto: Nico).
Fábrica Olivetti em Guarulhos, *Acrópole*, 1960, n. 265, pp. 5-9. Figuras 28, 29, 30 (Fotos: Boer).
A Nova Estação Inicial da E. F. Sorocabana, *Architectura e Construcções*, São Paulo, 1929, n. 5, pp. 25. Figura 2
PAGLIA, Dante. *Arquitetura na Bienal de São Paulo.* S.l., Ediam, s.d. Figuras 23, 24, 25, 26.
PINTO, Adolpho Augusto. *História da Viação Pública de S. Paulo*. São Paulo, Vanorden, 1903. Figura 14.
Railway Station at São Paulo, Brazil, *The Building News*, 1901 (vol. 80), p. 5. Figura 11.
RUFINONI, Manoela Rossinetti *A Preservação do Patrimônio Industrial na Cidade de São Paulo: O Bairro da Mooca, São Paulo*. São Paulo, FAU-USP, Dissertação de Mestrado, 2004. Figura 17.

Fotografias

Beatriz Mugayar Kühl. Figuras 4, 5, 7 a 10, 12, 13, 18 a 20, 31 a 46.
Benedito Lima de Toledo. Figura 15.
Coleção particular. Figura 1
Eduardo Albarello. Figuras 3, 6.
Manoela Rossinetti Rufinoni. Figuras 21, 22.
Maria Lucia Bressan Pinheiro. Figura 16.

Agradeço aos autores das fotografias pela cessão das imagens e ao Museu da Língua Portuguesa (Secretaria de Estado da Cultura do Governo do Estado de São Paulo) e à Fundação Orquestra Sinfônica do Estado de São Paulo (OSESP) pela autorização do uso de imagens do interior dos edifícios.

Título	*Preservação do Patrimônio Arquitetônico da Industrialização: Problemas Teóricos de Restauro*
Autora	Beatriz Mugayar Kühl
Produção editorial	Aline Sato
Capa	Tomás Martins
Revisão	Renata Maria Parreira Cordeiro Geraldo Gerson de Souza
Projeto gráfico	Gustavo Marchetti
Editoração eletrônica	Tomás Martins
Formato	18 × 27 cm
Tipologia	Minion
Papel	Cartão Supremo 250 g/m² (capa) Polén Soft 80 g/m² (miolo)
Número de páginas	328
Impressão e acabamento	Cromosete